AGE OF PROPAGANDA
认知操纵

宣传如何影响我们的思想和行为
(修订版)

——

THE EVERYDAY USE AND ABUSE OF PERSUASION
(REVISED EDITION)

[美] 安东尼·普拉卡尼斯 - Anthony Pratkanis　　[美] 埃利奥特·阿伦森 - Elliot Aronson　　著

阮江平　殷欣　译

世界图书出版公司
北京·广州·上海·西安

图书在版编目（CIP）数据

认知操纵：宣传如何影响我们的思想和行为 /（美）安东尼·普拉卡尼斯，（美）埃利奥特·阿伦森著；阮江平译. — 北京：世界图书出版有限公司北京分公司，2023.6
ISBN 978-7-5232-0201-2

I. ①认… II. ①安… ②埃… ③阮… III. ①宣传–研究 IV. ① G241.1

中国国家版本馆 CIP 数据核字（2023）第 042409 号

AGE OF PROPAGANDA: The Everyday Use and Abuse of Persuasion
by Anthony Pratkanis and Elliot Aronson
Copyright © 1992, 2001 by W.H. Freeman and Company
Published by arrangement with Henry Holt and Company, New York.
All rights reserved.

书　　名	认知操纵：宣传如何影响我们的思想和行为 RENZHI CAOZONG: XUANCHUAN RUHE YINGXIANG WOMEN DE SIXIANG HE XINGWEI
责任编辑	余守斌
特约编辑	晁婉冰
特约策划	巴别塔文化
出版发行	世界图书出版有限公司北京分公司
地　　址	北京市东城区朝内大街 137 号
邮　　编	100010
电　　话	010-64038355（发行）　64033507（总编室）
网　　址	http://www.wpcbj.com.cn
邮　　箱	wpcbjst@vip.163.com
销　　售	各地新华书店
印　　刷	天津鸿景印刷有限公司
开　　本	880mm×1230mm　1/32
印　　张	13.75
字　　数	355 千字
版　　次	2023 年 6 月第 1 版
印　　次	2024 年 3 月第 2 次印刷
版权登记	01-2023-0050
国际书号	ISBN 978-7-5232-0201-2
定　　价	68.00 元

如有质量或印装问题，请拨打售后服务电话 010-82838515

献词

谨以此书纪念我的父母

哈里·阿伦森（Harry Aronson，1903—1950）、多萝西·阿伦森（Dorothy Aronson，1901—1989）

他们如天真无邪的孩童一般相信，在这个国家他们所读到的几乎一切，尤其是书上写的东西，全都千真万确。

——埃利奥特·阿伦森

献给我的儿子

托尼·T. 普拉卡尼斯（Tony T. Pratkanis, 1991 年出生）

他很可能会带着健康的怀疑态度长大，但会对他所读、所听、所见的一切事物的真实性持遗憾的愤世嫉俗态度。

——安东尼·普拉卡尼斯

目 录
CONTENTS

创作缘起 / 01

第一部分

我们这个宣传的时代

◀ 001

第 1 章　我们这个宣传的时代 / 002

第二部分

日常劝导中的心理学

◀ 021

第 2 章　神秘的影响力 / 022
第 3 章　漫不经心的宣传，深思熟虑的劝导 / 035

第 4 章　合理化动物 / 043

第 5 章　构建影响力的四大策略 / 051

第三部分

◀ 073

预劝导：为有效影响他人搭建舞台

第 6 章　有魔力的字眼 / 074

第 7 章　我们头脑中的画面 / 084

第 8 章　萨达姆·侯赛因：巴格达的希特勒？ / 092

第 9 章　有问题的劝导 / 099

第 10 章　诱饵的威力 / 107

第 11 章　伪事实心理学 / 112

第四部分

◀ 129

传播者的可信度：真实与人造

第 12 章　可信的传播者 / 130

第 13 章　冠军的早餐，消费者的垃圾食品 / 138

第 14 章　如果臭名远扬，你该如何劝导 / 144

第 15 章　制造可信度 / 151

第 16 章　一场拳击赛，杀死十一人：大众媒体的示范效应 / 160

第五部分

信息和信息的传递方式

◀ 169

第 17 章　包　装 / 170

第 18 章　自我推销 / 180

第 19 章　裸体阁楼和邻家的战斗英雄：论传播的生动性 / 185

第 20 章　同样的广告，遍遍重复为哪般 / 194

第 21 章　无话可说？那就让他们分心 / 201

第 22 章　欲得一寸，有时不妨索要一尺 / 206

第 23 章　普罗泰戈拉的理想：片面的吹捧与双面的辩论 / 214

第六部分

激发情感：触动心灵，说服头脑

◀ 223

第 24 章　恐惧诱导 / 224

第 25 章　格兰法龙劝导术 / 233

第 26 章　负疚感行之有效 / 242

第 27 章　赠人玫瑰，影响几何？ / 250

第 28 章　忠诚的心 / 256

第 29 章　身体力行 / 263

第 30 章　稀缺心理与幻象的神秘魅力 / 272

第七部分

当信息失灵：宣传对社会的挑战

281

第 31 章　教育还是宣传 / 282

第 32 章　什么是新闻 / 290

第 33 章　无效的信息战 / 303

第 34 章　潜意识法术：谁在引诱谁 / 310

第 35 章　直接劝导 / 320

第 36 章　第三帝国的宣传：不确定性的一个例子 / 329

第八部分

还击宣传策略

第 37 章　预先警示是不是预先武装，或者说，如何真正抵制宣传 / 342

第 38 章　我们可以如何抵制虚假宣传 / 353

第 39 章　劝导女神珀伊托的儿女们 / 363

参考文献 / 371

创作缘起

我们两个属于两代人,其中一个,埃利奥特·阿伦森,生于1932年,在第二次世界大战期间长大。"当时,我对在学校和媒体中接触的一切几乎都深信不疑。比如,我知道所有德国人都是坏人,所有日本人都鬼鬼祟祟、奸诈狡猾,而所有美国白人都整洁利落、诚实正直、心地纯朴。可能只有到了11岁,你才会去认真琢磨20世纪40年代初的战争电影里出现的那些对种族和国家的讽刺揶揄。但是当年,大多数成年人,包括我的父母(我把此书献给他们),当然倾向于相信战争电影的基本信息;事实上,他们确实如孩童般天真地信赖媒体。他们竖着耳朵倾听罗斯福总统(President Roosevelt)著名的'炉边谈话'的每一个字,做梦都没想过怀疑美国国家政策背后的动机高尚与否。他们以为商业广告的目的是让消费者获得资讯;我也这样以为。"

自那时起,世界已历经几番变迁。安东尼·普拉卡尼斯成长于越南战争期间,见证了那个时代政府官员赤裸裸的谎言。"当时我坐在电视机前,目不转睛地盯着电视屏幕,被从越南传送到我家客厅的死亡和毁灭画面吓得要死。整个过程中我学到的是,政客的嘴里只有谎言。我成年的时候正赶上'水门'(Watergate)时代,理查德·尼克松(Richard Nixon)作为在任总统被迫辞职,因为包括他自己的录音带在内的信息都提供了如山的铁证,他和他的朋党对美国人民撒的谎、使的阴谋诡计以及掩人耳目的企图都被曝光。在我看来，商业广告，不管是宣传不同品牌的产品还是宣传不同党派的政客，都是娱乐而已，目的就是让什么人发财，或者变得更加有权有势。"

在本书的第一版中，我们为20世纪80年代的白宫（White House）没有条件使用录音机而深感遗憾；里根总统（President Reagan）就这样得以逍遥法外，尽管他违背宪法，向伊朗秘密出售军火并转移所得收益来支持尼加拉瓜反政府武装，却免于承担欺骗美国人民（和世界）的后果。[1]我们当时认为，现在也依然这么认为，下述情形是我们这个时代的悲哀的注脚：曾经，大多数美国人对尼克松及其朋党义愤填膺，但等到"伊朗门"（Iran-Contra）丑闻爆发时，大多数人似乎已经对上当受骗持见惯不怪的态度，因此当奥利弗·诺思（Oliver North）[1]、约翰·波因德克斯特（John Poindexter）[2]和里根总统本人可谓基本成功"逃脱罪责"时，人们似乎并无不快。而现在，其他调查也纷至沓来：储蓄和贷款危机[3]、国际商业信贷银行（BCCI）危机、红宝石山脊（Ruby Ridge）事件，以及美国各色政客所获得的各种可疑的竞选捐款。有谁在意呢？一切照常。但是，这样的见惯不怪自有其代价。见惯不怪的选民对选举并不热心，从以下事实可见一斑：如今，只有不到一半的合乎资格的美国人愿意费事去投票。

接下来是举世闻名的"低速追捕"，即对O. J. 辛普森案的审判，展现了20世纪媒体的热闹场面。[2]全球观众目不转睛地坐在电视机前：上千名持证记者，还有数不清的媒体专家，一遍又一遍地报道此案件和故事

---

1 生于1943年，前美国海军陆战队中校，保守派政治评论员、电视节目主持人，伊朗门事件中担任美国国家安全委员会工作人员。——译者注
2 生于1936年，前美国海军中将，里根政府负责国家安全事务的总统安全顾问，伊朗门事件的关键人物。——译者注
3 又称S&L危机，是美国历史上最大的金融丑闻之一，1986—1995年之间导致美国将近1/3的储蓄贷款公司倒闭。——译者注

当中每个令人发指的细节,从审判的费用,到梅扎卢纳餐厅(Mezzaluna Restaurant)的菜单,再到马西娅·克拉克(Marcia Clark)[1]在法国里维埃拉度过的袒露上身的假期。仅CNN就雇用了70名记者和250位法律专家,制作了1 530小时的电视节目来报道和评论辛普森案。商家靠着出售O.J.周边小商品,诸如新奇的辛普森腕表、T恤、橘子味的O.J.空气清新剂和形似主审法官伊托的果冻模具等宝贝,赚了10多亿美元。从1995年1月1日起,到判决后的一周为止,电视新闻总计投入26小时50分钟来报道辛普森案。这一时长占可用总时长的13.6%,比当时另外三大热门新闻加在一起的时间还要多。(波斯尼亚战争占时13小时01分钟,俄克拉何马城爆炸案占时8小时53分钟,美国预算斗争占时3小时39分钟。)

  辛普森案判决完成之后,新闻媒体该怎么办?这个案子可谓摇钱树。报道的制作成本相对较低,收视率极高,能带来丰厚的广告收入。举个例子,在辛普森案判决揭晓时,电视台插播30秒商业广告的收费是其通常费率的10倍。知名运动员,内容劲爆、跌宕起伏的审判,还有什么比这个更好?什么能继续吸引广告收入滚滚而来?以性罪名弹劾美国总统,如何?

  这正是我们接下来要"收看"的内容。从1998年1月开始,美国的大众媒体,尤其是其新闻节目,开始全天候报道有关时任总统克林顿性行为不端的种种故事和揣测,尤其是他与白宫实习生莫妮卡·莱温斯基(Monica Lewinsky)的性丑闻。[3]这一年,深夜电视节目中有关比尔·克林顿的笑话激增111.3%。约6 760万美国人收看了克林顿在1998年8月17日发表的电视讲话,他在讲话中承认与莫妮卡·莱温斯基有不正当关系。在他发表讲话之前的一个月里,电视台的早间新闻节目对克林顿性丑闻的报道有179次,而对克林顿政府任何其他新闻的报道只有56次。许多报道

---

1 辛普森案的控方检察官。——译者注

都荒唐可笑，先是含沙射影，继而风言风语，再然后谣言甚嚣尘上；跟辛普森案的报道异曲同工。例如，CNBC（美国消费者新闻与商业频道）一名参与讨论的嘉宾声称，除莱温斯基之外，总统还跟另外四名实习生有染；美国广播公司（American Broadcasting Corporation, ABC）的新闻报道称，克林顿和莱温斯基的奸情可能是被特工处的特工逮了个正着；接着，《达拉斯晨报》（Dallas Morning News）便报道说，一名特工愿意做证，他亲眼看见总统和莱温斯基发生性行为。当然，这些仍未得到证实的传言被新闻媒体一遍遍地重复，听起来很像那么回事。在媒体的一片喧嚣之中，臭名昭著的克林顿总统仍向美国公众晃动手指，否认和"那个女人"有性关系。

美国的新闻节目变成了"全天候莫妮卡"电视网，美国人对此做何反应？比尔·克林顿的支持率在此期间飙升。纽特·金里奇（Newt Gingrich）和其他发起弹劾指控的人失去了民心，因为他们中有些人的不检点性行为也被曝光，不得不辞去公职。民意调查显示，美国人对新闻媒体不再心存敬意，也不喜欢这起事件的报道方式。我们认为，以下统计数据最能说明问题：在8月17日克林顿承认性丑闻之后，"全天候购物"电视频道QVC[1]立刻创下其历史上第二高的单周销售纪录。显然，收听克林顿电视讲话的6 760万美国人中，有许多人一听完马上换台，并选择以QVC来替代"新闻"报道。美国人民好像是在说："**我受够了这些废话。我要去购物。**"

我们不能再这样下去了。大众媒体迎合我们对娱乐和奇闻的渴望，炮制类似辛普森案和莱温斯基事件的"新闻"报道。此类"新闻"报道助

---

[1] 美国最大的电视购物公司，成立于1986年，总部位于美国宾夕法尼亚州西彻斯特，其旗下频道通过地面、卫星、有线电视及互联网面向全球多国播出。其名称源自"Quality, Value, Convenience"（质量、价值、便捷）的首字母缩写。——译者注

长了我们对政府、对美国现状的怀疑主义。以媒体对2000年美国总统选举的报道为例。一开始，民众和新闻媒体都对此次大选缺乏兴趣。然而，当佛罗里达州启动重新计票，这一有可能具备娱乐性的场面刚一出现，电视网络便启动全天候报道。这些报道越发加深了我们的怀疑主义：一切好像失控了。

尊崇民主者是真正的输家。当我们被辛普森案和莱温斯基事件牢牢吸引时，我们就无暇关注相关部门对违规使用竞选资金的调查，或对关系国计民生的重大问题的深入分析，例如不断攀升的医疗保健成本、核武器在国际层面的持续扩散、中产阶级的萎缩、贫困儿童数量的增加以及大众媒体控制权日益集中于少数几家大公司手中等。贪图娱乐让我们付出代价：参与民主所需要的资讯被鸡毛蒜皮的娱乐取代，我们也因此越来越难以履行身为公民的责任。

我们之所以写这本书，是因为我们坚信面对宣传不止有两种选择：要么天真地全盘接受，要么彻底怀疑，只图消遣。在这个宣传手法运用得日益精妙的时代，让公民了解各种宣传策略，了解令其起作用的心理动力以及如何抵制过度宣传同时又不陷入心灰意冷的怀疑主义，具有重要意义，对民主国家尤其如此。本书正是为此而写。作为研究者，我们两个加在一起，对劝导术的方方面面有五十多年的研究经验；对于什么有效、什么无效以及个中原因，我们相信自己略有心得。另外，对于如何防备无耻之徒滥用劝导术，尤其是防备可能角逐美国最高政治职位的无耻之徒，我们也相信自己略有心得。

此外，多年的经验让我们懂得如何区分劝导和宣传。因此，本书也为希望以诚实、光明正大的方式有效沟通的读者提供了建议。我们相信，在这个宣传的时代，对民主的存亡而言最为关键的一点是，既要有能够清晰、合理地陈述信息的传播者，又要有见多识广、懂得区分合理的陈述与骗局的选民，二者缺一不可。我们写这本书，也是为了实现这些目标。

和所有类似规模的写作一样,我们要向许多人表示感谢。首先,我们要感谢本书第一版的所有读者,他们费心发送邮件告知我们意见,或者通过电台访谈节目和互联网等互动媒体与我们联系。在本次修订中,我们力求对大家的意见做出回应,澄清有误导性或不准确的地方,甚至修正自身的观点。除此之外,我们还酌情更新了研究成果,就读者关心的话题补充新的章节(例如,虚伪在劝导中的运用,如何应对宣传),也更新了书中有关宣传的案例。

特别鸣谢:薇拉·阿伦森(Vera Aronson)、马赫扎林·巴纳吉(Mahzarin Banaji)、苏珊·布伦南(Susan Brennan)、乔纳森·科布(Jonathan Cobb)、彼得·法夸尔(Peter Farquhar)、埃丽卡·戈德曼(Erika Goldman)、克雷格·列韦(Craig Leve)、纳森·麦科比(Nathan Maccoby)、理查德·佩蒂(Richard Petty)及俄亥俄州立大学态度与劝导研究小组(Ohio State Research Group on Attitudes and Persuasion)、罗斯玛丽·普拉卡尼斯(Rosemarie Pratkanis)、迈克尔·桑托斯(Michael Santos)、卡罗尔·塔夫里斯(Carol Tavris),以及我们在加州大学圣克鲁斯分校的学生们,他们的意见让我们受益良多。还要感谢马琳·特纳(Marlene Turner),在本书撰写过程中持续提供宝贵的反馈。

第一部分

我们这个宣传的时代

第 1 章

我们这个宣传的时代

20世纪90年代初,17岁的德米特里克·詹姆斯·沃克(Demetrick James Walker)因杀害一名16岁少年而被判终身监禁。作案动机:一双售价125美元的耐克"空中飞人"(Air Jordan)系列运动鞋。德米特里克实在太想要这款他在电视上看到的鞋了。于是,他用一把口径0.22英寸(约0.56厘米)的手枪抵住约翰尼·贝茨(Johnny Bates)的头,扣动扳机,抢走了一双崭新的高帮运动鞋。在庭审时,休斯敦检察官马克·文森(Mark Vinson)指出,广告所营造的形象也应为此案负一部分责任。文森说:"如果我们给运动装备打造高端奢华的形象,甚至到了驱使观众为之杀人的地步,这不是件好事。"[1]

美国北卡罗来纳州1990年的参议员选举是近年来最激烈、也最昂贵的政治选战之一。竞选进入最后几周时,民意测验显示,与在任的共和党白人参议员杰西·赫尔姆斯(Jesse Helms)相比,发起挑战的民主党候选人、黑人哈维·甘特(Harvey Gantt)具有微弱的领先优势。距投票日还剩8天时,赫尔姆斯播出了被人称为"白手"的广告。该广告由政治顾问亚历克斯·卡斯特利亚诺斯（Alex Castellanos）制作，画面里，一双白人的手把一封拒信揉作一团。画外音响起："你需要那份工作，但由于种族配额，他们只好录用一名少数族裔。这真的公平吗？"尽管记录显示甘特反对种族配额制度，但广告看来还是奏效了：赫尔姆斯凭借在白人选区获得的压倒性多数选票险胜，以微弱优势成功连任。因为这招太好使，赫尔姆斯1996年与甘特再度对决时又把它搬了出来；这一次，他指控甘特在业务竞标时享受了优待。[2] 2000年美国总统大选期间，亚历克斯·卡斯特利亚诺斯还为共和党全国委员会（Republican National Committee, RNC）制作了一则30秒的广告，并因此再度招来骂名。在广告中，"RATS"（鼠辈）这个词快速掠过屏幕，快得完全超出意识能够觉察的范围。

若干年前，哥伦比亚广播公司（Columbia Broadcasting System, CBS）播出了电影《受害者》（*Cry Rape*）。究其主旨，该剧将强奸受害者的困境展现无遗：如果选择起诉施暴者，那么她可能经历一场痛苦程度不亚于强暴事件本身的磨难。在剧中，施暴者显出小男生般的无辜，辩称自己遭到女方引诱，整套说辞入情入理，令人信服。随后的几周里，由受害者向警方报告的强暴案数量急剧下降，显然，她们看到这部电影的做法，担心警察不会相信自己。

1982年10月，芝加哥地区有7人因服用掺入氰化物的泰诺（Tylenol）头痛胶囊而死亡。全国的新闻媒体对此展开铺天盖地的报道。连续几天，只要打开电视、收音机，抑或随手拿起一份报纸，泰诺投毒案都是难以避开的热点。这些引人注目的报道立即带来反响：全国各地的城市都爆出类似的中毒事件，涉及被人动手脚的漱口水、滴眼液、喷鼻剂、苏打水，甚至热狗……此类事件被冠以耸人听闻的名称："模仿投毒案",继而也同样吸引了媒体的普遍关注。公众的反应不断升级:大批人陷入恐慌,纷纷因为灼痛或中毒来寻求医治,而其实他们的不适只不过是喉咙疼、肚子疼等常见症状。假警报的数量最终远超商品真的被人动手脚的案例,二者的比例高达7:1。

德米特里克·詹姆斯·沃克、北卡罗来纳州选民、强暴案受害者,以及任何看过电视或读过报纸杂志的人,以上这些人有何共同之处?我们每次打开收音机或电视,每次翻开书籍、杂志或报纸,就有人试图教育我们,劝我们买产品A,投票给候选人B,又或者接受关乎真、善、美的某种信条。这种意图在广告中最为显见:尽管制造商们的产品几乎一模一样(比方说阿司匹林,或者牙膏、洗涤剂,又或者政治候选人),但他们还是投入重金以说服我们选用他们家的品牌。不过,左右人心并不需要如此直白。举例来说,电视新闻节目,以及类似《受害者》这样的影视剧,带给人的冲击远超过它们作为纪录片或剧作的最为直接的影响。事实上,这种影响可能极其微妙,甚至并非制作者有意而为。电影《受害者》引发的效应充分证明,即使信息传播者并未直接向我们兜售事物,他们也能成功影响我们的世界观,影响我们应对生命中重要事件的方式。本书的目的正是探究日常生活中劝导的本质,从而理解它是如何影响我们的行为,我们可以如何保护自己免受讨厌的宣传洗脑,以及最终我们可以如何善用劝导术。

供应过剩的影响力

很多有说服力的呼吁常以大众媒体为首要载体。大众媒体几乎无处不在,相关统计数据令人震惊。[3]传播业是个规模逾4 000亿美元的产业,其中2 060亿美元投入于大众传播,也就是说,传播内容以完全一样的形式生产出来并分送给生活在不同地方的人们。美国有 1 449 个电视台和四大电视网络、10 379 家电台、1 509 家日报、7 047 家周报、17 000 多份杂志和时事通讯,以及九大电影制片厂。美国人有充足的机会享用大众媒体的信息盛宴,而他们也确实在尽情享用。一个典型的美国人每年花 1 550 小时看电视,花 1 160 小时听收音机(全美共有收音机 5.3 亿部),花 180 小时阅读重达 94 磅(约 42.64 千克)的报纸,花 110 小时阅读杂志。美国人每年有机会阅读的新书超过 5 万本。除去睡觉之外,美国人每天的时间有一半以上是与大众媒体共度的。

"我们限制他每天看 1 个小时电视。他已经从 2001 年预支到 2014 年 3 月 29 日了。"

假如你,像典型的美国人一样,每周看 30 小时电视,那你每年观看的商业广告约有 3.8 万条。通常,黄金时段的电视节目每小时插播 11 分钟以上的广告。这就意味着每天有 100 多条电视广告。加上电台、报纸和杂志等其他形式的大众媒体，你每天听到或看到的广告很可能还要再多 100～300 条。

广告的泛滥并不止于此。观众在家中收看 QVC 和家庭电视购物网（Home Shopping Network, HSN）等频道的无数广告之后，会下超过 1 亿个订单，产生 25 亿美元以上的销售额。平均而言，这一年你会收到 252 封直接邮寄广告，这一产业规模达到 1 445 亿美元而且还在增长；还会收到来自电话营销人员的大约 50 个电话，他们每天要联系 700 万人。美国人每年通过电话购买价值 6 000 亿美元的商品和服务。如今，广告商正在开发利用互联网和万维网来传递其信息的新方式。每天，全球有超过 2.57 亿的互联网用户访问 1 110 多万个网址，里面有各色各样的资讯、宣传，当然还有待售的商品。美国公司每年花费 1 500 亿美元，雇用超过 640 万名销售代理。平均每 12 个美国家庭中就有一个家庭有成员从事销售行业。这支百万大军孜孜矻矻，为说服他人而努力：从购买汽车、鞋子到大大小小的家用电器等各色商品，到给亟须经费的慈善机构捐助巨款，再到应征入伍，或入读某所大学。

漫步美国任何城市的街头，你都会看到无数的广告牌、海报、保险杠贴纸，还有公交车和出租车上的显示屏，各有各的广告诉求。你家厨房的橱柜，很可能塞满了产品包装和标签，其中每件都包含至少一条推销信息。广告似乎无处不在。赛道上，以时速 200 英里（约 321.87 千米）飞驰的赛车，承载着每年价值 7 500 万美元的广告。无论在网球锦标赛、爵士音乐节或高尔夫球赛现场，你都会看到企业赞助商，譬如维珍妮牌（Virginia Slims）女士香烟、酷儿（Kool）香烟、特威尔（Doral）香烟等。去看场电影，你会发现广告商为电影支付重金，大约是每年 5 000 万美元，好让你最喜欢的明星在电影里使用他们的产品。就连 007 系列电影中点马提尼的经典台词，"摇匀，不要搅拌"，都并非神圣不可更改。在电影《黄金眼》（Goldeneye）里面，詹姆斯·邦德（James Bond）点

第1章 我们这个宣传的时代

了杯"斯米诺黑牌（Smirnoff Black）伏特加，要纯的"，只因为电影出品方收到一笔不菲的植入广告费。在美国，基本上人人都是行走的广告牌：他们穿的T恤衫、戴的棒球帽，上面都有品牌的名称，更不要提处处可见的设计师标签了。

每天，美国人会接触到180亿条杂志和报纸上的广告、260万条电台商业广告、30万条电视商业广告、50万块广告牌，以及4 000万份直接邮寄广告。美国拥有全球6%的人口，消费的广告数量却占全球的57%。制造商每年的广告支出达1 650亿美元以上，同时每年花费1 150多亿来促销产品，例如发放优惠券、免费小样、赠品或开展购物返利的活动等。这相当于把美国国民生产总值的2.2%花在广告上；作为对比，日本和德国的这个比例分别为0.95%和0.9%。折算下来，每个美国人每年在广告上花费1 000多美元。

不过，劝导并非广告商和营销公司的专利。美国政府每年花费4亿多美元，雇用8 000多名员工，为的是打造对美国有利的宣传。成果便是：每年90部电影、以22种语言出版的12种杂志，以及800个小时的《美国之音》（Voice of America）广播，该广播以37种语言播出，听众约7 500万人。它们统统为美国歌功颂德。

劝导普遍存在于各行各业。政界要人几乎全都雇用媒体顾问和政治专家，就如何劝导公众、成功当选（然后成功连任）寻求建议。举个例子，在2000年美国总统选举中，乔治·W.布什（George W. Bush）募集了超过1.84亿美元的竞选资金，而阿尔·戈尔（Al Gore）募集的竞选资金超过1.33亿美元。一旦当选，美国总统通常会花费数以百万计的美元来雇用私人民调分析师和政治顾问，以便维持令人满意的支持率。

基本上所有的大公司和特殊利益集团都会雇用院外活动分子，以便把自己关切的问题传递给国会或者州政府和地方政府。今天，这些政治行动委员会可谓大多数政治选战的主要经费来源。国会很不愿意对美国步枪协会（National Rifle Association of America, NRA）、美国退休人员协会（America Association of Retired Persons, AARP）或美国市场营销协会（American Marketing Association, AMA）等主要院外活动分子实施动真格的限制，这有什么可奇怪的吗？几乎在每个社区，都有活动分子试图就重要的政策议题劝导其同胞。

工作场所也历来都是发展办公室政治和劝导的沃土。有项研究估计，总经理的时间有80%以上是在跟人讲话，其中大多是在给员工画大饼，对员工进行劝导。随着复印机的面世，一种全新的办公室劝导媒介也诞生了：备忘录复印件。单五角大楼一家机构，平均每天就要复印35万张纸，相当于1 000部小说。星期天或许是休息日，但劝导的工作却未停歇，大批牧师走上讲坛，给我们灌输人间正道。牧师们还利用电波布道，美国有14%的电台播放颂扬基督教美德的节目。

假如你在准备劝导信息方面需要帮助，成百上千万人会随时准备伸出援手，但敬请付费。今天，有67.5万名律师活跃于法庭之上，唇枪舌剑，如果雇用他们的名人有需要，他们在社会舆论领域也会使尽浑身解数。300多家公司提供"形象咨询"，就如何打造更富魅力的个人形象给出建议；这项服务每年创收1.3亿美元。一切涉及舆情的问题，均可聘请公关公司来应对。随便什么你能想到的话题，500余家大型市场研究和民意调查公司都可以帮你搞清美国人作何想法。这些公司每年要找7 200多万美国人完成调查问卷。市场调研公司的前一百强加在一起，年收入即已超过50亿美元。

日复一日，我们被种种意在劝导的信息狂轰滥炸。这些信息不是通过一来一回的争辩和讨论来实现劝导目的，而是通过操纵象征性符号、操纵我们人类最为基本的情感来实现。好也罢，坏也罢，这就是我们的时代，充斥宣传的时代。

第1章 我们这个宣传的时代

后工业化时代宣传的增长

任何社会都需要一个制定决策、解决争端和协调活动的机制。我们的社会选择了劝导机制。在苏联,政府机构试图调节消费者的喜好和选择;在美国文化中,这项工作被交给了广告商的三寸不烂之舌。传统社会的婚姻,由父母之类的权威依循规范和习俗指定;现代西方社会的爱情,是两位可能坠入爱河的当事人及其朋友、家人各展社会影响力神通的结果。中世纪的欧洲,大多数争端的解决靠的是封建领主的旨令、教皇的裁定,抑或是马背上的一场长矛比武;如今,律师们试图通过协商庭外和解来解决争端,如果没谈拢,就要走复杂的法律程序,在法官大人面前辩论案子的是是非非。在全球的许多文化中,统治者上台要么靠武力,要么靠世袭;美国民众则通过一套所谓"大选"的劝导程序来选择执政者。

在美国,劝导习俗可以追溯到建国之初。[4] 当时的美国和现在一样,是多元化社会,生活在这里的有印第安土著,也有来自英国、西班牙、非洲、荷兰、法国等多个国家和地区的人,大家都有各自的信念和价值观。尽管使用暴力或暴力威胁来胁迫他人顺从的做法屡见不鲜,但要想在这样一个意见不一、视角各异的群体中缔造新共识,主要仍须依靠劝导。早期的劝导者劝诱人们定居新大陆,许之以巨大的财富、廉价的土地、宗教信仰自由以及未知的新世界。天主教神父和新教牧师向已皈依的信徒布道,同时努力劝说尚未皈依者信奉耶稣,这些未皈依者大多是印第安土著。美国印刷出版业的诞生令旨在说服殖民地开拓者的小册子、传单和报纸得以广泛传播。当殖民地开拓者们批准美国宪法时,他们通过保障言论自由、出版自由、集会权和向政府请愿的权利,确保了劝导是决策机制的核心。美国政府以其独立行使权力的三个机关,形成一个要求人们争论、辩述和妥协的制衡体系。其中,立法机关包括参、众两院。美国司法体系采用抗辩制,政府必须通过摆事实、讲道理,无可置疑地证明某人确实犯了罪。

美国人早年即醉心于劝导,关于这一点,波士顿的法纳尔大厅(Faneuil Hall)和昆西市场(Quincy Market)可谓最为生动的象征,鲜有其他地方能出其右。[5]法纳尔大厅由彼得·法纳尔(Peter Faneuil)于1742年所建,原本是个集市,用以"鼓励和容纳将日用必需品带到这座城市的乡下人"。但是,不管是当时还是现在,消费主义都有点惹人争议,为促使波士顿市接受这份礼物,法纳尔在市场摊位之上的二楼加盖了会议厅。自此以来,法纳尔大厅见证了美国几乎所有重大议题上的辩论,包括有关独立、奴隶制、禁酒、女权的决定,也包括从1812年到波斯湾战争为止美国参加过的所有战争。时隔84年之后,集市扩建,并以当时波士顿市长的名字重新命名为"昆西",时至今日它仍在使用,是美国最古老的购物商场之一。不远之处,还矗立着老州议会大厦(Old State House)、老北教堂(Old North Church)等劝导艺术的丰碑;独立运动最早期的许多演讲和法案均在此处诞生。因此,这些殖民地开拓者们在18世纪末参与创建的政府会以劝导艺术为核心,也就毫不奇怪了。

不过,直到工业革命的力量在19世纪充分展现之后,人们对劝导的兴趣以及有组织的劝导才真正开始大规模涌现。工业革命时期,众多新事物诞生:蒸汽发动机、轧棉机、动力织布机、铁路、电报、装配线;越来越多的物质产品被制造出来,推向大众市场。仅仅几代人的时间,曾经有钱人才能享有的东西,已飞入寻常百姓家。与日俱增的产品供应意味着人们购物不再纯粹出于需要,还受时尚和潮流所驱使。

但是,消费者并不总是会购买上市的商品。原因有很多。潜在顾客可能不知道某种产品的好处,或者可能不信任制造商,又或者认为该产品哗众取宠毫无意义。他们可能钱不够,没办法商品一上市就立刻购

第1章 我们这个宣传的时代

买。迫不得已,制造商们只能日益依赖销售人员和市场营销手段来劝导人们批量购买其产品。每一种大众媒体的崛起,都为制造商们提供了一种更为便捷的营销方式。无论是17世纪的印刷机、19世纪80年代的大众市场杂志、20世纪30年代的无线电台、20世纪50年代的电视、20世纪80年代的直邮广告和电话营销,还是新千年以来的互联网。

话说回来,如果要为我们这个宣传的时代确定某个具体的诞生日期,我们会选择一起大多数美国史教科书都未记载的鲜为人知的事件。1843年在费城,一位名叫沃尔尼·帕尔默(Volney Palmer)的青年创立了史上第一家广告代理公司,现代宣传史正是从此开始。按今天的标准来看,这家公司相当落后,其提供的服务只是为报纸出版商和广告者牵线搭桥,充当广告版面的中介。[6]此后不久,全面经营的广告公司纷纷出现,提供广泛的一系列客户服务如媒体策划、文案设计和制作等,与此同时也涌现了大量的市场调研公司、公关公司和民意调查公司;它们统统都以劝导为营生。

学术界人士也紧随其后。19世纪90年代初,大学开始推出名为"广告的原则""销售技巧""批发和零售"等的新课程。各种教材,例如《广告及其心理原理》(*Advertising and Its Mental Laws*)、《广告心理学》(*Psychology in Advertising*),纷纷出版,它们全都承诺要向读者传授劝导艺术,至少可应用于广告和销售。[7]20世纪甫一开始,美式宣传的基本规范已牢牢确立。人类完成了从"狩猎-采集者"向"购物-废弃者"的进化。

很快,旨在向消费者出售商品的广告和营销原则就被应用于"兜售"政治理念和候选人。"兜售"第一次世界大战便是最早的此类实践之一。在其1920年首次出版的著作《我们如何宣传美国》(*How We Advertised America*)中,身为出版商、公共信息委员会(Committee on

Public Information）[1]主席的乔治·克里尔（George Creel），颇为自豪地透露了他和他的委员会运用广告宣传原则说服美国人与德国开战的始末。[8]克里尔的成功激励了其他人大规模地利用和发展这些技巧，这些人中最值得一提的是希特勒。此类尝试显然屡屡得手，保守点说，也算引发了相当多的关切。现代批评者称劝导是思想控制、洗脑、隐秘的勾引教唆，并呼吁人们关注宣传的破坏性影响。

宣传与劝导之别

　　主导我们20世纪生活方式的劝导形式，与其他任何时代的劝导形式截然不同，与殖民地时代美国人所体验的劝导形式当然更是大相径庭。因此，我们使用"**宣传**"（propaganda）一词来指代大众劝导手段，它已成为我们的后工业化社会的鲜明特征。"**宣传**"相对来说是个新词。它最早见诸书面记录是在1622年，教皇格列高利十五世（Gregory XV）设立了"万民福音部"（Sacra Congregatio de Propaganda Fide）[2]。当时，在新教改革运动（Protestant Reformation）之后，罗马天主教会开始发起圣战，试图通过武力重新确立天主教的地位，但基本都以失败告终。教皇格列高利十五世意识到武力行不通，于是建立了教会的宣传办公室，希望借此来协调各方努力，让男女老少"自愿"接受天主教教义。就这样，"**宣传**"一词在新教国家有了负面含义，而在天主教盛行的地区有正面意味，类似"**教育**"或"**传道**"。

　　直到20世纪初，"**宣传**"这个词才开始被广泛使用。当时，它被用

1　1917年4月13日，时任美国总统的伍德罗·威尔逊(Woodrow Wilson)宣布建立公共信息委员会为战时宣传机构。——译者注

2　又译传信部、传道议会、传道总会等，负责与罗马天主教会有关的宣教活动。——译者注

第1章 我们这个宣传的时代

来描述第一次世界大战期间以及后来的极权主义政权所使用的劝导策略。最初,"**宣传**"被定义为向大众传播有偏见的观点和看法,往往要借助使用谎言和欺骗。不过,随着学者们开始更详尽地研究这个主题,许多人开始认识到,宣传并非"邪恶"和极权主义政权的专属产物,而且其内容往往也不单是狡猾的欺骗。自此以来,"**宣传**"一词的含义逐渐演变为通过操纵象征符号和个体心理来"暗示"或"影响"大众。宣传意味着熟练运用图像、标语和象征符号,从而拿我们的偏见和情绪来做文章;它是某种观点的传递,终极目标是让接收者"自愿"接受这种观点,就好像他(她)原本就是这样想的。[9]

宣传的运用可追溯到人类文明诞生之初。例如,埃及以及中部美洲的阿兹特克、米斯特克、萨波特克和玛雅文明所留下的早期象形文字作品,都是通过象征符号和图画来记录一段对统治阶层有利的"历史"。[10] 仅举一例,玛雅人的文献和遗址往往会篡改历史日期、统治者的生卒年月、天文周期和真实事件,好让现任统治者的形象看起来更加高大。比如说,让现任领袖的生日跟史上某位强大领袖的生日重合,暗示其是前人的转世化身,或者大肆渲染其杀死或俘虏敌人的赫赫战功,让领袖看起来彪悍有力,激发民众的恐惧。由于只有统治者以及为统治者服务的神职人员可以解译和创作象形文字的图画和符号,在这些文化中,劝导的本质都是单向的:起点是统治者,终点是民众。

不过,并非一切劝导都是宣传。古希腊和古罗马人的经典修辞术,旨在构建可鞭辟入里地阐明当前议题的话语;西欧和美国那些政府制度的缔造者们都曾如饥似渴地钻研它们。此类劝导可以采取争论、辩论、讨论的形式,或者干脆就是发表一段精彩演讲,陈述某个给定命题的是是非非。最终的结果是,听众和讲者都受到了教育。

在古希腊城邦,人们相信所有公民人人平等,也都可以为自己发声。[11] 比如说,古希腊的司法体系不允许聘请律师或其他人为案件辩护;

公民必须在法庭上，或者准确来说在由其邻人组成的陪审团面前，为自己的案子陈词。同样，古希腊公民也必须在政治集会上就当前事务发表意见。这项工作不能留给推选出来的代表承担。毋庸赘言，古希腊公民人人都对学习辩论术抱有兴趣，以免自己因为某桩草率的官司而损失财产或者被逐出村社。

为帮助自己学习劝导术，古希腊公民可以聘请"智者"（Sophist）来教导自己如何辩论。"智者"是云游四方、到处讲学的老师，最早的有关劝导的著述就出自他们之手，其性质类似当今书店里的各种教你"怎么做"的入门书籍。这些手册现在大多已年久失传，介绍的是一些"常识"，即可酌情调整、用于各种劝导目的的一般性论点和技巧。*Dissoi Logoi*[1]是这些手册中较著名的一本，它就若干话题给出了一系列正面和反面的论点，方便讲者随时拿起来就用。

智者学派最广为人知的一点或许是，他们对于劝导在社会中的作用持有"危险的"观点，因此他们又被称为"诡辩派"；这一名词暗含贬义，意味着"诡计"或者"谬论"。智者学派观点可以用两句看似单纯，据说出自普罗泰戈拉（Protagoras）之口的格言来表达："人是万物的尺度""凡事皆有两面"。对于智者学派来说，世上没有绝对的真理，更没有成功找到这种真理的万无一失的办法（无论是通过圣灵的启迪还是人类的直觉）。唯一的标准是人类的标准，而它们往往是有争议的。那么，一个人要如何决定该怎么做？智者学派相信，劝导是发现"最佳"行动路线的必由之路；通过争论和辩论，事情的方方面面得以呈现，某种行动的好坏利弊也更加清晰可见。

智者学派的上述立场预示了许多有关劝导的现代性评论，柏拉图对此立场十分恼火。柏拉图相信存在绝对真理，只有通过对哲学的学习才

---

1 希腊语，意为 contrasting arguments，正反论证。——译者注

第1章 我们这个宣传的时代

能领会绝对真理。在柏拉图看来，智者学派的"文字游戏"只会让雅典青年无所适从，妨碍人们理解他所看到的真理。

大约在公元前323年，亚里士多德写了《修辞学》（Rhetoric）这本书，把他的老师柏拉图的立场与智者学派的观点整合起来，提出最早的有关劝导的综合性理论。在亚里士多德看来，劝导的目的是传播某种观点或立场。尽管智者学派认为必须通过劝导才能发现重要的事实，但亚里士多德相信，知识只有通过逻辑和理性才能获得。不幸的是，依亚里士多德之见，并不是人人都具备就一切议题展开清晰推理的能力。对于那些较愚钝的灵魂，需要以劝导的艺术向他们传达真理，以便他们最终得出**正确的**结论。

早期罗马人延续了"经劝导做决定"的传统。罗马共和国的政治和法律体系与希腊颇为相似，同样鼓励辩论和政治演说。不过，和希腊人不同，罗马人雇用职业劝导者，也就是依靠争论谋生的政客和律师。古罗马最著名的职业劝导者之一、律师西塞罗（Cicero，公元前106年—前43年）精妙地道出了劝导在罗马社会的作用。当被问及"修辞技巧是否弊大于利"时，西塞罗所给的回答想必就连亚里士多德也会颔首称许，他说："光有智慧没有口才，对国家鲜有助益；但光有口才没有智慧，则往往有百害而无一利。"[12]

古希腊人、古罗马人，还有殖民地时期的美国人，他们的雄辩术，都和当今常见的着重使用简单口号和图像的传播相去甚远。在越来越多的情况下，现代的宣传不以提供资讯、启迪思想为目标，而是意在推动大众采纳宣传者想要的立场或观点。今日之劝导情形与过去有天壤之别，且体现在某些非常重要的方面。

我们生活在一个信息密集的环境。营销大师阿尔·里斯（Al Ries）和杰克·特劳特（Jack Trout）称我们的社会是"过度传播"的社会。[13]一个普通的美国人，一生会看到或听到700多万个广告。相比之下，17

世纪新英格兰一名普通的虔诚的清教徒,每周去一次教堂,一生会听大约 3 000 次布道。无论是劝导性信息的传播者还是接收者,都因这个信息密集的环境而加重了负担。传播者必须精心设计信息,使之不仅诱人,而且能在这个嘈杂的环境里脱颖而出,吸引到特别的关注。另外,接收者被种种信息狂轰滥炸,以至于难以投入必要的精神能量来理解当今的许多重要问题。

我们这个宣传的时代同过去相比还有一个差别。清教徒的布道可能持续长达两个小时。公元 2 世纪的罗马演说家需要上专门的课程来提高记忆力,以便记住要说的所有内容。美国早期的爱国者花了 1787 年的整个夏天来讨论美国宪法,然后写了 85 篇文章,总计近 600 页,登在当时的报纸上,为宪法辩护。如今,电视中播放的政治广告通常持续 30 秒或者更短。杂志上的广告往往只有一张图片加上短短的一句话。今日新闻以简短的"原声摘要"和"新闻片段"出现。举个例子,70%的本地电视新闻的长度不超过一分钟。专栏作家乔治·威尔(George Will)曾经写道,要是林肯于今时今日发表《解放黑人奴隶宣言》(The Emancipation Proclamation),他很可能会说:"仔细听好。废除奴隶制。"当代的劝导充斥着引人注意的简短信息,而且往往注重视觉效果。尽管此类劝导性画面常能在信息密集的环境中成功抓住我们的注意力,但它们用口号和图像取代了有理有据的论述,并把复杂的问题变成庸俗直白的黑白漫画式的呈现。

现代劝导的即时性也远超过去。曾经,清教徒要等整整一星期才能听到下一次布道,要等好几个月,才能获悉来自英格兰的新闻。自从 1962 年 7 月 **"电星一号"**(Telstar 1)卫星发射以来,几乎全球任何地方发生的任何事件都能即时得到报道。比如说,1991 年,在盟军轰炸伊拉克的一周前,伊拉克外交部部长塔里克·阿齐兹(Tariq Aziz)还宣称他了解美国政治,因为他收看了 CNN 的新闻报道。很快,108 个国家的

第1章 我们这个宣传的时代

超过10亿人把电视频道调到CNN,观看波斯湾战争的在线直播报道。继警方对O. J. 辛普森的"低速追捕"给举国民众带来消遣之后,CNN、E![1]、法庭电视台(Court TV)等媒体对案件做了持续不断的跟踪报道并提供即时"分析"。超过1.5亿美国人通过电视观看了判决过程。没过多久,如此铺天盖地的报道再度上演:这一次受审的是美国总统比尔·克林顿,因为他撒谎隐瞒了自己和一名年轻实习生的私情。

到了2000年美国大选,这种对即时性的渴求导致了荒唐的局面:媒体首先在佛罗里达州部分投票站还没关门的情况下,宣称阿尔·戈尔赢得佛罗里达州的大选;然后在同一天晚上晚些时候说,双方在佛州的选票过于接近,难分胜负;最后又报道说,乔治·W. 布什拿下了佛州。这一新闻促使戈尔给布什打电话承认败选。然而,就在他准备向全国人承认败选时,戈尔发现选情还是十分胶着、胜负未定,于是收回了声明。新闻媒体急不可耐地宣布大选结果,然后又重新宣布结果,导致候选人和举国上下都坐上了情绪跌宕起伏的过山车,所有人都感到混乱和愤怒。

而今天,劝导对即时性的追求甚至还愈演愈烈。仅举一例:1978年发生了琼斯敦(Jonestown)集体自杀惨案,事发513天之后,有关此事的第一部电视电影制作完成;而1993年,大卫教派(Branch Davidian)在得克萨斯州韦科镇(Waco)的营地发生纵火自焚事件之后,仅仅用了34天,首部有关此事的电视电影就宣告诞生。即时性的劝导的结果是及时的信息,但可能往往太过及时了。昔日清教徒可能花一整周的时间,沉思上周日的布道的深远意义;而今天,电视观众和杂志读者几乎没有时间思考某个劝导性画面,因为它旋即被下个画面取代:只见树木,不见森林。

---

1 E! 是"Entertainment Television"(娱乐电视台)的首字母缩略字,是美国的一个有线电视频道,属NBC环球旗下。——译者注

或许,当今时代和过去的最大差别在于,我们向公民传授劝导之道的方式不同。假如你是公元前3世纪的希腊城邦公民,你所受的教育会包括四年的修辞学,教你如何理解劝导性论证,以及如何构建你自己的劝导性论证。要是你学完之后意犹未尽,可以聘请一位智者学派老师给予进一步的指导。公元1世纪的罗马学生在学习劝导术时,师从的可能是古往今来传授雄辩术的最伟大的教授昆体良(Quintilian),他就这个主题写的教科书沿用了将近千年。17世纪美国哈佛学院的学生也有大把的机会学习劝导术。整整四年,每周五下午,学生们会学习如何辩论;每个月至少有一次,他们要展示自己所学:选择一个立场并加以捍卫,同时批驳他人的立场。

与当今的美国文化不同,以上这些文化认为公民若想全面参与国家事务,对劝导术的理解是必不可少的技能。学习劝导因此成为其教育的基础内容之一。与之形成对比的是,鲜有美国人学过有关社会影响力的正式课程。关于这个主题,"流行"书籍通常要么耸人听闻地警告劝导和大众媒体带来的可怕后果,要么给出过于简单化的建议,教导读者"如何出人头地"。我们每天都被劝导性信息轰炸,却没有多少机会学习劝导的技巧、理解其运作原理。可悲的是,这一切可能导致疏离感和愤世嫉俗的怀疑主义,因为许多美国人困惑于美国社会的基本决策进程。

本书的目的

最近60年来,包括笔者在内的社会心理学家一直在研究劝导术的日常应用与滥用。[14]他们做了成千上万的实验来检验有关劝导效果的无数假说。他们的努力没有白费,研究人员发现了哪些劝导技巧有效,也理解了劝导性信息到底何以打动人心。本书的目的之一就是分享这些信息。

第1章 我们这个宣传的时代

在第二部分,我们将概述社会心理学家和其他研究人员围绕劝导过程的种种发现:哪些因素决定了我们何时会被影响?通常,我们对他人的劝导企图会作何反应?随后的第三至第六部分是本书的核心,深入分析当今常用的宣传策略,同时探讨为何这些策略能让我们乖乖就范。接着,我们审视宣传者的各种技巧,分析如何综合运用这些技巧开展宣传战。在本书的最后,我们讨论了可以做些什么来限制宣传对我们生活的影响,确保深思熟虑的劝导依然是民主体制的核心。

写作本书还有另一个目的。针对德米特里克·詹姆斯·沃克、北卡罗来纳州选民、强暴案受害者以及每一位电视观众和杂志读者的劝导企图,都利用了我们作为人类的基本心理:它们往往唤起我们内心最深的恐惧、最不理性的期望,与此同时迎合我们最为幼稚单纯的信念。它们叠加在一起,为我们呈现了一幅世界的画面;尽管画面可能扭曲,我们却必须生活在其中。作为作者,我们希望通过在本书中讨论劝导术,大家都能更好地理解我们这个宣传的世界,明智且有效地与之打交道。

第二部分

日常劝导中的心理学

第 2 章

神秘的影响力

拍摄于 1962 年的《谍网迷魂》(The Manchurian Candidate) 可谓一部经典的邪典（cult）电影[1]。影片由安吉拉·兰斯伯里（Angela Lansbury）、弗兰克·西纳特拉（Frank Sinatra）和劳伦斯·哈维（Lawrence Harvey）主演，讲述一名美国士兵在朝鲜战争中被俘、随后被洗脑的故事。根据设定安排，这名战俘会进入被催眠的恍惚状态，遵从指令刺杀美国政治领袖，故事情节扣人心弦。

《谍网迷魂》当然是一部悬疑惊悚片。不过，我们怀疑它之所以风靡一时，至少有部分是因为它把社会影响力刻画得玄之又玄。劝导被描绘成一种神秘而强大的力量。它可以被那些"懂行"的人利用，操纵我们莫名其妙地去做一些奇怪且往往可耻的事情。

人们确实会莫名其妙地做一些奇怪的事。从古到今，许多神秘的力

---

[1] Cult Movie(Cult Film)，是指某种在小圈子内被支持者喜爱及推崇的电影，指拍摄手法独特、题材诡异、剑走偏锋、风格异常、带有强烈的个人观点、富有争议性，通常是低成本制作，不以市场为主导的影片。简而言之，就是属于非主流领域却能在特定的族群中大受欢迎的电影作品。——编者注

第2章 神秘的影响力

量应运而生,以便解释我们人类为什么会被影响,被说服。比如说,古人相信,一个人的命运是由遥远星宿的位置所决定。中世纪,人们普遍认为人可被魔鬼附体,女巫可以控制人的行为,从而对毫无戒心的人施咒。

几百年后,在18世纪70年代,弗朗兹·安东·麦斯麦[Franz Anton Mesmer,英文中的"施催眠术"(mesmerize)一词就源于他的名字]创造了一种非宗教巫术,它至今还影响着我们的观念。[1]麦斯麦认为,我们并非被幽灵或魔鬼缠身,而是每个人身上都有一种"动物流体",它是我们的行为以及健康和幸福的重要决定因子。[很有意思的是,influence(**影响**)这个词就源自fluid(**流体**),其字面意思为"作用于流体"。]麦斯麦声称,他可以通过将磁铁穿过身体来重新引导这种动物流体的流动,从而控制人的行为,提升人的潜能。

受麦斯麦的观点启发而诞生的疗法在18世纪的欧洲和美国颇为轰动。通常在这样的一节治疗中,一名带领者会"麦斯麦化"(催眠)几位虔诚的信徒,方法要么是把磁铁放在对方身体周围的关键部位,要么是用手按摩对方的身体,刺激动物流体的流动,再往后则可能只是简单地说出指令。处于催眠状态的人会报告说看到明亮的光,或感觉身体因"动物磁力"而刺痛,又或者即使遭受针扎、拧掐等各种可引起疼痛的刺激也未感受到疼痛。大声鼓掌或把刺鼻的氨液凑到他们鼻子下方,均无法让其从昏睡状态醒来。有人声称自己的病从此痊愈。当时科学界的领军人物,包括安托万·拉瓦锡(Antoine Lavoisier)和本杰明·富兰克林(Benjamin Franklin),受命组成了一个知名专家小组来调查麦斯麦的工作。他们得出的结论是,"没有证据表明存在'动物磁力',这种流体纯属子虚乌有,因此没有任何作用"。专家小组对躯体疾病被治好的说法不屑一顾,认为这"不过是患者自身想象的产物"。[2]事实上,麦斯麦使用了许多常见的影响策略来宣传他的"疗法",包括把自己树立成权威,暗中操控患者对治愈的期待,利用人们的希望和自尊大做文章等。

麦斯麦的后继者没有被专家小组的报告吓倒。他们开始寻找新的改良技术,后来渐渐放弃磁力说,发现催眠性迷睡(hypnotic trance)是控制我们的动物本性的一种技术。[3]美国最早流行的自助运动,即19世纪30年代的和谐会(Society of Harmony),与19世纪90年代的新思维(New Thought)运动,都广泛运用麦斯麦的人性理论。成千上万渴望摆脱种种心理和生理疾病的美国人尝试了这种"疗法",其手段五花八门,从催眠性迷睡,到磁石治疗,再到玛丽·贝克·埃迪(Mary Baker Eddy)的精神疗愈。今天的新世纪(New Age)疗愈者也差不多,试图通过催眠性迷睡、潜意识指令或水晶而非磁石的力量,重新引导有时被称为"气"的内在自我,从而影响行为。

几乎在任何时代、任何文化中,人类都好奇于自己何以受他人影响。美国的文化也不例外。随着工业革命的到来,这种思考在很大程度上开始聚焦于大众媒体的影响力,以及某些个体如蛊惑人心的煽动家、政客、销售代理商、邪教领袖等的强大号召力。对于大众媒体的影响力,人们的看法不一。有些人认为大众媒体无所不能,可在几乎任何事情上影响和欺骗大众。换言之,他们认为大众媒体从功能上看就相当于今天的麦斯麦,诱导我们陷入催眠式迷睡,全盘接受耳闻目睹的一切。另外一些人认为,大众媒体影响甚微,尤其是谈到对他们自己的生活的影响时:"**我够聪明,也够理性,能看穿广告商和政客的小把戏**",至少他们是这么认为的。真实情况如何呢?和大多数重要论战一样,答案"介乎二者之间"。不过,我们现在说这些有点为时过早。让我们先逐一审视这两种观点:大众传媒具有神秘的无所不能的影响和大众传媒影响甚微。之后,我们就能更好地理解,我们在何时最有可能被宣传者影响。

第2章 神秘的影响力

迷思1. 魔弹

20世纪初,工业革命已经给美国社会带来了巨大变化。正如我们在上一章所说,工业的发展导致大众媒体崛起,有些人担心它会逐渐主导和控制普罗大众。当时的社会学家观察到,西方社会的社会关系本质正在发生改变:从内聚性强、注重私人关系的小社区变成缺乏人情味的次级关系网络,这个网络中的个体处于社会孤立状态,与他人关系紧张。[4] 有人担心,个体因为切断了与其社会根源的联系,一切资讯的获得都将依赖大众媒体以及特定领袖,因此对于宣传将毫无防御能力。用某些人的话来形容,大众媒体可以发射信息"**魔弹**",随心所欲地塑造民意,左右公众看法。[5]

这种观点的支持者列举了很多事例来证明宣传者影响非凡,尤其是那些有办法利用大众媒体的宣传者。例如:英美政府为动员国民参加第一次世界大战而散布敌人穷凶极恶的故事;"干草叉"本·蒂尔曼(Pitchfork Ben Tillman)、艾梅·森普尔·麦克弗森(Aimee Semple McPherson)[1]、迪万神父(Father Divine)、库格林神父(Father Coughlin)、约瑟夫·麦卡锡(Joseph McCarthy)等煽动家的崛起,能够令面前的群众以及电台听众、电视观众如痴如狂;人们越来越多地依靠广告来出售消费品,继而兜售政客;当然,还有纳粹及其他集权主义政权对宣传的系统性运用。

20世纪初占据主导地位的两大心理学理论流派:行为主义和精神分析,也为"魔弹说"提供了支持。行为主义代表人物约翰·华生(John Watson)夸口说,通过系统性地运用行为主义理论,他可以把任何刚出生的婴儿培养成他要的样子。华生所设想的是系统性地应用伊万·巴

---

[1] 又译麦艾美(1890—1944),美国福音传播者。——译者注

甫洛夫（Ivan Pavlov）提出的经典条件反射理论。[6] 巴甫洛夫认为，如果某种无条件刺激（例如电击引起无条件的疼痛反应）与某种中性刺激（比如某位外国领导人的画像或者某种政治观点），二者总是相伴出现，我们会学到其中的关联关系。最终，只需接触到中性刺激（那位外国领导人或那种政治观点），痛感就会被激发。在行为主义学派看来，大众媒体只需反复将两种刺激物联系起来，就可以射出"魔弹"，从而控制大众的想法，譬如把某品牌的汽车与一位富有魅力的女性相联系。

此类说法显然令广告业者大感兴趣。早期的广告学教材详细阐述了可以如何利用行为主义原则来提高信息的有效性，例如**重复**、**强度**（使用色彩鲜明、声音洪亮的广告）、**联系**（把内容与信息接收者的经历挂钩）和**创新**（让广告与众不同）。[7] 事实上，华生在因为和学生有婚外情而被约翰·霍普金斯大学解除教职之后，很快就被智威汤逊广告公司（J. Walter Thompson, JWT）聘用。这位行为主义者的社会观也同样招致了很多批评，从阿道司·赫胥黎（Aldous Huxley）的《美丽新世界》（*Brave New World*）和安东尼·伯吉斯（Anthony Burgess）的《发条橙》（*A Clockwork Orange*）等著作中可见一斑。这两本科幻小说均向世人展现了完全由行为主义原则主导的世界是何等阴冷可怕。

尽管常被视为彼此对立的两派，行为主义者和精神分析专家其实在一点上有共识，那就是大众媒体具有强大力量，可以发射影响他人的"魔弹"。不过，两种理论对"魔弹"的性质看法不一。从很多方面来看，精神分析有关劝导的理论可被视为麦斯麦术的后裔。只不过，动物磁力为无意识的心理能量所取代；发挥影响的手段不再是磁石，而是通过使用催眠术、潜意识指令或象征性信息，唤起隐秘的无意识世界。

早在19世纪90年代，就有人用"催眠暗示"（hypnotic suggestion）的概念来解释民众为何会受煽动家等各种流氓无赖的蛊惑。法国社会学家古斯塔夫·勒庞（Gustave Le Bon）认为，当个体置身于群体当中，就会因为某种形式的催眠暗示,以及高级心理过程的分离,变成毫无头脑的"无名氏"。有人立即借用这个隐喻,声称大众媒体的受众是被其催眠了。[8]

不过,直到20世纪50年代,万斯·帕卡德(Vance Packard)极为畅销的著述《隐形的说客》(*The Hidden Persuaders*)面世之后,公众才开始关注精神分析学派的劝导方式。[9]帕卡德认为,广告公司在悄悄运用精神分析原则来制作效力惊人、大获成功的广告。为此,营销人员忙于寻找事物背后隐藏的含义。有一本关于该主题的手册,作者欧内斯特·迪希特(Ernest Dichter),专门一一列举了常见事物及其(理论上的)潜意识含义。比如说,他宣称米饭代表丰饶多产,摘手套带有色情和性意味,汤是生命的魔法琼浆,鸡蛋则意味着成长和多子多孙。[10]一旦事物的潜意识含义被发掘出来,广告商就能设计一场宣传战,它可以唤醒我们心底最深的动力,从而击溃我们的防线;至少精神分析理论是这么认为的。

迷思2. 理性的公民

前面的种种说法,不管是通过经典条件反射还是通过隐秘的劝导,都声称大众媒体及其他影响力媒介如何如何威力强大,如果属实,真让人细思极恐,而且相当神乎其神。不过,从20世纪40年代开始,研究者发现很难找到实际证据来证明大众媒体的力量。有些人由此得出结论说,大众媒体的影响微乎其微,公民会理性运用大众媒体传播的资讯来决定自己最佳的行为方式。

知名传播学者保罗·拉扎斯菲尔德(Paul Lazarsfeld)及其同事在1940年大选期间进行的研究是最早的质疑大众媒体全能说的研究之一。[11]研究人员在竞选开始和结束时对俄亥俄州伊利县(Erie County)

的选民进行了访谈,了解他们的偏好、所属党派、媒体使用习惯等。研究结果表明,大众媒体对公民把票投给谁几乎没有影响;相比之下,选民所属党派是共和党还是民主党,以及其朋友的偏好例如同事、玩伴和教友的信念,这些是准确得多的预测因子。随后的一些研究显示,大众媒体即使对人的行为有影响,那也相当有限。比如说,早期的广告研究发现,公司在广告上投入的金额,对无论销售额或者市场份额的增长均影响甚微,甚至毫无作用。对单次接触广告的受众的实验性调查发现,很少有人关注任何具体的广告内容,而且,就算广告有些微效果,通常很快就消散了。[12]

"魔弹"理论的心理学基础也受到挑战。尽管许多行为主义的基本结论得到了支持,但随后的研究发现,它的许多影响往往在本质上是有限的;比如,研究发现有些关联性非常难以习得,奖励机制常会产生反作用,导致恰恰相反的结果。[13]

同样,利用精神分析来指导宣传工作的企图也失败了。举个例子,20世纪50年代和60年代初,美国中央情报局(Central Intelligence Agency, CIA)使用多种"魔弹",例如催眠、药物和潜意识植入,来开展试验,试图控制人的行为。[14]这些实验未能达到目的,一名中情局官员因此断言,比起费事利用心理学技巧来操纵他人暗杀,直接雇用职业杀手来执行任务要容易得多。20世纪50年代,广告商还真的曾如万斯·帕卡德所说,聘用咨询师和受过精神分析训练的人来协助制作广告。每家广告公司都有"读心大师"。可是,到60年代中期,大多数广告公司都放弃了这种做法,原因很简单:它不起作用。广告商发现,精神分析理论过于含混不清,无法指导其实际应用;用以评估某次劝导性沟通的精神分析含义的技术,例如墨迹分析、自由联想、梦、催眠,都是出了名的不可靠。[15]20世纪50年代耸人听闻的种种操纵效果从未实现过。不过,精神分析学派的劝导理论依然广受大众关注,这一点不仅体现在类似

第2章 神秘的影响力

《谍网迷魂》等电影及许多电视犯罪剧的情节设计上，也体现在鼓吹潜意识具有强大影响力的诸多书籍和录音录像带的畅销上。正如我们在第34章中将会谈到的，尚未有可靠的证据证明，潜意识信息能够影响人的动机或行为。

随着越来越多的证据似乎表明大众媒体影响殊为有限，信息加工模式（又称学习模式）取代了行为主义和精神分析理论，成为解释大众媒体何以发挥作用的最主要理论。信息加工模式理论认为，一则劝导性信息必须顺利经过若干阶段。[16]首先，信息必须吸引受众的关注，被忽略的信息几无劝导作用可言。其次，信息中的论证必须被理解和领会。再次，受众必须学到信息中包含的论点，并且开始相信它们是对的；广告商及其他劝导者的工作就是传授支持性论点，以便受众在合适的时间、合适的地点会立刻想到这些论点。最后，当有激励因素促使其这么做时，受众在学到的知识的基础上行动；劝导性信息就此完成了被学习、被接受并且在有利时被付诸行动的全过程。鉴于劝导进程后期阶段的顺利进行取决于前面阶段的完成，通常劝导性沟通推进到最后阶段的概率相当低，因此效果也是微乎其微。根据信息加工模式理论，信息的接收者相当理性，每次都会根据沟通中的信息能在多大程度上满足自己的需求、对自己有多少好处，来决定在多大程度上接受它们。

认知反应法则

当然，如果这就是故事的结局，大众媒体的受众都是理性的公民，几乎完全不为所动，那就没有必要写这本书了。我们会告诉你："去看电视吧，广告商爱怎么花钱就怎么花，它对你不会有任何影响。"但这**并非**故事的结局。最近十年，研究人员发现大众媒体在某些可辨识的条件下能产生巨大影响，人们也因此对劝导如何起作用有了新的理解。让我们来看看其中部分研究。

首先,研究人员发现,大众媒体可以产生许多微妙,或者说"间接"的影响——换言之,大众媒体或许不会告诉你怎么想,但它们确实会告诉你该想些**什么**,以及**如何去想**。[17]假设某人在看电视,反复看到两则竞争性的汽车广告,宣扬雪佛兰和福特汽车怎么怎么好。大多数情况下,观众对汽车的偏好不太可能因为随便某则广告而改变。但是,此人很有可能因为这些汽车广告的狂轰滥炸变得想要拥有一辆车,而对其他出行方式不予考虑,例如公共交通或者步行。我们很多人都梦想拥有那辆特别的汽车:感受在开阔大道上奔驰的自由自在,接受邻居或者异性看到我们的新车时不绝于耳的惊叹之声。很少有人会对坐地铁如此浮想联翩。而且,铺天盖地的汽车广告会暗示我们,哪些是买车时需要考虑的重要因素:明白说吧,就是广告里出现的那些特点,比如运动感、奢华感、高性能,而不是我们在选择出行方式时可能考虑的其他属性,如这种交通工具对环境的影响,在乘坐交通工具前往目的地的途中是否能够工作、社交或单纯享受沿途风景。在有关预劝导(pre-persuasion)那一节,尤其是在第 7 章,我们会更详细地讨论这个问题。

其次,研究人员也已发现,有证据表明大众媒体能产生直接影响:也就是说,受众的态度会随着大众媒体传播的内容发生一致的转变。当然,从雪佛兰对福特的广告战可以看出,这种影响不是那么容易觉察。由于双方都极力宣传,很难指望普通消费者会因此偏好其中一款汽车。不过,如果某个品牌让消费者看到的广告多于其竞争对手,结果会怎样?

通过使用所谓"单一来源"数据,即跟踪一个家庭收看的电视广告以及这个家庭随后购买的商品品牌而获得的数据,可以识别出此类案例。广告研究者约翰·菲利普·琼斯(John Philip Jones)分析这些数据后发现,平均而言,一个家庭每周观看某个品牌的广告至少一次,会令该品牌在家庭采购中占据的份额增加6%。[18]不过，不同广告的效果可能有天壤之别：优秀的广告，有效传递该品牌产品的好处，受消费者喜爱，视觉效果动人，可能令销售额增长两倍；而烂广告甚至会让购买率减半。

政治学家约翰·扎勒（John Zaller）在研究了新闻和政治广告的影响后也得出了类似的结论。[19]扎勒发现，在美国众议院选举中存在他所谓的"接收差距"（reception gap），即选民们很可能只接收到一位候选人的竞选信息，对另一位候选人的竞选主张毫不了解。在这种情况下，他发现选民常会背离自己所属的党派，投票给大众媒体报道较多的候选人。这种情况下的"变节率"有可能高达70%。但是，如果选民在媒体密集报道的总统选举中，较有可能接收到来自或有关候选人双方的信息，大众媒体产生的效果就微乎其微了，因为此时双方发出的信息可能相互抵消。

有时，大众媒体只报道事情的一面。1990年的情况就是这样。当时，总统乔治·布什决定向波斯湾派遣部队。他的决定也得到了国会议员的支持，没有一位议员发表声明予以反对。华盛顿的决策者们意见统一，在大众媒体也得到体现：新闻报道都在阐述出兵海湾的种种理由。这种一边倒的报道效果非常明显。扎勒发现，1990年8月期间很少看新闻的美国人，只有23%支持出兵波斯湾的决定，而有跟踪时事新闻习惯的人当中，76%的人支持入侵伊拉克，比前者多53%！

但是，媒体对我们在海湾危机问题上的态度的影响并不止于此。尽管保守派和自由派一致认为有必要出手干预，他们针对应该**如何**干预有不同意见，保守派的立场更强硬（比如说，支持立刻采取军事行动），而自由派希望给经济制裁更多时间，以便其发挥效果。这种意见分歧也在大众媒体的报道中得到体现。此时，收看新闻报道只会巩固观众原本的想法。常看电视的保守派和不怎么看新闻的保守派相比，持有更为强硬的干预立场；而自由派受电视影响则呈现出相反的模式。

因此，很明显，大众媒体确实会影响我们最根本的一些信念和观点，甚至可能引导我们购买广告宣传的某品牌产品。诚然，有时我们可以理性行事，例如，当大众媒体就某个问题展开充分全面的讨论、同时我们也被激起了认真思考此事的动力时。但是，情况并非总是如此。有时我们可能只听到问题的一面，没有花时间去探索其他可能性；此时，我们很可能盲目地坚持我们被灌输的观点。还有些时候，媒体可能提出和我们相左的观点，而我们要么试图回避，要么找各种理由否定它们，与此同时对我们自己的信念更加深信不疑。

要想理解大众媒体以及其他影响力媒介如何劝导受众，就需要理解我们对传播内容的认知反应，亦即我们看到和听到传播的信息时，脑海中掠过的想法。换句话说，影响力取决于信息接收者对信息的诠释和回应方式，而这一切可能因个体、情境和信息感召力而异。例如，有时我们仔细思考所说的内容；有时，我们想得很少，跟随我们一开始的偏见行事；还有些时候，我们可能情绪激动无法自已，例如强烈的恐惧、期待、不安全感，蒙蔽了我们的判断力。

从认知反应模式来理解劝导，最早是始于20世纪60年代末的俄亥俄州立大学，当时研究者发现，有些研究结果用信息加工模式解释不通。[20] 越来越多的研究显示，一次传播即使在信息加工的某些阶段失败，也还是可以具有**说服力**的。有时，一条信息的论证即使**没有**被完全理解，也能劝服他人。举个例子，前"水门事件"案犯、今天的脱口秀主持人戈登·利迪（G. Gordon Liddy）在自传中写道，他年轻时经常会被收音机里听到的阿道夫·希特勒（Adolf Hitler）的德语演讲打动，尽管他其实只懂为数不多的德语词汇。[21] 还有些时候，即使其关键论点**没有**被学到或记住，一条信息也可能具有劝服力。例如，儿童常受玩具广告的影响，尽管他们对于广告的内容基本想不起来。同样，大量研究

第2章 神秘的影响力

表明，一个人能回忆起信息内容的多少，与他（她）是否会被该信息说服，二者之间几乎毫无关联。

认知反应方法为我们提供了判断劝导策略有效性的最重要法则之一：成功的劝导策略可以指导和引领受众的想法，令其以与传播者观点一致的方式思考；针对传播者建议的行为，成功的劝导策略会阻断一切负面想法，促进正面想法。

劝导能否成功，取决于受众接收到劝导性信息时脑海中掠过的想法，这么说似乎简单易懂。但这引出了一个重要的问题：是什么决定了脑海中掠过的想法？我们的认知反应来自何处？是什么决定了我们看待某次劝导的方式？本书希望回答这些问题。在本章接下来的三章，我们将介绍一些最主要的原则，这些原则描述了我们对劝导性信息的认知反应。在第 3 章，我们会看到我们人类往往不想动脑子，一有机会就走认知捷径。我们将探讨在哪些时候我们最可能这样做，并审视由此导致的部分后果。在第 4 章，我们将探索人类合理化自己的思想和行为，好让它们对我们自己以及他人而言都合情合理的倾向。在第 5 章，我们将探讨宣传若要奏效，必须实现的四大目标。为实现这些目标，宣传者构建了各种策略，拿我们的偏见和情绪做文章，以便利用我们人类的两个基本倾向：走认知捷径和合理化。[22]我们会在接下来的第三到第六部分里讨论这些策略。

在阅读本书时，读者应注意一个反复出现的主题：劝导并不比家用灯具更神秘。对于不懂电学原理的人来说，现代灯具可能是一种神奇、往往让人生畏的器具。想象一下，你对电一无所知，一个妇人走进你家，把灯插入电源。突然之间，房间亮了。你会怎么想？你很可能满怀敬畏："这位全能的光明女神是谁？这盏灯里藏了什么看不见的魔法流体或灵魂？这位女神能用她的魔法流体把我的失眠也治好吗？"要是你碰巧触碰了灯且被电了一下，你的敬畏可能立刻变成恐惧。从许多方面来看，你对电灯的反应就好似那些头一次看到麦斯麦及其磁石的人，也好似那些又惊又怕沉浸于《谍网迷魂》剧情的观众。假如我们跟你说，我们准备给某个遥远国度的家家户户通电并配备现代电器，但不打算告诉当地人电的工作原理，你肯定会说我们不负责任，甚至用心险恶。那么，给家家户户配备现代的宣传手段，却不教他们劝导的原理，岂不是更不负责任？

第 3 章

漫不经心的宣传,深思熟虑的劝导

关于现代宣传,职业劝导者总结了以下六个事实:[1]

- 包含"新""快""易""改良""现在""突然""神奇""推出"等词的广告,销售业绩更好。
- 在超市里,放在和眼睛平齐的货架上的商品卖得最好。事实上,一项研究发现,与腰部平齐的货架上的产品销量仅为前者的74%,而放在最底层货架的产品销量仅为57%。
- 使用动物、婴儿或性感形象的广告,比使用卡通形象和历史人物的广告更有可能售出产品。
- 放在超市过道尽头或收银台附近的货架上的商品被购买的概率更高。
- 捆绑标价,比如1美元两个而不是每个50美分,往往会让顾客感觉商品更值。
- 在募捐和推销的电话中,询问对方"您感觉怎么样",然后认可对方给的回应,会让对方答应你的请求的可能性翻一番。

为什么这六种技术有效？想想吧，仅仅因为某样东西刚好放在超市过道的最后一排或与视线平齐的货架上就把它买下，这毫无道理。你可能并不真的需要这件轻易就能够着的商品，你真正想要的东西可能摆放在货架顶端。因为广告里有婴儿形象或包含某些词就被打动，这也毫无道理；此类"信息"丝毫无助于我们判断产品的质量。微妙地调整标价方式不会给产品增加任何价值。仅仅问我们感觉如何，并没有让慈善机构或产品变得更好。但关键就在这——我们作为消费者，往往不去想我们决定买这买那的原因。研究表明，超市中的购物大约有一半属于冲动消费，而在折扣店，62%以上的顾客会购买至少一件计划外的商品。[2]

对于宣传，我们往往以不做思考、无意识的方式回应。埃伦·兰格（Ellen Langer）和她的同事们曾就人们的潜念（mindlessness）开展实验。[3]兰格的合作搭档走近大学校园里正忙着使用复印机的人说："不好意思，我能用一下这台复印机吗？"如果是你，你会怎么做？如果你像大多数人一样，答案将取决于你的心情。有时你可能会想："当然可以，为什么不呢？我是个乐于助人的人。"还有些时候，你可能会想："这人是疯了还是怎么回事？是我先来的，我还有一堆活儿要做。"事实上，兰格的实验结果表明这两种想法都存在，略过半数的人会同意这个请求。

接下来，就是这项实验的有趣之处了。兰格发现，只需在提出请求时增加一个细节，即需要使用复印机的**原因**，就可以让几乎所有人都同意他人插队到自己前面使用复印机。这说得过去。只有铁石心肠才会在使用复印机这种小事上拒绝某个人，没准这个人因为着急而惊慌失措。但是，兰格的研究发现的奇怪之处在于，尽管插队者给出的某些理由完全讲不通，但几乎所有人都同意插队。比如，在某些时候，兰格的合作搭档会说："对不起，我能用一下复印机吗？因为我不得不复印。"如果你琢磨琢磨，会发现这句话相当愚蠢：要不是打算复印，干吗要用复印

第3章 漫不经心的宣传，深思熟虑的劝导

机呢？这个理由就跟完全没有理由一样。但问题就在这里。这项研究中的大多数人都没有考虑理由，无意识地就同意了插队者的请求。任何理由都行！

广告商知道，通常任何理由都行。传播学家伊万·普雷斯顿（Ivan Preston）列举了大众媒体广告中的常用套路。[4] 他指出，许多广告大肆渲染微不足道的差异，好像它们有多重要，例如，肥仔骆驼烟比通常的烟粗两毫米；陈述让品牌显得非同凡响的子虚乌有之事，例如，"可乐就是它！"鬼知道"它"指的是什么；充斥着毫无意义的吹嘘性或最高级词汇，例如，"拜耳——全球最好的阿司匹林"。明明所有的阿司匹林没什么两样。换句话说，基本随便什么理由都行。

我们在深思熟虑的时候也可能受到影响。例如，我们大多数人都有过被人讨钱的经历，也就是走在街上被人拦住，讨要一个两毛五的硬币或随便一点零钱。一种常见的回应是置若罔闻，继续**无意识**向前走。最近，我们遇到了一种新的乞讨方式。乞讨者问："对不起，你可以给我17美分吗？"此时，你的脑海中会闪过什么想法？当我们遇到这种情况时，我们立刻想到："这人怎么不多不少，需要17美分？是要去坐公共汽车吗？是要去买什么特别的吃的？没准这个人在市场上临时发现钱不够。"突然，乞讨者变成了有真实需求的真实个体，而不是我们可以无意识擦身而过的人。我们被说服了，掏出一把零钱。我们对这种乞讨方式很感兴趣，后来派我们的学生走上街头，为当地一家慈善机构募捐。他们发现，与要求捐25美分或随便多少零钱相比，要求捐17美分或37美分时，愿意捐款的人的比例高出将近六成。[5]

无意识也好，深思熟虑也罢，人们都可能被说服，但是处在这两种状态下时他们到底是如何受影响的，则有很大差异。理查德·佩蒂（Richard Petty）和约翰·卡乔波（John Cacioppo）认为，劝导有两种路径：**外围路径**和**核心路径**。[6] 在外围路径下，信息接收者没有投入多少

关注和精力来加工信息。例如，一边做其他事情一边看电视，或听一场围绕自己不太关心的话题的辩论。在外围路径中，劝导效果是由简单的刺激因素决定，例如信息传播者是否有魅力，你周围的人是否赞同其陈述的立场，赞同该立场会给自己带来愉悦还是痛苦，是否给出了一个让自己顺应请求的理由，无论这个理由有多站不住脚。在核心路径下，信息接收者会细致、缜密地思考呈现在自己面前的信息的真正价值。例如，在核心路径中，他（她）可能会积极提出反对的理由，可能会询问更多的问题让你回答，也可能寻找新的信息。此时，信息的说服力取决于它能否经得起这番审查推敲。

让我们看看，受众可以如何使用这两种劝导路径，来处理美国总统大选历史上最具影响力和争议的电视广告之一。那是 1988 年，乔治·布什与迈克尔·杜卡基斯（Michael Dukakis）竞选总统。布什竞选团队制作的这则广告讲述了威利·霍顿（Willie Horton）的故事：这名黑人男子因谋杀而入狱，在杜卡基斯担任马萨诸塞州州长期间，通过"监狱休假计划"获释，然后在休假期间逃到马里兰州，用刀捅伤一名男子并强奸了与其在一起的一名白人女性。

该广告极具影响力，因为采用外围路径的人基本无须思考就能明白它的含义。广告激起的一个典型回应大致如下："杜卡基斯放任霍顿出狱强奸杀人。杜卡基斯在打击犯罪，尤其是黑人犯罪方面软弱无力。"广告因循经典的宣传模式：简单的形象（威廉·霍顿），利用偏见（美国白人对美国黑人的刻板印象）和情绪（人们对犯罪的恐惧），引发简单但有效的回应（支持乔治·布什）。迈克尔·杜卡基斯被刻画成一个打击犯罪不力的软弱领导人。相比之下，乔治·布什看上去强硬有力，能够保护我们不受威利·霍顿之流的侵害。

不过，我们并不是只能用外围路径来思考这则广告。比如，如果采用劝导的核心路径，观众可能会问："马萨诸塞州的监狱休假计划是否

第3章 漫不经心的宣传，深思熟虑的劝导

非常特别？其他州有没有类似计划？这些计划的成功率是多少？在其他州长的治理下，其他州是否发生过类似霍顿案的情况？杜卡基斯个人是否真的要为释放霍顿的决定承担责任？马萨诸塞州有多少犯人享受了监狱休假计划且未制造事端？考虑到 1988 年的时候，一个犯人监禁四年的成本大约是 8.8 万美元，相当于哈佛大学四年的学费外加毕业时添置一辆宝马轿车，监狱休假计划是否值得一试？"[1] 如果采用核心路径，有关霍顿的广告可能就没那么有效，甚至对布什的竞选还有潜在的损害。对于深思熟虑的观众可能提出的问题，广告基本没有回答。

由此引出一个关键问题：是哪些因素决定人们会采用哪种劝导路径？佩蒂和卡乔波发现，其中一个因素是信息接收者思考信息的动机。佩蒂、卡乔波以及他们的学生雷切尔·戈德曼（Rachel Goldman）做了一个实验，研究切身相关性对我们思考信息的方式的影响。[8] 密苏里大学的学生听到了一则信息，该信息主张在他们的大学引入一项考试，所有学生必须在大学四年级时通过这项考试才能毕业。一半的学生被告知，校长正在考虑次年引入此项综合考试，因此引入考试与否的问题跟

---

1 选举结束几年后，有关杜卡基斯和监狱休假计划的一些事实确实浮出水面。[7] 其中部分事实包括：休假计划参与者中，还有四名被判谋杀罪的犯人逃逸，四人均为白人；选择其中唯一的黑人来做广告，凸显了种族动机。马萨诸塞州的监狱休假计划由杜卡基斯的共和党前任启动，在杜卡基斯担任州长的十年间，有 275 名休假计划参与者逃跑，而前任共和党州长当政期间，仅仅三年内就有 269 名参与者逃跑。霍顿在 1988 年大选之前逃逸后，杜卡基斯收紧了其共和党前任制定的监狱休假计划资格要求。布什和里根当政期间，联邦政府和加利福尼亚州政府推行的监狱休假计划中，也有休假者犯下类似罪行。布什攻击对手的部分竞选广告的制作人丹尼斯·弗兰肯贝里（Dennis Frankenberry）本人就是工作假释计划的受益者：他酒后驾车，发生事故后逃逸，令两名年轻男子重伤，而他通过提供 250 小时的社区服务得以免除牢狱之灾。具有讽刺意味的是，正是弗兰肯贝里在工作假释期间制作的一些公共服务公告，为他吸引了布什竞选团队的关注。——原注

这些学生切身相关。另一半则被告知，这项改革十年内不会生效，因此对他们个人不会有影响。

为了探究议题的个人相关度对思维方式的影响，佩蒂、卡乔波和戈德曼准备了有关这项综合考试的四个不同版本的信息。其中两个版本来自专业性较低的消息来源：当地高中的某个班级。另两个版本的消息来源是卡内基高等教育委员会（Carnegie Commission on Higher Education），专业性较高。研究人员还改变了信息中论据的质量：有两个版本使用弱论据——个人观点和传闻，另两个版本使用强论据——有关考试价值的统计数字及其他数据。

人们在面对劝导性信息时如何思考？这项简单的研究可以告诉我们很多。假设某人是在劝导的核心路径上运作，细细审视信息的内容，他（她）在什么时候最有可能被说服？鉴于此人在仔细思考，他（她）将不会被软弱无力的论证说服，信息的来源也不太重要；相反，论述有力、经得起推敲的信息将非常有效。对比之下，要是某人对于这个话题没有想太多，那么信息的内容就不太重要。相反，使用外围路径的人最容易被一些小伎俩说服，例如宣称信息来源是某某显然很专业的人士或机构。

那么，佩蒂、卡乔波和戈德曼的研究有何发现？问题与个人的相关程度决定了劝导的路径。对于学生们来说，如果综合考试与自己相关，决定其是否会被说服的最重要因素是信息的论证是否有理有据。相反，如果综合考试和自己不相关，那信息的来源很重要。专业性强的信息来源会让他们信服，来自高中某班级的信息不能让他们买账。

佩蒂和卡乔波提出的两种劝导路径提醒我们关注两个要点：一个关乎我们人类自身的特性，另一个关乎现代世界的宣传。就很多方面而言，我们都是**认知吝啬鬼**，永远希望减少认知能量的消耗。[9]由于我们加工信息的能力是有限的，我们经常采用走外围路径的策略来简化复杂

第3章 漫不经心的宣传，深思熟虑的劝导

的问题。我们无意识地接受某个结论或主张，不是因为其理由很充分，而是因为它采用了某种简单化的劝导策略。

现代宣传倡导人们使用劝导的外围路径，其设计的意图便是利用认知吝啬鬼信息加工能力的有限性。现代劝导的特点，即信息密集的环境、时长30秒的广告、劝导的即时性，令深入思考重要问题和决定变得越来越难。既然我们常在外围路径运作，专业的宣传人士大可随意使用本章开头以及整本书所介绍的各种宣传策略，以便实现他们心中的一切目标，同时完全不用为此承担后果。

我们的处境或可谓**现代民主的根本困境**。一方面，我们这个社会看重劝导。我们的政府以如下信念为基石：自由的发言、讨论和思想交流可以催生更公正、明智的决策。另一方面，作为认知吝啬鬼，我们往往不会全心参与讨论；相反，我们依赖简单化的说服策略和有限的推理，

而非对信息的仔细思考和检视。于是，深思熟虑的劝导难觅，无意识的宣传盛行。

　　现代民主的困境并没有一个简单的解决方案。它要求我们每个人都采取行动，尽可能避免在外围路径加工重要信息。也许，我们可以通过教育，提高思辨能力，或者通过学习劝导术，提升觉察和理解宣传的能力。也许，我们需要改变这个社会呈现信息的方式，好让我们在决策之前不仅有能力、也有时间思考。也许，有必要提醒他人，当下议题与其息息相关，以便鼓励更多公民深入思考某个提议。现代民主的困境是贯穿本书始终的问题。鉴于兹事体大，我们每一个人都应认真思考解决这个困境的最佳办法。

第 4 章

合理化动物

人类喜欢自诩为理性动物。其实，更确切地说，我们是**合理化动物**，无论实际行为有多不可理喻，我们都企图让自己和他人觉得我们合情合理。存在主义哲学家阿尔贝·加缪（Albert Camus）说，人类穷尽一生，为的只是说服自己我们的生活并不荒谬。如何证明我们的生活并不荒谬呢？那就需要想方设法证明我们的行为正当、合理。以下就是一个示例。

玛丽安·基奇（Marian Keech）是一位颇具魅力的中年妇女，生活在美国中西部某大城市。20世纪50年代初，她声称自己曾接收到来自外太空的消息。[1]9月的某个晚上，她收到来自行星克拉里恩（Clarion）的消息，告知她当年12月21日，一场大洪水会令世界毁灭。消息还说，克拉里恩星球会派出一支飞碟舰队来营救她和她的亲朋好友。

基奇夫人吸引了一小批忠实的追随者，他们笃信她的预言，并做出了大量与这则信念一致的牺牲：辞掉工作；散尽钱财、房产，毕竟在克拉里恩星球，谁还需要钱财；和朋友断绝往来。有些人甚至舍弃了配偶。

基奇夫人也吸引了一小群社会心理学家，他们假装信徒打入这场运动，以便准确地、近距离地观察这些人在12月21日（万一）发现预言失败之后会怎么做。事实上，预言确实失败了。社会心理学家们发现，基奇夫人及其追随者是个温和友善、遁世隐居的群体。他们最有趣的特点之一是回避公开宣传，不鼓励他人皈依；他们满足于自己抱团。他们对"新来者"彬彬有礼，但是明确表示，新来者究竟是否选择留下、成为团体的一员，对他们来说并不重要。他们对自己的信念充满信心，只不过这种信心安静低调、毫不张扬。基奇夫人及其追随者拒绝接受记者采访，也拒绝以任何方式宣传他们的信仰。

12月20日早上，基奇夫人收到来自克拉里恩行星的消息，指示她的团队做好准备，他们将正好在午夜12点被接走。他们还被告知要去除衣服上的所有金属。团队成员遵从指令，都乖乖地摘除了裤子、裙子和上衣的拉链及搭扣。当午夜12点已过、而飞碟没有到达，这群人陷入了越来越深的焦虑和绝望。到凌晨4:00，团队成员呆若木鸡地坐着，一片死寂。但是随后，凌晨4:45，基奇夫人的脸突然散发出光芒。她刚从克拉里恩收到一条消息，意思是飞碟舰队已经没有降临的必要了：由于这一小群信徒的坚定信念，世界已被免除劫难！消息说，这个小小的群体静坐一整夜，散发了无尽的光明，地球之神故而决定让整个世界免于毁灭。可以想象，团队成员听到这个消息松了一口气，欣喜若狂。

这个群体随后的行为更令社会心理学家们感到好奇。在24小时之内，这些真正的信徒，这群安静、害羞、深居简出的人们，开始致电报社和电视台，介绍他们的预言以及预言为何没有成真。他们一逮着机会就发表演讲，站在街角分发传单，想方设法吸引追随者。显然，这个群体突然发现亟须将其信息传播给尽可能广泛的受众。为什么？

我们的解释是，在最初的欣喜若狂之后，信徒们感受到些许疑虑。

第4章 合理化动物

因为相信世界即将毁灭,他们舍弃了如此之多。现在,世界没有毁灭,他们却失去了住房、工作和财产,有些人甚至连配偶也没有了。他们怎么能确定自己做的是对的?他们怎么能说服自己相信,自己的所作所为并不荒唐?当然是通过说服别人!在原先的预言失败之后,这个群体感到有强烈的动机去吸引追随者,因为这样就可以说服**自己**,他们所做的牺牲没有白费。如果他们能够以某种方式劝导**他人**相信,是自己的信仰拯救了世界,那他们就能减轻自己的疑虑。就这样,他们从信徒变成了狂热分子。

利昂·费斯汀格(Leon Festinger),社会心理学领域最重要的理论家之一,也是打入基奇夫人信众群体的社会心理学家之一,1957年提出了**认知失调**(cognitive dissonance)理论,该理论描述并预测了人类会如何合理化行为。[2] 但凡一个人同时持有两种不一致的认知(想法、信念、观点)时,失调就会发生。例如,一个人相信世界将于特定的某日毁灭,但当这一天到来时却意识到世界并未毁灭,这两者之间便存在失调。费斯汀格认为,这种不一致状态令人很不舒服,所以人们会极力以尽可能简单的方式减少二者间的冲突。他们将改变其中一种认知,或者二者都改变,以便令其更加"调谐"。当个体的自尊面临威胁时,则尤其如此,比如刚刚描述的例子。[3] 此时,个体会竭力扭曲、否认和自我劝导,以证明自己过去的行为合情合理。只要我们的自尊因自己过去的行为受到威胁,我们就都难免会变成合理化动物。

人类是合理化动物,这一事实对我们面对宣传时的态度和反应具有深远影响。设想一下,如果把吸烟致癌的证据摆在烟民弗兰克面前,会发生什么?弗兰克将感受到一股内在动力,要么改变自己对吸烟的态度、要么改变吸烟行为。而所有戒过烟的人都知道,前一种选择更容易。弗兰克可能会断定,这些研究很烂。他可能会以朋友为例:"要是山姆、杰克和凯特都抽烟,说明烟不可能那么危险。"他可能认为过滤嘴会拦下所有致癌物质，也可能改吸某个低焦油、低尼古丁的香烟品牌。他还可能辩称，他宁肯在香烟的陪伴下过短暂而快乐的一生，也不愿意过没有香烟的漫长而痛苦的生活。人们对某种行为越执着，对威胁该行为的信息的阻抗就越大。心理学家发现，最难以相信吸烟危害的人是戒烟失败者。戒烟失败后，他们对吸烟变得更加执着了。

通过减少认知失调，人们得以捍卫自我，保持积极的自我形象。但是，自我辩解的努力可能走向骇人的极端。为避免失调，人们会无视危险，即便这么做可能导致他们自己以及家人朋友丧生也在所不惜。我们这么说毫不夸张。

加利福尼亚州是地震多发地区。[4] 1983年5月2日，该州静谧的农业小镇科林加（Colinga）发生6.5级地震。地震令小镇蒙受相当大的破坏，不过也有一个积极后果：加州政府下令所有城镇都必须评估当地建筑物在大地震中的抗震能力，并着手采取措施将破坏降到最低。在我们居住的圣克鲁斯市（Santa Cruz），德高望重的工程师戴夫·斯蒂夫斯（Dave Steeves）受命承担此项地震审计工作。斯蒂夫斯发现，有175座建筑物将在大地震中遭受严重破坏，其中很多位于圣克鲁斯市中心景观优美的购物区——太平洋花园购物中心区。该地区特别容易遭受地震破坏，因为许多建筑物都是未经钢筋加固的砖石建筑，而且还建在沙质的垃圾填埋场上，这往往会放大地震的影响。

圣克鲁斯市议会对斯蒂夫斯的报告作何反应？理性的反应应该是仔细评估他报告中的内容。他有关未加固的砖石建筑和沙质垃圾填埋场的论述是否合理？他有没有对整个镇做全面检查？一旦确认斯蒂夫斯讲得有道理，理性的人应该随后就转而寻找解决方案：可能要向州政府和联邦政府机构请求援助，提醒市民当心，确定可立即付诸行动的低成本安全举措，发动本市居民协助解决问题，等等。事实上，斯蒂夫斯就提出了至少一种这样的低成本解决方案。

第4章 合理化动物

然而,圣克鲁斯市的反应并非如此。相反,斯蒂夫斯的报告被市议会弃置一边:1987年,全体议员经投票一致决定,要等待加利福尼亚州政府澄清"州法案的性质、它提供的选项以及就该项州法案而言他们的法律处境",同时召集新的委员会来研究这个问题。斯蒂夫斯被指责为危言耸听,可能对圣克鲁斯市造成经济破产的威胁。许多人否认大地震即将到来,甚至认为它根本不会发生。一言以蔽之,斯蒂夫斯的报告在本市官员当中引发了缓解认知失调的集体行动。

1989年10月17日,紧邻圣克鲁斯的洛马普列塔(Loma Prieta)山区发生7.1级地震。圣克鲁斯有5人丧生,约2 000人受伤;300栋房屋被摧毁,另有5 000栋房屋严重受损。太平洋花园购物中心沦为废墟。如果说斯蒂夫斯的报告有错误的话,那他错在过于乐观。接下来发生的事情进一步证明了人类减少认知失调的需求有多强烈:市政府一名官员认为斯蒂夫斯应该为该市未做好抗震准备负责,因为他的报告"把人吓着了,结果导致整个问题都被搁置"。

正如烟民弗兰克和圣克鲁斯市的例子所示,为了减少认知失调,人们会竭力回避令自己不舒服的信息。但它的影响并不止于此。减少认知失调是日常生活的一部分;宣传者正是利用这一点,令受众落入了我们所谓的"合理化陷阱"。其步骤大致如下:首先,宣传者故意激起他人的认知失调感,办法就是让其自尊岌岌可危,比如说,令当事人对某事感到内疚,或在其内心唤起羞耻感(不胜任感),或令对方看起来像是伪君子抑或是言而无信之人;接下来,宣传者提供一种解决方案,一种减少认知失调的方法,那就是顺从宣传者提出的任何要求。你想要缓解内疚,消除羞耻感,信守承诺,恢复自己胜任的感觉吗?那就给某某慈善机构捐款,购置某某汽车,憎恨那个敌人,投票给这位领袖吧!

在整本书中,我们会看到合理化陷阱的多种变体,尤其是当我们谈到宣传中情感的运用时。不过现在,为了让读者有所体验,我们先看看合理化陷阱的两个例子：一个涉及为慈善机构募捐的委婉请求，另一个则更加干系重大，涉及战争宣传。

假设你正在家中，有人敲门，请求你给某项很有价值的慈善事业捐款。如果你不想捐，想出几个拒绝的理由可能不会太难——你手头没钱，就算捐了可能也起不了多少作用等。但是假如募捐者在讲完常规的寻求捐款的一番话之后，又加了简单的一句："哪怕一分钱也管用。"你随口就能说出的借口突然消失了。在听完这句话后拒绝捐款无疑会挑战你的自我观念，激发某种程度的认知失调。毕竟，什么样的人才会如此刻薄或小气，连一分钱都不肯给呢？你原先的理由将不再适用。合理化陷阱设置完毕。这个请求威胁到你的自尊，要想减轻这种负面感受，唯有一个办法：给那个慈善事业捐款。

罗伯特·西奥迪尼（Robert Cialdini）和戴维·施罗德（David Schroeder）通过实验，对上述情境进行了测试。[5] 由学生充当募捐者，挨家挨户地请求捐款。他们讲的话完全一样，只不过在一半的场合，多加了"哪怕一分钱也管用"这句话。听了这句话的居民捐款的可能性更高，几乎是没有听到这句话的标准参照组的两倍。而且，平均而言，听了这句话的捐款者，其捐款金额很可能和其他人一样多；换言之，将小额捐款合理化的声明并未导致捐款额减少。为什么？显然，一方面，拒绝捐款的外在理由不复存在会促使人们捐款，不仅如此，在他们决定了**要不要**捐之后，不想显得小气或掉价的愿望会影响他们捐**多少**的决定。一旦人们伸手去掏腰包，只拿出来一分钱就是自我贬损。多捐一点符合他们的自我认知：我是相当善良和慷慨的人。

战争宣传最大的危害之一是，它可以让一国的国民心安理得地摧毁另一国的国民，没有丝毫负疚感。战争会造成巨大的伤害和破坏，而受害者往往是无辜的旁观者和儿童。认知一："我和我的国家是正派、公道、讲理的"，与认知二："我和我的国家伤害了无辜民众"，并不调谐。

第4章 合理化动物

如果伤害是明摆着的，那就无法通过声称它并未发生或它其实不是暴力来减少失调。此时，减少失调的最有效方法是尽可能地将你的受害者去人性化，或把他们说成十恶不赦，这样才能说服自己，受害者是罪有应得。

不然的话，我们怎么能解释以下现象？第二次世界大战快结束时，美国飞机在广岛和长崎投下原子弹。包括妇女和儿童在内的逾十万平民丧生，身负重伤者不计其数。今天，大多数美国民众时兴的看法是强烈谴责投掷核弹的决定。但是在核弹刚投下的一周后，一项民意测验显示，不到5%的美国人认为我们不应该使用这些武器，而23%的人认为我们应该在给日本投降的机会之前多扔几个核弹才好；后者的比例真是高得令人震惊。[6]

有读者或许会认为，这些事都是久远的历史了。但是，不太久以前，在海湾战争期间，伊拉克人民被描绘为"巴格达屠夫"萨达姆·侯赛因的可悲追随者。战争结束后，美国人纷纷为我们取得的惊人胜利举行理所应当的庆祝活动，很少有人停顿片刻，为我们"外科手术式"的轰炸袭击导致数以万计的伊拉克非战斗人员死亡表示几句遗憾，因为这些袭击还摧毁了巴格达的基础设施（包括供水系统），令千千万万无辜平民遭殃。现代战争几乎无一例外地要把敌人刻画为非人类。

去人性化成功消除了对敌人的残忍行为可能唤起的我们的任何失调感。可是，要当心啊：我们越是给我们的残忍找理由，就越容易变得残忍。合理化陷阱变成不断升级的螺旋："我做了一件残忍的事，为了证明自己这么做正当合理，我相信受害者是罪有应得。要是受害者罪有应得，那么或许他们理应吃更多苦头，而我可能正是替天行道者。"今天在波斯尼亚、卢旺达和科索沃等地发生的"种族清洗"，不过是这个残酷陷阱的又一些令人齿寒的例证。

在本章中，我们已经看到，为过往行为找理由辩解的趋势可能导致我们的合理化一步步升级，引发灾难性后果。当然，讽刺之处在于，为了避免被自己视为愚蠢或不义之人，我们把自己送上了做出更多愚蠢或不义之事的道路。合理化陷阱有解决办法吗？毫无疑问，我们大多数人都会极力为自己的行为辩解，但同样毫无疑问的是，如果只知道为自己辩解，那就永远无法从过往经验中学习。人不能仅靠认知调谐而活。[7]

在我们的日常经验中，我们看到有些人能够摆脱合理化陷阱，勇敢地承认自己的错误并从错误中学习。他们是怎么做到的？在什么条件下可以做到？在理想的状态下，当我们犯了错误，如果能够叫停否认、歪曲和自证合理的自我保护倾向，会令我们受益良多。其实就是让我们承认："好吧，我搞砸了。我能从中学到什么，以免重蹈覆辙？"要想做到这一点，首先，需要理解我们的防御本能，理解我们减少认知失调的倾向；其次，需要发展足够强大的自我力量，才能承认并直面过往行为中那些需要纠正（而不是辩解）的错误。

我们深知，说起来容易做起来难。在大多数文化里，容忍错误并非易事，失败就是罪恶：考试不及格的孩子有时要经受嘲笑；而能力出色的棒球大联盟联赛俱乐部经理，只要一个赛季表现不佳就被炒鱿鱼。也许，如果我们能对他人的失败更加宽容，我们就也可以容忍自身的缺点，从而避免条件反射般为自己所做的一切辩护的倾向。

第 5 章

构建影响力的四大策略

1863年秋的亚伯拉罕·林肯（Abraham Lincoln）可能是美国历史上最不得人心、最受鄙视的总统之一。他于1860年当选，获得的普选票不足40%，领导着一个陷于分裂的国家。媒体对他充满敌意，对他的指控五花八门：酒鬼、拿特赦换选票、战争贩子、懦弱的暴君和独裁者、鼓吹"恋爱自由、土地自由、黑人自由"等。他领导的联邦军被骂作"林肯的屎"。

林肯刚就任总统，叛军就占领了南卡罗来纳州的萨姆特堡（Fort Sumter），血腥的内战被迫打响。这场战争从一开始就不得人心，而且支持率还日益下降，因为北方各州的民众从未彻底相信废奴的意义和必要性，却还不得不接二连三地目睹血腥战事，哀悼战死沙场的将士。到了1863年，反战情绪演变成反征兵暴动，群氓在纽约市街头横冲直撞，烧杀劫掠，直到政府把联邦军从战场上调回才得以平息暴力。南北战争中，最为惨烈的战役之一发生在宾夕法尼亚州的葛底斯堡，双方的伤亡人数均逾5万。当地一个承包商以每具遗体1.59美元的价格，将阵亡者安葬于新建的占地17英亩（约68 796.56平方米）的墓地。在墓地的落成典礼上，曾担任哈佛大学校长的政治家、演说家爱德华·埃弗里特（Edward Everett）发表了长达两小时的演讲，回顾这场战役的始末。林肯总统也应邀出席落成典礼，并讲"几句合适的话"。他只用了3分钟，就在葛底斯堡完成了他总共272个单词的发言。但是，亚伯拉罕·林肯讲完之后，便为国民描绘出了他们正在建设的宏图大业：一个建立在人人生而平等的原则之上的国家，民有、民治、民享的政府。[1]

20世纪70年代初，杰夫·克里斯蒂（Jeff Christy）还是宾夕法尼亚州匹兹堡地区一个寂寂无闻的音乐节目主持人。但是，他在那儿的工作于1974年宣告结束，因为KQV广播电台把他解雇了，说他是"毫无才干的废物"。克里斯蒂后来在堪萨斯城的KFIX电台谋得一职，又再次被炒，这次是因为"性格冲突"。为了谋生，拉什·林博（Rush Limbaugh，克里斯蒂的真名）[1]开始为堪萨斯城皇家棒球队的销售部工作，直至迎来人生的重大转机：在加利福尼亚州萨克拉门托的KFBK电台有了自己的脱口秀。今天，拉什·林博的节目在近600个广播电台播出，美国有11%的成年人每周收听他的节目至少两次。他的影响力还不止于此。1992年总统选举期间，林博受邀在白宫过夜，布什总统亲自帮他把行李送到白宫的"林肯卧室"[2]。1994年，最高法院大法官克拉伦斯·托马斯（Clarence Thomas）从百忙之中抽出时间，主持林博与其第三任妻子玛尔塔（Marta）的婚礼。而且，托马斯大法官是在自己家中为他们主办了这场婚礼。布什1992年的竞选团队副经理、某有线电视脱口秀节目的主持人之一玛丽·马塔林（Mary Matalin）曾对记者说："林博上节目之前，共和党的所有参议员、众议员整个早上都在打电话（给林博）。"[2]

---

[1] 他是美国保守派电台脱口秀主持人。——译者注
[2] 白宫内供访客过夜的房间。前总统林肯把这个房间用作办公室，杜鲁门后来将它命名为"林肯卧室"。——译者注

第5章 构建影响力的四大策略

保罗·英格拉姆（Paul Ingram）可谓华盛顿州奥林匹亚社区的中坚分子。他43岁，是治安官办公室的首席民事代表，活跃于当地政坛和他所属的活水教堂（Church of Living Water）。一切都在1988年11月28日宣告改变：是日，英格拉姆因性骚扰他的两个女儿埃丽卡（Ericka，时年22岁）和朱莉（Julie，时年18岁）而被捕。在接受警探乔·武基奇（Joe Vukich）和布赖恩·舍恩宁（Brian Schoening）、临床心理学家理查德·彼得森（Richard Peterson）和牧师约翰·布拉通（John Bratun）的一系列讯问之后，英格拉姆承认了这些令人发指的罪行。据他供述，他和妻子桑迪（Sandy）对他们的女儿实施性虐待已有17年之久。英格拉姆供认，他是某邪教组织的头目，该组织会在他家农场举行杀戮婴儿和动物的仪式。他还承认，他曾经令他的一个女儿怀孕，然后强迫她堕胎。他说，他家是一个恋童癖团伙的总部，该团伙包括两名当地警察，这些人经常喝得烂醉并强奸朱莉。

令这个故事越发不寻常的是，没有证据表明英格拉姆所供述的这一切曾经发生过，相反，许多证据表明，其中至少有些内容根本不可能发生。例如，经过警方的大量调查，包括对英格拉姆农场掘地三尺，从未发现任何杀害婴儿和动物的物证。尽管四处寻找，据称做了人流手术的那位医生从未被找到。英格拉姆一家的家庭医生给两个女孩做了身体检查，未发现任何虐待的痕迹。据信，在这里持续举行的邪教仪式会在中心点燃篝火，但夜间巡逻的飞机从未发现篝火，尽管这些巡逻确实导致一些兄弟会的啤酒派对被捣毁。两名被指为恋童癖团伙成员的警察否认曾侵害埃丽卡和朱莉。朱莉·英格拉姆的确指控父亲给自己写了一封威胁信，然而，后来证明这封信的笔迹是朱莉自己的。埃丽卡和朱莉声称由于多次遭受恶毒的折磨，身上疤痕累累，但是法庭下令进行的体检未在她们身上发现伤疤。埃丽卡仍然公开宣称她身上带着伤疤，并谴责治安官办公室拒绝逮捕30名医生、律师和法官的决定，她说这些人都是邪恶阴谋的共犯，还说这些人在继续谋杀无辜婴儿。除了英格拉姆本人的供述外，没有任何证据可以支持埃丽卡和朱莉提出的性虐待指控。保罗·英格拉姆因为一项大多数专家一致认为他从没犯过的罪被判 21 年徒刑，目前正在服刑当中。[3]

亚伯拉罕·林肯，拉什·林博，以及由武基奇、舍恩宁、彼得森和布拉通组成的审讯小组，以上这些似乎彼此天差地别，但却有至少一个共同点：都为我们提供了卓有成效的劝导范例。亚伯拉罕·林肯的葛底斯堡演说定义了身为"美国人"意味着什么，大约 137 年之后的今天，它仍是美国学校讲授的内容之一，也仍在影响我们。利用娱乐和劝导，拉什·林博赢得了总统、国会领袖、最高法院大法官、政界要人以及 2 000 多万忠实听众的关注。审讯小组说服保罗·英格拉姆做了很多人认为不可能的事情，即改变他的生命记忆，并且让他（几乎肯定是错误地）相信自己犯下了或许是普天下父亲可能犯下的最可怕的罪行。这些劝导者是如何做到的？是什么使一个人可以有效影响他人？

成功的劝导者可以运用各种各样的影响策略，引导受众对某个问题或某种行为持积极看法。不过，只有在四种主要的影响策略，或者说赢得顺从的通用手法，均得到贯彻执行时，才最有可能形成最强影响力。

这四大影响策略都是什么？首先，要控制局面，为你的信息营造良好的氛围，这个过程我们称为"**预劝导**"（pre-persuasion）。预劝导涉及如何构建问题，为决策设定框架。如果大获成功，预劝导会确立"人人都知道"和"人人都视为理所当然"之事；即使它本来不应如此，而是应被视为有待商榷。通过巧妙地确立问题的定义和讨论方式，传播者可以不动声色地影响我们的认知反应，并获得赞同，而我们甚至完全看不出对方的劝导企图。其次，传播者需要在受众眼中树立良好的形象。我们称为"**来源可信度**"（source credibility）策略。换言之，传播者需要表现得或是惹人喜爱，或是具有权威，或是值得信赖，又或是拥有其他任何有助于劝导的特性。再次，在构建和传递信息时，要让受众的注意力和思绪完全集中在传播者想让他们思考的点上。比如说，让他们难以思考和提出任何反对意见，让他们的关注点集中在某个鲜明有力的意象上，甚至诱使受众自己说服自己。最后，有效的影响会控制目标对象的**情绪**，它遵循一个简单的规则：激发情绪，然后为其提供一种应对情绪的方式，而这种应对方式刚好也是传播者希望其采取的行动。此时，目标对象只顾着处理情绪，往往会顺从请求，以期逃避负面情绪或保持正面情绪。

这四大影响策略可谓源远流长。正如我们在第一章所说，亚里士多德是最早提出有关劝导的综合性理论的人。[4] 他的理论认为，劝导包括三个方面：来源（ethos）、信息（logos）和听众的情绪（pathos）。针对其中每个方面，亚里士多德都为潜在的传播者提供了建议。例如，他建议演说家将自己展现为一个好人，一个可以信赖的人；他建议人们在撰写演讲稿时，若想构建有说服力的信息，应使用看来符合逻辑的论述，并援引生动的史实或虚构案例来阐释观点。信息应该因人而异，以适应听众的固有信念。在亚里士多德看来，理解听众的感受至关重要。愤怒的人和开心的人，行为会截然不同。演说者必须有能力引导和正确使用这些情绪。为此，亚里士多德描述了如何唤起听众的情绪，包括愤怒、友爱、恐惧、嫉妒、羞耻，并讨论了如何有效利用这些情绪为劝导服务。

亚里士多德还认识到，另有一个因素影响劝导，他称之为 atechnoi（不属于技术本身的因素），即不在演说者直接控制范围内的事实和事件。以法庭为例，他指出有些条件为双方的唇枪舌剑设定了基础，例如法律条文、合同内容、证人的证词。从某种意义上说，这些条件搭建起了舞台，辩论就在舞台上进行。它们起到了聚焦问题、限制可能使用的策略的作用。因此，它们是法庭判决的重要决定因素。亚里士多德提出了若干应对这些因素的办法,比如挑战法律的正当性、降低证人的可信度等,如今我们或许会把这些做法称为"以恰当的角度呈现"事实。

古罗马律师西塞罗赞同亚里士多德关于劝导的许多见解。凭借在法庭上成功为一些最为臭名昭著的恶棍和杀人犯辩护,西塞罗在古罗马声名远扬。他提出了所谓的"职业演说家"(officia oratoris),也就是演说家的职责:吸引人(确立演说者的可信度),教导人(有理有据地陈述信息),打动人(令听众内心洋溢情感)。

西塞罗最重要的贡献之一是将亚里士多德的 atechnoi 概念进一步发展成 statis(问题的状态)理论,该理论也就是我们所说的"预劝导"。演说家或律师的任务是以对她(他)自己的观点最有利的方式来定义情境。例如,假设你的当事人被指控谋杀。第一道防线是否认事实:"不,我的当事人没有杀人。"如果事实无可否认,那就挑战行为的定义:"没错,她杀了他,但这不是谋杀。"如果行不通,那就对行为的性质提出质疑:"是的,这是谋杀,但它是怀着良好意图的谋杀,而且是在情有可原的情况下进行的。"要是种种方法均告失败,那就质疑法庭首先有没有权力审理此案:"这个法庭无权审判女王。"读者很可能会觉察,西塞罗的建议与现代许多法律诉案的辩护手法存在相通之处。

现在,让我们转回头看看本章开头介绍的三个成功施加影响力的范例,看它们都是如何贯彻执行四大影响策略的。

亚伯拉罕·林肯在葛底斯堡的劝导任务,哪怕采用最保守的说法,也是包含多个层面的。首先,他必须证明这场战争的必要性。这些军人战死于葛底斯堡,为的是什么?继续打仗,意味着还会死更多人,是否值得?其次,林肯必须证明他几个月前采取的一项行动是正确的:颁布《解放黑人奴隶宣言》,让南方的被奴役人口获得自由。《解放黑人奴隶宣言》标志着林肯的政策从仅在南方各州保留奴隶制转变为消灭奴隶制。要是林肯活到今天,他会被贴上"骑墙派"或"披着保守派外衣的

第5章 构建影响力的四大策略

自由主义者"的标签,具体哪种视乎你在奴隶制问题上的立场而定。最后,也是最重要的一点,林肯必须抚平战争创伤,维系联邦政府,让叛乱者重新融入整个国家。请注意,这个目标综合体限制了林肯可用的雄辩术。例如,为战争辩护的一种常见方式是讲述敌人的暴行,就此事而言,那就是生动地描述奴隶制下的痛苦或屠杀事件,丑化南方叛军。但是,这一策略会导致叛军日后重返联邦的难度加大。在本章的最后,我们附上了林肯的讲话,以呈现他在葛底斯堡是如何完成这几个层面的任务的。

在葛底斯堡演讲中,林肯使用了一种常规的、几乎每个称职的政客都会使用的预劝导策略:给问题下一个定义,在这种定义之下你只可能赢,不可能输。葛底斯堡演讲的不同寻常之处在于,它没有提及当时的任何重大议题:奴隶制、废奴宣言、对待获得解放的奴隶的政策,或怎样打赢这场战争。政策专家们不会喜欢这场演讲,因为他们想要的是详细分析我们为何应该采取某某行动路线。相反,林肯使用"粉饰法"(glittering generalities)和"咕噜词"技巧(purr words,参考第6章),赋予了问题人人都会认可的定义,例如,林肯呼吁国人支持死者"未竟的事业",迎接"自由的新生"。这些东西基本上所有人都会赞同。

不过,林肯最有效的预劝导策略,或许藏在演讲开篇的六个字里,学童们在校都要学习且经常戏仿这六个字,"八十又七年前"。为什么这么说?林肯用这六个字,将美国诞生之日与1776年《独立宣言》的签署,而非1789年《美利坚合众国宪法》的批准生效,连在一起。美国人现在普遍认为美国诞生于1776年而不是1789年,看看1976年举行的两百周年庆祝活动吧,相比之下,1989年宪法诞生两百周年的纪念日几乎完全被忽略,这个事实证明了林肯所传递的信息的力量。但是,1863年时美国人可不是这么想的。殖民者建立的第一个政府以《邦联条例》(Articles of Confederation)为基石,但它在很大程度上宣告失败。开国者们再次尝试制定了一部新宪法，于 1789 年生效。奴隶制的拥护者声称美国宪法拥有至高无上的地位，因为当时的宪法并未认定奴隶制非法。另外，反对奴隶制的人因为《独立宣言》宣告"人人生而平等"而感到慰藉。[5]就这样，林肯压根不用提及废除奴隶制、《解放黑人奴隶宣言》或南北战争就证明了这一切的正当合理，因为他用六个简单的字，将美国的诞生与《独立宣言》以及人人平等的指导原则连在了一起。有趣的是，当时也并不是所有的北方佬都能接受林肯的狡黠手法。《芝加哥时报》的一篇社论义愤填膺，指责林肯居然背叛宪法，赋予《独立宣言》优先地位，玷污了那些起草宪法并为之在葛底斯堡捐躯的人——"那些极为自尊自爱，所以不能宣称黑人与自己平等的人。"[6]

接下来，当谈到建立和利用信息来源的可信度时，林肯面临一个大问题：许多听众并不认可他作为总统的权威。这一点在叛乱的南方人身上最为明显，但许多北方人也是如此：他们不喜欢他的战争政策，认为奴隶制应该遏制但未必需要废除。就连废奴主义者也因为变革进展缓慢而对他心怀疑虑。正直的亚伯[1]能怎么做呢？他采用了当今（同样不太受信任的）广告商常用的一种策略：让他人充当信息的来源。尽管讲话的是林肯，但信息的来源是这个国家的开国元勋，以及为捍卫孕育于自由之精神的国家而捐躯的军人们；你可以把林肯的声音看作是配音。林肯称赞他们勇敢、可敬，称赞他们的事业伟大，从而树立了他们的信誉。他甚至质疑他自己和听众有没有资格把这块墓地献给安葬于斯的勇士。请注意这种信息来源的重新定位是如何增强信息效力的。要是林肯暗示说，他，以自己的名义，请求举国上下团结一心，所有反对他、认为他不值信赖的人都会对他嗤之以鼻。但是，谁能跟这个国家的奠基者，跟为捍卫梦想而战死沙场的将士们争论呢？

---

1 亚伯拉罕·林肯的昵称。——译者注

第5章 构建影响力的四大策略

出乎意料的是,葛底斯堡演说并未采用当今常用的许多说服策略。例如,演说没有描绘逼真、惨烈的战争场面,没有重复什么朗朗上口的口号。但是,林肯确实将他的信息围绕一个贯穿演讲始终的主题进行了组合:一个新国度的孕育、诞生、奉献和神圣化。对于熟谙《圣经》的19世纪听众而言,这样的组合赋予了美国民主一种特殊的精神属性。背弃这个特殊的国度,就是背弃上帝的旨意。

在葛底斯堡,林肯娴熟地拨动着美国人的情感。首先,他唤起了听众身为美国人的自豪感,他使用的是我们在第25章所说的"格兰法龙"(granfalloon,群体自豪)策略。有趣的是,他只字未提葛底斯堡战役中的作战双方,也没有把美国人分为南方人和北方人、黑人和白人、奴隶和自由人。相反,他说所有美国人,哪怕是叛乱的南方人,都是天选之人,在参与一场有关自治和自由的伟大实验。接下来,他唤起了恐惧:对一个孕育于自由的精神、坚信人人平等的国家可能永远从地球上消亡的恐惧。最后,他唤起了听众对那些缔造这个特殊国度、为保护它献出生命的人们的责任感和忠诚之心。请注意,所有这些情感都要求听众采取一项共同的行动:为了维持我们身为美国人的自豪感,消除这个天选之国将不复存在的恐惧,履行我们的义务,我们必须继续为联邦而战,为自由而努力,与所有美国人一起完成这项特殊使命。

而对改变美国历史的进程起了最大作用的,或许还是这一点:林肯唤起了听众心中的伪善感。正如加里·威尔斯(Garry Wills)所说:"当时,美国人崇敬《独立宣言》(态度偏向于支持),但与此同时,他们中的许多人对奴隶制也持偏向于支持的态度。林肯巧妙地,一次又一次地论述道,他们必须保持一致,要么放弃前一种偏向,要么放弃后一种偏向。"[7] 当时常用的解决这种不一致的方法是宣称不管人们对奴隶制作何看法,美国宪法都赋予了美国人自治权,所以如果有些州想保留奴隶制,那就随它去好了。就连林肯有一阵子也接受了这种妥协。但是,在葛底斯堡,他不再妥协。他在开篇第一句话,一个"秉持人人生而平等的理念"的国家,就提醒了听众他们的虚伪。如果有些美国人可以被强行排除在外,民有、民治和民享的政府从何说起?他让听众别无选择,只能直面自己的偏见,并决定一个"孕育于自由、奉行上述原则的国家,能否长久存在"。葛底斯堡演说发表之后的七年内,美国通过了宪法第十三、十四和十五修正案,这些修正案规定奴隶制为非法,确保所有公民同等受到法律的保护,不分种族或肤色一律拥有投票权,从而永久确立了这个国家对人人平等的承诺。

林肯的劝导任务相当复杂,相比之下,拉什·林博只需完成两项较简单的影响他人的工作。首先,他必须确保自己有听众。正如他所说:"当我意识到我们所有人上电台的唯一目的就是卖广告时,我迎来了职业生涯的转折点。"[8] 换言之,要确保收听率。林博的第二个任务是赢得人们对其政治观点的支持,尽管他经常否认或淡化该任务的重要性。他的节目频频号召听众就林博认为重要的问题写信给国会,或投票给他偏爱的候选人。他完成第一个任务的办法是让节目生动有趣,十分搞笑,尤其是如果你同意他的观点的话。他完成第二个任务则是通过执行四大影响策略。

林博常用的一种预劝导策略是,给某人或某事贴标签,而这个标签一旦贴上,几乎没有谁会愿意喜欢此人或支持此事。例如,他告诫听众当心环保怪胎,女权纳粹,自由民主党人,神志恍惚的好莱坞左派,留着长发、身上染蛆、吸食大麻、鼓吹和平的娘娘腔,基佬,还有乌格洛裔美国人。另外,他将自己的节目定义为"广播界的卓越典范"。有谁能够支持任何一种纳粹,又有谁能反对"卓越"?林博还会故意歪曲立场以便驳斥。例如,在比尔·克林顿当政期间,林博严厉抨击克林顿,指责他计划提高年收入不足5万美元的家庭所得税,还指责他计划让美国单方面裁军。听起来相当恐怖,是吧?当然,事实上克林顿从来没有

第5章 构建影响力的四大策略

主张或试图执行上述两项政策。

接下来,林博对其节目中的信息保持绝对控制。要想参与节目,拨打电话的人必须通过筛选,以确保他们想说的内容跟林博想听的一致。要是不巧,林博不想听到的某种观点偏偏通过了筛选、呼入进来,林博可以切断声音信号,让打进电话者听不到节目,因此无法就问题做出回应,显得人们非常愚蠢。要是打进电话的人太棘手,林博可以直接挂断电话。比如有一次,一个非洲裔美国人打进电话,通话没有按照林博想要的方式进行,于是他挂断电话,还告诉来电者"把你鼻子里的骨头拿出来再给我回电"。打进电话的人当然没办法对林博进行同样的操作或是回应他的指控。默认林博获胜。

林博惯用的预劝导手法是谣言和影射:把扭曲的事实、半真半假、彻头彻尾的谎言或毫无根据的说法都当作真相来呈现。谣言和影射为随后的论证铺垫了背景,从而起到预劝导的效果。例如,假设我想让你相信政府太自由化、花钱太大手大脚,相信这届"自由化"政府在民权、能源、教育和烟草管控等领域都很失败。林博采取的一种方法是重复诸如此类的谣言和影射:

"最高法院已成为自由主义的避难所。"(他讲这番话之时,最高法院的9名大法官中,有8人是共和党总统任命的,其中4人为里根所任命。)

"我记得这些漫长的输气管道是70年代修建的,是吉米·卡特(Jimmy Carter)的执政成果。"(这些管道建于1973年,当时是尼克松执政。)

"堪萨斯城现在为政府工作的人超过在私营部门工作的人。"(堪萨斯城的就业人口中,约有5%为政府工作。)

"最高法院克拉伦斯·托马斯大法官摆脱贫困束缚靠的可不是民权组

织开出的那些处方。"（托马斯1971年被耶鲁法学院根据一项平权行动计划录取，该平权行动计划的目标是让少数族裔学生在录取人数中占比10%，托马斯本人也承认这个事实。）

"我们今天拨给每个班级的经费足够为老师和孩子们配备有专职司机的豪华轿车。"（在加利福尼亚州圣克鲁斯市，租用5星级豪华轿车服务的价格是每小时55美元，税费和小费另计，最低3个小时起步；这意味着，按每天8小时折算的话，不含小费，每个孩子和老师的开销是一天512美元，按每年40周折算，费用为102 400美元。校董会每年要为一个包含20名学生和一名老师的班级支付超过210万美元，没准他们可以拼车？）

"没有确凿的证据表明尼古丁会致人上瘾。同样，声称吸烟会导致肺气肿、肺癌、心脏病也缺乏证据。"（几乎所有科学家都一致认为，有充足的证据证明政府警告吸烟有害是对的。）

为了建立信息来源的可信度，林博将自己塑造为"和听众一样的普通人"形象。例如，林博在其电视节目中说："这帮有钱的家伙，比如肯尼迪家族和佩罗[1]，假装他们的生活就跟我们一样，假装理解我们的磨难和痛苦，假装代表我们，然后还真蒙混过关了。"请留意这样的形象会如何提升影响力：我们通常不跟朋友争执。我们还应该留意，林博讲这番话的时候，其年收入据估计为2 000万美元，远远超过普通美国人的水平。

拉什·林博使用多种策略来确保听众以他想要的方式思考他的信

---

[1] 罗斯·佩罗（Ross Perot, 1930—2019），美国前政治家，企业家，最大独立计算机服务公司EDS创始人，1992年成立改革党，并作为独立候选人竞选总统。——译者注

第5章 构建影响力的四大策略

息。比如，他使用生动的意象来吸引听众关注他的论点："西瓜是环保主义者。它们外面绿，里面红。""拉尔夫·纳德（Ralph Nader）是人类的一块手帕。"林博用尖酸刻薄的幽默分散了听众的注意力，使他们无法深入思考他说的内容："安·理查兹（Ann Richards）州长那张脸生来就需要熨一熨。""希拉里·克林顿长得就像庞蒂亚克汽车引擎盖上装饰的吉祥物。"他的论点夹杂种族主义色彩，从而对带有种族偏见的听众更具说服力：在为北美自由贸易协定（North American Free Trade Agreement, NAFTA）辩护时，他说："那些非技术性的工作，完全不需要任何知识也能做的工作，让愚蠢的、没有技术的墨西哥人去干吧。"最后，他一遍又一遍地重复他的论点。比如说，他会为这一天选择一个主题，然后变着法地重复自己的观点。在第 20 章，我们会讨论单凭重复这一招就能如何提高沟通效能。

林博频频利用两组情感。首先，他唤起人们的恐惧：要是不接受他倡导的做法，可能会有什么样的后果。例如："很快就会有一项法律规定，要是你办公桌上摆了一本《圣经》，你就犯了宗教骚扰罪。"他把一项试图重新树立公平原则（要求广播公司以平衡的视角报道社区中部分有争议的事务）的法案称为"拉什闭嘴法案"（Hush Rush Bill），指责该法案意在让他个人从电波中消失。他还声称："第一修正案已被用来强行清除宗教，不仅要把它逐出我们的教室，还要把它逐出所有的政府机构。"

其次，和亚伯拉罕·林肯一样，拉什·林博使用了"格兰法龙"策略，但个中有些重要的改变。林肯激起的是身为美国人的自豪感，林博大力鼓吹的则是身为"点头粉"（dittohead）的优越感："点头粉"是林博的狂热听众，赞同林博说的一切。林肯希望"**美国人**"这个词具有海纳百川的包容性，林博则通过与外群体的对比来提高"点头粉"的声望：比方说，和自由主义者对比（"你们在道德上比那些温情脉脉的自由派法西斯分子高尚,你们有一份真正的工作,他们必须以乞讨为生"),和少数族裔对比["你们有没有注意到,报纸上刊登的所有通缉犯的合成照片看着都像杰西·杰克逊[1](Jesse Jackson)?"],和他的政治对头对比("那些想取下克林顿或戈尔汽车保险杠贴纸的人,不如直接去搞个残障人士专用停车贴纸吧,这样大家就知道你为什么这样投票了")。通过嘲弄他人,"点头粉"的优越感得到增强。1993年,林博在电视节目中播出了一张克林顿家养的猫"袜子"(Socks)的照片,接着问道:"你知道白宫有一条狗吗?"然后,他切换成当时13岁的切尔西·克林顿(Chelsea Clinton)的照片。如何能让自己体会到上述种种优越感?很简单。听林博的节目,然后点头说:"我也一样。"从而提高其收听率。

最后,让我们看看保罗·英格拉姆何以会相信自己强奸和猥亵了女儿。这涉及两项劝导任务:首先说服女儿,然后说服父亲。

关于埃丽卡和朱莉是如何开始相信她们被父亲性骚扰的,只有一些零星的线索。已知的事实是,她们参加了一个由其所属教会主办的每年一度的少女静修班,名为"心连心"。显然,虐待儿童是夏令营内经常讨论的话题。在早些年的静修班中,埃丽卡和朱莉都曾各自提出有关性虐待的指控,指控对象是两名不同的邻居。警方的后续调查认定,这两桩指控都没有可供提起诉讼的事实依据。而在1988年的这次静修班中,自称具有疗愈天赋的重生基督徒卡拉·弗兰科(Karla Franko)给出了一个预言:这个房间里有人在少女时代曾遭亲戚猥亵。一个女孩立刻冲出房间,称自己曾受此害。其他女孩也站了出来,表示亦曾被性虐待。静修最后一天的傍晚,埃丽卡也挺身而出:她意识到自己也受到父亲的性虐待。

1　Jesse Jackson, 1941——,美国著名的民权运动领袖。——译者注

第5章 构建影响力的四大策略

尽管上述描述并不完整,但我们可以发现导致性虐待指控的一些影响因素:在特定情境下,声称遭受性虐待不仅合乎时宜,而且作为奖励,还会获得关注、喜爱和归属感。不幸的是,英格拉姆案并非孤例,全国范围内曾掀起一场指控父母性虐待孩子的流行风潮。毋庸多言,性虐待确实会在家庭内部发生,导致悲剧性后果。但与此同时,越来越多的证据表明,在这些性虐待指控当中,有许多是基于经过建构、并不符合现实的记忆之上。[9] 仔细探究这些案件可以发现,它们与英格拉姆案有相似之处,而且全都使用了四大影响策略。

唤起有关性虐待的虚假记忆的心理治疗使用了多种预劝导策略。首先,为性虐待指控营造背景。通过人际影响力、大众传媒报道以及诸如《疗愈的勇气》(*The Courage to Heal*)、《被压抑的记忆》(*Repressed Memories*)和《米歇尔记得》(*Michelle Remembers*)[10] 等书籍来宣传三个相互关联的假设:(1)乱伦的普遍性远远超出人们的想象,而且可能包括非肢体虐待,好比说你看到爸爸在浴室的样子,或听到叔叔讲了句挑逗性的话;(2)信奉撒旦的邪教在全国各地秘密活动,经常举行虐待儿童和动物的仪式;(3)乱伦受害者在遭遇侵害后,多年来压抑自己对性虐待的记忆,导致60%的乱伦受害者不记得自己曾被侵害。事实上,深入研究之后发现恰恰相反:对受害者来说,忘记创伤极为困难。其次,倡导用术语来解释事件,诸如**否认**、**侵犯边界**、**情感乱伦**、**依赖共生**、**康复**等。请注意,如何可以利用这些术语来演绎几乎任何给定事件。当当事人提出反驳性虐待假说观点时,她是在否认。母亲不愿支持女儿讲述的遭到父亲强暴的故事,她是一个依赖共生者。含义模糊的行为,甚至爱的表达,都可以被定义为用心险恶:只消声称父亲的拥抱侵犯了边界,其实质是情感强奸。以治疗师认可的方式行事的案主是在康复中。最后,案主很可能受过性虐待的预期得到了确立。例如,弗兰科预言说房间里有人曾被性虐待。治疗师经常会直接询问:"你在童年受过性虐待吗？"或间接说道："在我听来，你像是那种可能受过性虐待的人。"

提出性虐待可能性的人通常是治疗师或咨询师。我们认为治疗师应该是专业的，在其专业领域接受过专门培训，处处为我们的利益着想。除此之外，埃丽卡和朱莉还相信了卡拉·弗兰科自称拥有的疗愈天赋和先知能力。就这样，治疗师被视为权威人士，归根结底，他（她）知道什么对我们最好。

心理治疗的进程本身有助于最有效的劝导策略之一的使用：自发的劝导，也就是促使和引导案主自发产生与性虐待诊断相符的信息。如何实现这一点？让案主说服自己她曾受性虐待的一种方法是，给她提供一个长长的、据信表明曾受虐待的症状清单：你是否不知道自己想要什么？你是否害怕尝试新的体验？你是否害怕独自待在黑暗中？你是否感觉自己和别人不同？问题是，大多数正常人也时不时会体验到其中某些症状。等回答了几个"是"之后，案主便走上了说服自己是性虐待受害者的道路。接下来，案主需要理解虐待是怎么发生的。此时，治疗师可能会使用"意象工作"（选取来自童年的一个负面场景，譬如一个噩梦，或者是害怕地躺在床上，然后努力给这个意象补充尽可能多的细节）；对案主进行催眠（让她回到小时候，以便回想起过去）；给她开药，例如异戊巴比妥钠（此药有个并不准确的别称，叫作"吐真剂"），然后指导她回忆性虐待经过；或要求案主记日记，在日记中她可以围绕一闪而过的来自过去的意象自由联想。结果往往是产生一系列有关性虐待的鲜活"记忆"；这些"记忆"，因为是自发生成的，所以高度可信。

心理治疗往往会激起强烈的情感，毕竟，人们来做心理治疗就是因为他们感觉有问题需要解决。那些制造子虚乌有的虐待记忆的治疗，向案主承诺"只要你找回有关虐待的记忆，就会感觉更好"，从而唤起对方的希望。所谓的虐待成为心理上的拐杖，一种证明自身的失败合情合

第5章 构建影响力的四大策略

理的手段,一切问题,例如学业失败、惨淡的爱情生活、体重超重,都可归咎于虐待案主的父母,而非任何可能需由案主自行承担责任之事。案主获得了一个新的身份:受害者和幸存者。采纳这个新身份的案主会获得治疗师的奖励,在鼓励组员报告虐待行为的团体治疗中也是如此。而且这个新的身份感觉不错。罗伯特·林德(Robert Lynd)曾说:"视他人为罪魁祸首,令我们感觉良好的东西莫过于此。"[11] 最后,鼓励案主直接面对父母,提出性虐待指控。一旦对质发生,案主就彻底走上难以逆转之路,整个家庭往往因为这些指控而陷入动荡,四分五裂。

在对保罗·英格拉姆的讯问中,就使用了许多这种制造"幸存者"虚假记忆的策略。例如,讯问者提醒英格拉姆,魔鬼确实存在,并告诉他,人们经常会压抑对此等恶行的记忆;事实上,英格拉姆也相信魔鬼存在。他在追问之下不得不同意,他的女儿们不会在这样的事情上撒谎,那么,英格拉姆只能要么认罪,要么指责女儿撒谎;其实还有另一种可能性:他的两个女儿已完全被夏令营的影响策略操控。英格拉姆周遭环境中的所有人,警察、牧师、家人、咨询师、朋友,表现得都好像性侵指控属实。这些人是权威和专家,理应了解此类事情,而不仅如此,他们还是信得过的朋友,不会故意撒谎和欺骗。他们提醒英格拉姆注意某些含义模糊的事件,例如近几年来朱莉和埃丽卡的冷漠态度,并要求他对此做出解释。由于他最好的朋友和专家们都确信他犯了罪,英格拉姆对自己的记忆的信心动摇了。身为父母,他对女儿经历的一切感到内疚,同时担心可能还会发生更坏的事情。摆在他面前的希望,跟当初摆在朱莉和埃丽卡面前的一样:坦白将是疗愈的开始,令整个家庭得以正视已发生的一切。

这些技巧的威力,在社会心理学家理查德·奥夫舍(Richard Ofshe)对保罗·英格拉姆的一次访谈中可见一斑。奥夫舍是研究邪教的专家,检方把他请来,希望就如何调查此案寻求一些建议。从一开始,奥夫舍就对性侵故事持怀疑态度,并决定做个测试,看看英格拉姆是否会把一桩纯属捏造的事件,即英格拉姆强迫他的儿子和女儿发生性关系而他自己在一旁观看,接受为事实。起初,英格拉姆不记得有此事。奥夫舍指示他努力回忆当时的情境。英格拉姆照做了,次日他回来时,便详细叙述了在某个周六或周日的下午,他是如何如何指示孩子们脱掉衣服,然后命令他们发生性关系的。

奥夫舍的实验意义非同寻常,原因至少有两个。首先,它清楚地证明了一项与大量心理学研究一致的发现,即人类的记忆是一个建构过程。例如,认知心理学家伊丽莎白·洛夫特斯(Elizabeth Loftus)对人类记忆的研究多次证明,只需问一些问题,就能修正和改变人们对一起事故或犯罪现场的记忆(见第9章)。[12]在一项研究中,洛夫特斯进一步证明了植入童年记忆是可能的,只需要让父母或家人就某起虚构的事件询问一些诱导性问题;在该项研究中,虚构的事件是当事人幼年曾在商场中走丢。其次,奥夫舍对保罗·英格拉姆的测试确凿无疑地证明,一些司空见惯却威力强大的劝导技巧能够改变大多数人颇为珍视的东西:他们自己的记忆。

我们之所以详细介绍这三个成功影响他人的案例,有两个目的。首先,我们想对接下来的内容做一个概述。本书接下来的四个部分将分别介绍实现四大影响策略的各种技巧,看看哪些技巧有用,以及为何有用。其次,我们将这三个案例摆在一起,是想请读者思考:劝导和宣传的分界线在哪里?哪些形式的劝导最符合我们的利益?

说到如何辨别宣传,常见的建议之一是,看它令人喜爱或者感觉舒服的程度。我们猜想读者对本章前面的内容反应各异,一切取决于他们有多敬仰亚伯拉罕·林肯、尊重拉什·林博或相信某些疗法的价值。如果你喜欢林肯或林博,相信创伤性记忆常被压抑和修复,那么你在阅读本章时可能会感觉不舒服,可能给我们贴上"有偏见"和"宣传分子"

的标签。另外,如果你认为林肯被过誉,憎恶林博,或者认为心理治疗纯属胡扯,你可能会欢呼:"总算有人来揭穿这些骗子了。"但是这里有一个问题,"令人喜爱""感觉舒服"这些词的使用导致到底何为宣传看起来颇为随意。例如,在19世纪60年代,亚伯拉罕·林肯会被贴上"宣传分子"的标签;今天,他是美国的英雄。个中变化不无讽刺意味。宣传的首要目的是让你喜欢信息传播者,赞同其传播的信息。因此,要是你发现自己很快就对某位传播者有好感并认同其看法,这可能就是一个征兆,预示着该信息并非你所以为的真相,只是卓有成效的宣传而已。

基于前两章介绍的理论,我们想在此提出两组问题,以帮助读者区分哪些是宣传,哪些是公正合理、深思熟虑的劝导。

首先,信息是否会引发对当前问题的思考?还是会截断思考,激活偏见?(换句话说,信息的处理方式是第3章介绍的核心路径还是外围路径?)举个例子,我们在准备有关葛底斯堡演说的资料时,惊讶地发现在此过程中学到如此之多的东西:美国的历史,当时的社会问题,政府实际及本应采取的运作方式,一国之主手头可能的选择方案,美国宪法为何在葛底斯堡演说后的十年里三度修订,捍卫少数族裔的意见和权利对民主社会而言究竟为何意义重大,以及美国的传统价值观是什么。作为对比,再去看看称希拉里·克林顿长得像庞蒂亚克汽车的引擎盖装饰的暗讽,或者称保罗·英格拉姆领导着一个由恋童癖组成的邪教团伙的流言。人们的思考就此打住,觉得没有理由进一步讨论希拉里·克林顿的观点,比如在医疗保健或养育子女方面,因为她不过是个愚蠢的引擎盖装饰,不值得我们关注。这种贬低挖苦的幽默根本不鼓励人们深入思考,而是导致所谓的"嘲笑压力"(jeer pressure):促使我们顺从他人的观点,因为害怕自己也可能成为嘲笑的对象。[13] 同样,一旦我们相信保罗·英格拉姆如撒旦般邪恶,我们就没有理由进一步调查或考虑其他解释了;反倒是有很多理由让我们忽视任何刚好跟我们的立场不一致的证据。

其次，传播者如何利用情绪？认为我们可以不带感情地面对当前的社会议题，这种想法可谓荒谬。事实上，假如我们不再为世间的不平而愤怒、为他人的痛苦而难过、为取得的成就而自豪，那这个世界将何等悲哀。但是，我们感受这些情绪的方式，可以造成天壤之别。林肯利用了我们的自豪感，他请求我们探究身为美国人意味着什么，请求我们忠于那个理想。好的治疗师也能做到这一点，比如说，利用不满的感觉，发动案主去探索应该如何生活，并促进其生存技能的发展。[14]相比之下，仅仅因为她碰巧是某位总统的女儿就取笑这个青少年的外貌，这种低俗笑话有何意义？它是否增进了我们对政策问题的理解？它是否鼓励对民主社会至关重要的、基于缜密思考之上的劝导？它只不过是一种廉价的把戏，牺牲他人以让我们自己有优越感。这样的玩笑也会加深人们对被嘲弄者的偏见。[15]当宣传分子肆无忌惮地激发我们的不安全感，或利用我们最阴暗的恐惧，或提供虚假的希望时，探索和调查就戛然而止。我们陷入了上一章所描述的合理化陷阱。目标变成了无论如何都要证明自己的优越和正确。我们开始依赖那些支持我们的假面的人。我们的情绪压倒了批判性思考能力。随后，我们采取了一些我们本来可能会认为不明智的行动：形成关于过去的虚假记忆，或残酷地对待无辜的人。

汤姆·米莱夫斯基（Tom Milewski）是旗下拥有多家热门广播电台的格雷特传媒公司（Greater Media）首席运营官，他曾在一次聚会上打趣道："如今，制作成功的脱口秀节目的诀窍就是找出听众的偏执之处，然后迎合它。"[16]他这番话值得认真思索，亦是我们所有人需要面对的挑战。

亚伯拉罕·林肯的葛底斯堡演讲

八十又七年前,我们的先辈在这块大陆上创立了一个新国家,它孕育于自由之中,奉行人人生而平等的原则。

现在我们在打一场伟大的内战,以考验这个国家,或者任何一个孕育于自由和奉行上述原则的国家是否能够长久存在下去。我们在这场战争的一个伟大战场上集会。烈士们为使这个国家能够生存下去而献出了自己的生命,我们来到这里,是要把这个战场的一部分奉献给他们作为最后安息之所。我们这样做是完全应该而且非常恰当的。

但是,从更广泛的意义上说,不是我们奉献、圣化或神化了这块土地,而是那些活着的或者已经死去的、曾经在这里战斗过的英雄们使得这块土地成为神圣之土,其神圣远非我们的渺小之力可增减。我们今天在这里说的话,全世界不大会注意,也不会长久地记住,但勇士们在这里做过的事,全世界却永远不会忘记。这更要求我们这些活着的人去继续那些英雄们所为之战斗的未尽事业。倒是我们应该在这里把自己奉献于仍然留在我们面前的伟大任务——我们要从这些光荣的死者身上吸取更多的献身精神,来完成他们已经完全彻底为之献身的事业;我们要在这里下定最大的决心,不让这些死者白白牺牲;我们要使国家在上帝福佑下自由地新生,要使这个民有、民治、民享的政府永世长存。

第三部分

预劝导：
为有效影响他人搭建舞台

第 6 章

有魔力的字眼

知名喜剧演员罗丝安妮（Roseanne）讲过一个笑话，大致意思如下："我有个超棒的制作混合干果（trail mix）的新配方，两勺里斯花生酱糖果豆（Reese's Pieces），加一勺M&M花生牛奶巧克力豆。孩子们可喜欢了。你知道它很有营养，因为它是混合干果。"这个笑话的好笑之处在于，我们都知道，糖果不会因为换了个名字就变成营养食品。但这正是广告商和政治名嘴们每天为兜售"产品"所做的事情，而且成效显著。他们知道，语言的运用和诠释有巨大的弹性，这种弹性可用来为劝导服务。在这样的时候，**他们的笑话嘲笑的可能是我们**。

社会心理学家达里尔·贝姆（Daryl Bem）就电视广告如何使用词语和口号做了一项很有意思的分析。[1]贝姆指出，一个著名的阿司匹林品牌在广告中宣传自己是100%纯阿司匹林，我们姑且称为"品牌A"；广告随后又称，政府的测试表明，没有其他止痛药比品牌A更强、更有效。生产商略而不提的是，事实上测试表明，没有哪个品牌相较其他任何品牌效力更弱或更差。换句话说，阿司匹林就是阿司匹林，所有受检测的品牌都一样，只是价格不同。为了获得服用品牌A的特权，消费者

第6章 有魔力的字眼

需支付的价格是效果一样但没做广告的品牌的三倍左右。

又或者,你更钟爱一种据称"见效速度无法超越——其他任何品牌都快不过它",同时还经过缓冲的阿司匹林,"对胃的影响再没有比它更温和的"。同样的政府测试表明,这种缓冲型阿司匹林并不比常规阿司匹林见效快,两者引发胃不适的频率也并无差异。所以,它确实没有被其他品牌超越,但是当然,它也没有超越其他任何品牌。这个著名的阿司匹林品牌非常畅销,尽管其售价是同样有效但没那么耳熟能详的品牌的五倍。

另一种产品号称使用了"医生推荐"的成分。细读产品标签,我们发现这"神奇"的成分就是物美价廉的老朋友阿司匹林。还有几家制药公司也兜售治疗"关节痛"的"超强效"配方药剂。你将为这些产品支付溢价,然而它们的超强效只是因为含有更多的阿司匹林或对乙酰氨基酚(一种阿司匹林替代品),以及添加了咖啡因。直接加大阿司匹林服用剂量会更划算,不过呢,广告里的这款产品听着真不赖:"并非单一成分,而是经过医学验证的多种成分的组合,超强效配方。"

如果我们用心思考、详加审视,如此明目张胆地劝导大众的企图可谓昭然若揭。但是,我们大多数人并不总是会去思考,因此很容易受影响而不自知。就这样,收银机叮当作响,我们大排长龙购买广告宣传的产品,仿佛我们真的相信不同品牌的阿司匹林效果大不一样。

那么,词语是如何施展魔法,获得影响和劝导他人的力量的?简而言之,描述一个物体和呈现一种行为的方式,都会引导我们的想法,框定我们对信息的认知反应。借助我们用以描述一个物体或事件的标签,我们可以给事物下一个定义;信息的接收者接受我们对情况的定义,从而在我们真正开始论证之前,他们就已被预劝导。西塞罗早在两千多年前就发现了这一简单的劝导法则。他宣称自己之所以能成功为罗马最臭名昭著的一些杀人犯做无罪辩护,原因之一是他能够论证这些人的可怕罪行根本不是"罪行",而是善举,因为被他们杀死的都是罪有应得的恶棍。

从心理上讲,阿司匹林广告之所以能起作用,是因为宣称没有其他药物比它更强、更快、更温和或更有效,于是我们(几乎自动地)得出(不正确的)推论,即没有哪种止痛药像品牌 A **一样强、一样快、一样温和、一样有效**。如此这般的商品描述令人产生错觉,以为品牌 A 是最好的,而不是品牌 A 就跟其他所有品牌一样。

在一个颇能说明问题的实验中,两名研究消费心理的心理学家证明了信息的措辞能有效塑造消费者对牛肉末的态度。[2] 他们发现,消费者对标着"75%瘦肉"的牛肉末的评价高于标着"25%肥肉"的牛肉末。难怪加油站把以现金支付的油价叫作"现金折扣价"(如果你用信用卡支付价格会高一点),食品店把鲜肉部出售的冻鱼叫作"新鲜冷冻食品",老年医疗保险的推销员把他们的宣传册叫作"老年医疗保险免费补充指南",而小家电制造商把他们使用电池的产品叫作"无绳电器"!"瘦"这个字眼比"肥"更有吸引力;"新鲜"一词往往可以淡化鱼被冷冻的事实;"免费补充指南"比又一份广告有价值得多;"无绳电器"听起来远比"使用两节金霸王电池供电"高大上。

通常,隐含的全部意义要留给听众去想象。在 20 世纪 30 年代晚期,当时有一群杰出的知识分子,他们以减少宣传的影响为共同目标,组成了宣传分析学院(Institute for Propaganda Analysis),该学院辨别出了这种"粉饰法"(glittering generalities)策略。[3] 采用这种策略的宣传分子会使用"咕噜词"(purr words),这些词带有肯定意味,但在其使用的上下文当中通常意义含糊。例如:"一个**更友善、更温和**的美国""让我们令美国再度**强大**""钱能买到的**最好的**东西""我们必须支持我们**英勇的自由战士**"。"友善""温和""强大""最好""为自由而战"是好事情,很少有人会不赞同这一点,但是,在大多数具体情境下,这些词到底意

第6章 有魔力的字眼

味着什么,能就此达成一致意见的人恐怕更少。

以理查德·尼克松1968年的竞选承诺为例,他承诺要在越南实现"光荣的和平"。这究竟意味着什么?对某些人来说,"光荣的和平"意味着立即撤军,结束不正义的战争。对另一些人来说,这意味着继续战斗,直到美国取得无条件胜利。理查德·尼克松所说的"光荣的和平"意味着什么,留待各位听众去想象,但确定无疑的一点是,在越南战争问题上,尼克松拥有"正确"的目标。

词语也可以用来定义问题,从而创造个人需求和社会需求。斯蒂芬·福克斯(Stephen Fox)在他回顾美国广告史的著作中指出,广告的影响力在20世纪20年代达到巅峰。[4]当时,广告商为许多我们时至今日仍在努力满足的"消费需求"命了名。例如,李施德林(Listerine)漱口水的生产商兰伯特公司(Lambert Company)令halitosis(意为"口臭")一词得到普及。大多数美国人都不知道自己有口臭,直到兰伯特公司提醒"就连你最好的朋友也不会告诉你",我们才纷纷醒悟自己有可能失礼。欧文、瓦齐和杰斐逊广告公司(Erwin, Wasey & Jefferson)的广告文案阿瑟·库德纳(Arthur Kudner)发明了"运动员脚"(athlete's foot)一词,用它来指一种真菌感染,随后把它跟名为"Absorbine Jr."的商品联系起来,据称后者能为人祛除此疾。鲁思劳夫和瑞安广告公司(Ruthrauff & Ryan)的埃弗里特·格雷迪(Everett Grady)则在给卫宝(Lifebuoy)香皂做广告时宣称,它能治愈B. O.(体臭)这种可怕的疾病!

自此以来,广告商又发明了新的产品类别,以及用以满足需求的新品牌,比如奈奎尔(NyQuil)夜用感冒药;七喜(7-Up)非可乐饮料;米勒(Miller)"淡"啤酒;五花八门的阴道除臭剂等。一个好的品牌可能比生产它的厂商更有价值。例如,菲利普·莫里斯公司(Philip Morris)以账面价值6倍以上的价格买下了卡夫(Kraft)品牌。当问及个中缘由，公司首席执行官哈米什·马克斯韦尔（Hamish Maxwell）坦言，卡夫是消费者信赖的品牌，可用来销售其他产品。在这场"名同于实"的游戏中，最能说明问题的事例之一或许是宝洁公司的依靠牌（Rely）卫生棉条广告。你可能还记得这个产品，它因为与中毒性休克综合征有关联而被撤出市场。广告自豪地宣称："记住，人们给它取名为'依靠'。"好像取了这个名字它就可以依靠似的。从我们的角度来看，或许我们都应该记住他们给它取名"依靠"，只是取了个名字而已。一株杂草，不管给它取什么别的名字，都还是杂草。

当然，创造新的标签并把它作为宣传手段的并不只有广告商。[5]美国早期的爱国者把美国人和英国人发生的小冲突称为"**波士顿大屠杀**"，因此得以激发更多的革命热情。阿道夫·希特勒也使用同样的技巧来发动德国人民——他用"**红色威胁**"和"**犹太问题**"来解释德国的经济困境。反对堕胎的人称自己的立场为"**支持生命**"（谁会反对生命？），而那些支持女性堕胎选择权的人则自称为"**支持选择**"（谁会反对选择？）。国防部（过去叫战争部）使用"**低强度冲突**"一词来指代20世纪80年代美国在尼加拉瓜和萨尔瓦多支持的战争，这样的说法相当奇怪：想想吧，卷入战火的无辜平民，据估计在尼加拉瓜有5万人，萨尔瓦多有7万人，对他们来说，这些冲突是强度很高的惨烈经历。同样，反对伊拉克战争的人谈论"用裹尸袋将我们的儿女带回家"，而军方则使用经过美化的字眼，例如**附带损害**和**炸弹损伤评估**（Bomb-Damage Assessment, BDA）。

冷战、反毒品战争、日本保护主义、新世界秩序、通往21世纪的桥梁……政客们使用诸如此类的词语来解释社会问题，制定国家议程。以下就是一个有意识地去这样做的例子：纽特·金里奇（Newt Gingrich）向其他共和党保守派人士发送了题为"语言：一种关键的控制机制"的备忘录，阐述如何"像纽特一样说话"。备忘录列出了两组

第6章　有魔力的字眼

可以给任何讲话增强感染力的词：一组是"乐观、积极、有掌控力"的词语，例如"赋权、劳动福利计划、选择、主动性和废除监狱假释制度"，这些词在描述自己的立场时很有用；另一组则是"与之形成对比"的词语，如"腐化、自由派、他们、激进、加入了工会的、背叛"等，用于定义对手。事实上，如是运用语言的现象非常普遍，语言学家威廉·卢茨（William Lutz）将之汇集成册，出了一本名为《双重语言》（*Doublespeak*）的书，而且每年都会选出一位公众人物，授予其"最具欺骗性、最自相矛盾地使用语言"奖。[6]

有位弗农·豪厄尔（Vernon Howell）先生便深知名字的威力。自打成为得克萨斯州韦科市一个名为大卫教派的小宗教团体的领袖之后，豪厄尔就试图将自己定义为与史上的宗教领袖有渊源的先知。他改姓"科雷什"（Koresh），这个词在希伯来文中指的是征服巴比伦人、被视为弥赛亚（肩负上帝所指派的特殊使命的人）的波斯国王居鲁士（Cyrus）。他又以"大卫"为名，从而确立自己作为大卫王的精神后裔的身份。就这样，"大卫·科雷什"意味着大卫的后裔，注定担负神圣使命的弥赛亚。[7]作为弥赛亚，大卫·科雷什认为，播撒自己的种子并创造新一代被上帝选中的子民是一己之责。科雷什努力让他的许多女性信徒怀孕，这其中包括其他男人的妻子，也包括孩子，而且这一行为往往得到这些女性的丈夫的同意；如果是年龄在12岁至14岁之间的女孩，则得到其父母的同意。有什么理由不同意呢？毕竟，大卫·科雷什是先知，从名字就能看出来。

乔治·奥威尔（George Orwell）的小说《1984》（*1984*）戏剧性地呈现了文字的宣传力。在小说中，历史不断以当前的语言即新语（Newspeak）改写，以符合政府领导人的需要和愿望。正如奥威尔所说：

新语的目的不仅是给英社信徒应有的世界观和思维习惯提

供一种表达媒介,而且是使其他一切思维模式成为不可能。推行者的意图是,一旦新语彻底得到采用、旧语被遗忘,异端思想,也就是与英社原则相偏离的思想,应该就真的不可想象了。至少,只要思想还依赖文字,就不可想象。[8]

奥威尔在"二战"期间的工作是撰写亲英国家的宣传材料,供对印度广播之用。了解这一点之后,《1984》这部小说更多了几分让人不寒而栗的意味。

心理学家戈登·奥尔波特(Gordon Allport)指出,语言的本性是将我们每时每刻接收到的各种嘈嘈乱响的信息进行区分和归类。[9]正是语言的这种固有特性使它有了劝导的力量。我们给一个人贴上"男人""女人""慈善家""迷人的中国人""内科医师""运动员"等标签,就是在强调对方身上的特定特征,而忽略了其他许多可能的特征。随后,我们对这些特征做出反应,围绕标签组织现实。具有"切片"功能的名词,比如我们-他们、黑人-白人、富人-穷人、男人-女人,可以把世界分成一个个整齐利落的小包装,同时暗示出可采取的适宜行动有哪些。仅举一个例子:研究人员发现,跟使用更具包容性的措辞的招聘广告相比,使用通用的"他"(据信这个代词既可指男性也可指女性)发布的招聘广告,吸引的女性应聘者要少得多。[10]广告商知道名字很重要,也精心为商品选择品牌名,以突出品牌的主要卖点,如海飞丝(Head & Shoulders)洗发水、永久(DieHard)电池、皓清(Close-Up)牙膏。[11]

广告史和政治运动史证明,描述事件或情境的名称和标签,往往决定了人们应对事件或情境的方式。但是,在其他领域,也同样可以看到文字和标签能影响我们如何看待世界。社会心理学中实证记录最为充分的现象之一是**自我实现预言**(self-fulfilling prophecy),也就是说,对情境的某种定义有激发特定行为、从而使该定义成为现实的趋势。数十项

第6章 有魔力的字眼

实验表明，被随机标记为"更聪明"的学生往往**表现得**更聪明；被指认为"疯子"的正常人，被人当作**是**疯子对待，随后可能变得行事疯癫；被贴上"美女"标签的女性，举手投足仿佛**确实是**美女。

例如，理查德·米勒（Richard Miller）、菲利普·布里克曼（Phillip Brickman）和戴安娜·博林（Diana Bolin）的研究证明了标签在教育环境中的劝导力。[12] 在他们的一项研究中，米勒及其同事试图劝导芝加哥的五年级学生保持干净整洁，不乱扔东西；大多数父母都知道，这是相当艰巨的任务。部分学生听了有关保持干净整洁如何如何重要的多堂讲座，内容包括生态学、污染的危害、扔掉食堂垃圾的重要意义以及管理员请求大家保持清洁的呼吁。另一部分学生没有听讲座，但被反复告知他们是一个干净整洁的班级。例如，管理员告诉这些学生，他们是全校最整洁的班级之一，老师则鼓励他们思考为何他们能够如此整洁。

结果如何呢？那些听讲座的学生，乱抛垃圾的行为**没有**改善。相比之下，被随机标记为"干净整洁"的五年级学生变得更加干净，更加整洁，他们投进垃圾桶的垃圾是其他同学的三倍。米勒和他的同事们在另一项研究中再次发现了这样的结果：普通的二年级学生中被贴上"数学优异"的标签的人，随后在数学方面的进步要大于班上仅被劝告要提高数学成绩的同学。[13] 在这两项研究当中，"**名**"造就了"**实**"。杂草改名之后，可能变成玫瑰。

这样的效果是怎么得来的？它并非魔术。马克·斯奈德（Mark Snyder）、埃伦·德克尔·坦科（Ellen Decker Tanke）和埃伦·伯斯奇德（Ellen Berscheid）的一项研究展现了我们的标签和对现实的理解是如何真正创造和改变现实的。[14] 假设你就是参与他们实验的一名普通男性：你自愿参加有关"人们如何结识彼此"的调查，和你一组的女性在另一个房间，这样安排表面上是因为你们两个被分到了研究的"语言交流"组。你将通过电话与她交流。尽管没看到队友，但你拿到了她的一份简介，里面有张照片。一半的受试者看到的照片是个非常漂亮的女人，另一半人看到的照片则相貌平平。

"漂亮女人"这个标签会如何影响男性的行为？与认为自己的通话对象相貌平平的男性相比，认为自己在跟一个漂亮女人通话的男性，在通话对象是否淡定从容、风趣幽默和善于社交这几个方面给出的评分更高。这个结果不算太出人意料。但出人意料的是：未看过照片的独立观察者，听完上述男女通话中女人部分的录音后，对被通话中的男性认为外貌迷人的女性的印象要深刻得多。原因何在？由于男伴以为自己在和一个漂亮女人通话，他跟她讲话的方式会激发出她身上最美好、最闪闪发光的特质。当独立观察者听她讲话时，会认为她比在男伴心目中没那么美的女人更吸引人、更自信、更活泼也更热情。换句话说，期望创造了现实。

在本章中，我们一直强调词语和标签的宣传价值，即可以如何利用它们来劝导和创造社会现实。但是，语言并不是只能用来欺骗和掩盖现实。在脑海中摆弄词语和概念的能力，也就是思考能力，是人类独有的特质。它使我们能够创造性地解决问题，不一定要通过操控实际物体本身去试错。考虑到人类思维的灵活性，任何给定事件都有许多种贴标签的方法。这种灵活性正是我们不受宣传分子摆布的关键：面对给出的某个定义，我们总是可以问："为什么使用这个标签？有没有其他定义可以就此问题提供更多的启示？"通过从多个不同角度审视任何给定的事件，我们可以获得新的领悟，以指导我们的决策。

与此同时，请务必记住，词语具有预劝导力。我们使用的词语和标签最终会定义和创造我们的社会现实。这种对现实的定义指导着我们的思想、我们的感受、我们的想象，从而影响我们的行为。希特勒的宣传部长约瑟夫·戈培尔（Joseph Goebbels）的这段话或许最好地总结了文字的威力：

第6章 有魔力的字眼

只要重复的次数足够多、并且了解参与者的心理，证明一个正方形其实是圆形并非不可能。说到底，正方形和圆形究竟是什么？它们只是词语，而词语可以任人摆弄，直到它们伪装成人的思想的外衣。[15]

第 7 章

我们头脑中的画面

杰出的政治分析家沃尔特·李普曼（Walter Lippmann）在其著作《公众舆论》（*Public Opinion*）中讲了一个故事：一名年轻女子，原本快乐地生活在某个矿业小镇，有一天却陷入了强烈的悲伤。[1]当时，一阵狂风突然刮破了厨房的一扇窗户。女孩的情绪变得无法安抚，有好几个小时，人们都听不懂她在讲什么。等她终于能够正常说话时，她解释道，窗户玻璃碎了意味着有近亲死亡。因此，她是在哀悼父亲，她确信父亲肯定是刚刚过世了。女孩一直以泪洗面，直到数日后她收到电报，证实她父亲还活着。看起来，这个女孩根据一个简单的外部事实（窗户破了）、一种迷信（窗户破了意味着有人死亡）、恐惧和对父亲的爱，构建出纯属子虚乌有的事情。

李普曼讲这个故事的目的不是要探索变态人格的内在运作方式，而是要我们问自己一个问题：我们在多大程度上像那个女孩一样，让虚构的故事来指导我们的思想和行为？在李普曼看来，可能我们不愿意承认，但其实我们和那个女孩有诸多相似之处。他指出，大众媒体描绘出一个想象的世界，而来自媒体的"我们头脑中的画面"则影响着男女老

第7章 我们头脑中的画面

少在任何特定时刻会做什么、说什么。李普曼的这些观点发表于1922年。70多年后的今天，我们可以这样问：他提出这些观点的依据是什么？我们在电视及其他大众媒体上看到的画面，在何种程度上影响了我们看待世界的方式，并为我们确定了生命中最重要的事物？

让我们看看电视中的世界。乔治·格布纳（George Gerbner）及其同事对电视进行了迄今为止最广泛的分析。[2] 从20世纪60年代末开始，这些研究人员录下了数以千计的黄金时段的电视节目和角色，并仔细加以分析。总体而言，他们的研究发现电视中描绘的世界并不能代表现实，且具有严重的误导性。他们的研究进一步表明，我们往往会把电视上看到的内容视作对现实的反映，这种现象之普遍出人意料。

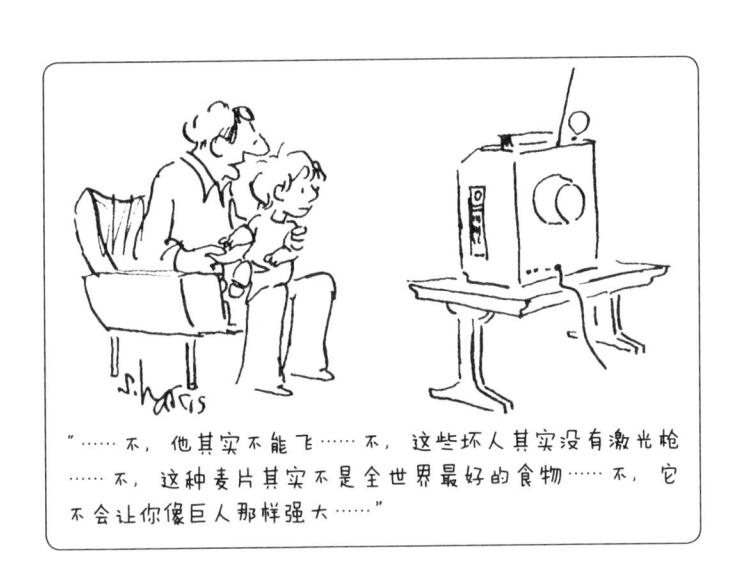

"……不，他其实不能飞……不，这些坏人其实没有激光枪……不，这种麦片其实不是全世界最好的食物……不，它不会让你像巨人那样强大……"

在黄金时段的电视节目中，出镜的男性数量以3∶1压倒女性，而女性总是比她们遇到的男性年轻。非白种人（尤其是西班牙裔）、孩童和老人出现的频率偏低；少数族裔充当次要角色的概率则高得不成比例。此外,大多数出现在黄金时段的角色都是专业人士或管理层:美国67%的劳动人口从事蓝领或服务业工作,但电视中只有25%的角色担任此类工作。黄金时段的科学家被刻画成危险、疯狂和失控的形象,尽管在现实生活中,科学家不经常杀人,但在黄金时段电视节目中,最有可能杀人的职业群体非科学家莫属。最后,电视中的犯罪率是现实生活中的十倍。

美国一名普通的15岁少年,通常在电视上看过13 000多起杀人案。超过一半的电视角色每周会卷入一次暴力冲突,而在现实生活中,根据联邦调查局(Federal Bureau of Investigation, FBI)统计,美国每年只有不到1%的人口是暴力犯罪事件的受害者。事实上,尽管过去10年来美国的暴力事件一直在减少,但电视上呈现的暴力并非如此。电视编剧、美国编剧工会(Writers' Guild of America)前主席戴维·林特尔斯(David Rintels)的总结最为到位,他说:"每天晚上,从8点到11点,电视是一个长长的谎言。"[3]

为了理解我们头脑中的画面与看电视之间的关系,格布纳和他的同事比较了每天看电视超过四个小时的重度收视者和每天看电视不到两个小时的轻度收视者的态度和信念。他们发现,重度收视者(1)表达的态度更具种族偏见色彩;(2)会高估从事内科医师、律师和运动员职业的人数;(3)认为女性和男性相比,能力和兴趣较为有限;(4)相信科学是危险的,科学家都是怪人;(5)对暴力在社会中的普遍性持夸大的看法;(6)相信和30年前相比,今天的老年人数量要少,健康状况更差,尽管实际情况恰恰相反。而且,与轻度收视者相比,重度收视者往往认为世界更加险恶。他们更有可能赞同如下观点:大多数人都是自私鬼,但凡有机会就会利用你。格布纳及其同事的结论是,这些态度和信念所折射的是电视呈现给我们的有关美国生活的失真画面。

让我们更仔细地看一看电视剧对犯罪活动的刻画,从而审视看电视

第7章 我们头脑中的画面

和我们的世界图景之间的关系。在一篇有关"电视犯罪学"的分析文章中，克雷格·黑尼（Craig Haney）和约翰·曼佐拉蒂（John Manzolati）指出，犯罪剧中警察和罪犯的形象过于刻板。[4]例如，他们发现电视中的警官工作效率惊人，几乎所有案子都能破，而且有一点绝对错不了：剧终之时，好人永远不会蒙冤入狱。电视剧助长了人们对打击犯罪的确定性的错觉。电视中的犯罪分子通常是由于心理疾病或者无法满足（且毫无必要）的贪欲而走上犯罪道路。电视强调罪犯个人应为其罪行承担责任，在很大程度上忽略了与犯罪相关的现实压力，例如贫困和失业。

黑尼和曼佐拉蒂在文章中继续指出，电视所刻画的刑事司法体系具有重要的社会影响。常看电视的人往往会认同这套信念体系，他们的期待因此受到影响，并可能导致他们在担任陪审员时立场强硬。重度收视者很可能会把无罪推定反转过来，认为被告肯定犯了什么罪，不然怎么会出庭受审。

关于"我们头脑中的画面"，类似的例子还有不少。例如，经常阅读报纸上报道的耸人听闻的随机性犯罪事件的人，对发生犯罪的担忧程度更深。多次观看充满暴力的R级"杀人狂"电影的人，对强奸受害者的同情和同理心较少。大量接触将女性展现为性欲对象的广告，会诱使女性认为自己现在的体形不够苗条。一个地区刚开始收看电视之后，盗窃的发生率会上升，部分原因可能是电视倡导消费主义，而这可能令物质条件匮乏的观众感到挫败和愤怒，因为他们会将自己的生活方式与电视上描绘的生活方式比较。[5]

不过，必须指出，上述由格布纳及其同事或其他人做的研究是相关性研究，也就是说，它们证明的只是看电视与信念之间存在关联，而非存在因果关系。因此，无法通过上述研究断言，经常看电视是否确实会导致偏见和错误信念，抑或是否原本就持有这些态度和信念的人通常更爱看电视。如果想要确认看电视会导致此类态度和信念，就必须进行对照实验,把受试者随机分配到不同的条件组。幸运的是,最近确有一些实验让我们可以相当肯定地说,常看电视真的会对我们世界观的形成起决定作用。

政治心理学家尚托·延加(Shanto Iyengar)和唐纳德·金德(Donald Kinder)设计了一组巧妙的实验,他们改变了研究参与者收看的晚间新闻节目的内容。[6]在研究中,延加和金德对晚间新闻做了编辑,好让参与者持续稳定地接收到有关美国面临的某个特定问题的新闻。比如说,在一项实验中,有些参与者听到的新闻涉及美国国防力量的薄弱之处,第二组参与者观看的新闻强调污染问题,第三组听到的则是通货膨胀和经济问题。

结果很清楚。参与者持续收看经特别编辑的节目一周之后,在研究结束时变得比收看节目之前更加确信,目标问题,即在其收看的节目中被大量报道的那个问题,对美国来说是极其重要、必须解决的问题。不仅如此,参与者会基于他们新形成的看法行事,以现任总统如何处理目标问题为依据评价其表现,对在目标问题上持强有力立场的候选人的评价要高于对其竞争对手的评价。

延加和金德的发现并非偶然。传播学研究人员多次发现,大众媒体所报道的新闻与观众心目中时下最紧要的问题之间存在关联。[7]大众媒体报道的内容决定了公众的政治和社会议程。仅举一个例子,研究人员对北卡罗来纳州的一次选举做了开创性研究,他们发现,选民所认为的竞选中最重要的几个问题刚好跟这些问题在当地媒体所获得的报道量相一致。[8]同样,种族主义和警方的问题、国际恐怖主义、美国国家航空航天局(NASA)的无能、核能源……这些问题之所以跃入国民的意识,靠的是新闻媒体对诸如此类的轰动性事件的报道:洛杉矶警察殴打罗德尼·金(Rodney King),泛美航空公司客机在苏格兰洛克比(Lockerbie)上空爆炸,"挑战者"号失事,以及三英里岛(Three Mile Island)和

第7章 我们头脑中的画面

切尔诺贝利（Chernobyl）的核反应堆事故。前国务卿亨利·基辛格（Henry Kissinger）深知新闻媒体在设定议程方面的威力。他曾提到，他从来不看晚间新闻的节目内容，只对"他们报道了什么、报道了多长时间"感兴趣，"以便了解国人接收到哪些信息"。[9]

就连报道手法的微妙差异，都可能对我们头脑中的画面产生巨大影响。尚托·延加在他后来的研究中探索了电视新闻的报道方式可能产生什么样的影响。他把报道分为**"场景式"**（描述单个具体的、特定的事件，例如一起未遂的谋杀、恐怖分子炸弹袭击、缉毒突击行动等）或**"专题式"**（关于某个泛泛的话题的抽象报道，比如犯罪、恐怖主义或吸毒）。[10]电视新闻的报道以场景式为主，这个发现毫不奇怪：1981年至1986年间，有关犯罪的报道中有89%聚焦于某个特定的犯罪者或受害者，而关于恐怖主义的所有报道中，有74%是专门报道某一次行动。也有些题材确实吸引了更多专题式报道，例如，对失业的报道往往采用专题式。

电视新闻的塑造方式会对我们的世界图景产生何种影响？为了找出答案，延加制作了一些场景式或专题式新闻报道。比如说，报道可以讲述一个最近失业的人的故事，也可以讨论总体失业问题的性质。研究结果显示，看了包含具体场景报道的观众，更有可能将问题的责任归于私人动机和个体行为；而看了专题式报道的观众则认为，对于任何不法行为，社会和政府官员都难辞其咎，并应该为解决问题负责。研究的隐含意义很清楚：我们讲述故事的方式，决定了我们的世界图景，以及我们会如何面对犯罪、恐怖主义、贫困和失业等基本问题。

当然，我们每个人都在各式各样的社会环境中，与形形色色的人有广泛的个人接触，媒体只是我们了解政治事务，了解不同种族、性别和职业群体的渠道之一。当我们同时还有第一手经验可供依靠时，通过媒体获得的信息和印象的影响力相对而言就会变小。因此，如果我们和几位职业女性有密切接触,很可能就没那么容易受电视中女性的刻板形象影响。而另外,如果事关我们大多数人亲身经验有限、甚至完全为零的问题,例如犯罪和暴力,电视及其他大众媒体实际就成了唯一可仰赖的鲜活的信息来源,供我们构建世界图景。

雄心勃勃的政界人士不会忽略大众媒体描绘世界图景的宣传价值。例如,只需多加利用黄金时段电视节目中对犯罪的刻画,即精神病患者和贪得无厌者才会犯罪,就能轻松获得大众对"严打犯罪"计划之类的社会政策的支持,而不必去处理贫困和失业等社会因素。同理,在某位著名篮球明星因吸毒而死之后推动"禁毒战争",或在核反应堆发生致命悲剧后倡导弃用核能,都能取得事半功倍的效果。

对渴望成为领袖的人来说,传播他(她)自己对世界的看法非常重要。政治学家罗德里克·哈特(Roderick Hart)指出,自20世纪60年代初以来,美国总统平均每月发表演讲25次以上,公开讲话的频次非常可观。[11]通过多次谈到某些问题并因此获得晚间新闻的报道,总统可以设定政治议程,呈现有利于推行其社会政策的世界图景。例如,在1992年美国总统选举期间,克林顿在小石城(Little Rock)的竞选总部悬挂着一条标语:"问题在经济,傻瓜!"它以不太含蓄的方式提醒克林顿的竞选团队,要让竞选活动始终聚焦于经济。[12]在罗斯·佩罗(Ross Perot)的帮助下,克林顿团队把其他所有问题都和这一个关注点联系起来,从而使大众传媒对选战的报道全都围绕着经济,也就是乔治·布什的弱点。例如,以国民生产力的角度呈现民权议题("我们一个人都浪费不起");把教育和福利改革称为"投资";提出负担得起的医保计划,以减少预算赤字;把环境保护和创造商机联系起来;宣称变革势在必行,因为"涓滴经济学"行不通。换句话说,克林顿设定了大众媒体议程,从而使自己相较对手乔治·布什更具优势。在1996年的大选中,克林顿再次控制了政治议程,针对一切可能为对手鲍勃·多尔(Bob

第7章 我们头脑中的画面

Dole）赢得选票的问题，例如福利改革、学校公祷或家庭价值观，克林顿采取"中间"立场，这些问题因此不再属于竞选所讨论的范围。2000年的美国总统选举则可被视为争夺议程控制权之战，阿尔·戈尔试图让讨论始终以经济为中心，而乔治·W.布什想让媒体报道聚焦于军力衰退等问题。

设定议程对于维持权力至关重要。研究商业组织的专家杰弗里·普费弗（Jeffrey Pfeffer）认为，首席执行官最重要的权力来源之一是为组织设定议事日程的能力：确定哪些问题将获得讨论，何时讨论，使用哪些标准来解决争端，由哪些人担任哪些委员会的委员，以及或许是最最重要的一点，即哪些信息将被广泛传播，哪些将被选择性地忽略。[13]

为什么大众媒体描绘的世界图景如此有劝导力？一方面，我们很少质疑呈现在我们眼前的画面。例如，我们很少问自己："为什么他们在晚间新闻播报这个故事，而不是其他什么事？警方真的是这么运作吗？世界真的是如此暴力、充斥犯罪吗？"电视传送到各家各户的画面，几乎总是被理所当然地视作现实的代表。纳粹宣传分子约瑟夫·戈培尔曾说："这就是宣传的秘诀：要让我们的劝导对象完全沉浸在宣传的种种理念中，而他们自己浑然不觉。"[14]

另一方面，脑海中形成的画面一旦被我们接受，就成为指导我们思与行的假象。这些图景宛如原始的社会理论，为我们提供"事实"，决定哪些问题最紧迫，也规定了我们以怎样的框架来思考整个社会。正如政治学家伯纳德·科恩（Bernard Cohen）所言，大众媒体：

> 或许很多时候不能成功指挥人们怎么想，但在告诉读者想些什么方面却成效惊人……在不同的人眼中，世界的样貌也各不相同，一切取决于……他们所读的报纸的记者、编辑和出版商为他们绘制的地图。[15]

第 8 章

萨达姆·侯赛因：巴格达的希特勒？

我们国家卷入的最近一场大战是1991年的海湾战争。战争打响之前，美国人就开战的利弊展开了辩论。支持开战者称萨达姆·侯赛因为新希特勒。他们强调两人的相似之处：萨达姆用毒气杀害库尔德人，希特勒用毒气杀害犹太人；伊拉克入侵科威特，德国入侵捷克斯洛伐克和波兰；萨达姆和希特勒都大力扩充军备。[1]反对开战者认为伊拉克的局势与当年的越南类似：两国都是爆发了内战，一个是在阿拉伯不同派别之间，另一个是在北越和南越之间；他们对美军在由沙漠和沼泽组成的陌生而艰苦环境下的作战能力感到担忧；他们认为开战本质上是为了支持"大企业"和"大石油"。

围绕伊拉克战争的辩论实则关乎如下问题：对于可做多种解释的事件，谁的定义"正确"？这毫不奇怪：一旦我们决定了要如何对人或事归类，应该采取什么行动也就变得一目了然。如果萨达姆真的是新希特勒，那么采取绥靖政策、允许他占领科威特只会让和平面临更多威胁，最终难免一战且付出的代价要惨痛得多。如果伊拉克是另一个越南，那么美国的干预会导致旷日持久的分裂性战争，伊拉克将陷入泥沼，没有

第8章 萨达姆·侯赛因：巴格达的希特勒？

明确的赢家和输家。

我们每天围绕如何定义人和事会"辩论"成千上万次，虽然通常不至于因此开战，但我们对事件的诠释和定义有可能产生相当重大的后果。例如，我们可能认为某位政治候选人"有总统相"，仅仅因为此人举手投足之间，有些无关紧要的特点跟历史上我们爱戴的某位政治家类似。一位大学生运动员可能被看作是一块"职业"的材料，因为他符合过往大获成功的某个类型，比如他是林恩·斯旺[1]（Lynn Swann）型，或者说他让我们想起从前的老式匹兹堡钢人队后卫。我们青睐自己购置的平价新车，因为它的风格接近一款我们买不起的高价运动车型。

海湾战争爆发的十年前，托马斯·吉洛维奇（Thomas Gilovich）发表了一组实验，探讨当下与过去的一些无关紧要的相似性会如何影响决策。[2] 在他的一项研究中，政治学专业的学生被要求解决一桩假想的国际危机：一个民主小国受到其咄咄逼人的极权主义邻国的威胁，后者不仅对前者展开反对民主政权的颠覆活动，而且还在两国边境集结部队。描述危机的信息中嵌入了若干无关紧要的内容，意在凸显这桩假想的危机与抵抗纳粹德国或北越的战争的相似之处。例如，在这些主修政治学的学生被告知的信息中，正在逃离民主国家的少数族裔所使用的交通工具是火车的货运车厢或是小船；逐渐逼近的入侵被称为"闪电战"（Blitzkrieg）或"快速打击"（Quick-strike）；时任美国总统或来自纽约州，比如富兰克林·罗斯福，或来自得克萨斯州，比如林登·约翰逊；危机通报会的举行地点或是在温斯顿·丘吉尔厅，或是在迪安·腊斯克[2]

---

1 林恩·斯旺，美国著名橄榄球运动员，1974—1982 年效力于匹兹堡钢人队，2001 年入选美国橄榄球名人堂。——译者注
2 迪安·腊斯克，Dean Rusk，美国外交家，1961—1969 年担任美国国务卿，在林登·约翰逊政府进行越战期间，他被认为是最强硬的鹰派人物之一。——译者注

厅。这些无关紧要的"相似性"是否会影响学生们对应该如何处理危机的判断？结果令人震惊：确有影响。吉洛维奇发现，那些被引导将危机看作又一个纳粹德国的学生，比被引导将危机视为另一个越南的学生更有可能建议美国采取军事干预。

类比和隐喻是如何发挥劝导作用的？[3]简而言之，通过突出某些相似性而隐藏其他相似性、提供某个主题或框架来理解可作多种解读的信息，类比或隐喻得以进行预劝导。例如，请想一想以下这些关于爱情的常见隐喻：爱是战争（他征服芳心，她为他的爱而战），爱是魔法（她施了咒语），爱是疾患（这是一种病态的关系），爱是一种物理力量（我被她吸引，这段关系失去了动力），爱是疯狂（我为她痴狂）。每个隐喻都突出了爱情的某些方面（例如，要花招是可以的，有个问题需要解决，爱情超出我的控制范围），明确指出了要怎么做（例如，诱她坠入爱河，尝试疗愈这段关系，一切随它去），也提供了一种理解行为的方法（例如，男生终究是男生，日久生情）。

想想我们在第一章提出的隐喻——"宣传是入侵"。也就是说，攻击者试图征服你的思想和信念。这个比喻让你关注某些因素：政客和广告商等宣传者是敌人；宣传策略就像军事演习，也像军备武装，要想阻止其进攻，必须将之拆解；你的思想和情感均需修筑防御工事，以抵御攻击。如果你接受了我们关于宣传的这个隐喻，我们猜此刻你可能正读得津津有味。但是，我们也可能选择其他隐喻。例如，在苏联，宣传被视为教育或灌输知识。要是我们选择了这个隐喻，本书会是另外一番模样。我们将讨论那些学习被劝导时感到很轻松或很困难的"学生"，以及如何使用劝导策略让年轻人启迪心智，认识真理。另外，我们也可以探索美国的奠基者们所认可的隐喻：劝导是一座建筑（为论证观点打基础），一段旅程（发现新事物之旅）。那样的话，本书也不会是现在的样子，但可能仍然值得一写。

第8章 萨达姆·侯赛因：巴格达的希特勒？

但是最终，有关行动路线的辩论必须归结到一点，那就是人们认为对局势的哪一种定义是**正确**的：到底萨达姆更像希特勒，还是伊拉克更像越南？当然，我们应该看到各种可能性：两个类比都对，都不对，或者可能还有其他类比也很契合。例如，历史学家保罗·肯尼迪（Paul Kennedy）认为，美国在波斯湾的军事介入让人想起17世纪三四十年代西班牙的对外战争。[4]支持美国参战者提出的一个理由是，战争获胜将有助于恢复美国的自信，打破据称自20世纪60年代以来在美国流行的自我怀疑和失败主义情绪；换句话说，就是克服"越南综合征"。西班牙伟大的首相、奥利瓦雷斯伯爵公爵（Count-Duke de Olivares）提出过类似观点，支持西班牙卷入"三十年战争"，捍卫哈布斯堡（Hapsburg）王朝。听闻西班牙的首个战地捷报之后，奥利瓦雷斯宣称这是"我们时代最伟大的胜利"，它证明西班牙的国内外批评者都说错了，西班牙凭借雄厚的军事实力仍在国际舞台上独占鳌头。然而在国内，西班牙的工业缺乏竞争力，街头满是失业者和无家可归者，政府背负的债务也迅速增长。仅仅过了一代人的时间，西班牙已不再是一个世界强国。

经典的雄辩术理论对使用类比作为一种劝导手段颇为不屑。任何类比都可能被批评说是基于错误的比较之上，而类比中呈现的相似点无关紧要，无足轻重。经典理论认为，应使用以下两项原则对类比进行评估：

> 1. 两个事物之间的相似性必须涉及问题主旨的、重要的方面。
> 2. 类比绝不能忽略两个事物之间与问题主旨相关的差异。[5]

如果我们使用这两个经典原则来评估前面提到的关于海湾战争的三种类比，那会怎么样？我们立刻想要获得有关现在和过去的更多信息及事实:当事国家的经济和社会状况如何?战争结束后,哈布斯堡王朝、德国和越南命运如何?三场战争各付出了什么样的经济和社会代价?通过回答这些问题,我们可以形成对当下的局势更全面的理解,为是否应该参战等重要决策提供参考。

还可以使用另一种方法来评估传播者对局势的定义是否站得住脚:看对方是否真诚。换句话说,作为某种世界观的倡导者,这个人是发自内心地相信情况如此,还是采纳此观点只是权宜之计,是出于宣传的目的?比方说,在1990年10月15日,海湾战争爆发前不久,布什总统称:

> 现在,每天都有新的消息(从科威特)传出,披露萨达姆的部队令人发指的暴行……对科威特国民有计划、有步骤的武力攻击,草率处决,经常使用酷刑……新生儿被扔出恒温箱……透析患者被拖下透析机……希特勒又回来了。但是请记住,希特勒挑起的战争结束后,迎接纳粹分子的是纽伦堡审判。[6]

他讲这些是认真的吗?也许是。但是,有鉴于就在此前不久我们的政府还坚定地支持萨达姆对伊朗的战争,至少可以想象,布什此言有夸大的成分。而且,人们后来发现,把婴儿扔出恒温箱等恶贯满盈的故事都是谣言,由亲科威特的消息来源发起,随后新闻媒体未加辨析地进行了报道。

如果总统是在运用夸张手法,有人认为这可以原谅。毕竟,他意在动员美国打一场可能旷日持久且代价高昂的战争,他希望获得国人的支持,让成千上万的美国青年男女冒着生命危险去救助一个非民主国家。他这一招奏效了。民众对战争的支持激增,乔治·布什的声望迅速达到空前的高度。海湾战争期间及刚结束不久时,布什的支持率均在90%左右浮动。

第8章 萨达姆·侯赛因：巴格达的希特勒？

但是，这种宣传手段的运用并非没有代价，并且不仅听众要付出代价，传播者也要付出代价。就海湾战争而言，虽然战争迅速结束且（从美国的伤亡来看）相对来说没有流血，但一旦美国人从战后的欢欣喜悦中平复，许多人便开始疑惑为何在完全占据军事主导之后，我们允许萨达姆继续执政，且其大部分军事力量完好无损；他很快就开始对本国的平民百姓使用这些力量，而无须承受惩罚。[7]的确，就连联合国驻波斯湾部队总司令诺曼·施瓦茨科普夫（Norman Schwarzkopf）将军也大胆地在电视上公开提出这个问题。你能想象1945年美国总统在击溃阿道夫·希特勒之后，允许希特勒继续统治德国人民吗？你能想象盟军刚刚挺进德国边境就停下攻势、收兵回国吗？绝对不可能。要是战争结束时希特勒还活着，他肯定要被审讯、判罪并作为战犯处决。

那么，为什么乔治·布什放任萨达姆·侯赛因掌管伊拉克？这样的做法令人困惑。在《新闻周刊》（Newsweek）1991年5月1日做的民意调查中，55%的受访者不认为海湾战争取得了胜利，因为萨达姆仍在台上掌权。布什总统的人气开始下滑。具有讽刺意味的是，布什把"萨达姆就是希特勒"这一隐喻运用得太过成功，结果自己也因此声望受损，被视为一个软弱的领导人，无力完成自己启动的工作。这一形象鼓励了其他共和党人在总统初选中挑战其领导地位，也在一定程度上为他最终在1992年大选中落败埋下了伏笔。类似的情况在使用隐喻和类比进行预劝导时经常发生：隐喻和类比往往开始拥有它们自己的生命，令其创造者作茧自缚。[8]

我们有很好的理由认为乔治·布什从未真正相信萨达姆·侯赛因是另一个希特勒。他使用这个类比只是为达目的不择手段，意在激起美国人心中的恐惧和厌恶。萨达姆·侯赛因当然令人不齿。但这个人有能力在伊拉克实现稳定，显然，布什总统及其顾问认为用允许他继续执政来换取伊拉克的稳定是值得的。这个令人不齿者，我们仍可以心安理得地与之共存；过去我们就跟他共存，给他提供支持，他和世界各地其他许多美国仍在支持的令人不齿者没什么两样。

　　布什总统为达目的不择手段，这不只是一件令人遗憾的事。作为民主国家的公民，我们有权利审视事实，以便就我们应不应该开战、应不应该将萨达姆作为战犯进行审判得出我们自己的理性结论。这个结论不应基于总统的夸张，而是基于事实。如果总统这个月称我们的敌人是又一个希特勒，下个月称之为一支棘手但具有稳定作用的力量，我们有权利对总统的翻手为云覆手为雨感到愤怒。

　　我们无意把乔治·布什单挑出来特意抨击。很不幸，遮人耳目混淆视听是白宫常见的伎俩。从林登·约翰逊在越战期间洋溢乐观的虚假声明（"隧道尽头是光明"），到理查德·尼克松对水门事件调查的阻挠（"我不是骗子"），罗纳德·里根有关伊朗门丑闻的声明（"我想我不记得了"），再到比尔·克林顿就其不当的性行为说的彻头彻尾的谎言（"我跟那个女人没有性关系"），美国总统一直拒绝向公民提供正确分析局势、做出理性行为所需的信息。而真正的不幸在于，大多数美国人已经相当愤世嫉俗地认为，他们肯定会被人误导。难怪在这个国家，这个现代民主的摇篮，现在只有不到50%的人愿意费事去投票！

第 9 章

有问题的劝导

想象一下,你是美国总统,而美国即将暴发一种罕见传染病,预计会有600人丧生。你的高级顾问准备了两份抗击疫情的方案,并竭尽所能地对每个方案可能的后果做了预判。

如果采用方案A,会有200人获救。

如果采用方案B,有1/3的可能性挽救600人的生命,而有2/3的可能性无人获救。

总统先生(女士),您选哪个方案?

如果你像丹尼尔·卡内曼(Daniel Kahneman)和阿莫斯·特韦尔斯基(Amos Tversky)的实验中的大多数参与者一样,你会选择"方案A"。[1]有72%的受试者选择方案A。你可能这么想:"方案A能确保200人获救,而方案B拿这些人的生命作赌注,换来的是只有1/3的概率能挽救更多生命。"

但是,假设你的顾问以如下方式陈述同样的问题:

如果采用方案 A，会有 400 人丧生。

如果采用方案 B，有 1/3 的概率无人丧生，2/3 的概率 600 人丧生。

现在你支持哪个方案？

尽管表述不同，这两组选项是一样的。方案 A 意味着会有 200 人活下来，400 人死亡。方案 B 意味着有 1/3 的可能性无人死亡，600 人活下来；有 2/3 的可能性无人获救，600 人死亡。

但是对于大多数人来说，他们的思考却因此大不相同。"如果我选方案 A，肯定会死 400 人，我不如赌方案 B 吧。"当被以第二种方式问到时，卡内曼和特韦尔斯基的受试者中有 78% 的人支持方案 B。

为什么只是这样简单地改变选项的表述方式，就导致人们的回答大幅转变？卡内曼和特韦尔斯基（以及其他研究者）指出，人们厌恶损失，会竭力规避损失。放弃 20 美元的痛苦大于获得 20 美元的快乐。前一个决策的措辞令方案 B 看着像是更大的损失。第二个决策的措辞让方案 A 像是确定无疑的损失。一切取决于问题被**塑造**的方式。

当然，以上只是一种假设的情境。在现实生活中，当人们改变请求的表述方式，会发生什么？让我们来看看乳腺癌的预防。乳腺癌是许多女性面临的重大健康威胁。幸运的是，乳腺癌的早期发现和诊断可以大幅提高女性患者的存活概率。不幸的是，尽管检测乳腺癌的最佳方法之一是每月做一次乳房自检，但大多数女性并没有这么做。

贝丝·迈耶罗维茨（Beth Meyerowitz）和谢莉·蔡肯（Shelly Chaiken）编撰并分发了三本小册子，要求女性定期做常规的乳房自检。[2]第一本小册子仅包含如何做乳房自检的说明。第二本小册子包含自检说明，并要求女性进行自检，强调自我检查的积极后果，即进行乳房自检的女性在可治疗的阶段发现肿瘤的概率会**提高**。第三本小册子包含自检说明，

第9章 有问题的劝导

并强调了不做自检的负面后果，即不定期自检的女性在可治疗的阶段发现肿瘤的概率会**减小**。迈耶罗维茨和蔡肯发现，看完小册子4个月后，被要求进行乳房自检且被告知不这么做的负面后果的女性，进行自检的可能性明显更高。在事关生死的真实情境中，表述方式的不同可以造成重大差别。

以上两个示例，流行病决策以及有关乳房自检的宣传，都表明表述问题的方式影响了对议题的定义方式。在这两个例子中，将议题定义为"遭受某种损失"要比定义为"带来某种收益"更具说服力。

提问可以是一种微妙的预劝导形式：精心设计的问题，可被用来定义当下的议题，巧妙地暗示"正确"答案可能是什么，并组织我们对议题的思考方式。让我们来看看措辞巧妙的提问可以如何制造我们想要的结果。

民调机构早就知道，问题措辞的细微调整可以导致截然不同的回答。例如，1983年到1986年间，支持援助尼加拉瓜反政府武装的美国人占比13%至42%不等，这取决于问题的措辞方式。[3] 如果问题明确提到罗纳德·里根或尼加拉瓜反政府武装，或使用意识形态标签来指称尼加拉瓜反政府武装，支持给予援助的美国人就多一些。如果问题提到援助金额是多少多少美元，或陈述了事情的正反两面，愿意向尼加拉瓜反政府武装提供援助的美国人就少一些。关于民调中的不一致，让我们再看一例：福克斯新闻频道（Fox News）的一项民意调查显示，有54%的美国人认为比尔·克林顿在1978年对朱厄妮塔·布罗德里克（Juanita Broaddrick）实施了性侵犯和强暴，而CNN、盖洛普公司和《今日美国报》（*USA Today*）联合进行的民意调查发现，只有34%的美国人相信这些指控。这两项民调的时间相隔仅仅数日，为什么结果有这么大的差异？福克斯新闻的民意调查似乎在这个问题的前面设了另一个诱导性的、带有强烈感情色彩的问题，先行假定克林顿有罪。其他措辞较为中性的民调机构所得出的结果与CNN、盖洛普和《今日美国报》的民意测验一致。[4]遵守职业操守、寻求准确答案的民调机构会竭力避免问题的措辞带有偏见。而想利用民意调查给自己捞取好处，说服人们相信其他人全都支持自己的政策或支持自己当选的人，就不会如此谨慎。

　　律师们也深知精心设计问题的重要性。说到如何盘问证人，各种教科书都强调如下法则："绝不要问你还不知道答案的问题。"或者，更准确地说："绝不要问无法得到你想要的回答的问题。"几年前，在一桩持续数月吸引全社会关注的谋杀案审讯中，这条写入教科书的法则的重要性在世人眼前展现得淋漓尽致。洛杉矶县检察官克里斯托弗·达登（Christopher Darden）要求O. J. 辛普森试戴一副沾血的手套。达登得到的回应是他没有料到、也不想要的：为了戴上这双手套，辛普森好像很费劲；据称凶手就是戴着这双手套杀死了妮科尔·布朗·辛普森（Nicole Brown Simpson）和罗纳德·戈德曼（Ronald Goldman）。该事件是审讯中的决定性时刻之一。手套看起来太小了！

　　知名诉讼律师格里·斯彭斯（Gerry Spence）的观点更进一步，他宣称，与问题获得的回答相比，措辞恰当的提问所包含的信息可能更具说服力。在一桩他和他的当事人诉《阁楼》（Penthouse）杂志诽谤的案子中，斯彭斯围绕杂志所登内容的性质，向《阁楼》杂志出版人鲍勃·古乔内（Bob Guccione）提出一系列问题。这些问题意在表明，《阁楼》杂志不过是打着文学幌子的淫秽色情书刊。古乔内的律师对这些问题表示反对，大多数时候也得到了法官的支持。斯彭斯方寸丝毫不乱。正如他所说，辩方的反对只令陪审团感到恼火，而且"我想向陪审团传递的信息有时在我的问题中已得到充分体现，比我能期待从古乔内那里得到的任何回答都要好"。[5]

第9章　有问题的劝导

"你当然赞同，不是吗？——只有傻瓜才会不赞同——可以通过特定的提问方式获得肯定的回答。"

伊丽莎白·洛夫特斯（Elizabeth Loftus）开展了一个研究项目，探索引导性问题（leading questions）对目击者证词的影响。[6]在其中一个试验中，洛夫特斯给受试者播放了一段记录多车相撞事故的影片。看完影片，部分受试者被问道："这些汽车**猛撞**（smash）到一起时，行驶速度大概多快？"其他受试者也被问到同样的问题，但"**猛撞**"一词被"**撞**"（hit）取代。在前一种提问方式下，受试者所估计的汽车行驶速度要快得多，而且在看完影片一周后，他们更有可能称事故现场有玻璃碎落，尽管影片中并未出现碎玻璃。

引导性问题不仅会影响对事实的判断，还会影响对事发现场的实际记忆。在另一个试验中，洛夫特斯给受试者放了一组幻灯片，内容是一次汽车和行人相撞的事故。在一张关键的幻灯片中，一辆**绿色**汽车驶过事故现场。幻灯片一放完，一半的受试者被问道："驶过事故现场的**蓝色**汽车车顶有没有雪板架？"另一半受试者也被问到同样的问题，但去掉了"蓝色"二字。结果表明，那些被问到"蓝色"汽车的受试者更有可能错误地声称自己看到一辆蓝色汽车，虽然在幻灯片中它是绿色的。一个简单的问题扭曲了他们的记忆。

我们的决定和选择不仅受提问内容的影响，而且受提问顺序的影响。假设你的头阵阵作痛，胃也不太舒服。你需要一种对胃没有副作用的强效止痛药。以下列出了你可能的选项，以及从止痛药的不同特点来看它们的表现：

	特殊易握瓶型	柔和不伤胃	止痛效果
品牌 W	是	好	很好
品牌 X	是	好	好
品牌 Y	是	差	优
品牌 Z	否	优	优

匆忙赶去药店之前，你在电视上看到品牌 W 的如下广告：4 种止痛药排成一排。主播问："哪种止痛药有特殊易握瓶型？"品牌 Z 从你眼前消失。"哪个品牌不伤胃？"品牌 Y 出局。"哪个品牌止痛效果最好？"品牌 X 被断然拿开。"答案是：品牌 W。"

答案真的是它吗？假设只问后面两个问题，且顺序颠倒过来呢？我们的选择会大不相同：品牌 Z 将是我们的**最佳**选择，而品牌 W **最糟糕**。

鉴于你的头阵阵作痛,胃也不舒服,你可能会更看重这两个属性,而非药瓶形状是否容易抓握。品牌 Z 是最适合你的止痛药。

几种止痛药的所有信息一目了然地摆在面前之后,就很容易看出提问题的顺序和信息接收的顺序可以怎样让决策过程陷入扭曲和偏见。宣传者采用了"洗牌作弊法"(card-stacking),亦即对信息和事实进行欺骗性操纵。[7]不幸的是,在做许多决定时,一举获得所有信息的情况非常罕见:要么是无法得到信息,要么我们没有时间或精力来搜集信息,抑或关键信息被故意隐藏和扭曲。在这种情况下,我们寻找和获得信息的顺序会对我们的决定产生微妙但重要的影响。

提问可以是一种效果显著的劝导手段,因为问题构建了我们的决策过程。[8]它们之所以能做到这一点,靠的是引导我们对当前议题的思考,并且不动声色地限定可能的答案的范围。比如这个问题:"你是否支持宪法规定的持有武器的权利?"它把我们的思考和注意力导向持有枪支的合宪性,而不是其他关注点,例如拥有安全社区的权利。另外,它不动声色地将议题定义为"要枪还是禁枪",排除了枪支注册、等待期和限制购买某些类型的武器(例如星期六晚特用品[1]、自动攻击武器或核武器)等中间提议。宪法也保障言论自由,但不保障在坐满人的电影院里大喊"**着火了**"的权利。

如果你怀疑问题的预劝导能力,请观察政界人士在记者招待会和讨论公共事务的节目中的表现。他们知道问题可以引导关注,改变舆论。正是因为这个原因,如果政界人士感觉某个问题不对胃口,他(她)会想办法回避。假设一名政界人士已公开表态支持管控枪支。那么,有关支持宪法规定的权利的棘手问题可以通过如下方式回避:改述("这是

---

1 Saturday-night special,一种廉价的小口径手枪,很容易买到。罪犯经常用它在星期六夜晚抢劫或进行其他犯罪活动,故此得名。——译者注

一个好问题,不过我要如何处理我们的街头犯罪呢?"),推迟("让我们先明确重要的几点"),以看似在回答问题的方式糊弄过去("你知道我支持美国宪法,支持民众以自己认为适宜的方式过安稳生活的权利")或提出另一个问题来转移注意力("但是你是否相信每个美国人都有生活在安全之中的权利?")。

到目前为止,在本节中我们已经看到一个议题的定义,无论是通过措辞、画面、类比还是仅仅靠问"恰当的问题",可以如何发挥预劝导的作用。在下一章中,我们将探讨前后情境——我们可以考虑的"其他"议题和对象——会如何影响感知,进而影响我们随后的行为。

第 10 章

诱饵的威力

跟随你所在地区的房地产经纪人去转一圈,你就能体会诱饵的强大影响力。在房地产经纪人的办公室,你看了许多房子的图片,听了它们对房子的介绍:美丽的错层式住宅、空间宽阔的牧场、古老的维多利亚风格建筑。搞清楚你的需求之后,经纪人开车带你去看一些"你可能感兴趣"的房子。第一站是一栋有两个卧室的蜗居,坐落在狭窄的地段。这个房子需要重新粉刷,屋子内部凌乱不堪,厨房的油地毡变形了,客厅的地毯又破又旧,主卧小到连常规尺寸的一套卧室家具都放不下。房产经纪人给了你报价,你惊呼:"天哪!谁会蠢到花这么多钱买这么个破房子?"你可能不会这么做。可能谁都不会这么做。但是,那座破房子可能会影响你,让你更加痛快地买下另一栋房子,而且买入价比你正常情况下原本愿意支付的价格高得多。

怎么会这样呢?我们和同事彼得·法夸尔(Peter Farquhar)、萨拉·西尔伯特(Sarah Silbert)以及珍妮弗·赫斯特(Jennifer Hearst)做过的一个实验可以解释这个过程。[1] 参与我们实验的学生需要做出诸如此类的决定:

你会选哪一个，a 还是 b？

a. **纽崔汉堡**（Nutri-burger）：一种豆腐汉堡，很有营养，但味道平平。

b. **塔斯蒂汉堡**（Tasti-burger）：味道好极了，但是营养价值一般。

我们给参与实验的某些学生额外提供了一个选项：**诱饵**。诱饵是一种替代的、不如其他可能的选择。例如：

你更喜欢哪一个，a、b 还是 c？

a. **纽崔汉堡**（Nutri-burger）：之前所述的很有营养、但味道平平的豆腐汉堡。

b. **塔斯蒂汉堡**（Tasti-burger）：之前所述的味道好极了、但是营养价值一般的汉堡。

c. **布美汉堡**（Bummer-burger）：一种味道还不错、营养价值一般的汉堡。

在这个例子中，选项 c 是诱饵：味道还算**可以**（而不是好极了）的汉堡。任何明智的人都不会选择这款差劲的汉堡。要是想吃美味的午餐，你会选 b，味道好极了的塔斯蒂汉堡。要是想要营养，你会选纽崔汉堡。确实，在我们的研究中，几乎从没有人选诱饵。

但这并不意味着它作为选项不具有影响力。我们的研究调查了涉及 9 种常见消费品的决策，我们发现，平均而言，在选项中增加一个诱饵，会令人们选择与诱饵类似、但优于诱饵的产品，例如选择塔斯蒂汉堡而不是纽崔汉堡，这一概率会增加 6.7%。6.7% 是否显得微不足道？以下数据可以帮助我们理解这个数字：由宝洁或通用汽车之类的公司制造的一个小品牌，如果能将市场份额提升 1%，可能就意味着年销售额增长

第10章 诱饵的威力

1 000多万美元。简而言之，如果根据实验结果来推断现实世界，我们的诱饵或可带来6 700万美元的效益！

这样一个相较而言毫无价值的诱饵，如何改变了我们的学生的选择？一言以蔽之：对比效应。对比，意味着让差异显而易见。当一个物体被拿来和跟它相似但不如它好（或者不如它漂亮、不如它高）的物体对比时，人们对它的评价会比正常情况下更好、更漂亮、更高。一名正常身高的男子，比如他身高5英尺11英寸（约1.8米），和侏儒站在一起，会显得非常高。如果他是职业篮球队的成员，他就显得特别矮。曾效力于波士顿凯尔特人队（Boston Celtics）的篮球运动员"小精灵"阿奇博尔德（"Tiny" Archibald）就是这种情况，"小精灵"身高6英尺1英寸（约1.85米）。在乔纳森·斯威夫特（Jonathan Swift）的经典小说《格列佛游记》（Gulliver's Travels）中，正常身高的男主人公到小人国（Lilliput）旅行时被视为巨人，而到大人国（Brobdingnag）旅行时被视为侏儒。

道格拉斯·肯里克（Douglass Kenrick）和萨拉·古铁雷斯（Sara Gutierres）所做的一个实验为对比效应提供了科学例证。研究人员要求男性在观看电视剧《霹雳娇娃》（Charlie's Angels）之前或之后给一名潜在的"盲约"对象的魅力打分。[2]看完节目之后打分的男性，比看节目之前打分的男性给出的分数要低。大概是美妙可人的天使为评估魅力提供了殊为严苛的背景，与天使对比之下，"盲约"对象黯然失色，其魅力远不及和普通女性相比之时。

在我们的消费者决策研究中，两种对比效应的出现使塔斯蒂汉堡变得更加诱人。诱饵的存在，让味道好极了的塔斯蒂汉堡显得尤其好吃，而味道一般的纽崔汉堡显得尤其难吃。换句话说，诱饵令塔斯蒂汉堡和纽崔汉堡在味觉维度上"拉大了差距"。随着对好吃程度的感知发生变化，在我们的受试者眼中，孰优孰劣也变得更为清晰。

诱饵影响的不只是我们对产品品牌的选择。它们也会影响我们对想要约会的对象的选择。康斯坦丁·塞迪基德斯（Constantine Sedikides）和他的同事最近做了一项实验，[3]要求学生们做类似这样的约会选择：

你最想和谁约会，a 还是 b？
a.**克里斯**：长得超帅，但比较不善言辞。
b.**托里**：谈不上帅，但口才很好。

这是一个艰难的决定，需要权衡取舍：是和一个颜值高但不太会聊天的人共度夜晚好呢，还是和一个颜值没那么高但很会聊天的人共度夜晚好？给选项增加一个诱饵之后，选择就容易多了。部分受试者还获悉了有关第三个可能的约会对象的信息：杰基，他相当帅，只比克里斯略微逊色，比较不善言辞，和克里斯一样。当杰基进入约会场景，克里斯变得更受欢迎，成为约会对象的首选。可怜的托里和杰基！他们晚上只好自个儿待在家里了。

现在我们可以看到，到访那栋破败的房屋会如何影响我们的购买决定。可能我们随后去看的房子**并不是**真的很理想。但是跟上一栋相比，就觉得好太多了吧！院子和主卧更大，屋子内部状况良好，至少三年不需要粉刷。而价格只比那个旧棚屋的要价高一点点。太值了！我们要立刻买下，趁房主还来不及反悔！

世间的诱饵五花八门，各式各样。二手车经销商可能在停车场停一辆又破又旧的车，好让其他汽车"卖相更好"。总统候选人可能选择身材不如自己高大的人和自己搭档竞选副总统，以增强选民对他自身总统特质的积极认知。跟你叔叔想安排给你的蠢货相比，那个"盲约"对象不知道要强多少倍。跟整个驻伊朗大使馆被占领相比，七名人质在贝鲁特遭劫持好像没那么糟。

我们从有关诱饵的研究中可以学到的是，**前后情境**很重要。判断是相对的，不是绝对的。可以利用前后情境让事物和选择显得更好或更糟。很多时候，我们不太关注情境的影响，更不要说质疑摆在我们眼前的不同选择的正当性。这就使例如政界人士、广告商、记者和销售代理等"情境制造者"的影响力大为增强。他们设定的情境可以影响我们的觉知和判断，从而对我们进行预劝导。就这样，我们在诱导之下，做出正常情况下原本不会做的决定。

第 11 章

伪事实心理学

1944年9月1日,《每日新闻报》(*Daily Journal-Gazette*)刊载了一则令人惊恐的报道,称伊利诺伊州马顿(Mattoon)居民遭遇"毒气袭击"。报道的大字标题为:**潜行迷药犯在逃**。报道说,当地一名妇女和她的女儿被一名闯入者喷了毒气。看样子,有一种令人不适、味道香甜的气体被人从她们敞开的卧室窗户喷入。毒气令这名妇女和她的女儿感觉不舒服,双腿麻痹了几个钟头。尽管警方未发现闯入者的迹象,但在事件发生数小时后,当该名女子的丈夫下班回到家时,他看到一名男子从窗边逃走。[1]

投放毒气者并没有就此收手。不久之后,马顿这名在逃的迷药师袭击了另一对夫妇,导致丈夫感觉恶心反胃,而妻子无法行走。四天后,另一名妇女报告说在门廊发现一块布,她闻了闻,结果嘴和唇严重灼伤,都流血了。在随后的一周内,警方又接到21起报案。所有受害者都报告有恶心和呕吐、腿部麻痹、嘴巴和喉咙发干以及口周灼伤等症状。

当地警察一筹莫展,他们加强了巡逻。州府警力被调来增援,对犯

第11章 伪事实心理学

罪现场和带毒气的布进行了分析,结果毫无所获。医生给受害者做了检查,无法分离出袭击者使用的化学物质。

时至今日,马顿的投放毒气者仍然逍遥法外。他(她)从未被捕获或绳之以法,原因很简单:这名神出鬼没的迷药师只存在于马顿市民心中。放毒者是个"伪事实"。

"伪事实"[1](factoid)这个词是由小说家诺曼·梅勒(Norman Mailer)所创造,他将其定义为"在见诸杂志或报端之前并不存在的事实"。[2]我们对**"伪事实"**的定义是:没有证据支持的对事实的断言,通常因为此事实是虚假的,或者找不到支持该断言的证据。伪事实呈现在大众面前的方式导致其被普遍信以为真。在我们的办公室和社区,它们被称作谣言、八卦和都市传说。在法庭上,伪事实被称作传闻证据,不予采信。在大众媒体中,它们被称作诽谤、诋毁、影射,拿时下流传的谣言、八卦和传闻当作新闻来报道。

伪事实比比皆是。[3] 1938年10月30日,奥逊·威尔斯(Orson Welles)根据H. G. 威尔斯(H. G. Wells)的经典作品《世界大战》(*The War of the Worlds*)改编的广播剧播出,剧中描述了火星人对地球的入侵和占领。广播剧的播出正值人们对欧洲局势深感关切,引发一片恐慌:全美国的人纷纷祈祷、哭泣、惊慌失措地躲避他们所以为的火星人入侵行动。有人试图营救挚爱亲人;还有人给朋友打电话,通知对方这个消息并最后道别。一年后,厄瓜多尔播出了这个广播剧的西班牙语版,再度引发恐慌。公众发现这是个假警报后,骚乱爆发,导致一家电台被烧,21人丧生。

20世纪60年代,有谣言风传甲壳虫乐队的保罗·麦卡特尼(Paul

---

1 CNN使用"factoid"一词来表示事实含量很少,这跟我们和梅勒的用法颇为不同。——原注

McCartney）去世了。全世界的歌迷都在专辑封面和歌词中细细搜索，他们正着听、倒着听，努力寻找保罗死亡的线索，最后确定是找到线索了；这份痴迷至今仍在延续。[4] 自20世纪70年代末开始，消费者对宝洁公司的产品发起了抵制，因为有传言说宝洁公司商标中的13颗星星乃是向魔鬼致敬。20世纪80年代末，波士顿警方对一名谋杀白人妇女卡萝尔·斯图尔特（Carol Stuart）的黑人男子的追捕吸引了全国关注。当时，查尔斯·斯图尔特（Charles Stuart）使用车载电话拨打911报警，称他的妻子卡萝尔刚被一名黑人青年杀死，缉凶行动就此开始，且最终导致一名首要嫌疑人被捕。报警电话的录音在全国性的电视新闻节目中反复播出。后来，人们发现是查尔斯杀害了自己的妻子。利用种族散布谣言见效如此显著，不出10年，苏珊·史密斯（Susan Smith）也搬出同样的伪事实，指控某名陌生的黑人男子绑架了自己的两个孩子。苏珊·史密斯后来被判谋害亲子罪：她把两个孩子锁在汽车里，然后将车推入湖底。此外，CNN、CBS、ABC和《纽约时报》（New York Times）等媒体（在没有可靠证据的情况下）一开始报道说，俄克拉何马城一栋联邦政府大楼发生的爆炸惨剧最可能的原因是中东恐怖分子策划的圣战，这是偏见为谣言的传播插上翅膀的又一例证。

马顿的投放毒气案也有现当代版本，那就是外星人绑架案。[5] 惠特利·斯特里伯（Whitley Strieber）的《交流》（Communion），布德·霍普金斯（Budd Hopkins）的《入侵者》（Intruders），诸如此类的书讲述了数以百计的人被外星来客绑架的故事，绑架的目的常是为了做种种古怪的性实验和基因实验。巴尼和贝蒂·希尔（Barney and Betty Hill）夫妇也许是最早的被外星人绑架的案例，他们的故事很典型。1961年9月，他们沿着一条寂静的新英格兰道路开车回家时，感觉自己的车被空中一个明亮的物体跟踪；从他们后来描述的位置来看，该物体似乎是木星。几天后，贝蒂开始反复做噩梦，梦见她和巴尼被绑架到一架飞碟上。她跟朋友们讲了自己的故事，朋友们说希尔夫妇那天晚上到家的时间晚了两个小时，他们猜测说，没准这些噩梦是真的，"绑架"可以解释"不知所终的时间"。希尔夫妇去寻求治疗师的建议，治疗师使用催眠引导他们记忆退行，以探求事情的"真相"。在催眠状态下，贝蒂详细讲述了"绑架"始末，而巴尼讲述的版本内容要有限得多。但是，他们两个人的故事在许多重要细节上并不一致，例如外星人长什么样，外星人说的语言，外星人对地球上习俗的了解程度等，治疗师因此断定绑架之说属于虚构。然而事情并未就此结束。五年后，《看》（Look）杂志刊登了一篇上下两期连载的文章，讲述希尔夫妇可能被外星人绑架的故事。和马顿当年的情况一样，其他人也纷纷站出来讲述自己的经历，在全国范围内催生了有关外星人绑架案的"伪事实"制造产业。也和马顿的投放毒气案一样，警察和私人侦探都找不到证据来证实外星来客之说，结果引来更多的伪事实，这一回主题是政府的阴谋和掩盖。

如今，许多报纸、杂志和电视节目完全是打着报道"新闻"的旗号，致力于编造和散布逼真的传闻。看看辛普森案的审讯吧，传闻一个接一个：在辛普森家中发现一个带血的滑雪面罩，在辛普森的高尔夫球包里发现重大证据，据称辛普森已对罪行供认不讳；"新闻"媒体反复加以报道并拿来大做文章。几乎没有人尝试核实这些传闻，因为公众对娱乐的饥渴和媒体对收视率的追求决定了每天都要报道此案当中新的、甚至更为刺激的"细节"，以免有人丧失兴趣。

互联网上的骂战进一步助长了传言和伪事实的传播。"**骂战**"（flaming）是个互联网术语，意指恶意攻击和毫无根据的传言。[6]网络空间流传的部分伪事实包括：某知名时装设计师在《奥普拉脱口秀》节目中发表了种族主义言论；某知名软件生产商的主页上有病毒；某知名曲奇制造商向O.J.辛普森免费赠送曲奇，因此招致举国抵制。所有这些传言均不属实。[7]

影射艺术在美国政治中的运用可以追溯到这个国家诞生之初,即所谓的"耳语运动"(whispering campaigns)。例如,有传言说托马斯·杰斐逊(Thomas Jefferson)是无神论者,曾诱奸一名出身高贵的弗吉尼亚州美女;马丁·范布伦[1](Martin van Buren)是阿伦·伯尔[2](Aaron Burr)的私生子;安德鲁·杰克逊(Andrew Jackson)和妻子在婚前就已同居;约翰·昆西·亚当斯(John Quincy Adams)曾经给一名俄罗斯贵族拉皮条。造谣的传统延续到了现代。20世纪70年代,理查德·尼克松的竞选团队雇用了"龌龊的骗子",散布有关民主党几名主要候选人的传言;许多政治分析人士认为,这些传言正是选情领先的埃德蒙·马斯基(Edmund Muskie)退出总统竞选的核心原因。时至今日,伪事实也还在继续传播:总统府和国会"泄露的风声",选举活动中的诋毁抹黑,记者根据"身居要位"的线人提供的信息所做的报道。

"耳语运动"的现代版本,从大众媒体对闹得沸沸扬扬的莫妮卡·莱温斯基-比尔·克林顿事件的报道中可见一斑。某日,《达拉斯晨报》(Dallas Morning News)在其网站上报道称,一名特勤局(Secret Service)特工即将出面指证,他曾亲眼看到莱温斯基和克林顿之间发生性行为。次日,《纽约邮报》(New York Post)和《纽约每日新闻》(New York Daily News)的头条新闻写道:**当场撞破**。《华尔街日报》(Wall Street Journal)不甘示弱,在其网站上报道说,一名白宫管家告诉大陪审团,他看到过莱温斯基和克林顿两人在一起。各家通讯社随后也纷纷报道了此事。当然,所有这些故事都是假的。但是,就算不是在全国范围内,它们也助长了当时席卷媒体的弹劾狂热。克林顿政府成为许多影

---

[1] 美国第八任总统,也是第一位于美国《独立宣言》正式签署后出生的总统,民主党的创始人之一。——译者注
[2] 美国第三任副总统,美国竞选政治的鼻祖,被称为现代竞选之父。——译者注

射和伪事实的攻击目标,其中包括:因为一名低级别官员未经授权获取联邦调查局机密文件而对克林顿夫妇提出的刑事指控(所谓的"文件门");指控希拉里·克林顿与文斯·福斯特(Vince Foster)的自杀有瓜葛;在白宫旅行事务处的数名职员,因为行为可能失当被解雇之后,指控克林顿夫妇之所以解雇他们,是想拿这些职位犒劳其支持者(所谓的"旅行门");就连时任总统的克林顿在乘坐"空军一号"时理了个发,也被指控导致洛杉矶机场的空中交通严重延误。所有这些指控均不属实,事实上,特别检察官肯·斯塔尔(Ken Starr)在调查多年之后,确认了克林顿夫妇在"文件门"和"旅行门"事件中的清白。众所周知,肯·斯塔尔的立场并不偏向比尔和希拉里。

伪事实的使用在针对其他国家的宣传战中也屡见不鲜。阿道夫·希特勒及其宣传部长约瑟夫·戈培尔将所谓的"大谎言"艺术掌握得炉火纯青。根据纳粹宣传理论,劝导民众的一种有效方法是编造和重复虚假信息。比方说,"日耳曼民族是优等民族,欧洲面临犹太阴谋的威胁"。诸如此类的大谎言很难证伪。譬如,没有证据表明存在犹太人的阴谋,但这个事实只不过更证明犹太人的狡猾。另外,大谎言得到许多通常并不相干的小事实支持,从而使大谎言变得更加可信。当今的许多政府仍在使用大谎言技术。仅举一例为证:伊朗政府官员散布的一套说辞称,伊拉克入侵科威特是美国在幕后操纵的,以便为美国入侵波斯湾地区制造借口。

但是,伪事实真的会影响我们的判断和信念吗?毕竟,很多时候它们完全让人无法相信。不过,大量研究继续表明,马顿市民的反应并非孤例;伪事实可以对人的信念和行为造成巨大影响。让我们来看一看其中部分研究。

丹尼尔·韦格纳(Daniel Wegner)和他的同事们做了一系列简单的实验,考察人们对影射的反应。[8]他们的研究要求参与者根据报纸的头条新闻来评估政治候选人讨人喜欢的程度。例如,参与实验者读到的新闻标题或是直接抨击("鲍勃·塔尔伯特与黑手党有染"),或是带问号的指责("卡伦·唐宁和一家有欺诈行为的慈善机构相关吗?"),或是对不当行为的否认("安德鲁·温特斯跟银行贪污案无关"),或是中性的("乔治·阿姆斯特朗抵达本市")。

结果显示,与直接抨击式标题连在一起的候选人,在读者心目中的形象更为负面,这毫不令人意外。但是,引人注目的是,仅仅是询问候选人是否曾有不良行为,甚至直接否认候选人曾有不良行为,都会导致人们对该候选人产生负面印象;受试者对其的评价仅比遭受直接抨击的候选人略微积极一点。看起来,只需询问候选人是否与不体面的事情有关,就足以破坏该候选人的公众形象。而且,影射的来源不会对结果带来多少分别:哪怕标题新闻出自一家缺乏信誉的报纸,比如《国家问询者报》(National Enquirer)或《环球午夜》(Midnight Globe),而不是《纽约时报》或《华盛顿邮报》,候选人仍会遭到负面评价。负面政治广告和诽谤运动往往确实有效。仅举一例来说明负面指控的威力:在其外甥威廉·肯尼迪·史密斯(William Kennedy Smith)因被控强奸而受审期间,已遭暗杀将近30年的约翰·F.肯尼迪总统也受到牵连,声望下降,尽管大多数美国人都赞同史密斯最终获得的无罪判决。

有时,不实的指控可能要更加无耻和直接。我们最近与德里克·拉克(Derek Rucker)合作开展了一些研究,探索我们所谓的"投射"法:指控他人犯有你自己正在犯的过失。[9] 该研究的灵感来自历史上的诸多先例。例如,在入侵他国之前,希特勒往往指控该国领导人阴谋侵略德国。约瑟夫·麦卡锡(Joseph McCarthy)会在其委员会举行的听证会一开始就指控证人撒谎,因为他自己,约瑟夫·麦卡锡本人,准备讲述有关证人的一个接一个的谎言。我们想知道诸如此类的投射是否会改变人们对事件的感知。

在研究中，我们请受试者观看一场竞技游戏，或者阅读有关学生在化学考试中作弊或两国准备开战的材料。在某些案例中，故事中的人物之一会指控他人行为不当，例如，指控一个清白无辜的人撒谎或考试作弊，或指责另一个国家挑起战争。我们分别做了四个试验，结果全都一样：人们认为指控者没有做错，而其投射的对象被视为罪魁祸首。尽管我们对指控者的动机提出了怀疑，提供了指控者自己有不当行为的证据，并特意把其指控他人的时间点放在指控者本人的不当行为曝光之后，但我们还是获得了这样的研究结果。换句话说，若论虚假指控、贼喊捉贼，阿道夫·希特勒和约瑟夫·麦卡锡可是此中高手！

要是你以为投射只在社会心理学家的实验室中有效，不妨去问问加里·多森（Gary Dotson）他的经历。一名少女的虚假指控让他坐了六年牢。1977年夏天，时年16岁的凯瑟琳·克罗韦尔·韦布（Cathleen Crowell Webb）报警称自己被人强奸。韦布向警方展示了据称被强奸犯撕破的上衣和身上的伤痕，她还向警方的画像专家描述了强奸犯的长相。最终画出的嫌犯素描像刚好跟加里·多森相似。两年后，凭借这份"目击者"证据，多森被判处在伊利诺伊州监狱服刑，刑期为25年以上、50年以下。6年后的1985年3月，韦布收回了她的故事。她告诉当局者说强奸案是她自编自演，目的是掩盖和男友的性经历。[10]多森要求推翻原判。当初审理此案的法官不愿意。伊利诺伊州州长拒绝赦免多森，只将刑期减至他已在狱中度过的6年。法官和州长都仍然相信最初的故事，虚假的指控比原告的改口和事实真相更可信。多森又花了4年的时间才洗清罪名：DNA检测表明，韦布内裤上的精液不可能来自多森，但有可能来自她的男友。少女的投射所造成的影响持续了12年，也毁掉了一个无辜的人生命中的12年。[11]

其他研究人员已发现，在法庭上提交的未经证实的证据可能对陪审团产生影响，即使法官明确指示陪审团忽略这个伪事实。[12]例如，在一个实验中，索尔·卡辛（Saul Kassin）和他的同事们发现，只需问一些语含指控的问题，例如"你的同事对你的工作评价甚低，不是吗？"，出庭的专家证人的信誉就可能受到损害。无论这个指控有没有被否认或者因为遭遇反对而被律师收回，专家的信誉都要受损。斯坦利·休（Stanley Sue）和他的同事们发现，对被告不利的证据即使被裁定为不予采信，也会导致被告定罪概率增大。大量研究发现，庭审前曝出的负面消息，例如有关认罪供述的报道、未通过测谎仪测试、被告的犯罪前科、案件的细节以及其他未获准呈堂做证的信息，可能对陪审团的决定产生重大影响。

伪事实不仅可以影响政治和司法，还会影响消费者的决策。仅仅10年前，一份名为"维勒瑞夫传单"（Leaflet of Villejuif）的小广告在法国和其他欧洲国家流传。[13]传单是用普通打字机打出来，然后复印的，它敦促家长保护自己的孩子，抵制可口可乐、怡泉（Schweppes）、加拿大干姜水（Canada Dry）等畅销食品和饮料品牌，因为它们含有致癌物。

对法国民众的调查发现，法国大约一半家庭主妇看过或听说过这份传单，而且她们的行为很可能因此受到了影响。有一项研究对收到传单的150位家庭主妇进行了调查，19%的人说已不再购买传单上列出的品牌，另有69%的人表示也计划这样做。另一份调查针对的是听说过此传单的小学老师和医生，结果发现几乎所有的老师和近一半医生都认同传单的内容。只有少数老师和不到10%的医生试图核实传单中的说法是否站得住脚，而由于担心对孩子们造成伤害，许多学校停止在餐桌上供应列入"黑名单"的品牌。

"维勒瑞夫传单"的影响深远，而个中真正惊人之处在于传单上的说法完全错误。例如，传单所谓的最严重的致癌物是添加剂E330。E330是一个欧洲共同市场代码，指代的是无害的柠檬酸，该成分存在于许多富含营养的水果中，例如橘子。此外，传单还指出了其他一些"无害"故对人有益的成分,然而其中有些成分其实是已知的致癌物。换句话说,传单不仅包含虚假的误导性信息,还包含有害信息。传播一两年之后,传单最初的来源从"巴黎某医院"变成"维勒瑞夫医院",一家国际公认的在癌症研究领域居领先地位的医院。维勒瑞夫医院否认与此传单有任何关联,并屡次谴责该传单的欺骗性说法。饶是如此,传单依然一个传一个地扩散,依然被人信以为真。

正如马克·吐温(Mark Twain)曾说:"当真相还在穿鞋的时候,谎言就能绕世界半圈。"为什么伪事实这么有说服力?我们可以举出三个原因。

首先,人们很少去检验伪事实的真假。我们经常直接从信赖的朋友处听到传言和八卦,对于这些朋友我们没有质疑的习惯。说实话,我们在看不管是电视上的还是其他大众媒体上的"新闻"的时候,也指望自己看到的是"新闻",对于呈现在我们眼前的每一条"事实",我们通常并没有做好辨析和批判的准备。伪事实往往直接混过了我们针对劝导的防御工事。我们很少会去想:"这个伪事实真的属实吗?重复讲述这一伪事实,获益的是谁?"而就算我们想去检验伪事实的真实性,往往也是困难重重,因为许多传言都涉及"机密信息"、"不为人知的阴谋"和"深奥的知识",很难对其进行批判性的评估和审查。

其次,我们接受伪事实,因为它们往往能满足一种或多种心理需求。例如,许多伪事实颇为有趣,因此吸引了我们的注意力,的确,寻找保罗·麦卡特尼已死的线索很好玩。而从更严肃的视角来看,最"优秀"的伪事实有助于我们合理化和证实我们心底最深处的担忧和顾虑。"维勒瑞夫传单"证实了许多人的信念,即大公司为了牟利而合谋伤害我们。相信诋毁某位知名人士的伪事实可以让我们自我感觉更好,因为这表明即使是伟大的"某某某先生"也有他的缺点。相信斯图尔特太太或苏珊·史密斯的孩子是被黑人青年杀害,有助于确认许多人心目中有关美国黑人的天性和品格的错误观念。传播伪事实还可以向别人显摆我们"知道"机密信息，也帮助我们处理内心最可怕的一些恐惧，从而提升我们的自我形象。在传播过程中，伪事实常被"修改和添油加醋"，以更好地满足我们的心理需求。

最后一点，可能也是最重要的一点是，伪事实可充当预劝导的一种形式，它们创造了社会现实。伪事实是用以构建我们的世界图景的零碎素材。作为素材的伪事实指引着我们的注意力，并暗示着我们应该如何解读这个世界。例如，假设一名马顿市民，某日清晨醒来时感觉胃部不适或双腿又累又痛；毫无疑问，镇上的有些人也会发生这种情况。这名市民会怎么想？"肯定是放毒气者搞鬼，所以我才会感觉这么不舒服。"他（她）可能会顺着这个思路解释其他随机事件，例如有只猫经过，或有阵风吹过，以支持放毒者曾经造访的想法。"你知道吗，昨晚我确实听见门廊吱吱作响，还有好像是敲窗户的声音。"传言因此获得了可信性，然后传播开来，继续帮助其他人营造他们的社会世界。即使后来证明这个伪事实是子虚乌有之事，它仍然可以引导人们的注意力和思考。例如，被诬告贪污的政治候选人必须花时间去反驳和否认指控，而不是提出新的实质性方案以争取胜选。而且，正如我们在丹尼尔·韦格纳及其同事的研究中看到的，这种否认通常注定要失败，因为它们往往只会让漫不经心的读者想起最初的指控。

鉴于伪事实的说服力可能如此强大，不难理解人们会想一些办法来限制其影响，这些尝试成效不一。例如，在第二次世界大战期间，美国政府特别担心流言蜚语可能动摇军心。精心散布的传闻可能唤起人们不切实际的迅速获胜的期待，也可能粉碎对最终赢得战争的一切希望，从而损害士气。此外，散播有关部队调动之类的传闻可能使敌人警惕盟军的计划。

在"二战"期间，美国政府试图说服民众，散布道听途说的消息并非爱国之举，而且还有可能妨碍战事；正如老话所说："口风不严战舰沉。"民众被教导说，要把传言视作纳粹的宣传。政府还建立了"谣言控制诊所"（rumor-control clinics），以识别具有危害性的谣言并采取化解措施。例如，政府的一份手册建议把具有危害性的谣言转交给适宜的政府机构，例如陆军、海军、联邦调查局，然后由该机构出面，从逻辑和事实上对此谣言进行驳斥。若想成功辟谣，驳斥时不可夸大情形，应将传言嵌入负面语境之中：谴责它，驳斥它，然后再次谴责它，用新的说法替代它。但绝不能逐字重复特别好记、过耳难忘的传言。

不幸的是，这些策略也可能会阻断哪怕千真万确的事实的传播。例如，在1992年总统选举期间，面对珍妮弗·弗劳尔斯（Gennifer Flowers）对其提出的婚外情指控，比尔·克林顿的处理方式堪称有效驳斥传言的范例。在CBS的《60分钟》（60 Minutes）节目中，克林顿夫妇否认这桩外遇，说他们的婚姻经历过坎坷，但现在感情比以往任何时候都要好。弗劳尔斯的指控可能令克林顿输掉了新罕布什尔州的初选，但未能让他出局。克林顿后来再次使用这一策略：他出现在全国性电视节目中，在美国民众面前摇动手指，掷地有声地说："我和那个女人没有性关系"，企图否认他与莫妮卡·莱温斯基的婚外情。这个策略再次奏效，只不过维持的时间不长。在他公开否认之后，他的亲密助手和内阁成员们立刻群起为他辩护，包括他的妻子在内的许多美国人也暂且相信了他的清白。但是到头来，证据最终表明确有其事，符合弗劳尔斯对他的指控，美国迅速陷入一场费用高昂且导致国民分裂的弹劾审判之中。

证据法的发展沿革，也是人们努力在法庭上约束伪事实影响的结果。自从12世纪英格兰兴起陪审团审判制度以来，一些法官担心未经训练的非专业陪审员会被虚假的证词误导，堕入操弄其情感和同情心的圈套。[14]为减弱此类信息的影响，法庭制定了程序规则，明确规定谁可以提交证据，什么样的证据可被采信，如何呈递证据，以及陪审团应如何审议证据。例如,法庭可能因为以下原因而拒绝接纳某些证据:它是传闻证据,或曰第二手证据,有效性存疑;它与本案无关,且造成偏见性影响的风险超出它对法庭的价值;它是一名普通证人的意见,不是事实;抑或它属于拥有保密特权的沟通,例如律师与当事人,或丈夫与妻子之间交流的内容。

时至今日,证据法仍在不断发展演变,并激起很大争议。举个例子,回忆一下辛普森案中的种种争议吧:是否应该允许洛杉矶警察局马克·福尔曼(Mark Fuhrman)警官的录音带作为呈堂证据?要知道,他在录音带中屡次使用种族歧视性语言。伊藤法官是否本该拒绝接纳在辛普森的罗金厄姆(Rockingham)庄园搜集的一切证据,因为这是警方的非法搜查?一方面,有人说证据法,尤其是那些要求警方和检方尊重公民隐私权、禁止不当搜查和没收的规定,可能令希望高效率惩处罪犯的人感到挫败。庭审程序和证据规则可能给检方的指控工作带来障碍,因此给人一种证据法旨在保护罪犯的印象。在某些案例中,同样的证据法也可被用来剔除会提高被告定罪的可能性材料。而另一方面,证据法可以是一种重要保障,确保无辜者和有罪者都有获得公正审判的权利,不给含沙射影和道听途说留有余地。

我们主张要进一步加强证据制度,因为尽管某些规定通常有助于确保公正审判,例如,如果庭审前的报道明显存在偏见,就应改变案件审理地点,但还有一些程序无法阻止陪审团受到该证据的不当影响,例如裁定某件带有偏见的证据不予采信,并指示陪审团忽略它。在实践中,证据法对于确保公正审判的价值几何,最终取决于法律能否得到公正应用,以及司法者是否愿意为了保障宪法所规定的公正审判权而冒惹恼民众和政客的风险。无论就此事而言个人到底作何看法,围绕证据法的种种争议只会进一步凸显伪事实在劝导过程中的重要影响。

如果在像法庭这样相对而言可控性好的环境下,控制伪事实都很困难的话,那么在大众传媒中情况就更加复杂了。[15]为了减弱伪事实在大众传媒中的影响而做出努力,这是最近才有的。美国最早的涉及广告欺诈的诉讼出现在20世纪50年代末和60年代初。其中最重要的案例之一是联邦贸易委员会(Federal Trade Commission, FTC)起诉"剃得快"(Rapid Shave)剃须膏制造商高露洁-棕榄(Colgate-Palmolive)。在该公司的一则电视广告中,人们看到一名男演员将"剃得快"挤到砂纸上,片刻之后,只需轻轻一刮就将砂纸剃得干干净净。联邦贸易委员会尝试重复广告演示的内容,结果发现除非提前润湿一小时,否则不可能把砂纸刮干净。事实上,广告制作者使用的不是真的砂纸,而是表面覆以沙子的树脂玻璃。法院裁定该广告具有欺骗性,它让消费者误以为"剃得快"剃须膏可以把哪怕最粗糙坚硬的表面快速剃干净。高露洁-棕榄被勒令停播该广告。

但是,只禁播一条欺骗性广告可能还不够。我们已经看到,对伪事实的信以为真可能久久难以驱散。此类欺骗性广告可能以失之公平的手段令商业竞争对手居于劣势,也可能迷惑和误导消费者。20世纪70年代,联邦贸易委员会提出,做出误导性宣传的制造商不仅必须停止使用该宣传,而且必须纠正和消除其广告所带来的任何错误观念。例如,普罗菲莱牌(Profile)面包自称是一种"减肥"面包,热量低于其他面包。其实,它的热量和其他面包一样,只不过面包片切得更薄一点,所以每片少了7卡路里。普罗菲莱面包被勒令将其年度广告预算的至少四分之一用于纠正这个误导性说法。还有其他一些公司也受到同样的惩罚,包括其他面包商、优鲜沛(Ocean Spray,某蔓越莓汁品牌制造商)和各种镇痛剂生产商,它们都被要求花费一定比例的广告预算来纠正虚假宣传。这些制造商是怎么做的呢?有些只是停了一年的广告宣传,意味着用于纠正错误的广告支出是0美元的四分之一,也就是0美元。还有些公司则拿这笔钱来购买没什么人看的广告,比如日报上的分类广告。

于是，联邦贸易委员会要求此后发布欺骗性广告的广告商采取明确指定的措施来消除错误观念。尤其是生产李施德林漱口水的华纳-兰伯特（Warner-Lambert）公司，它被要求斥资1 000万美元宣传下述说法，以破除李施德林可杀死感冒病菌的神话："和先前的广告相反，李施德林不会预防感冒或咽喉疼痛，也不会缓解症状。"联邦贸易委员会还就怎么用这笔钱发布了指导方针。

不过，纠正错误信念可能并非应对伪事实的最高效办法，更好的方法也许是防患于未然，在伪事实形成之前将其扼杀于摇篮中。20世纪70年代，联邦贸易委员会试图通过"广告证实计划"来实现这个目标。该计划要求特定行业的广告商向联邦贸易委员会提交证据来证实其广告内容。汽车生产商的回应很有代表性：他们送来数以百计的几乎不可能理解的技术文档。后来，联邦贸易委员会修改了程序，要求提供更具针对性和通俗易懂的文件。

然而到了20世纪80年代，控制伪事实的许多措施都被放弃，因为美国选出了一位强调自由市场、反对"大政府"管控的总统。在里根当政时期，联邦贸易委员会的职员减少了近一半。其他广告管理机构也步其后尘，各大电视网络裁减了许多负责监督电视广告的雇员。政府管控的放松为寡廉鲜耻的滥用宣传重新打开大门。多个州的检察长自行提起诉讼，以遏止欺骗行为。比尔·克林顿1992年上任后，逐步恢复了联邦贸易委员会的某些监管权力，特别是在一些备受瞩目的领域，例如暴力电影宣传、经济欺诈罪行、食品标签和烟草广告。不过，我们必须指出，克林顿政府控制烟草广告的许多措施都被美国最高法院推翻，后者声称，发布指导方针的食品药品监督管理局（Food and Drug Administration, FDA）无权监管烟草业。

无论如何，伪事实可能和你我利益攸关。看看克林顿执政期间政界发生了什么吧。对克林顿夫妇的虚假指控，以及比尔·克林顿的抵赖，令大众媒体持续疯狂了一年,痴迷于一切和"莫妮卡"有关的事情。后来,几位严厉抨击克林顿的人士自己也面对性行为不端的指证,媒体的狂热更加有增无减。许多美国人忍不住想骂"让他们都见鬼去吧",对此我们当然能够理解。传言引来影射,影射促发谎言,谎言遭到八卦的驳斥,八卦随后导致更多传言……一个正常人根本不知道该相信什么。最终结果是愤世嫉俗以及对所有涉及人员的深切不信任。但是,问题的关键就在这里:见鬼的不是他们,而是我们。归根结底,我们所有人都有责任挑战伪事实,即在面对传言时,首先要问到底有什么证据支持这种说法,然后要自觉地不去制造或散布不实传言,并在力所能及的情况下驳斥它们。

为商界和政界的伪事实感到担忧的公民确实有一个依靠:他们自己。《消费者报告》(*Consumer Reports*)和《广告时代》(*Advertising Age*)都会发布经调查存在虚假或误导性陈述的广告列表。消费者还可以要求制造商提供证据证明自己的宣传属实。我们有一门课程的学生正是这样做的。他们从杂志和电视中挑选出 99 个广告,然后写信给产品制造商,要求对方提供任何可证实其宣传的信息。他们收到了怎样的回应呢?就连最愤世嫉俗的广告批评者也会对此感到震惊。做出回复的公司勉强接近 50%。其中,只有五家公司发送了足以证实其宣传的信息,大多数公司寄来更多的广告。事实上,平均而言学生们每收到一页与广告中的说法直接相关的材料,就会收到 86 页额外的、不相关的广告和宣传材料。

尽管学生们未能为其求证广告内容的问题找到答案,但他们的项目仍然很有价值。首先,它为本章的一个基本观点提供了更多佐证:在宣传的时代,伪事实比比皆是。其次,学生的这个项目揭示了一种应对可能的伪事实的方法。试想一下,如果消费者和选民都开始质疑伪事实的制造者,直接跟他们对证。很可能,我们的许多广告商和政客将不得不着手用事实取代伪事实。

第四部分

传播者的可信度：
真实与人造

第 12 章

可信的传播者

想象以下场景：门铃响了，你去应门，发现来者是个中年男子，穿一件相当花哨的格子运动夹克。他的领带松了、衣领磨破了、裤子需要熨、胡子需要刮，跟你讲话的时候他的眼睛总是望向侧面，或看着你头顶上方。他手捧一个小罐子，罐子顶上有条窄缝，想游说你给一家你从没听过的慈善机构捐几美元。尽管他说的话其实听起来颇为合情合理，但他成功说服你掏出钱包的可能性有多大？

现在，让我们把时钟倒回去几分钟：门铃响了，你打开门，看到一名中年男子，身着剪裁合体、熨得笔挺的传统西服套装。他直视你的眼睛，自我介绍是城市国民银行副行长，询问你是否愿意给前面那家慈善机构捐几美元。他说的话和那个身穿花哨格子外套的家伙完全一样。你捐款的可能性会不会更大一些？

几年前，艾伦·金斯伯格（Allen Ginsberg）出现在某个深夜脱口秀节目中时，我们就被这样一种替换可能引发的反应深深吸引。金斯伯格，"垮掉的"一代的代表诗人之一，又回来了！20 世纪 50 年代，他的诗作《嚎叫》（*Howl*）曾震惊文坛，激发了文学创作界的活力。在脱

第12章 可信的传播者

口秀中,金斯伯格刚刚大谈了一通自己的同性恋性取向,随后开始谈论代沟。

镜头摇近。这是个胖子,蓄须,眼神看着有些微迷离(他嗑药了吗?);头顶已秃,两侧却留有一蓬蓬凌乱的长发;穿一件扎染T恤,T恤上面有个洞,还戴了几串珠子。他在认真地,在某些人看来也非常入情入理地,谈论年轻人的问题,但现场观众却在大笑。他们似乎把他当成了小丑。很有可能,在家看电视的绝大多数观众,他们躺在床上,从两脚之间的空隙里看着诗人,也没有把他当回事;不管他讲的话多么有道理,也不管他讲这些话是多么掏心掏肺。很有可能,单凭他的外表和他的声誉,就足以决定观众的反应。

我们内心的那个科学家,很想用西装笔挺、形象正统的银行家替代这位眼神恍惚的"垮掉的"诗人,请银行家移动嘴唇,而金斯伯格在镜头外讲同样一番话。我们猜如此安排之下,金斯伯格讲的话会获得良好的反响。

然而无须费事。前人已经做过类似的实验。事实上,关于人物特质和声望对劝导力的影响,自古以来就有种种猜想。早在公元前300多年,亚里士多德便写道:

> 相比之下,我们会更加彻底和轻易地相信好人:在任何事情上,通常都是如此,在无法完全确定、存在意见分歧的事情上,更是千真万确。有些人在其雄辩术著述中称,演说者所展现的个人美德对其说服力毫无助益,此言并不属实。恰恰相反,我们几乎可以说,人的品格是他所拥有的最有效的说服手段。[1]

大约2300年后,亚里士多德的这一断言受到了科学检验。完成这项工作的是卡尔·霍夫兰（Carl Hovland）和沃尔特·韦斯（Walter Weiss）。[2] 他们所做的调查很简单：给许多人看阐述某特定观点的材料。例如，建造核动力潜艇是可行的；该实验于1951年进行，当时利用原子能为潜艇提供动力纯属白日梦。

有些参与实验者被告知，提出该观点的是一个公信力很高的人；而另一些人则被告知，这个观点出自某个可信度低的来源。说得更具体些，对于"不久的将来可能建成核动力潜艇"的观点，一种说法是它出自备受尊敬、举国闻名的原子物理学家罗伯特·奥本海默（J. Robert Oppenheimer），另一种说法是它来自苏联官方报纸《真理报》（*Pravda*），该出版物在美国并不因其客观性和真实性而闻名。

在阅读材料之前，参与者要先填一份问卷，从中可看出他们对此话题的看法。随后，他们阅读了材料。认为文中所述观点来自罗伯特·奥本海默的人，有很大一部分改变了自己的看法，他们变得更加相信核潜艇的可行性。相比之下，阅读了同样的材料、但认为其出自《真理报》的人当中，受材料影响改变看法的少之又少。

多位不同的研究人员，使用五花八门的话题并将观点归于五花八门的来源，已反复证实了同样的现象。精心设计的实验表明，相较于其他大多数人，少年法庭的法官更有可能影响参与者对青少年犯罪的看法，著名的诗人兼评论家可以影响人们对诗歌的评价，医学杂志可以影响人们对抗组胺药物应不应该是处方药的观点。

物理学家、法官、诗人、医学杂志……他们拥有什么《真理报》不具备的特点呢？亚里士多德说我们相信"好人"，他所说的"好人"是指品德高尚的人。霍夫兰和韦斯使用"可信"（credible）一词，去除了亚里士多德所给定义中的道德意味。奥本海默、少年法庭的法官、诗人和医学杂志都是可信的；也就是说，它们未必"好"，但看起来既**专业**，又**值得信赖**。

第12章 可信的传播者

允许自己被值得信赖的、懂行的传播者影响，这合情合理。《消费者报告》杂志的编辑就消费者安全发表的意见会影响他人，这合情合理；而类似前卫生局局长埃弗里特·库普（C. Everett Koop）博士这样的人，当他谈及使用安全套来预防艾滋病或尼古丁的成瘾性时，人们会受影响，这也合情合理。这些都是专业的、值得信赖的人。

但是，同样的传播者并不会对所有人都产生同样的影响。事实上，可能有人会认为这位传播者可信度高，有人则认为其可信度低。而且，对某些人来说，传播者的特定外围属性或许显得格外突出，可能导致该传播者的信息极为有效或收效甚微。

我们与伯顿·戈尔登（Burton Golden）合作进行的一项实验有力地证明了外围属性对于劝导的重要性。[3] 在这项研究中，六年级学生听了一堂宣讲学习算术的价值和意义的演讲。在介绍演讲者时，一个版本称其为知名大学的获奖工程师，另一个版本称其为洗碗工。你可能能预料到，工程师对孩子们的看法的影响远远超过洗碗工。这一发现与以往的研究一致，就其本身而言，它显而易见，也有点意思。

但是，除此之外，我们把传播者的种族也设作了变量：在某些实验中，传播者是白人，在另一些实验中则是黑人。在实验的几周前，孩子们填写了一份问卷，意在评估他们对黑人持有偏见的程度。结果令人震惊：在对黑人偏见最强的孩子中，黑人工程师的影响力**不及白人工程师**，尽管二者发表的讲话完全相同。此外，在对黑人偏见最少的孩子中，黑人工程师的影响力**超过白人工程师**。

类似肤色这样的外围属性会影响一个人的可信度，这看似并不合理。我们或许可以说，在纯理性的世界，一位有声望的工程师，无论他（她）的肤色是什么，都应该能够在学习算术的重要性这个问题上影响六年级学生的看法。但是显然，这不是一个纯理性的世界。尽管演讲者除了肤色不同之外其他方面完全一样，听众要么受黑人演讲者的影响更大,要么更小,受影响大小取决于其对黑人的态度。后来,保罗·怀特(Paul White)和斯蒂芬·哈金斯(Stephen Harkins)发现,为了避免显得怀有种族偏见,白人往往会更多地关注黑人传播者所说的话。[4]其结果是,如果信息本身雄辩有力,黑人的说服力就更强,但如果信息论证乏力,黑人的说服力就更弱。

显然,这样的反应是适应不良的。假如说,你在某个程度上允许一个有关算术的信息影响你的观点,这个程度的深浅会决定你生活的质量,那么演讲者的专业水平和可信度似乎应该是最合理的关注因素,此时将例如肤色等不相干的因素纳入考量似乎是愚蠢的。

然而,尽管这样的反应属于适应不良行为,但任何看过电视广告的人应该都不会对此感到特别惊讶。事实上,广告商就是利用这种适应不良的行为,经常借无关因素来提升其代言人的广告效果。比如,几年前,比尔·科斯比(Bill Cosby)拍了一系列广告,在广告里他跟孩子们嬉戏互动。他告诉孩子们某个品牌的布丁多么美味,大家一起聊天,欢笑,享受他们的布丁。他还提醒观众,该产品不仅"好吃",而且"对身体好",因为它是牛奶做的。科斯比何以成为儿童和营养学方面的专家? 20世纪80年代,他在电视节目《科斯比秀》中扮演了克利夫·赫克斯特布尔(Cliff Huxtable),后者既是儿科医生,也是个温暖、诙谐、睿智的父亲,育有五个孩子。

类似地,卡尔·莫尔登(Karl Malden)曾经出演一系列广告,在广告中,正在国外旅行的美国人不是发现身上的钱全丢了,就是全被偷了。他们心急如焚、难堪、痛苦又恐慌。卡尔·莫尔登在广告的末尾登场,以权威的声音告诫我们旅行时勿携带现金,并推荐使用"美国运通(American Express)旅行支票——出门旅行一定带上它"。卡尔·莫尔登为什么成了度假财务专家? 不为什么,只因为他被视为某种意义上的**犯罪问题**专家。他在好几季的热门侦探片《旧金山街头》(*The Streets of*

San Francisco）中扮演迈克·斯通警官（Lieutenant Mike Stone）。

最近，戒烟贴"尼古得"（Nicoderm）的制造商聘请了一位年轻女演员来推广其产品。她是何许人也？正是当红电视剧《法律与秩序》（Law & Order）中心理学家奥利维特医生的扮演者。在剧中，奥利维特医生经常评估罪犯的心理稳定性。显然，连续几季在电视上扮演心理学家就足以确立该女演员的权威，使其对戒烟的最佳方式的看法得到采信。

接下来这个例子也是如此，是同类广告中我们的最爱。脍炙人口的日间时段肥皂剧《综合医院》（General Hospital）中的一位演员现身电视屏幕，他说："我不是真正的医生，不过我在电视中扮演了一名医生。"随后他开始推荐某个牌子的止痛药。

科斯比、《综合医院》里的演员、奥利维特医生，还有莫尔登……尽管他们对营养、药物、犯罪、尼古丁贴片还有旅行支票的了解可能并不比普通观众多多少，但当人们把他们等同于他们扮演的特定角色时，他们几乎是板上钉钉地获得了声望和信赖。

我们人类经常根据传播者的可信度来决定是接受还是拒绝某则信息，这一事实再次为无意识的宣传打开了大门。如果传播者的专业知识和值得信赖的程度与当前议题直接相关，相信这个可信的来源当然顺理成章，但是，**假装**可信往往要比实际**拥有**信度容易。举例来说，在1992年总统选举中，比尔·克林顿擅长在各类目标受众中树立可信度：比如上MTV电视台的节目、在深夜脱口秀中表演萨克斯管以吸引年轻选民，在麦当劳就餐以争取劳工阶层支持，大力展现其"好老弟"形象，以便在向来是共和党大本营的南方取得突破。等到1996年大选时，克林顿放弃了"好老弟"这一套，利用白宫的光环来做文章，以确立自己的领袖形象。[5]

媒体研究的一项重要工作就是密切跟踪公众人物的"声誉和可信

度",例如电影明星、体坛要人和其他公众"名流"。广告商想知道哪些名人可信度最高、公众最喜爱的明星是谁、哪些人上过知名杂志的封面、哪些人已曝光过度。这些问题的答案决定了名人作为广告代言人的价值。可信度已成为一种商品,不仅可以伪装,还可以在公开市场上买卖。

我们如何能够分辨传播者只是在假装可信,还是真正拥有可信度?这并非易事。要想确认某人是给定领域的专家,我们先要对该领域有足够的了解,这样才能识别出谁是专家,谁不是专家。但是,假如我们有这么多的了解,我们可能自己就是专家了。幸运的是,道格拉斯·沃尔顿(Douglas Walton)等修辞学家给我们提供了一组问题,可以借助这些问题来分辨,在哪些情况下利用专家来引导我们接受某种论断是站不住脚的。[6]沃尔顿建议我们思考以下问题:是否明确指出了专家是谁,抑或只是类似"知名专家说"这样的泛泛而谈?他(她)真的是专家吗,还是仅仅因为其声望、人气或名人身份,就被搬出来说事?他(她)所下的断言是否属于自身专长范围内?对于这个判断或观点,专家们是否达成了共识?这位专家能否列举客观证据来支持他(她)的主张?他(她)是否值得信赖,不带偏见,抑或在整件事中掺杂个人利益?

亚里士多德撰文论述"高尚的品格"对劝导力的影响之时,正值一场辩论在古希腊进行得如火如荼。许多人,例如苏格拉底和柏拉图,认为鼓舌如簧劝导他人者狡诈成性、不可信任,比如专业演说家和智者学派。雄辩术一文不值,从事此业者亦一文不值。为了证明劝导在社会中应有一席之地,亚里士多德指出,劝导者**应该**品格高尚,这不仅仅是道义的要求,而且因为值得信赖的消息来源会比失德的发言人更具说服力。亚里士多德的信念得到了有关劝导的现代研究的支持,可信的传播者的确可以有效影响他人;不过也有一些值得注意的例外,我们将在后面讨论。现代宣传活动，由于能够制造可信度并将之作为商品来买卖，再度引发了亚里士多德时代突出的伦理问题。正如心理治疗师艾瑞克·弗洛姆（Erich Fromm）曾经指出，如果世间一切人和物，包括个人、信念、情感和微笑，均可沽售，那么可信赖的人会越来越少，因为拥有靠得住的品格和身份的人少了。[7] 没有了信赖，沟通即便可能，也会变得十分困难。

第 13 章

冠军的早餐,消费者的垃圾食品

几十年来,名人代言已是美国广告业常见的风景。20 世纪 50 年代,尚未成为总统的罗纳德·里根给我们介绍了箭牌(Arrow)衬衫的革命性衣领和切斯特菲尔德牌(Chesterfield)香烟的高品质烟草。60 年代,职业四分卫球员乔·纳马思(Joe Namath)敦促观众使用诺西玛(Noxema)剃须膏"刮掉它"。70 年代,罗德尼·丹杰菲尔德(Rodney Dangerfield)、鲍勃·于克尔(Bob Uecker)和一群疯疯癫癫的橄榄球运动员告诉我们说,米勒莱特(Miller Lite)啤酒味道好,不胀肚。80 年代,猫王的太太普瑞希拉·普雷斯利(Priscilla Presley)叫我们别犹豫,买下那辆新车,因为它真的跟我们老爸的奥兹莫比尔(Oldsmobile)汽车不同。如今,篮球明星迈克尔·乔丹(Michael Jordan)兜售从早餐麦片到古龙水再到电话服务的各色产品。

找这些名人来做广告看起来可能相当不合理和奇怪。毕竟,如果我们理性地思考一下,谁是剃须刀刀片或剃须膏领域的专家?好吧,没准是理发师,没准是皮肤科医生或美容师。而告诉我们该用哪种剃须刀片或泡沫的又是谁呢?最常见的,是职业篮球或橄榄球运动员。

第13章　冠军的早餐，消费者的垃圾食品

利用运动员来销售产品可谓历史悠久。整个20世纪50年代和60年代，最常在电视上看到的早餐食品兜售者之一是前奥运十项全能冠军鲍勃·理查兹（Bob Richards），他卖惠提斯（Wheaties）麦片很可能比什么知识渊博的营养学教授强得多，甭管教授的专业水平有多牛。70年代，理查兹被另一位十项全能冠军布鲁斯·詹纳（Bruce Jenner）所取代。这些体育明星带货效果如何？反正，等到80年代终于要换下詹纳的时候，惠提斯麦片依然决定不找营养专家，而是请了奥运体操金牌得主玛丽·卢·雷顿（Mary Lou Retton）。之后接替她的是一系列体坛英雄，包括皮特·罗斯（Pete Rose）、沃尔特·佩顿（Walter Payton）、克里斯·埃弗特·劳埃德（Chris Evert Lloyd）、迈克尔·乔丹、乔·蒙塔纳（Joe Montana）、丹·马里诺（Dan Marino）、卡尔·里普肯（Cal Ripken），以及1996年奥运会的多位金牌得主。当你读到这本书时，如果2000年奥运会的美国头号田径明星马里昂·琼斯（Marion Jones）尚未在惠提斯麦片的包装盒上现身，我们会大为惊讶。如此看来，不管惠提斯公司负责广告宣传的人是谁，他们都深信知名运动员的效力。确实，体坛代言人是非常有效的劝导策略，在全球各地得到普遍使用。当德国巧克力制造商雅各布-苏查德（Jacob Suchard）公司想为其巧克力品牌妙卡（Milka）打广告时，他们聘请了谁？他们请14岁的游泳运动员、1992年在巴塞罗那奥运会夺得四枚奖牌的弗兰西斯卡·范·阿尔姆西克（Franziska von Almsick）出现在电视上，为这个品牌标志性的紫色奶牛挤奶。

这样的信念是否合理？仅仅因为其中有光环显赫的名人，人们就会受广告的影响吗？就算我们崇拜这些人在电影屏幕或运动场上展现的技艺和才华，我们真的能够相信，他们为产品代言所说的是实话吗？毕竟，我们都知道，这位正在兜售剃须膏、啤酒或早餐麦片的明星可不是白干，她（他）将获得可观的报酬。事实上，麦当娜、迈克尔·杰

克逊和比尔·科斯比等明星与各种赞助商签订的价值成百上千万美元的协议已是广为人知的事实,被新闻杂志大肆报道。所以,我们应该心里有数。如此赤裸裸的假模假式,我们当然不会受它影响。难道我们会吗?

我们猜大多数人会立刻说:"不会。**别人**或许会被说服,因为某某电影明星或体育明星叫他们买什么什么,他们就跑去买,但我肯定不会这样。我辛辛苦苦赚来的钱要怎么花,哪怕是我最喜欢的明星给建议,我也不会盲目听信。"但是,人真的能够预测自己的行为吗?

未必。尽管我们大多数人可能不**信任**电影演员和体育明星,但这不一定意味着我们不会购买他们代言的产品。决定代言效果的另一个重要因素是代言人吸引人或讨人喜欢的程度,无论其整体的专业技能或可信赖程度如何。

几年前,我们和同事贾德森·米尔斯(Judson Mills)做了一个简单的实验室实验,结果证明,一名美女,仅仅因为她的美貌,就有可能在一个与其美貌完全无关的话题上对观众产生重大影响,而且在她公开表示出想要影响观众的欲望时,这种影响达到最大。[1]看起来就像人们试图取悦自己心目中富有魅力的人,即使对方可能永远不知情。后来的另一项实验不仅重复了前面的发现,即讨人喜欢的传播者更具说服力,而且进一步表明,人们认为富有魅力的人所支持的立场**理当**更加可取。[2]

说到有魅力、招人爱的代言人的魔力,最匪夷所思的例子或许是那些纯属虚构的广告代言人,比如骆驼乔(Joe Camel)、皮尔斯伯里公司的面团宝宝(Pillsbury Dough Boy)、麦片小精灵啪啪(Snap)、咔咔(Crackle)和噗噗(Pop)等卡通形象,或其他虚构人物:美泰克公司寂寞的修理工(Lonely Maytag Man)、杰米玛阿姨(Aunt Jemima)、英菲尼迪(Infiniti)汽车那位温文尔雅但不知何许人也的男代言人……还有谁的可信度比这更可疑?要不是为了向你兜售商品,这些"人"压根不

第13章 冠军的早餐,消费者的垃圾食品

存在。这样打广告有效吗?想想骆驼乔,它象征着骆驼香烟的优雅精致和风流倜傥。自从骆驼乔开始出现在美国的广告牌、杂志和各种促销商品如T恤和棒球帽之上,骆驼香烟在未达法定年龄的吸烟者中所占市场份额从0.5%升至高达32.8%,尤其是在青年烟民中,后者正是其目标受众。[3]

我们是否注定要听任美女和名人摆布?理查德·佩蒂(Richard Petty)、约翰·卡乔波(John Cacioppo)和戴维·舒曼(David Schumann)已证明,至少在一种情境下,我们不会对富有社交魅力者言听计从:那就是当我们有动力**思考**眼前的问题时。[4]也就是说,当我们以劝导的核心路径而非外围路径运作时,信息源自身魅力的影响减弱。在他们的实验中,受试者会看到四则不同广告之一,介绍同一种虚构的新产品,"艾奇牌一次性剃刀"。其中两则广告使用了受人喜爱的知名体育明星的照片,另外两则广告出镜的则是来自加利福尼亚州贝克斯菲尔德(Bakersfield)的中年市民。此外,有两则广告列举了推荐该剃刀的6个逻辑清晰、令人信服的理由,例如,手柄是易握的锥形,且带有螺纹以防打滑;另两则广告则包含6个似是而非、含混不清的陈述,例如,它的设计考虑了浴室的环境。

一半的受试者被研究人员告知,在研究结束时,他们将可以从几个牌子的一次性剃须刀中选择一件作为礼物,受试者审视艾奇牌剃刀的内在动力因此发生了改变。结果表明,那些因为有望选择剃刀赠品而更有动力琢磨广告内容的受试者,他们对艾奇牌剃刀的评价的最重要决定因素是广告信息的论证是否有力,而不是信息来源是否有魅力。其他受试者则深受信息来源的影响:与使用加州贝克斯菲尔德的中年市民做广告相比,使用知名体育明星作为代言人时,艾奇牌剃刀被评为"优异"的概率更高。

尽管佩蒂、卡乔波和舒曼的上述发现证明了存在例外,但在大多数

情况下,魅力四射的传播者能够发挥巨大的影响,这一点仍然令人颇感不安。毕竟,我们都知道,那名橄榄球运动员手举他那罐剃须膏显然是想影响我们。剃须膏公司付给他那么多钱,可不就是为了让他卖剃须膏?而且,他做这个广告看来是为了他自己的利益,如果我们认真想一想,很明显,他手拿剃须膏出现在那里的唯一原因就是赚钱。

富有魅力的发言人能够有效地推销产品和改变我们的信念,这个事实表明,除了希望站在正确的一边、精准评估这个世界之外,我们也会因为其他原因而持有信念。我们持有某些信念和态度,为的是定义和理解我们自己。用合适的剃刀刮胡子,吃合适的麦片,我们是在说:"我就像那个球星一样,我是有魅力的潮人小圈子的一部分。"通过购买"合适的东西",我们得以提升自我价值感,以合理化的方式消除我们的匮乏感,因为我们"变得"就像我们喜欢的名人一样。也许我们应该记住篮球明星查尔斯·巴克利(Charles Barkley)在《周六夜现场》(*Saturday Night Live, SNL*)节目中说的大实话:"这是我的鞋。它们是好鞋。它们不会让你跟我一样富有;它们不会让你像我一样弹跳;它们绝对不会让你像我一样帅气。它们只会让你穿上跟我一样的鞋子。仅此而已。"很遗憾,德米特里克·詹姆斯·沃克在决定为一双耐克高帮运动鞋杀死另一个男孩之前,没有看过《周六夜现场》的这一集。

广告商对此了然于胸:我们相信我们所相信的信念,购买我们所购买的物品,这些都是为我们的自我形象服务。于是,他们给产品注入了"个性"。万宝路香烟代表男子气概。胡椒博士(Dr. Pepper)汽水代表打破常规。宝马汽车是雅皮士。CK(Calvin Klein)是时尚。想要获得心仪的人设,我们只需购买和展示正确的商品。

政治专家和顾问们也越来越意识到,迎合我们的自我形象就是好的政治策略。谋求政界职位的候选人被赋予各种人格魅力,他们发表有关美国星条旗的演说,在陆军坦克中摆拍,与学童们一起祈祷和合影,从

第13章 冠军的早餐,消费者的垃圾食品

而打造他们的形象。我们如果想做爱国的人、坚忍顽强的人、虔诚向主的人,只需给那个正确的候选人投上一票。如果我们像佩蒂、卡乔波和舒曼的那些未经考虑的受试者一样,完全没有兴趣去细审候选人呈现的形象、评估她(他)的信息的实质,从而导致美国延续二百多年的民主传统终结,则实属可悲。

第 14 章

如果臭名远扬，你该如何劝导

　　细想之下，专业的宣传者可谓任务艰巨。在面对劝导性信息时，我们通常会质疑说话者是否存在偏见，并关注他（她）是否从中获取私利。对于被劝导的对象而言，这种普遍的怀疑倾向可能大有益处。如果确认某个信息带有偏见，听众可以着手捍卫自身立场，并根据具体情况的不同，或仔细审查信息的内容，或直接对它不予理睬。但是，从宣传者的角度来看，这是说服工作面临的巨大障碍。因此，宣传者发现，要让自己**看起来**不是宣传者，这非常重要。为此，传播者必须表现得不带偏见、值得信赖。在本章中，我们将介绍两种让不可靠、不可信也不受喜爱的人看似可靠、可信和受人喜爱的一般策略。

　　中国雄辩家韩非子，在公元前3世纪战国时期担任统治者的谋士，他讲过一个故事，阐释统治者可如何提高自己在人们心目中的可信度。[1]郑武公想讨伐胡国，他把最信赖的谋士之一拖到一边，让他公开建议攻打胡国。谋士照办了。郑武公立即将其处死，以此戏剧性的方式表明自己无意发动进攻，让胡国统治者放心。胡国信以为真，于是解除了戒备；毕竟，郑武公刚刚因为胡国而处死了自己最信赖的谋士之一。但郑

第14章 如果臭名远扬,你该如何劝导

武公随即发动突袭,攻占了胡国。

韩非子讲这个故事的一个寓意是,传播者可以通过做出表面上违背自身利益的行为,让自己看起来值得信赖。如果我们经引导相信,传播者说服我们后一无所得、甚至可能会有损失,我们就会信赖他们,他们的劝说就会更加有效。郑武公处死其谋士,似乎是在表明自己不谋私利的立场:"不!入侵胡国虽然可能给我国带来好处,但却是不义之举。我坚信这一点,所以我要处死我喜爱的谋士,哪怕他只是提了这个建议。"对于胡国的子民来说,问题在于郑武公的这个立场纯属假象,他刻意安排,好让自己的言行看起来有损自身的利益。由此,我们得出了韩非子这个故事的第二个寓意:说到宣传,外表可能具有欺骗性。

让自己的言行看似与自身利益相左,这个策略可用来提升你在他人心目中值得信赖的程度,同时不必真的杀死最好的朋友。举个例子或许能帮助你理解。假设有一名惯犯,最近刚因为走私和贩卖可卡因而被定罪,他发表一个批评美国司法制度十分严厉、美国检察官吹毛求疵的讲话。该讲话会影响你吗?很可能不会。大多数人很可能认为他怀有偏见,不值得信赖。可卡因贩子显然不在亚里士多德所定义的"好人"的范畴之内。但是,假如他批评刑事司法太**软弱**,说犯罪分子要是聘请精明能干的律师,几乎总能逍遥法外,而即使被定罪,判决通常也过于宽松,那他会影响你吗?

从我们自己做的一个实验得到的结果来看,他可能会。在与伊莱恩·沃尔斯特(Elaine Walster)和达西·亚伯拉罕斯(Darcy Abrahams)合作进行的研究中,我们让受试者看了一份剪报,内容是对我们前面所描述的可卡因贩子、绰号"肩膀"的乔·纳波利塔诺(Joe "the Shoulder" Napolitano)的采访。[2]一种实验情境是,乔主张法庭应该更严格,判罚应更严厉。而另一种实验情境是,他说法庭应该更仁慈,判罚应减轻。我们还进行了一组平行实验,在实验中,同样的两种观点据

称出自一位受人尊敬的政府官员。

当乔主张法庭应该更宽松时,他毫无影响力。事实上,他反倒让受试者的观点略微朝反方向移动。但是,当他主张法庭应该更严格、更强有力时,他产生了极佳的说服效果,和发表同样观点的备受尊敬的政府官员一样有效。这项研究表明,亚里士多德并不完全正确:信息传播者可以是一个不道德的人而同时仍然有说服力,只要满足以下条件,即传播者在试图劝导我们的时候,看起来显然不是出于她(他)自己的个人利益。

为什么在这个实验中,乔如此有说服力?让我们仔细看看。如果听到一名已被定罪的犯人辩称刑事司法制度应该更宽松一些,大多数人不会感到惊讶。他们知道罪犯的背景,知道其个人利益所在,因此可以预期到对方会发出这样的信息。但是,当他们接收到恰恰相反的信息时,这些预期未能实现。为了理解这种矛盾,听众可能会得出结论,认为该罪犯已经改过自新,或者可能猜测犯人正承受某种压力,被迫做出这些呼吁严打犯罪的表态。不过,由于缺乏证据来证明这些推测,另一种解释变得更加合乎情理:或许在这个问题上,真相如此不容辩驳,以至于尽管这显然与他的背景和个人利益相抵触,犯人仍由衷地相信他所主张的立场。

艾丽斯·伊格利(Alice Eagly)和她的同事们做的一项实验为这种现象提供了佐证。在实验中,研究者向学生介绍了商业利益集团与环保组织之间因一家公司对河流的污染而起的争执。[3] 随后,学生们阅读了一则有关该问题的声明。在某些实验条件下,发表声明的人据称具有商业背景,而且当时是在对一群商人发表讲话。在另一些实验条件下,他的背景和听众发生了变化,从而改变了受试者对演讲者的信息的预期。实验的结果支持我们前面的推理:当信息与预期相抵触时,听众认为信息传播者更真诚,也更容易被他说的话说服。

第14章 如果臭名远扬,你该如何劝导

很难想象,还有哪个禁烟运动的发言人能比依靠美国成百上千万烟民的抽烟习惯发家致富的人更具说服力?帕特里克·雷诺兹(Patrick Reynolds)从其祖父创立的雷诺兹烟草公司(R. J. Reynolds Tobacco Company)继承了250万美元,而他公开强烈反对吸烟,甚至敦促患上与吸烟相关疾病的人对烟草公司提起诉讼![4]

同样,在冷战的高峰时期,核军备竞赛最令人信服的反对者是几位立场似乎与背景完全相悖的专业人士。例如,备受尊敬的核物理学家罗伯特·奥本海默,多年来一直劝诫世人不要继续发展核技术;卡尔·萨根(Carl Sagan),受人信赖的天文学家,警告世人"核冬天"可能降临;还有前海军指挥官埃尔莫·朱姆沃尔特(Elmo Zumwalt)上将,他努力争取暂停某些军事发展项目。这些传播者之所以会被认为高度可信,正是由于他们发出的信息和他们显而易见的行业利益不一致。首先,他们是专家。其次,由于他们无利可获,甚至还可能失去同僚的尊重,令他们站出来公开发声的看来只能是亟待裁军的迫切性。我们往往更加关注出乎意料的事件,而且不仅如此,我们还会认为那些看起来抵制住同事压力、采取与自身背景相反的立场的人更加可信。

当前,美国在健康事务上最受推崇的权威之一是美国前卫生局局长埃弗里特·库普博士。库普最早于20世纪80年代初被里根总统任命为卫生局局长时,情况可并非如此。库普是福音派基督徒,他在堕胎和避孕药具问题上的立场使许多美国人,尤其是带自由主义倾向的美国人,担心库普会利用职位推进他自己的道德观。随着人们对艾滋病这种传染病的认识逐步加深,库普博士提出了一个引人注目的建议:显而易见,避免感染艾滋病病毒的最佳方法是禁欲或一夫一妻制;但是,如果你打算保持性活跃,则应使用安全套。库普的建议引发右翼人士,尤其是福音派基督徒的强烈抗议。他们认为库普推荐人们使用安全套助长了滥交。

风暴并没有到此结束。在其任期即将结束时,库普发布了一份报告,称没有证据表明堕胎会对女性造成情感伤害,尽管库普本人仍然认为堕胎从道德上来说是错误的。该报告使里根政府中的许多人感到惊讶和失望,他们原本希望将情感伤害作为反对堕胎的论据之一。

1996年,埃弗里特·库普再次成为争议焦点。这一次,库普支持克林顿政府限制向儿童出售烟草的行动。库普之所以采取这一立场,是因为尼古丁是一种高度成瘾的物质。当时,青少年吸烟率居于将近20年来的最高水平。每天都有3 000名儿童开始吸烟,每年有超过百万人;其中大约1/3的人会因新染上的烟瘾而死。大多数吸烟者是在青少年早期开始形成这个习惯。[5]库普支持政府采取措施预防青少年养成吸烟习惯,这一立场激怒了1996年的共和党总统候选人鲍勃·多尔,多尔认为香烟不会成瘾,并声称库普已被自由派媒体洗脑。无论如何,埃弗里特·库普已屡次证明自己无可指摘的正直品性,确立了自己值得信赖的声誉。

公元前4世纪的中国哲学家孟子给我们提供了另一种提升我们在他人心目中可信赖程度的技巧。[6]孟子以其作为谋士的智慧而闻名。国王差人送来恭敬客气的短函,请孟子进宫,为国王出谋划策。孟子回复说,他身体不舒服,不能进宫。次日,他十分招摇地在城里四处走动。国王大怒,派几个人来查明孟子为何如此大不敬,并再次请他进宫。孟子选择出门访友,对这些人避而不见。国王再也无法忍受孟子的无礼,指责他不忠。孟子回答说,他的所作所为绝非不忠、不敬,相反,他展现了举国上下对国王最大的忠诚和敬重。只有在国王完全相信他的正直品格和思想独立之后,他才能对国王有用。如果国王怀疑他做的事、说的话可能纯粹为了讨好,他的建议将被忽略。

孟子的做法展现了提高可信度的另一种方法:如果听众确信说话的人未在试图影响自己,那么此人的可信赖度明显会**提高**,其信息的偏见

第14章 如果臭名远扬,你该如何劝导

程度明显会**降低**。为了举例说明这一点,让我们把时间切换到20世纪。假设一名股票经纪人打电话给你,告诉你关于某只股票的最新内部消息。你会买入吗?难说。一方面,经纪人可能是股市专家,这可能会影响你,让你决定买入。另一方面,经纪人可能通过告诉你内部消息获利(赚得佣金),这可能会降低信息的说服效力。但是,假设你偶然听到经纪人跟朋友说某某股票会上涨?由于经纪人显然不是在**试图**影响你,你可能会更容易受影响。

这也正是伊莱恩·沃尔斯特(Elaine Walster)和利昂·费斯汀格(Leon Festinger)的一项实验所得出的结果。[7]研究人员安排两名研究生进行了一场对话,其中一人在对话中就某问题发表了看法。根据实验的设计,一名本科生无意中听到了这场对话。在一种实验条件下,本科生很清楚两名研究生知道他在隔壁房间,因此该本科生知道他们所说的任何内容都有可能是说给他听的,意在影响他的看法。在另一种条件下,本科生相信两名研究生不知道他在隔壁房间。此时,本科生的看法明显会在更大程度上受研究生所表达的观点影响。

想让自己看起来无意影响他人,也有很多策略。几年前,证券经纪商英孚赫顿公司(EF Hutton)播放了一系列广告,在广告中,当某人开始向另一个人传授赫顿公司的股票建议时,整个房间突然安静下来,人人都朝说话者竖起耳朵,以便"偷听"建议。个中含义非常清楚:人人都想得到并非刻意为其提供的建议,正是因为并非刻意提供,这样的信息变得更有价值。该现象的另一个例子是电视上的"隐蔽摄像机"广告:如果我们确信某人不知道摄像镜头对着自己,我们就不会认为他(她)说的话有意劝导他人;如果相信此人的表现纯粹出于自发,我们就更容易被他(她)说的话说服。最后,政界人士臭名昭著的一点是,他们喜欢标榜自己和竞争对手不同,超越了"政治斗争";称他们之所以采取自己的立场,只是因为心系公众的最大利益。信息传播者看似未

在**试图**影响我们之时,他们影响我们的潜力恰恰增大了。

如何运用巧妙的宣传策略来操纵我们的信念和行为是贯穿本书的研究主题。事实上,在下一章,我们将讨论如何批量生产消息来源的可信度。韩非子故事的第二个寓意,即外表可能具有欺骗性,通常都太对了,但一味地接受这个寓意,可能催生不健康的愤世嫉俗。

因此,我们有必要暂停片刻,反思类似埃弗里特·库普博士这种人的行为。如今,个人的政治利益似乎主导一切。例如,反对过度军事支出的国会领袖主张关闭军事基地,当然,他们所在选区的军事基地要保留。在这样一个时代,遇到一个高度正直的公务员令人耳目一新。身为卫生局局长的库普,在面对艾滋病危机时展开了全面彻底的调查,以便自己能够做出专业判断。他甘冒职业生涯的巨大风险,以得罪朋友和支持者为代价,说出了他所了解的事实。由于他的诚实,库普博士的职业生涯付出了代价,这一点不应被轻描淡写地一笔带过。尽管他明确表示希望继续担任公职、若能晋升为卫生和公众服务部(Department of Health and Human Services, HHS)部长会很高兴,但布什政府并未再次任命库普。而库普博士的成就也不应该被轻描淡写地一笔带过。不知道有多少美国人,因为库普博士的所作所为避免了死于艾滋的不幸,过着长寿而富有创造性的生活。也许你的隔壁邻居,或你自己的儿女,正是这些美国人中的一个。在这个宣传的时代,库普博士的行为提醒我们,亚里士多德笔下的品格高尚的信息传播者仍然有其一席之地。

第 15 章

制造可信度

想象以下虚构的场景：两名男子正在竞选参议员。其中一位候选人的竞选经费比另一位少得多。因此，为了尽量争取免费曝光，他接受许多采访，频繁举行新闻发布会，同意在不友好的观众面前出场以激发新闻媒体对选战的兴趣，并经常出现在小组讨论会形式的电视节目中。在这些场合，对他进行访谈的人是反对者和老练的记者，经常问他不好回答的问题，甚至是充满敌意的问题。该候选人发现自己永远处于防御状态。有时，摄像机抓拍到他的角度不那么有利于他的形象，可能是他正在挠鼻子、打哈欠或坐立不安的样子。他的母亲在家里看到电视上的他，会惊讶于他突出的眼袋，以及他看起来多么疲惫和衰老。有时候，他面对一个棘手或始料未及的问题，很难找到合适的回应，他哼哼哈哈，听起来词不达意。

他的对手，竞选资金充足，无须出现在此类论坛。相反，他投入重金录制固定时段播出的广告片。因为他付费给摄制组和导演，摄像机只会从最上镜的角度拍他。他的私人化妆师努力帮他遮住眼袋，让他看起来年轻而富有活力。他的母亲在家里看到电视上的他，感觉从未见过他如此容光焕发。访谈者问他的问题是事前准备和排练过的,因此他的回答合理、简练,表达清晰。假如候选人在说到某个词时不巧磕巴了一下或脑子短路,摄像机会停下来,一遍又一遍地重拍,直到片子展现出他的最佳风采。

这样的场景并不是对未来的可怕预测,它与1968年总统选举期间发生的事情非常相似,而后者的意义要重大得多,规模也远远更为引人注目。记者乔·麦金尼斯(Joe McGinness)对理查德·尼克松竞选活动的幕后故事做了非同寻常的报道,记述尼克松的顾问团队是如何娴熟地控制这位候选人的形象,并将之呈现在美国人民面前。

在报道这些幕后事件时,麦金尼斯指出,电视是一种诱使选民为候选人的**形象**而非候选人本身投票的有力手段。或者,正如尼克松的一名工作人员所说:"这是一个全新概念的开始……从今往后,永永远远,这就是他们当选的方式。今后上台的人必须是表演者。"[1]

事实证明,此言确有先见之明。1980年,一位老牌的电影和电视明星以如虹气势当选总统,随后又在1984年以压倒性的优势获得连任。而且,尽管民意调查显示大多数美国人觉得他没做好总统的工作,他成功保持了**个人**的受欢迎程度。正如这位美利坚第40任总统所说:"政治就像演艺节目,你先来个轰轰烈烈的开场,跟着惯性滑行一会儿,然后再来个轰轰烈烈的收场。"[2]

尼克松的工作人员做出上述那段预测时,他具体指的是一档电视节目,在节目中,候选人尼克松看起来像是在临场回答打进电话的选民提出的问题。实际上,他是在针对工作人员事先准备的问题,给出精心排练过的回答。当选民在电话中提出一个问题,尼克松的工作人员直接将它改述为某个准备好的问题,称这是选民提出的,尼克松因此可以背诵他准备好的答案。在整个总统任期,尼克松及其支持者继续自导自演此类活动。例如,在1969年11月3日,随着对越南战争的抗议活动日渐

第15章 制造可信度

增多,尼克松发表了他著名的"沉默的大多数"演讲,呼吁占据多数的沉默的美国人站出来支持他,驱散反战示威者。演讲结束后,尼克松收到了5万封支持他的电报,3万封支持信,似乎均来自他所谓的"沉默的大多数"。30年后,真相大白:尼克松的助手亚历山大·巴特菲尔德(Alexander Butterfield)说,这些电报和信都是刻意炮制。演讲之前,巴特菲尔德已跟数名特工联系,安排他们发送信件和电报。[3]时隔30年,政客们仍在使用自导自演技巧。例如,在1996年和2000年的美国总统选举中,民主党和共和党都举行了"提名"大会,这些大会看起来更像加冕典礼,而不是围绕谁最有资格领导美国的辩论。

麦金尼斯的书面世后,许多人对书中记载的种种不道德、不诚实的行为感到震惊和可怖。但另外,占据绝大多数的选民要么不在乎,要么认为尼克松的欺骗手段只表明他是个头脑聪明、老谋深算的政治家。在他的整个第一任期,理查德·尼克松的支持率始终保持高位,1972年他更以压倒性优势获得连任,创造了美国历史上差距最为悬殊的选举结果之一。尽管当时人们已经知道,由总统连任委员会资助的一伙人私自潜入民主党全国委员会位于水门大厦的办公室,并被当场抓获。

利用广告来为政治候选人塑造魅力四射的形象,这种做法到底有多普遍?根据凯瑟琳·霍尔·贾米森(Kathleen Hall Jamieson)的说法,至少从1828年安德鲁·杰克逊(Andrew Jackson)击败约翰·昆西·亚当斯(John Quincy Adams)以来,美国总统候选人就一直试图给自己打造对选民有吸引力的形象。[4]但是,直到1952年,专业广告公司才被广泛用于总统竞选活动:当时,德怀特·D.艾森豪威尔(Dwight D. Eisenhower)聘请了两家广告公司作为重要的竞选顾问,分别是天联广告公司(BBDO)和扬罗必凯广告公司(Young & Rubicam);此外,他还获得了第三家广告公司即达彼思公司(Ted Bates)的著名广告人罗瑟·瑞夫斯(Rosser Reeves)自愿提供的帮助。如今,广告代理商、政治民调机构和媒体顾问是政界的常客，可以跻身最高级别的政治幕僚之列。

媒体顾问帮助候选人当选的作用有多大？我们可以认为，尼克松在1968年的胜选表明此类欺骗性的安排尽管明显具有操纵性，但还是有效的。另外，敏锐的观察家约翰·肯尼斯·加尔布雷思（John Kenneth Galbraith）评论说，尼克松在1968年的胜利或许是在克服这些伎俩带来的不利影响之后取得的。贾米森则提供了另一种视角：投入重金不能确保竞选成功，成功取决于钱花得是否**恰当**。她指出，如果你很幸运，有大把的钱可花，那也无法确保你当选，除非你拿这些钱开展的竞选活动呈现出了你作为候选人前后一贯的清晰形象，以及你为这个国家规划的美好愿景。显然，要是你资金不够雄厚，你很难呈现任何形象，更不要说前后一贯的形象，所以毋庸赘言，你将处于劣势。举个例子，通常在美国参议院选举中获胜者的竞选支出为340万美元，落选者为190万美元；众议院选举中获胜者的竞选支出为41万美元，落选者为20万美元。[5]

当然，形象顾问并非政治领域所独有。例如，家用产品制造商和直销商安利公司（Amway）会告诉其新加盟的洗涤用品销售代理，出现在公开场合时永远要穿自己最体面的衣服，西装领带或礼服连衣裙，哪怕只是去街角的杂货店也要如此。安利告诫他们，你永远不知道自己会遇见谁，必须始终保持自己的形象。[6]

历史学家丹尼尔·布尔斯廷（Daniel Boorstin）提醒人们当心使用"伪事件"（pseudo-event）来制造名人和轰动效应的做法。[7]所谓"伪事件"是经过设计的事件，其直接目的是获得新闻媒体的报道，比如总统与退伍军人团体的合影，或自导自演的对神奇文胸（Wonderbra）的狂热追捧。所谓名人，就是仅仅因为被人熟知而知名的人，例如法比奥（Fabio），或乔伊斯·布拉泽斯（Joyce Brothers）博士，或卡托·凯林

(Kato Kaelin)。如何在你所属的时代成为名人、引起轰动？只需制造你自己的伪事件，让伪事件给你带来新闻曝光率。

"……而我计划在你们的帮助下前行，即来自选民们、我的家人、我的竞选团队，以及最后但同样重要的，我的公关公司的帮助。"

如果你被指控犯有诸如谋杀之类的可怕罪行，也不必担心。只要给的钱到位，你的形象问题就可解决。在承接 O. J. 辛普森案之前，庭审律师罗伯特·夏皮罗（Robert Shapiro）已经制定了为当事人管理公众形象的详细策略。[8] 他的部分建议如下：与记者建立关系；确保您的当事人在电视上看起来形象良好；选择适合的场合接受访谈；以及就庭审发表评论时，只说几句经过精心选择、对当事人有利的言简意赅的话语。在辛普森案审讯中，控辩双方看起来都深谙公关之道。

就连面料的信度也可以人为制造。[9] 20世纪80年代初，聚酯纤维在消费者心目中的形象是"俗气""品味差""不自然"，经常是人们说笑嘲讽的对象。杜邦（Du Pont）和孟山都（Monsanto）等制造商聘请公关专家玛丽·特鲁德尔（Mary Trudel）来扭转聚酯纤维的形象，而对她来说，这不成问题。随后设计的一系列活动令聚酯纤维的形象由负转正：1987年美国小姐选美大赛冠军身着人造面料的衣服巡游美国；使用新闻通稿来激发报纸上的报道，例如"超越休闲装：聚酯纤维新生活"；为时装设计师安排面料触感测试，从而说服了皮尔·卡丹（Pierre Cardin）、CK等品牌开始在其服装中使用更多的聚酯纤维。尽管我们大多数人可能仍然不喜欢聚酯纤维，但是拜服装设计师之赐，它越来越多地出现在我们的衣服中，而我们对它的变体如莱卡的抵触很可能也有所减轻。

不过，让我们暂且把罪犯和合成面料抛到一边，回到兜售政治候选人的世界。假设你确实有足够的钱，并且渴望当选公职，那么你可以聘请谁，又让他们为你做些什么呢？你可能会想要雇用像罗杰·艾尔斯（Roger Ailes）这样的公共关系专家，他曾担任里根和布什竞选团队的顾问，现为福克斯新闻（Fox News）的董事长兼首席执行官。或者，你可以雇用伟达公关公司（Hill and Knowlton）的前首席执行官罗伯特·戴伦施奈德（Robert Dilenschneider），他做过的咨询业务包括帮助大都会爱迪生公司（Metropolitan Edison）应对公众对三里岛核事故的反应，帮助智利政府平息人们对当地葡萄可能被氰化物污染的恐慌，帮助哥伦比亚大学处理20世纪60年代的学生抗议活动。另外，如果你真的很走运，还可以聘请"宣传博士佳偶"，即由詹姆斯·卡维尔（James Carville）和

第15章 制造可信度

玛丽·马塔林组成的夫妻档：丈夫詹姆斯是民主党人，曾助力州长罗伯特·凯西（Robert Casey）、参议员哈里斯·沃福德（Harris Wofford）和总统比尔·克林顿当选；妻子玛丽是共和党人，曾是罗纳德·里根和乔治·布什的总统竞选团队成员。从这些专家处，你会得到什么建议？

艾尔斯认为，优秀的演讲者都有一大特征。他说：

> 如果说人际沟通中有一个要素是你可以掌握而且比我们前面所讨论的一切都更有效力的，那就是**招人喜爱**的品质。我称之为"魔弹"，因为如果听众喜欢你，他们会原谅你做错的其他一切事情。如果他们不喜欢你，你就算每条规则都完美执行，也无济于事。[10]

关于如何让自己招人喜爱，艾尔斯提出的一些具体建议包括：获取民意测验结果，说出听众的想法，让他人感觉舒适自在，以及掌控气氛和局面，使之对自己最为有利。

戴伦施奈德在其畅销书《权力与影响》（Power and Influence）中也给出了一些提高自身信度的一般性建议，[11]包括：设立简单的初始目标，然后宣告目标达成（这会让人感觉你是强有力的领导者）；利用背景设置来支持形象（例如，里根精心设计了总统讲台，以便自己看上去既强有力，又柔和低调；另外，应在与主旨信息协调的背景下接受访谈）；选择将用于描述自己的负面词语（大多数记者试图保持报道的平衡，给他们提供你可以随后反驳、从而树立良好形象的负面词语）；理解人们对事物的看法，然后投其所好，从他们想要的东西入手去打动他们。

马塔林和卡维尔也有一些建议。[12]何不抛出一个不明源头的想法来试水？比如减税、医疗保健提案。也就是说，把它作为传言散播。如果大家都喜欢这个想法，那就宣布它是你的主意。如果招致骂声一片，那就否认你的竞选团队说过这样的话。通过这种方式,你可以总是确保自己说的正是大家想听的。另一条建议:确保你在媒体上显得前后一致。要想做到这一点,最好的办法是什么?只需拣几句话翻来覆去地说,这样你就不会自相矛盾。举个例子,在1992年大选期间的一次焦点团体访谈中,人们对比尔·克林顿的主要不满是他似乎前后矛盾,为了赢得选票什么话都愿意说。随后,克林顿听从了卡维尔的建议,那就是坚持一个基本主题,即"一个不一样的民主党",并屡次重复。结果便是,在竞选的后半程克林顿显得更加前后一致。最后一点,不要对媒体撒谎,但可以随意操纵媒体。例如,在1986年的宾夕法尼亚州州长竞选中,民主党候选人罗伯特·凯西,也就是卡维尔的雇主,发表声明说,他不会拿竞争对手、共和党人威廉·斯克兰顿三世(William Scranton III)承认自己20世纪60年代曾吸食大麻这件事来做文章。然而,正如我们在近年来的美国总统选举中所见,候选人吸食毒品是如此劲爆的竞选话题,岂能弃之不用!所以卡维尔要怎么办?答案很简单。散布谣言说,凯西的竞选团队正在制作一则针对斯克兰顿曾经吸毒的竞选广告。新闻媒体报道了这则谣言,谈论斯克兰顿的吸毒史,而凯西的竞选团队否认说绝无此事。卡维尔和凯西成为一石二鸟的赢家:斯克兰顿不得不在媒体上为自己辩护,而凯西似乎占据了道德高位。[13]

艾尔斯、戴伦施奈德、马塔林和卡维尔的建议,与亚里士多德提出的"信息传播者应具有良好品格"的要求相去甚远。信度成了人为炮制的产物,而非凭借品格赢得。制造信度的方法是细致地管理情境,以便让事件的主角,即信息传播者,看起来正是此人应有的样子:讨人喜欢、可信、强有力、专业,抑或是当下需要的任何形象。一旦名人或政客的形象被成功塑造,便可拿去像商品一样买卖,以推进任何事业,只要对方有钱购买该形象的"使用权"。

信度的制造可能导致对名人的狂热崇拜。我们不再自行思考重要的问题，转而向看起来可信的领袖寻求解决方案。如果这些人确实具备所需的专业知识，该策略也还算有几分道理。可悲的是，实际情况往往是"信度"被不动声色地制造和出售，用于宣传目的。而媒体往往在此类作秀中充当打下手的丫鬟。举个例子，看看总统候选人辩论结束后电视上诸多专家提供的所谓"分析"吧：专家们不去探究真正的议题，相反好像更喜欢讨论哪个候选人"更有总统相"，或似乎能"更老练"地处理复杂事务等肤浅话题。这样的报道助长了名人崇拜，宣传与日俱增，而深思熟虑的劝导越来越少。形象变得远比实质重要。

第 16 章

一场拳击赛，杀死十一人：大众媒体的示范效应

本地超市收银台旁边的架子上摆满了报纸，声称这些报纸是"全美发行量最大的报纸"，也是"全美增长最快的周报"。最近几期刊登了种种帮助我们迎接新千年的预言。[1]通灵异士预言，全球天气的诡异变化会让撒哈拉沙漠下暴雨；奥普拉·温弗瑞会甩掉男友，开始跟辛普森案的检察官克里斯·达登（Chris Darden）约会；哈德孙河（Hudson River）底的一条隧道会突然爆裂，被水淹没；基因工程师会分离出指引准备产卵的鲑鱼回到其出生地的"罗盘基因"，并利用这一发现帮助猫猫狗狗找到回家的路。当然，其中许多预言究竟能否成真，我们要打一个问号。[1]

---

1 以下是本书首版时，通灵异士们为 20 世纪 90 年代初做的预测：戴安娜王妃会和查尔斯离婚，成为修女；一种神秘病毒会让布什总统的夫人芭芭拉·布什（Barbara Bush）头发变成亮红色；一颗流星会坠入白宫玫瑰园（Rose Garden）；米哈伊尔·戈尔巴乔夫（Mikhail Gorbachev）会在加州贝尔（Bel-Air）购置一栋海滨别墅，和里根一家做邻居；艾滋病病毒将被证明是由宗教狂热分子研发，是一个试图消灭男同性恋的阴谋；深海探险者会发现一艘沉没的西班牙大帆船，船上装满金子和来自外星飞船的手工制品。这些预言中，只有一条说中了一半，但无须拥有通灵术也能说中这一半：（接下页）

第16章 一场拳击赛,杀死十一人:大众媒体的示范效应

不过,加利福尼亚大学圣迭戈分校一位名叫戴维·菲利普斯(David Phillips)的社会学家能异常准确地预测一些引人注目的未来事件。[2] 菲利普斯最新的惊人预测:在下一场全国电视转播的重量级拳王争霸赛结束后的四天之内,会有至少 11 名本来不会死的无辜美国公民被冷酷杀害。原因就是:人们会模仿他们在电视上看到并钦佩的人的行为。

菲利普斯是怎么做出这个惊人预测的?他首先整理了一份过去的所有重量级拳王争霸赛清单,研究每场比赛之前和之后,每日凶杀率的波动。在刨除季节、星期几、节假日及其他趋势的影响后,他发现拳王争霸赛之后的第 3 天和第 4 天,凶杀率显著上升。很遗憾,凶杀率并不会在拳击赛之后的哪个时段下降,不能抵消掉比赛结束后那几天的上升。因此完全可以断定,要不是那场公开宣传的拳击赛,这 11 名遇害者,就算不是全部也是大多数,本来可以继续活着。

菲利普斯的研究还有一个发现甚至更让人不安,那就是拳击赛之后遇害的人很可能和拳击赛中落败的选手类似。也就是说,如果是一名黑人年轻男子被打倒,那么黑人年轻男子遇害案就会增加,而白人年轻男子不会。反之亦然,如果是白人年轻男子被打倒,遇害的白人年轻男子就会增加,而黑人年轻男子不会。而且,拳击赛对凶杀率的影响会随着曝光率的提高而增大:知道这场比赛的人越多,凶杀案的数量就越多。

菲利普斯发现,大众媒体的示范效应也可以影响其他行为。1986 年 3 月,新泽西州的四名少年达成自杀协议,随后执行了他们的计划。在这场集体自杀发生的一周之内,美国中西部两名少年被发现在类似情境下死亡。毫无疑问,媒体报道使围绕着青少年自杀案的困惑和悲伤成为

(接上页)戴安娜王妃确实离了婚,但她在香消玉殒之前没有去修道院做修女,通灵人士没预测到这一点。其他预言全都没有实现,至少目前还没有!不过,我们关注着芭芭拉·布什(已于 2018 年 4 月 17 日去世。——译者注)的头发。——原注

关注焦点。但是，媒体对这些悲剧的报道是否确实激发了模仿性的自杀行为？菲利普斯认为，答案是在某种程度上"是的"。

他怎么能确定这一点？菲利普斯及其同事研究了电视台播出有关自杀的新闻或专题报道之后青少年的自杀率。他们的研究对报道播出前和播出后的青少年自杀率进行了比较，跟踪其波动状况。在报道播出后的一周之内，青少年自杀数量的增长远超仅靠偶然性就能解释得通的幅度。此外，美国各大电视网络对自杀事件的报道越多，随后青少年自杀事件的增加就越显著。即使在研究人员把其他可能的因素都纳入考量之后，这种增加依然存在。因此，对于媒体报道之后青少年自杀数量出现增长这一现象，可能性最大的解释就是，这种曝光实际上触发了随后的模仿性自杀，就好像 20 世纪 80 年代，七人因服用掺入氰化物的泰诺而死亡之后，引发模仿性的投毒恐慌一样。

近年来，我们目睹了一系列校园凶杀案：密西西比州珀尔（Pearl）案、肯塔基州西帕迪尤卡（West Paducah）案、阿肯色州琼斯伯勒（Jonesboro）案、宾夕法尼亚州埃丁伯勒（Edinboro）案、田纳西州费耶特维尔（Fayetteville）案、俄勒冈州斯普林菲尔德（Springfield）案、佐治亚州科尼尔斯（Conyers）案，以及科罗拉多州利特尔顿（Littleton）的哥伦拜恩中学案等。新闻媒体对上述悲剧桩桩件件都做了深入报道，凶杀现场常被实时播出，令收看的国人惊骇不已。这些新闻报道当然呈现了凶杀案带给人们的痛楚，但它们也传递了人生的另一个事实：杀害同学能为你博得举国关注，它是应对生活中的问题的办法之一。

早在将近 40 年前，人们已经知道大众媒体具有传播暴力和其他社会行为的示范效应。20 世纪 60 年代初，著名心理学家阿尔伯特·班杜拉（Albert Bandura）启动了一项全面的实验室研究项目，研究电视上看到的榜样和攻击行为之间的关系。[3] 在一个典型的研究场景中，孩子们通过电视屏幕看到一名成年人击打一个波波玩偶，那种底部有配重的

第16章 一场拳击赛,杀死十一人:大众媒体的示范效应

大塑料玩偶,被击打之后它会向后倒下,然后又弹回到直立状态。在班杜拉制作的电视节目中,充当行为榜样的成人会拳打、脚踢、甩掷和用槌敲打波波玩偶,对它大喊大叫。随后,孩子们会有机会玩各种有趣的玩具,包括波波玩偶。结果反复表明,儿童很可能会做他们之前看到的事,看到过暴力榜样的儿童更有可能敲打、拳击、脚踢和甩掷波波玩偶。

班杜拉的初步发现得到了大量后续研究的支持。富有攻击性的榜样已被证明可以影响无论男性和女性、儿童和成人的攻击性;可以影响实验室内和实验室外的行为;可以教授攻击行为,无论这个行为榜样是卡通人物还是真实人物,也无论攻击是一次孤立的行为还是复杂情节如电视犯罪剧的一部分。观看榜样富有攻击性的行为会诱使人们踢波波玩偶、电击同学、语言攻击陌生人、伤害小动物。[4]引人注目的是,最早针对儿童的电视广告之一出现在《米老鼠俱乐部》(The Mickey Mouse Club)节目中,它推销的是"打嗝枪"(the Burp gun),美泰公司(Mattel)生产的一种发射火药帽的玩具机枪,外形类似"二战"期间使用的机枪。1955年圣诞节前,美泰售出超过100万把"打嗝枪",随后该公司迅速推出一款0.45英寸(约1.14厘米)口径的六发式玩具左轮手枪,好似西部片中人们挥舞的武器,这样孩子们就可以假装杀死他们的朋友,正如他们在电视上所见。[5]

幸好,示范作用也可以是正面的,换句话说,同样可以利用大众媒体中的行为榜样来教授亲社会行为。例如,社会榜样已被用来鼓励人们帮助因爆胎而困在路上的驾车者,或踊跃把捐款投入救世军的募捐水壶。[6]同样,社会榜样也被用来教授非暴力回应方式,降低暴力情境下的攻击性水平。[7]

但是,"教授"和"说教"不是一回事;榜样的劝导力远胜于言辞。詹姆斯·布赖恩(James Bryan)和他的同事们做了一系列让人很受启发

的研究,将儿童暴露于成年人的影响之下,后者要么以言语**宣讲**贪婪或慈善,要么以行动**践行**贪婪或慈善。[8] 结果,对孩子们影响更大的是榜样怎么**做**,而不是他们怎么**说**。当今这个时代,说一套、做一套屡见不鲜:例如华盛顿特区市长跟孩子们大谈毒品的危害,随后自己被逮住吸食可卡因;迎合虔诚信徒的政客宣扬家庭价值观和性节欲,然后一边批评他人的通奸行为,一边屡屡犯下通奸之罪;福音传教士卷入非法性行为或利用募捐盘中饱私囊。上述研究发现也因此变得更加重要。

广告商深知榜样的力量。30 秒的固定时段广告里,充斥着在正确食谱的帮助下成功减肥的胖子;靠广告中的清洁剂把家打扫得干干净净、令丈夫惊叹不已的家庭主妇;因某种特殊的牙膏而增光添彩,仅凭露齿一笑,就收获爱、深情和仰慕的男朋友和女朋友们;使用某主流信用卡实现美好生活的年轻夫妇;还有身着最新潮服饰的芭比娃娃。这些榜样的作用可不只是销售产品而已,他们还可以巩固价值观,比如,瘦是好的;可以教导生活方式,比如,家庭主妇应该取悦丈夫,小女孩的成功之道就是时尚和迷人的外形,美好生活可以通过减肥药丸之类的快速解决方案实现。

政客们也利用榜样的力量。一种有效的技术是制造**从众**效应(bandwagon effect),让人感觉该候选人得到所有人的支持。为此,政客们组织大型集会,安排看似人山人海的支持者参会,以期说服仍举棋不定的选民。候选人若想获得竞选捐款,在民意调查中领先(这代表了民众的支持)就至关重要。

大众媒体宣传的榜样之所以能有效影响他人,主要有两个原因。首先,他们教授新的行为。例如,一个小孩通过观看《纽约重案组》(*NYPD Blue*)或《恐龙战队》(*Power Rangers*)等犯罪题材电视剧,学会了如何开枪击毙"嫌疑犯"的"具体技术"。一对新婚夫妇通过观看他人在电视上使用信用卡,发现可以凭借信用购买美好生活。十几岁的

第16章　一场拳击赛，杀死十一人：大众媒体的示范效应

少年通过新闻报道，破解了如何自杀或杀死同学的谜团。

当然，**知道怎么做**并不就意味着**会这么做**。我们大多数人在看过《星际迷航》(*Star Trek*)之后都知道怎么把人传送到外星球表面，或怎么使用铅盾来保护超人不受氪石危害，但是我们真这么做的可能性不太大。那么，是什么导致我们会去效仿媒体上看到的榜样呢？一个重要因素就是，我们相信如果自己像榜样那样去做，将会获得同样的奖赏。正是由于这个原因，广告商经常使用"就像我们一样"的人作为模特，并将场景设定为家中、公司、学校或超市等熟悉的环境。

榜样人物极具影响力的第二个原因也由此而生：他们充当了一种暗示角色，表明某种行为**合理**且**适当**。看完拳击比赛后，"把人揍晕"似乎是可以接受的；青少年自杀事件或校园杀人案的新闻表明，这可能是解决生活问题的合理方法，那些对我们不公的人现在将不得不为我们感到难过或者付出生命的代价；目睹一名家庭主妇拖地，让我们相信这对女性来说是恰当的生活方式，但对男性则未必如此。在耳濡目染之下，大众媒体宣传的榜样可以塑造和扭曲我们对这个世界是非对错的理解。

让我们更仔细地看看哥伦拜恩高中的枪击事件。1999年4月20日，迪伦·克莱博尔德（Dylan Klebold）和埃里克·哈里斯（Eric Harris）杀害了15名同学，重伤23人。死亡人数原本可能远不止这些：克莱博尔德和哈里斯偷偷安装了若干枚炸弹，所幸未能引爆。哥伦拜恩惨案是在另外七宗类似的校园枪击案之后发生的，前面的事件均被大众媒体广为报道。是不是先前这些校园杀人案的报道诱导克莱博尔德和哈里斯蓄意杀害自己的同学？回答这个问题并非那么简单。跟许多学校一样，哥伦拜恩高中的社会现实包含胜利者如运动员、班干部、啦啦队队长和失败者如书呆子、哥特族、害羞孤僻的人两极，而失败者，比如克莱博尔德和哈里斯，常被他人折磨、欺侮和嘲笑。青春期本来就够难的了，在青春期遭到同学折磨、欺侮和嘲笑，他们迫切需要找到解决方案。在这

种背景之下，电视暴力，还有无处不在的电脑暴力游戏、互联网上给出的炸弹制作方法以及同学杀同学的新闻报道，它们不仅是在教导如何杀人，而且是在说，杀人可以是合理且适当的解决问题的方法。对此，我们能怎么办？很显然，我们可以减少自己对大众媒体上的暴力榜样的关注。但这还远远不够。我们还需要从源头上消除挫败感，通过教授同理心和冲突解决之道，给孩子提供更多亲社会的方式来应对其问题，同时积极减少霸凌、灌输合作规范，使学校成为更富仁爱之心的地方。（最近，本书的作者之一埃利奥特·阿伦森围绕哥伦拜恩高中枪击惨案写了一本书，更加详细地介绍了这些解决办法。[9]）

大众传媒上，具有哪些特征的榜样**最有**说服力？大量研究表明，当榜样的声望、权力和地位较高，通过其示范的行为获得了奖赏，就如何做此事提供了有用的信息，同时富有个人魅力且有能力面对生活中的问题时，他（她）的示范效应最强。换句话说，该榜样是可信且富有魅力的信息来源。回想一下利用榜样来劝导观众的广告吧。我们敢打赌，广告中的代言人即使不是拥有以上全部特点，也拥有其中的绝大部分。[10]

专业劝导人士显然知道，见诸大众媒体的榜样具有立竿见影的影响力，不过，人们往往会忽视此类榜样造成的微妙但依然重要的影响。举个例子，假使人们知道三四天之后会有 11 人丧生，这些人可能是被困在地下，可能是落入外国恐怖分子手中，那么举国都会发动起来。各大电视网络会派出摄制组和记者。CNN 将进行 24 小时不间断报道。报纸的头版全都是相关新闻。成功预测此事件的人会一夜成名，会被邀请上雷诺和莱特曼的节目，在早间脱口秀中发表他（她）的意见，或许还会成为一名经常出镜的专家，新闻媒体请他（她）就一切可以想象的、美国面临或没面临的问题发表评论。

但是，菲利普斯的预言所涉及的 11 个人，并**不会**因为新闻媒体对轰动性事件的报道而被举国上下认识。因下一场公开转播的拳王争霸赛

第16章 一场拳击赛,杀死十一人:大众媒体的示范效应

而遇害的 11 个人,大多数情况下都会是寂寂无闻的面孔,只有亲人才知道他们的离世。他们不会死在异国他乡,而是死在自己居住的街区。他们不会死于超自然的原因、死于异常的天灾或无情的独裁者之手。事实上,他们的死因就算能够见诸天日,也不会立刻为人所知。但是,他们肯定会死,而原因非常简单:大众媒体强大的示范效应。

第五部分
信息和信息的传递方式

第 17 章

包 装

本地超市摆放麦片食品的货架附近,每周一次的口水战频频爆发。战斗通常诸如此类:七岁的蕾切尔看到她爱吃的幸运符(Lucky Charms)麦片,从货架上拿起一盒,悄无声息地放进购物车。她的妈妈一脸嫌恶地看着这盒麦片。盒子是鲜红色的。一个小精灵正往粉色和紫色的迷你棉花糖上撒闪闪发亮的星星,肯定是糖无疑。在包装盒背面,她读到,盒子里面有一副特殊的眼镜,可用来发现隐藏的小精灵。

妈妈正色宣告:"蕾切尔,把那个垃圾放回架子上。里面全是糖,除了热量没别的。"

蕾切尔答道:"可是妈妈,它好吃呀。其他的都难吃。"

聪明的妈妈给了蕾切尔另一个选择,以及稍许诱导:"为什么不试试这种呢?这是百分百纯天然的。对你有好处。你会长成大姑娘的。"

蕾切尔看看这盒麦片。它体积不大,倒是挺沉。盒子正面,木纹背景上醒目地摆着一碗浅棕色麦片,还有几穗未经加工的谷粒。盒子的背面印有很多小字。

蕾切尔尖叫:"难吃!我不想长成大姑娘。"

第17章 包 装

你会如何解决这场早餐麦片大僵局？是站在妈妈一边，选择营养，即使买回来之后蕾切尔可能不吃？还是觉得蕾切尔虽然年幼，也应该为自己做决定，无论后果如何？我们的建议可能会让你意外。这场战争毫无意义。告诉蕾切尔和她的妈妈买幸运符吧，因为，说实话，它比那盒"天然的"谷物更有营养。

美国人每年花大约69亿美元购买谷物早餐。报道消费者信息的权威刊物《消费者报告》，对部分谷物早餐进行了测试。[1] 考虑到幼鼠的营养需求与人类非常相似，研究人员在持续14～18周的时间里，给幼鼠只提供水和32个品牌中的一种谷物早餐作为食物。他们发现，幼鼠靠吃晶磨（Cheerios）、葡萄坚果（Grape-Nuts）、莱福（Life）、格格脆（Shredded Wheat）和幸运符等品牌的麦片可以长大而且保持相当健康。另外，嘎吱嘎吱船长（Captain Crunch）、玉米片（Corn Flakes）、19号产品（Product 19）和桂格100%天然（Quaker's 100% Natural）等15种即食麦片要么令老鼠停止长大，要么就是提供的营养不足以维持生命。

比较幸运符与100%天然这两个产品会发现，幸运符的热量较低，而钠和糖的含量略高于100%天然，不过，这种差别很可能没有多大影响。但是，100%天然和许多格兰诺拉型谷物一样，饱和脂肪酸含量较高，后者会令血液中的胆固醇水平上升。两相对比，幸运符不含饱和脂肪酸，而一杯100%天然的脂肪含量约等于半扇油腻的牛肋排。最近，100%天然的制造商宣布推出低脂版本，其脂肪含量比老款略高1/4。[2]

是什么导致了蕾切尔和她妈妈之间的分歧？显然，她们使用麦片包装（而不是麦片本身）作为解决问题的简单线索或规则，用专业术语来讲，就是所谓的"**启发式**"。就此事而言，妈妈面临的问题是要选择一款有营养的麦片，而蕾切尔想要的是好玩又好吃的麦片。幸运符包装盒的鲜艳色彩、卡通人物及给孩子们玩的游戏全都暗示，这款麦片是给孩子的，而我们都知道孩子们的食物就是垃圾食品。另外，100%天然包装盒选用的大地色调以及未经加工的谷物的图片表明,这种麦片是"纯天然的",正如品牌名称说的那样。天然的就是好的,有益健康的,这种麦片一定富含营养。这两个品牌的包装都经过了精心设计,好让蕾切尔和她的妈妈就产品属性做出某些推断——这些推断可能是对的,也可能是错的。有了这些推断之后,不用多想就能做出购买哪种麦片的选择。劝导在外围路径起效。

感觉好像不管什么东西,只要贴上"天然"标签,就能成功向美国民众推销,比如麦片、替代药物、果汁、维生素、软饮料、冰淇淋、薯片和(以富含脂肪的奶酪调味的)爆米花等垃圾食品、价格虚高的蔬菜,现在就连香烟也不例外。为了吸引"有健康意识"的烟民,制造商开发了新的香烟品牌:美国精神(American Spirit)、布兹(Buz)、生来自由(Born Free)和雪乐门(Sherman's)。制造商声称它们百分之百不含添加剂,纯天然。[3]个中的逻辑,如果你想称之为"逻辑"的话,其实是面向大众市场的香烟生产商使用700多种化学添加剂,其中有些是有毒的。据称,纯天然香烟所产生的烟更纯、更干净。某品牌的草药香烟甚至声称对你有好处,是治疗哮喘、各种肺部问题和紧张情绪的良方,这让人想起20世纪40年代的香烟广告,声称吸烟可增大肺活量。许多烟民和潜在的烟民听信这种宣传。在过去的10年中,"天然"香烟的销售额增长了60%～90%,达到5 000万美元。"天然"的吸引力如此强大,于是雷诺兹公司也把它应用于旗下的云斯顿(Winston)品牌,宣称这种香烟不含添加剂。广告称:"工作中的扯淡事儿已经够多了。吸烟的时候,我不要它。"然后就销量飞涨。医疗界专业人士对美国公众这么好骗大跌眼镜,也对广告中的种种说法感到震惊和不安。事情的真相很简单:所有类型的香烟都富含有毒物质和致癌物,可能害人性命。抽天然香烟就好比请求杀人犯在枪杀你之前,确保子弹是干净的。事实上,联邦贸易委员会裁定云斯顿香烟的"无添加广告"具有欺骗性，暗示该香烟的危害没有其他香烟那么强。于是，雷诺兹公司在其"不要扯淡"的广告中增加了如下免责声明："我们的香烟不含添加剂并不意味着它是更安全的香烟。"

"……或者你觉得我们应该选这个？"

营销人员使用包装来引导消费者的决策已有将近100年的历史。自19世纪90年代起，桂格燕麦片的包装盒上就有一张虔诚的贵格会教徒的照片，以暗示其早餐麦片的纯度和品质始终如一。1898年，一个名叫C. W. 波斯特（C. W. Post）的男子强化了健康早餐食品的形象，在每盒"葡萄坚果"牌麦片中放入一本宣传册《健康之路》。销量一飞冲天。包装是非常有效的启发式宣传手段，无商标产品或店铺自有品牌产品经常利用该策略，刻意让自己的产品包装如商标的颜色、包装盒的形状等和畅销的国民品牌接近。

除了包装之外，商家还利用其他启发式来鼓励消费者就产品质量做出推断，从而购买特定品牌。其中最重要的三种是价格、店铺形象和品牌名称。三者各有一套用以推断产品质量的法则。譬如，价格越贵，质量越好。如果比较的是类似廉价的优格（Yugo）汽车和豪华的劳斯莱斯（Rolls Royces）这样的产品，这条法则可能是对的，但对于葡萄酒、药品、运动鞋、预包装食品以及其他许多产品来说，却未必如此。同一条牛仔裤，陈列在高档百货商场就比挂在本地的折扣店更有型。全国知名品牌被自动认为优于店铺自有品牌和无品牌商品。此外，广告商会花费大量资金将品牌名与某种专属的说法挂起钩来，例如"米狮龙（Michelob），优雅时尚"或"百威啤酒（Bud），普通劳动者的啤酒"，以指导我们的超市之旅。

  人也可以包装。我们通常首先接收到的有关他人的信息，如性别、年龄、种族、外貌、社会地位等，往往与一些简单的规则和刻板印象有关，这些规则和刻板印象会指导我们的想法和行为。性别和种族刻板印象告诉我们，"男人和女人有天壤之别""某某种族的人是什么什么样"。大量研究已表明，与相貌平平者相比，长得好看的人会被认为更成功、更敏感、更温暖、品性也更好，而我们往往会根据这些假定行事。我们常从一个人的着装和举止中判断其社会地位，社会地位高的人，受到尊敬和仰慕。难怪那些传授"出人头地"秘诀的自助类书籍经常介绍如何利用这些启发式方法，谆谆教导读者"穿出成功"，也就是说，要穿**对**衣服，以打造**正确**的形象，或用**对**化妆品，以提升吸引力。

  人们也会使用启发式来判断劝导性信息是否值得接受和相信。在本书的前一节中，我们详细介绍了一种启发式，即信息的来源。我们看到，通常信息的来源越可信、越有魅力或越专业，信息就越有说服力；我们还看到，当我们的大脑在劝导的外围路径而非核心路径运作，我们就更有可能使用信息的来源指导我们的看法。

  可用于劝导的启发式还有很多。例如，著名广告人约翰·卡普尔斯

（John Caples）和戴维·奥格威（David Ogilvy）宣称，如果广告词篇幅很长、头头是道，就是那种列举了诸多理由的长篇大论，那么广告最有说服力。显而易见，这样的信息会比论证乏力的短信息更有效，不过**前提是对方读了信息**。但是，如果对方只是浮光掠影地粗略浏览，或者根本没读，那会怎么样？社会心理学研究表明，当人们并没有特别仔细地思考某个问题时，长信息最有说服力，无论其论证是否经得起推敲。[4]看来，我们大脑的工作原理是"信息的长度等于信息的力度"。如果信息很长，那它的说服力一定很强。

如果你看过资讯广告节目，即用半小时重点介绍各种待售的刀具、搅拌器、政治候选人、清洁剂和三明治机的"秀"，那你就见证过另一种劝导性的暗示手法。这些节目无一例外地以对产品的"大胆"演示为特色：拿刀斩断旧网球鞋，之后把西红柿切成完美的薄片；从头开始制作蛋黄酱的搅拌器；或用某种魔粉清除难洗的污渍。观众的反应是什么？刚开始，人们窃窃私语，难以置信，空气中充满张力。随后，观众不约而同地爆发出响亮的、雷鸣般的掌声。

雷鸣般的掌声和欢呼声，充当了一种**社会共识启发式**，它暗示说："所有人都接受这个信息的结论，所以你也不应例外！"专利药品销售商在19世纪采用了这种技术，他们在观众席安插诱饵，让这些人假装自己的病被治好了，不管卖的是什么产品，都极尽溢美之词。正是因为明白"掌声意味着正确"这种启发式的威力，政客会把重大演讲安排在有利的环境下，制作人会在电视剧里插入预先录制的笑声和掌声，广告商会使用客户感言并把自家的产品描绘成供不应求。证据再一次表明，当人们没有动力去思考信息的含义时，社会共识启发式最有可能生效。[5]

另一种常用于劝导的启发式是以说话者的信心为基础：讲话的人看起来越是笃定和自信，我们就越有可能接受他（她）讲的话。例如，对法庭证词的研究发现，陪审团更有可能相信浑身散发自信的目击证人或专家的证词。同样,流露出自信的非语言行为,例如很少讲错话、权威的语气和稳重的身体姿态,这些与劝导力正相关。[6]举个例子,辛普森案的多位陪审员都在庭审结束后接受采访时提到,检察官马西娅·克拉克表现出承受压力和沮丧挫败的迹象;她频频叹气和比画手势,好像准备认输。凡此种种,削弱了她在陪审团眼中的信度。正如一位陪审员所说:"这让我想到,好吧,要是你的论据这么充分有力,你怎么会这么沮丧?"[7]

还有一种劝导策略也常被人们使用,那就是让讲话中充斥着"正确的"象征符号和流行语,以此令信息接收者知晓,该信息是可接受的、有价值的。例如,汽车经销商和政客时常与国旗一道出现,或言必称上帝,好像是在说:"我的立场是爱国的、虔诚的,所以值得大家接受。"当然,历史已表明,几乎任何恶棍都可以给自己披上国旗,说是为了国家的最大利益,实质是为了个人利益。

很多时候,符号和流行语都是针对特定受众量身定制的。比方说,风靡大学校园和自由派团体的一种狂热是"PC",即政治正确(Political Correctness)。PC是一组飞速变化的符号、短语和行为,如果使用得当,它会让所有人知道,此信息是对的,信息传播者在做对的事情。为了获得认可,人们不得在公共场合穿皮草;永远要说"他或她",绝不要用泛指的"他";要吃放养的走地鸡,而不是像流水线生产一样用配方饲料喂养的鸡;永远不要吃小牛肉;要使用尿布而不是一次性尿片;在杂货店应该索要纸袋,永远不接受塑料袋;应该宣称自己正在抵制某些品牌或产品;以及最重要的是,不要对政治正确持批评态度。

其中有些规则自相矛盾且毫无效果,但是不必较真。例如,要是皮草不可接受,为什么不禁用皮革?仔细考察的结果表明,纸袋除非被回收再利用,否则产生的环境废物比塑料更多,而生产和清洗布尿片所导致的污染比一次性尿片更多,同时还给身为上班族和单亲的父母带来极

第17章 包 装

大不便。但这就是启发式的本质,它们本来就不是让你去思考的,否则的话它们就会像为切成薄片的西红柿鼓掌一样愚蠢。

想想麦当劳的例子吧。[8] 20世纪70年代初,环保主义者发起了一场运动,批评麦当劳使用纸盒包装食品的做法。麦当劳的创始人雷·克洛克(Ray Kroc)委托斯坦福研究所(Stanford Research Institute)开展了一项研究,比较各种不同的包装对环境的影响。该研究得出的结论是,在综合考虑问题的方方面面(从生产到废物处理)之后,使用聚苯乙烯比纸更环保。要想使用纸和纸盒包装食品,必须在其表面涂一层塑料膜,它们也因此变得基本不可回收。与造纸相比,聚苯乙烯的生产耗能少,可节省更多自然资源,而且聚苯乙烯在垃圾填埋场中占的空间也小,还可以回收。臭名昭著的麦当劳蛤壳包装就此诞生。

20世纪80年代,环保主义者提出了另一个相当合理的担忧:制造聚苯乙烯会释放氯氟烃,这会加剧臭氧层的破坏。1987年,麦当劳要求其聚苯乙烯供应商改变生产工艺,停止在生产过程中释放氯氟烃。但是,蛤壳包装已成为对环境不负责任的象征,麦当劳在环保团体的压力之下,于20世纪90年代初弃用蛤壳包装,重新开始使用带塑料涂层、不可回收的包装纸。具有讽刺意味的是,恰恰因为积极回应人们对环境的关切,麦当劳"关注环境"的形象受到了损害。麦当劳的一个竞争对手未对早期的压力做出回应,没有采用蛤壳包装,结果却刊登广告宣称自己出于对环境的关切而一直使用纸盒。事实上,麦当劳为环保所做的努力会令许多美国家庭和企业相形见绌。它将资本预算的25%(1亿美元)用于购买循环利用的建筑材料,从而催生了这一产业,拨款6 000万美元购买再生纸制品,并制定了42项计划,目标是让麦当劳餐厅制造的垃圾总量减少80%以上。环境遭受破坏是一个复杂的问题,要想加以解决,需要的可不只是指指点点故作姿态和启发式思维。

当然,正如我们之前强调过的,劝导不一定是通过外围路径,决策也未必总是基于启发式方法。蕾切尔的父母可以仔细阅读麦片包装盒上的成分说明、订阅消费者杂志或查询营养学教科书。同样，我们在对政界人士的讲话下判断时，可以不以热门语汇、听众的反应和说话人的举止风度为依据，而以信息本身的实际内容和隐含意义为依据。

由此提出了一个重要问题：哪些因素最有可能导致启发式决策而不是理性决策？研究已经发现了至少五个这样的因素。[9] 在以下条件下，最有可能采用启发式方法：我们没有**时间仔细思考某个问题**；**信息严重过载**，导致我们不可能全面加工信息；或者我们认为当下的问题**不是特别重要**。此外，当我们**几乎没有其他的知识或信息**可用作决策依据，或者我们碰到问题时**立刻想到**某种给定的启发式方法的话，也会导致这样的结果。

稍加思索就会发现，蕾切尔和她的父母所处的情境具有许多导致启发式决策的特征。蕾切尔和她的家人要是像大多数美国人一样，就会感觉自己的时间越来越不够用。作为消费者，他们面对的是信息高度密集的环境，举例来说，目前市场上有300多种不同品牌的麦片可供选择。他们很可能没受过多少针对消费者的教育或培训。另外，他们却接收了数以百万计的广告，每则广告都一遍遍地重复某个品牌形象，于是当他们站在本地超市的过道里时，这个形象会迅速跃入脑海。考虑到上述种种，居然还能有非启发式的决策存在，也堪称奇迹。

现代人面临的困境之一是，随着时间越来越不够用、信息越来越多和选择越来越多，我们只能越来越依赖启发式决策。尽管在某些时候，启发式决策是应对信息密集、决策泛滥的环境所带来的冲击的有效方法，但如果我们的决策主要都基于启发式之上，可能造成一些问题。[10]

首先，我们手头的启发式线索可能是虚假的。几乎没有理由认为品牌形象和种族刻板印象具有可靠的现实依据。依靠此类启发式方法，可能导致我们购买不想要的商品，错过雇用合格的员工或与真命天子坠入

第17章 包 装

爱河的机会。而且，在某些情境下适用的规则，放到其他情境下可能就不适用。例如，观众自发的、由衷的掌声可以表明，这个娱乐节目值得一看。预先录制的笑声就做不到这一点。

启发式方法的另一个大问题是，它很容易被造假和操控。可以重新设计麦片包装盒，让它看起来越发健康。可以给放送的节目配上笑声和掌声。可以通过教练课程，让政客的举手投足散发必胜的气息。可以通过化妆和整容手术让外貌更加迷人。可以在演讲和广告中时不时加点流行语和象征符号。任何人，只要稍微有点钱，都可以给自己买件新上衣，和一条一本正经的领带。宣传的实质，是精心设计的包装。

怎样才能减少我们对有问题的启发式线索的依赖？一种办法是颁布法律，确保我们实际使用的种种暗示是准确的，而且使用得当，比如产品标签上"低热量""低钠"或"100%有营养"之类的说法。联邦贸易委员会已经制定了使用某些标签如"低脂"和"更低热量"的指导原则。"天然"一词未被纳入这些指导原则之下，因为联邦贸易委员会发现，几乎不可能给这个词下定义。而且，仅仅因为某样东西据信是天然的，并不意味着吃它有好处；槲寄生浆果是百分百纯天然，吃下去可能要你命。制定这些指导原则，以及采取其他举措来提升产品说明信息的质量，是朝着正确方向迈出的一步。但是，这些努力不太可能成功杜绝启发式思维。毕竟，任何政府，即使再怎么警惕小心，都不能保护我们不受自身偏见的影响。归根结底，我们只能依靠自己对宣传策略的了解，依靠我们自己的努力，做到要把重要的事情当作真正重要的事情来思考。

第 18 章

自我推销

第二次世界大战不仅是枪炮子弹的较量，也是文字宣传的较量。纳粹的宣传战最初是由阿道夫·希特勒在《我的奋斗》(*Mein Kampf*) 中勾勒出轮廓，随后由约瑟夫·戈培尔及其领导的宣传部执行。美国则依靠由社会心理学家及其他社会科学家组成的松散团队来规划宣传战，以提振国民的士气，消除纳粹宣传的影响。

在这场宣传战中，有一位战士可能让人意想不到，它就是美国农业部下设的饮食习惯委员会（Committee on Food Habits），著名人类学家玛格丽特·米德（Margaret Mead）是委员会负责人之一。在战时的紧急状态期间，这个委员会的使命是研究如何克服某些类别的高蛋白食品短缺的困难，维持美国人的身体健康。其中一个具体项目是增加国人对之前常被扔掉或用作宠物食品的肉类如牛心、牛腰子和牛肠等的消费。为此，委员会采用了一种如今无处不在的劝导策略。

任何曾经试图劝孩子吃绿色蔬菜的父母，都可以体会说服美国人相信牛心、牛腰子和牛肠营养丰富、美味可口有多困难，更不要说让人们真的开始食用了。为了完成这项任务，饮食习惯委员会请出了不久前刚

第18章 自我推销

从纳粹德国逃亡到美国的社会心理学之父库尔特·卢因（Kurt Lewin）。

卢因是如何做到的？好吧，**他没有做**或者没有直接做什么。卢因所**做的**就是让人们说服自己吃这些内脏。为了证明参与式的、自发的劝导的有效性，他做了一个简单的实验，以说服决定一家人吃什么的家庭主妇，食用肠子以及其他不受欢迎的肉类。[1]

半数家庭主妇听了一堂有趣的讲座，介绍内脏的优点。这堂持续45分钟的讲座强调了食用内脏对打赢战争的重要意义，强调了内脏对健康和经济的好处；组织者给听众分发了油印的食谱。讲座的最后，演讲者讲述了她烹制内脏给家人食用的成功经历。

另一半的家庭主妇则参加了小组讨论，将这45分钟时间用于说服自己。讨论一开始，主持人简短介绍了如何在战时维持健康的问题，随后向家庭主妇求助，询问她们："您认为可以劝导像您一样的家庭主妇参加食用内脏计划吗？"小组讨论中提到的论据大体和讲座相同，但产生的效果却显著得多。在听讲座的家庭主妇中，只有3%的人烹制内脏给家人食用。与之形成鲜明对比的是，在自我劝导组的家庭主妇中，这个比例达到32%。

随后的关于劝导的研究已表明，无论其起因是小组讨论，还是被要求模拟对手的立场，或想象自己采取某种行动，自我劝导都是迄今为止所发现的最有效的劝导策略之一。[2]事实上，最近的一组研究发现，仅需思考如何向他人传递某个劝导性信息就会导致态度的改变，而且这种改变会持续至少20周。[3]

也是，这种策略怎么可能效果不显著呢？自我劝导术融合了本书通篇所讨论的成功劝导实例的许多个侧面。它威力强大，因为它给人以微妙的社会暗示和指导，其实就是让劝导的对象"就这个话题想出尽可能多的正面的认知反应，同时，如果确实想到一些反面意见的话，也随时准备加以批驳"。由此产生的信息，来自一个你几乎总是认为可信、可靠、受尊敬、受喜爱的对象：你自己。寻找论据的过程，就是变成这项事业的信徒的过程。毕竟，它们是你自己的想法，不是吗？

第二次世界大战固然结束了，但利用自我销售来宣传的做法无疑没有结束。拉里·格利高里（Larry Gregory）、罗伯特·西奥迪尼和凯瑟琳·卡彭特（Kathleen Carpenter）进行的一系列实验证明了自我劝导术之一，"自我想象"，可以有效地帮助推销消费品。[4] 其中有一项研究，销售人员在亚利桑那州坦佩（Tempe）挨家挨户地推销，希望市民订购有线电视服务。部分潜在客户被告知有线电视多么多么好，例如，它价格便宜，不像去电影院看电影那么麻烦，可以让你和家人共度更多的时间。其他人则被要求"抽出一点时间，想象一下有线电视将如何丰富你的生活，给你提供更多娱乐"。随后他们在引导之下想象自己可以如何利用和享受有线电视的种种好处。结果显示，单纯接收有线电视宣传信息的居民中，有19.5%订购了有线电视服务，而被要求想象使用有线电视服务的居民中，订购者的比例高达47.4%。

自我劝导术与美利坚的价值观非常匹配：主动参与、自力更生、自主决定。具有讽刺意味的是，尽管自我劝导术奉行自力更生的价值，但实际上我们可能会被人操控，操控我们的人往往是我们所采取的行动的最大受益者。

去汽车经销商那里转一圈，你就会体会到这一点。我们就这么做了。推销员态度友好，风趣幽默，他说的许多话目的都是让潜在客户想象拥有这辆车，并找到他（她）自己**此时此刻**就要拥有这辆车的理由：

> "先生，您能帮我个忙吗？我知道我们才初次见面。这些宝贝卖得太好了，就跟刚出炉的蛋糕那么火，我老板总是催我搞清楚像您这样的人为什么这么喜欢它们。我该跟他说点什么？"

第18章 自我推销

当我们走近汽车,然后进行试驾时,销售员不断问一些您住在哪里?您做什么工作?您喜欢什么音乐?之类的个人问题,以便收集信息,这些信息晚些时候可以拿来帮助我们想象拥有那辆车的感觉。当您在方向盘后面的座位上坐下,销售员说:"这辆车跟您很称,这话我可不是跟谁都说。"

试驾过程中,个人信息会派上用场,推销一直持续:"您留意后座了吗?有足够的空间供您去机场接**您的**那些教授朋友。""咦,谁把收音机调到这个经典音乐电台的?我跟您一样,平常都听摇滚乐。来来来,我们把它调到**您的**电台。""使劲踩油门,教授。我想让您看看您从福里斯特希尔斯(Forest Hills)上下班路上遇到那些坡时,这车会表现如何。"

试驾结束,推销员煞有介事地说:"教授,我现在去找老板,给**您**的车争取最大优惠。"车钥匙被塞进掌心,手轻轻合上。我们被独自留在展厅,紧紧握着一把钥匙,我们漂亮的汽车的钥匙。独自待着,思索,做梦,遐想拥有那辆车。

一旦我们了解了自我影响的原理和力量,这段愉快、友好的社交互动其实就被揭开面纱,露出狡猾而且明显具有操纵性的真面目。但是,对此能怎么办呢?你不妨听听我们的做法。任何人都很难不去想象自己拥有那辆车。要知道,你刚做了将近半个小时的车主白日梦。但是,我们也可以去想象另一幕:以低到不能再低的价格买下这辆车,把它开回家,向朋友和邻居展示,并听到他们惊呼:"那辆车?那个价格?太值了吧!"想象后面这一幕令双方陷入僵局,最终导致了将近两个小时的漫长谈判,双方都坚持立场,不肯让步。

这场令人厌烦的谈判好像毫无进展。我们自己何不试试自我劝导术呢?"嘿,比尔(销售员的名字)。我注意到你们店每个月会评选销售之星。请问他们是根据什么来评选,你能帮我找一个真正想得这个奖的销售代表来吗？"比尔上钩了。他坐在椅子上扭来扭去，身子往后仰，就这个奖项展开了15分钟自由联想。几分钟后，我们开具支票，为一笔非常划算的买卖支付定金。

汽车经销商并不是唯一发现自我劝导术的奥妙的商人。大众媒体广告商已发展出它们自己的各种变体。一种有效的广告片是"生活片段"广告，它使我们可以和广告片主人公一起做梦，他们跟我们很相似，成功解决了生活中的问题，当然是在广告品牌的帮助之下。有些广告需要我们把不完整的广告歌填补完整，例如"……（牛肉）在哪里？"和"你可以把沙龙烟带出美国，但你……（带不走沙龙烟的美国味）。"还有些广告用的是外语，例如IBM（International Business Machines Corporation，国际商业机器公司）电脑最近的广告，观看者需要跟着字幕把广告词翻译过来。促销活动和有奖竞赛经常要求我们："请用不超过50个字告诉我们，您为什么喜欢爱可美品牌的小商品？"政界人士发出问卷和调查表征求我们的意见，以"帮助我们规划下一场选战，为我们的目标确定优先次序"。在诸如安利这样的多层级销售组织中，还可看到自我劝导的一种新变体。这些组织的客户被招募为销售代理，肩负寻找更多客户的任务。在努力销售产品的过程中，原来的客户、现在的销售员，变得更加深信产品的价值。

或许你还可以想出更多的自我劝导的例子，从而让自己更加相信自我劝导的威力！

第 19 章

裸体阁楼和邻家的战斗英雄：论传播的生动性

早在20世纪50年代，某地方社区准备投票表决是否要为了预防龋齿而将水氟化。氟化水的支持者发起了一场看起来相当合理的信息宣传运动。它主要包括两部分内容：一方面，著名牙医介绍氟化物的好处，陈述在使用氟化水的地区蛀牙减少的证据；另一方面，内科医生和其他健康领域的权威指出，氟化水没有任何有害的影响。

反对者采取的策略要生动得多，感情色彩也强烈得多。所谓生动，是指这样的信息：（1）打动情感（它唤起我们的感受）；（2）具体且能激发意象；（3）直接相关（它讨论的是和我们个人关系密切的事情）。例如，有一张反氟化水传单画了一只相当丑陋的老鼠，题词为"别让他们把老鼠药放进您的饮用水"。氟化水提案在全民公决中一败涂地。

当然，该事件并不能确凿地证明生动的宣传更高一筹，原因主要是它并非以科学方法进行的对照研究。我们不知道如果不做任何宣传，人们会就氟化水提案如何投票，也不知道反氟化水传单是不是传播范围更加广泛、是不是比支持者的宣传材料更通俗易读，等等。但它确实提出了一个有意思的问题：与没那么有趣、较为苍白乏味的信息相比，生动的信息是否说服力更强?越来越多的研究表明,在某些条件下,答案是肯定的。

在节能领域,我们找到了令人震惊的科学证据来证明论述生动的威力。如果可以劝说房主通过增加隔热层和遮挡风雨的密封毛条等来提高住宅的能源效率,就能让目前被浪费掉的能源减少大约40%。这不仅符合国家利益,即降低对波斯湾石油的依赖,也能帮房主本人省下不少钱。

1978年,政府开始要求公用事业公司给消费者提供免费的住宅审计:训练有素的审计员会仔细检查房子的状况,就如何提高房屋能效提出建议,并为消费者提供无息贷款用于改建工程。太划算了吧!问题是,尽管许多房主申请房屋审计,实际只有15%的人听从了审计员的建议,尽管这样做显然最符合他们的财务利益。

怎么会这样?为了回答这个令人困惑的问题,我们和我们的学生马蒂·霍普·冈萨雷斯(Marti Hope Gonzales)和马克·科斯坦佐(Mark Costanzo)采访了几位业主,发现他们大多难以相信像门下的一道缝这样的小事,或者像阁楼没有隔热层这样"看不见摸不着"的事情,竟然会十分重要。[1]掌握这些信息之后,我们举办了一个工作坊,培训数名审计员以更有画面感、更生动形象的方式进行交流。例如,经过培训之后,审计员不再干巴巴地说"如果您给门装上密封毛条,给阁楼加装隔热材料,就可以省钱",而是发表类似下面的这番讲演:

> 看看那扇门,门周所有那些缝!您也许觉得这缝不大,但要是把每扇门四周的所有缝隙加起来,那就相当于一个篮球那么大的洞。假设有人在您家客厅的墙上挖了一个篮球那么大的洞。想想吧,那么大的一个洞,您会损失多少热量——您会想要把墙上那个洞补好,对吧?密封毛条起的就是这个作用。还

第19章 裸体阁楼和邻家的战斗英雄：论传播的生动性

有，您家的阁楼完全没有保温层。我们专业人士把这叫作"裸体"阁楼。就好像您的房子在过冬时，不要说没穿大衣，是什么衣服都没穿！您不会让您家的小孩子冬天不穿衣服在外面跑来跑去，对吧？阁楼也一样。

从心理感觉来看，门周有缝可能被视为小事，但一个篮球那么大的洞却是灾难性的。同样，保温层是人们通常不会去想的事情，但冬天不穿衣服的想法吸引了人们的注意，使得采取行动的可能性增大。

结果令人震惊。经过培训采用了生动意象的审计员，其说服效力提高到原来的四倍：之前，只有15%的业主听从建议实施房屋改造工程，而在审计员开始使用更生动的交流方式后，这一数字增至61%。

为什么生动的呼吁会有效？生动的信息以至少四种可能的方式影响我们的认知反应。第一，生动的信息吸引**关注**。它有助于此次沟通在消息密集的环境中脱颖而出。第二，生动性可以使信息更加**具体**和**个人化**。我们此前已经看到了自发产生的论点和意象的说服力。第三，有效生动的呼吁**引导**受众的思维，使之**聚焦**于传播者认为最重要的问题和论点上。第四，生动的演示可以使内容更加**难忘**。如果我们不是立刻做出结论，而是后来根据记忆深刻的信息来做判断，那么这一点尤其重要。

我们在对认知反应进行分析时还发现，生动的信息有时也可能不见效，而且是以一种戏剧化的方式发生的。单凭生动性**不能**确保信息会引发积极的想法、从而有效说服他人。1988年总统竞选期间，迈克尔·杜卡基斯使用的坦克广告就是一个例子，这则广告现如今臭名昭著。在这则广告中，杜卡基斯的竞选团队让他现身于一辆陆军坦克之内，试图以此向选民生动地呈现杜卡基斯矢志打造强大国防力量的决心。这则广告抓住了人们的眼球，而且确实成功地将问题简化为一个具体的、令人难忘的标志。但是，最终的劝导效果不是太好。许多观众看到广告后冒出的想法类似"天哪,他在那架坦克里看起来好蠢",而不是杜卡基斯竞选团队所希望的反应,即他在国防问题上一定很强硬。信息的生动性只让选情变得对杜卡基斯更加不利。[2]

尽管如此,生动的陈述可以使强有力的论证变得甚至更具劝导力,它还可能使可疑的说法听起来真实可信。想一想下面这个例子。假设你打算买一辆新车,你只在意一个最最重要的指标,那就是可靠性和寿命。换句话说,你不在乎外观、风格或油耗,你只关心维修频率。作为一个理性和明智的人,你查阅了《消费者报告》,了解到在维修记录方面表现最佳的显然是丰田汽车,其他车跟它比都差远了。很自然地,你决定买丰田车。

但是,假设就在你准备买车的前一天晚上,你参加了一个晚餐派对并跟一个朋友说了你的打算。他难以置信地说:"你不是当真这么打算吧?我表弟去年买了一辆丰田车,从此就麻烦不断。先是燃油喷射系统坏了;然后变速器出问题;接着发动机开始发出奇怪的噪声,找不出原因何在;最后,不知道什么地方开始漏油。我可怜的表弟真的是怕开这辆车了,因为他担心接下来还会发生什么。"

假设《消费者报告》给出的排名是基于由一千名丰田车主组成的样本。你朋友的表弟的不幸遭遇使样本数量增至一千零一,它给你的统计数据库增加了一个负面案例。从逻辑上讲,这不应该影响你的决定。上述例子来自理查德·尼斯贝特(Richard Nisbett)和李·罗斯(Lee Ross)的研究,他们的大量研究表明,诸如此类的事件,由于其生动性,其发挥的重要性远高于从逻辑和统计学来看其应有的水平。[3]事实上,这样的事件往往起到决定性作用。于是,由于你朋友的表弟的不幸遭遇在你脑海留下深刻印象,你很难冲出门去购买一辆丰田汽车。对大多数人来说,在其他所有条件相同的情况下,一个清晰、生动、个人化的例子,所产生的影响要甚于丰富的统计数据。

第19章 裸体阁楼和邻家的战斗英雄：论传播的生动性

政界人士也使用生动的实例和案例研究来说服我们轻信他们的计划和政策。在《电子时代的口才》（*Eloquence in an Electronic Age*）一书中，传播学研究者凯瑟琳·霍尔·贾米森探讨了这样一个问题：无论反对者还是仰慕者，都把罗纳德·里根视为演讲大师，为什么？[4]里根执政期间没有发表什么重要讲话——没有像林肯的葛底斯堡演讲、罗斯福的炉边谈话或肯尼迪的"吾亦柏林人"（Ich bin ein Berliner）那样雄辩或难忘的演讲。相反，他的演讲里有各种流行语，例如"让我度过美好的一天"和"你又来了"。

贾米森认为，里根的沟通风格与往届总统大不相同。他的前任们使用古典雄辩术技巧来推进议程：论证层次分明、结构清晰，列出可能的选项加以对比，使用隐喻。里根则依靠戏剧化和讲故事来表达自己的观点。他的演讲之所以能说服人，靠的是创造视觉意象、将政府的核心议题个人化以及邀请我们成为美国生活的宏伟叙事的一部分。

例如，里根在他的首次就职演说中试图让听众相信，美国参与越南战争是正义的、光荣的。里根从他站在国会大厦演讲的位置，描述他眼前的华盛顿名胜，与此同时电视摄像头徐徐摇摄了整个画面——华盛顿纪念碑、杰斐逊纪念堂、林肯纪念堂，以及最后越过波托马克河、依山而建的阿灵顿国家公墓，一排排简单的白色十字架和"大卫之星"装点着为国捐躯的烈士墓。里根继续说道：

> 他们牺牲在贝洛森林（Belleau Wood）、阿戈讷（the Argonne）、奥马哈海滩（Omaha Beach）、萨莱诺（Salerno），牺牲在地球另一端的瓜达尔卡纳尔岛（Guadalcanal）、塔拉瓦（Tarawa）、猪排山（Pork Chop Hill）、长津湖（Chosin Reservoir），以及一个名叫越南的地方的无数稻田和丛林中。

里根把越南战争的阵亡者列入象征美国最伟大的英雄主义的一系列符号和意象之中,利用这样一个生动的意象,一举将越南战争变成了正义而光荣的使命。

里根最令人难忘的演讲可能还是对国会的演讲。在这些演讲中,里根会描述普通百姓的个人义举。然后,国会议员掌声雷动,观看的民众为同胞的成就满怀自豪,而里根则会获得举国上下对其政策的支持。

例如,为了给美国入侵格林纳达岛争取支持,里根选中了中士斯蒂芬·特鲁希略(Stephen Trujillo)。特鲁希略在美军攻打格林纳达时营救了多名战友。当国会为特鲁希略的英勇鼓掌时,里根迅速指出,"你(特鲁希略)解放了一个国家",从而证明美国入侵的正当性。

为了说服国人相信贫困并非重大的社会问题,里根经常讲述白手起家和邻人互助的故事。有一次,他举了越南难民让·阮(Jean Nguyen)的例子:让成功完成了学业,现在即将从西点军校毕业。同一天晚上,他还举了黑人妇女克拉拉·黑尔(Clara Hale)的例子,她创建了一个育婴院,照顾吸毒母亲的幼儿。黑尔作为一个具体的范例,表明贫困和吸毒是要由公民个人(而不是联邦政府)解决的问题,里根的政策并非从体制上就对美国黑人不利。

里根声称美国不存在贫困问题,对此,我们可以像分析上文提到的故障频发的丰田车那样来分析这个问题。在里根执政初期,每九名美国儿童中就有一人生活在贫困中。在他任期结束时,这个比例变成了四分之一。根据宣传目的的不同去寻找相应的生动事例,即寻找生活在贫困中的儿童,或者父母自力更生摆脱贫困的儿童,并非难事。这样的实例可能会使我们的论证更具说服力,但它们对解决美国的贫困问题没有多少帮助。要想真正有所帮助,需要详细研究政府的各项政策对贫困指标造成了何种影响。约瑟夫·斯大林(Joseph Stalin)曾指出:"死一名俄罗斯军人是悲剧。死一百万人,那就只是统计数字。"此言预见到了生

第19章 裸体阁楼和邻家的战斗英雄：论传播的生动性

动性在当今宣传策略中的作用。[5]

并非只有共和党人才利用生动的宣传，我们如果不指出这一点可谓失职。一个典型的例子就是民主党战略家詹姆斯·卡维尔（James Carville）的著作《我们是对的，他们是错的》（We're Right, They're Wrong）。[6]此书通篇充斥着生动的例子，例如卡维尔的祖母，奥克塔维娅·迪翁（Octavia Duhon），如何满怀自豪地为联邦政府工作；卡维尔如何靠着《退伍军人权利法案》上了大学；还有约瑟夫·乔达诺医生（Dr. Joseph Giordano）从贫困潦倒到百万富翁的戏剧人生，他依靠政府贷款完成医学院学业，后来由他主刀取出刺客的子弹，救了里根的性命。卡维尔使用这些形象和故事来论证与罗纳德·里根相反的观点：政府可以行善事，助好人。

在各色各样的领域，都可以看到生动的宣传。周六早上打开电视，你会看到源源不断的面向儿童的广告，里面有各种玩具活灵活现的形象，据说呈现的都是现场实效。一直看到晚上，还会有种种生动的演示，诸如沿着汽车车身滚动的滚珠，美泰克公司寂寞的修理工，似乎永不停歇的"劲量"（Energizer）小兔子。这些图像中，有哪一个自证其说了吗？

凡是看过辛普森案庭审的人，应该都对生动意象在法庭中的使用并不陌生：律师们争相拿出最劲爆、最生动的画面，从因为家暴拨打911报警电话的录音带，到细致入微地描述警方的行为不端和无能，再到辛普森试戴手套；或许对于电视观众而言，最后这部分才是最最生动的。[7]事实上，辩护律师格里·斯彭斯认为，律师必须循循善诱、栩栩如生地讲述当事人的故事，这样才能发挥其应有的作用。正如他所说：

在我的脑海里，我看到我的当事人晚上回家的样子，于是我把它描述出来：我看到乔·拉多维克（Joe Radovick）晚上拖着沉重的步伐回家,只看到餐桌上一摞待付的账单。迎接他的只有冰冷的账单,别的什么也没有……一个累坏了的男人,身体被掏空,筋疲力尽。一个身无分文、没有骄傲、没有希望的男人。一个只剩空壳的男人。银行拥有一切。[8]

如此生动的描述也可以为检方服务。此时,检方需要描绘受害者而不是犯罪者的栩栩如生、令人同情的画面。在最近与我们的学生利利·伊巴扬(Lillie Ibayan)做的一项研究中,我们要求受试者评估一桩谋杀案中的证据,然后就判决和量刑给出建议。[9]对于某些受试者,我们提供了有关受害者的饱含情感的生动信息,例如受害者与家人的照片,以及受害者是班级优等生、她的妹妹因为姐姐被害整夜无法安睡的证词。结果表明,此类对受害者有影响的信息,导致有资格担任死刑案件陪审员的人即相信死刑有存在的必要性的受试者会给出更严厉的判罚。

美国历史上从来不乏生动的、触动国人灵魂的个体声音——斯托夫人(Harriet Beecher Stowe)的《汤姆叔叔的小屋》(*Uncle Tom's Cabin*)、厄普顿·辛克莱(Upton Sinclair)的《屠场》(*The Jungle*)、约翰·斯坦贝克(John Steinbeck)的《愤怒的葡萄》(*The Grapes of Wrath*)和库尔特·冯内古特(Kurt Vonnegut)的《第五号屠宰场》(*Slaughterhouse-Five*),这些小说仅是其中的几个例子。尽管小说很有效,但电视呈现激发情感的生动意象的能力可谓无出其右。

某些传播学学者认为,越南战争期间的美国人之所以反战情绪高涨,部分是因为这场战争是美国首场用电视报道的战争,战争的画面被持续不断地投送到全国的电视屏幕上。[10]美国军方后来吸取越战的教训,想方设法限制海湾战争和科索沃战争清晰鲜明的影像流向在家看电视的美国人。事实上,政府官员要确保只有那些支持美国卷入到海湾战争的图像,才能持续出现在我们的电视屏幕上,例如一枚美国制导导弹以外

第19章 裸体阁楼和邻家的战斗英雄：论传播的生动性

科手术式的精准袭击伊拉克指挥总部，或一枚伊拉克飞毛腿导弹在空中被拦截。当 CNN 播出由战地记者彼得·阿奈特（Peter Arnett）拍摄的影像、展现美军轰炸袭击对伊拉克平民造成的伤害时，美国人纷纷抗议。科索沃冲突获得的新闻报道甚至更少，其中很大一部分集中在难民的困境上。

近年来，美国人为停机坪上摆放的年轻军人的灵柩、俄克拉何马城和泛美 103 航班的恐怖爆炸事件造成的破坏和夺去的生命而痛惜，为安德鲁飓风、圣克鲁斯地震和神户地震后的满目疮痍而悲悯。而每一天，电视都在播出更加生动鲜明、更加震撼人心的画面，以取代前一日的画面。电视的这种戏剧化力量值得我们关注和审视，以确保以理服人、间或生动鲜活的论证，不会被仅仅绘声绘色、激发情感的故事所取代。

第 20 章

同样的广告,遍遍重复为哪般

1882年,俄亥俄州辛辛那提的哈利·普罗克特(Harley T. Procter)开始推销他命名为"象牙"的新肥皂,报纸杂志上的广告宣称"它浮在水上""纯度99.44%"。1922年,兰伯特公司创始人之子杰拉尔德·兰伯特(Gerald Lambert)聘用了芝加哥威廉斯-坎宁安广告公司(Williams & Cunnyngham),以改善李施德林低迷的销售。当时,李施德林被用来在手术中杀菌和治疗嗓子发炎。最后的广告语是:"就连你最好的朋友也不会告诉你。李施德林有助于防止口臭。"1954年,菲利普·莫里斯烟草公司的一个团队请求芝加哥知名广告人利奥·伯内特(Leo Burnett)帮忙解决营销问题,设计向男性销售过滤嘴香烟的广告宣传。在当时人们认为过滤嘴香烟女里女气。次年,伯内特发布了他为万宝路香烟制作的首批广告,主角是一位充满阳刚之气的健壮牛仔,手持香烟,在牧场上策马奔驰。[1]

除了卖出数以百万计的产品之外,这三个广告有何共同点?这些广告,以不同的形式,被一代又一代的无数美国人看了无数遍。广告、口号和卖点的重复是20世纪美国广告业常见的特征。然而,在调查人们

第20章 同样的广告，遍遍重复为哪般

对广告的看法时，最普遍且持续存在的怨言之一是，一遍又一遍地看老一套的内容很烦人。如果重复性广告如此令人讨厌，广告商为什么继续这样做呢？

从商业角度来看，频繁重复一则广告有助于以经济高效的方式达成多个营销目标。让消费者一再接收某个广告是推出新产品或提醒消费者某个老品牌的价值的好办法。通常，重复曝光并非刻意为之，而是向多个目标受众群体推出广告的附带效应。由于新的广告创意和口号从诞生到制作都成本高昂，坚持使用经事实验证的成功之作合情合理。促使广告不断重复的另一个因素是，广告代理商通常收取媒体费用的15%作为佣金。所以，广告播放的次数越多，收费就越多。不过，如果信息的重复不能非常成功地起到另一个作用，即说服你购买产品，那所有这些营销目标和成本收益基本也无从谈起了。

"这是我们第27次看到这个广告。我猜我们该去买它了。"

古希腊寓言家伊索（Aesop）曾经提出，熟悉滋生轻慢。这个寓意可能适用于狐狸和狮子的社交聚会，但毫无疑问，它**不能概括反复接触广告、对广告耳熟能详所带来的劝导效果**。广告界的现代伊索寓言很可能得出相反的结论：**熟悉能滋生出魅力、喜爱甚至"真理"**。

我们不妨以一趟去杂货店选购洗衣液的寻常之旅为例，看看熟悉度是如何带来销售量的。我们来到洗涤商品区，看到林林总总、数量惊人的品牌。因为具体买哪一种洗衣液无关紧要，我们可能直接选择最熟悉的那个；而很有可能它之所以熟悉，是因为我们曾一遍又一遍地在电视广告中听到和看到这个名字。如果确实如此，那么电视曝光量的陡增，应该会导致熟悉度可能还有销量发生巨大变化。

让我们来看看数据。几年前，西北互助人寿保险公司（Northwest Mutual Life Insurance Company）做了一次全国范围的民意测验，以了解其品牌在民众中的知名度。结果显示它在保险公司中排名第 34 位。紧接着，它投放了价值 100 万美元的电视广告，两周后该公司再次进行民调。这次，它的知名度排名第 3 位。

当然，知名度并不一定意味着销量，但两者往往有关联。因此，艾德熊乐啤露（A&W ROOT BEER）在 6 个月的电视广告宣传之后，市场份额从 15% 提高到 50%。一个小朋友，如果星期六早上看电视时不断切换频道，每小时能看到多达十几个色彩鲜明、节奏欢快的麦当劳广告；也许这就是麦当劳连锁店能持续出售数十亿汉堡包的原因之一。

密歇根大学的罗伯特·扎伊翁茨（Robert Zajonc）已在实验室环境中证明，在其他所有条件等同的情况下，人们接触一件事物越多，它就越有吸引力。[2] 在 3 项分别进行的研究中，扎伊翁茨给受试者展示了毫无意义的单词、汉字以及大学年鉴中的学生照片。这些事物被重复展示的次数从 0～25 次不等。结果显示，看到的次数越多，受该事物吸引的程度就越强。随后的许多研究也支持扎伊翁茨的基本发现：接触越

第20章 同样的广告，遍遍重复为哪般

多，越喜欢。

但是，投票给某位总统候选人，这样的决定跟选择洗衣液或谷物早餐，评价毫无意义的单词和汉字，性质一样吗？答案很可能是肯定的。1972年的国会初选后，约瑟夫·格鲁什（Joseph Grush）和他的同事分析了候选人在选举期间的政治广告支出，发现大多数对决都是花钱多者胜出。[3]随后，在1976年的民主党总统候选人初选中，格鲁什再次发现，花钱最多的候选人往往获得的选票也最多。不过，这两项研究都发现，通常从媒体曝光中获益最大者是参选前相对不为选民所知的候选人。但在总统选举中，由于候选人都非常知名，媒体狂轰滥炸、大肆宣传造成的影响没那么大。[4]话说回来，就算极其微小的影响，也可能足以决定某些激烈角逐之胜负。

纳粹的宣传部部长约瑟夫·戈培尔深知重复在宣传中的威力。他领导的宣传战以一个简单的发现为基础：**大众所谓的"真相"就是他们最熟悉的信息**。戈培尔曾说：

> 普通民众通常比我们想象的原始得多。因此，宣传在本质上必须始终是简单和重复的。长远来看，只有满足以下条件才能在影响公众意见方面取得基本成效：能将问题简化为最简单的说法，并且有勇气不顾知识分子的反对，永远重复这种简化的说法。[5]

戈培尔认为，对简单的信息、图像和口号的重复，塑造了我们对世界的认知，定义了何为真理，并明确规定了我们应如何生活。

最近的一组实验证明了戈培尔的观点：不断重复信息会令人更加相信它的正确性。[6]参与者在实验中接触到诸如此类的一些说法："莱昂纳多·达·芬奇同时有两个妻子""西藏自治区面积为120万平方千米，约

占中国总面积的八分之一"。其中有些说法在多个场合被重复。其结果是：研究的参与者认为被重复的说法比未被重复的更加"正确"。

就拿像"万宝路男人"这么简单的事来说吧。这个形象我们很可能已经看过几百次，但从未多想。这个牛仔教给了我们什么？首先，吸烟适合坚毅、自信的人，而不是有什么健康危害。其次，美国男人应该有男子汉气概，比如说，不能体贴敏感。最后，只须抽万宝路香烟就能让你坚毅有男子汉气概，就这么简单。美国黑人都像尤尼塔雨衣男孩（Uneeda Slicker boys）和杰迈玛阿姨（Aunt Jemima），拉美裔人都像胡安·巴尔德斯（Juan Valdez）和弗里托·班迪托斯（Frito Banditos），女性要么不停地絮叨某某品牌的纸巾有多好、要么性感撩人地坐在汽车引擎盖上。如果人们一辈子在广告中接触到的都是此类形象，将会强化和维持普遍存在的社会刻板印象。

对于这个问题，广告商看起来并不担心。他们确实担心一个问题，那就是观众看烦了，以致拒绝听这则广告、买这个产品。还记得吧，许多美国消费者认为重复性广告很烦人。这种反感可能削弱甚至逆转重复信息带来的积极影响，不过逆转效果往往是短暂的。例如，里克·克兰德尔（Rick Crandall）、阿尔伯特·哈里森（Albert Harrison）和罗伯特·扎伊翁茨一次又一次地向受试者展示相同的汉字。[7] 重复的展示刚结束时，受试者并不认为这些象形文字比其他较陌生的象形文字更有吸引力，这可能是因为频频看到它们令人感觉枯燥乏味。然而，事隔一星期之后，反复展示的汉字吸引力增强。显然，重复导致的不悦消散较快，而熟悉带来的魅力更为持久。

即便如此，广告商也知道反复接触同样的广告会导致所谓的"磨损"，也就是说，当消费者感觉信息的重复单调乏味、令人恼火时，广告就失去了效果。备受关注的广告，例如幽默广告、告知性广告，最有可能出现磨损效应。广告商试图通过所谓的"变异重复"（repetition-

第20章 同样的广告，遍遍重复为哪般

with-variation）技术来消除它。使用这种技术时，相同的信息或主题会重复多次，但呈现形式有所不同。例如，万宝路男人出现在不同的背景里，摆出各种角度的姿势；李施德林的防口臭效果在家中、办公室和约会场合一再得到证明。

变异重复是否有效？戴维·舒曼（David Schumann）做的一项研究证明了该技术对于克服磨损效应有效，同时也指出了一个重要的条件，在此条件下，变异也无法成功带来吸引力。[8]在研究中，参与者观看了一个模拟的电视节目，节目中会插播一款名为"欧米茄3"的虚构钢笔的广告。半数参与者自始至终看到的是**同样的**广告，分别播出一次、四次或八次，而另一半参与者看到的是"欧米茄3"的一个、四个或八个**不同的**广告。换言之，进行变异重复。这些不同的广告包含的有关"欧米茄3"的信息相同，但在措辞、字体和背景等无关紧要的方面有所变化。舒曼还对参与者是使用核心路径还是外围路径来处理广告信息进行了调节：对于部分参与者，他承诺在研究结束时，他们可以从几个品牌的圆珠笔中挑选一个作为礼物，从而鼓励他们思考"欧米茄3"的广告。其他参与者则被告知，他们将免费获得一瓶漱口水作为礼物，因此没有动力去琢磨圆珠笔和"欧米茄3"。

舒曼发现了什么？我们先来看看重复的广告对那些没有动力多想的参与者的影响，其实我们自己在看电视和广告时就经常处于这种状态。当同样的广告重复播出时，重复四次会让参与者对"欧米茄3"钢笔的看法变得更好，但重复八次会导致印象更差。换句话说，磨损效应出现了。但是，如果重复播放不同的广告，每多看一次，参与者对"欧米茄3"的看法就变得更好。变异重复减少了乏味感，消除了磨损效应。

至于那些有动力琢磨钢笔的参与者，无论重复播出的是**相同的**还是**不同的**广告，磨损效应都会出现。更具体地讲，对"欧米茄3"钢笔的看法在广告重复四次后变得更好，而在重复八次后变得**更差**。对于认

真思考的参与者，即使是有变化的重复也无法抵消广告反复播出的烦人感。此时，过度的重复让人有了对广告信息进行审视和批判性思考的机会。

当然，问题的关键在于，我们每天会看到和听到许许多多劝导性信息，而且它们一遍又一遍地重复。很难对其中的每一条信息都深入思考。毕竟，深入思考"万宝路男人"的含义或"象牙"牌香皂能漂起来的重要意义，这种事情发生的频率有多高？于是乎，重复为自己创造出了真理。

第 21 章

无话可说？那就让他们分心

当面对劝导性信息，尤其是和我们的重要信念背道而驰的劝导性信息时，我们倾向于只要有可能就当场提出反驳意见。这种倾向对我们大有好处：它防止我们的观点受到不当的影响。抵制倾向可让宣传者的意图落空，尤其是在其论证乏力、似是而非、因此容易反驳的情况下。

但是，专业的劝导者意识到了我们的反驳倾向，他们找到一种可消解部分抵制的方法。广告业有句老话："如果你无话可说，那就唱出来！"换句话说，轻微的干扰如一首歌、一张风马牛不相及的图片等就可以阻断反驳，提高劝导性信息的效力。

20世纪40年代，普通美国人最爱哼的一首歌不是欧文·伯林（Irving Berlin）、科尔·波特（Cole Porter）或罗杰斯与汉默斯坦（Rodgers and Hammerstein）黄金组合的什么名曲。而是一支小调，旋律简单，毫无意义："林索白！林索白！洗衣日，多快乐！"和竞争对手相比，林索（Rinso）牌洗衣液并没有更好，也没有更坏，但是这首歌，啊，这首歌……到了20世纪70年代，可口可乐广告歌曲《我想教这个世界歌唱》（I'd Like to Teach the World to Sing）登上排行榜。百事可乐则在世纪之交即将到来时,花费数百万美元让雷·查尔斯(Ray Charles)给我们吟唱:"你选对了,宝贝——轻怡百事可乐(Diet Pepsi)——哦哈,哦哈。"

歌曲对劝导有何影响?它会让人感到开心,然后这种开心不知怎地就能增强信息的劝导效果吗?答案是,有时是这样。一首轻快的歌曲可以让我们快乐,从而促使我们对某种产品产生愉快的想法。[1]还有些时候,旋律可能在我们的脑子里盘旋,挥之不去,提醒我们品牌的名称,比如"林索白!"。再还有些时候,朗朗上口的歌曲或声势浩大的集体歌舞会吸引我们关注这条广告,这样我们就不会换频道或上厕所,于是至少可以听到广告商的信息。不过,当广告商说"如果你无话可说,那就唱出来"时,他们通常的意思是,一首歌或与此事相关的卿卿我我的恋爱场景,或大象打电话的图片,或随便什么不相干的元素都可以成为干扰物,打乱我们通常会对苍白无力或前后矛盾的信息所进行的反驳。

利昂·费斯汀格和内森·麦科比(Nathan Maccoby)的一项早期实验率先证明了广告商座右铭的合理性。[2]在实验中,研究人员要求来自大学兄弟会的两组学生观看一部批评大学兄弟会的种种弊端的电影。按照实验的设计,电影中的观点论述有力,且与观众的理念大相径庭。你可能料想得到,学生们被激起了反驳的意愿。这部电影有两个版本,一组学生看到的版本是,一位年轻的教授抨击兄弟会;而在另一个版本中,年轻教授被一位有趣的"垮掉的一代"(Beatnik)艺术家所取代,这位艺术家正在创作一幅抽象的表现主义画作。学生们还是听到了批评兄弟会的观点,但他们一边听,一边看一部搞笑的、让人分心的电影。

费斯汀格和麦科比推断,由于这组学生同时完成听鞭挞兄弟会的观点和看搞笑影片两项任务,他们的大脑会忙不过来,导致想出反驳意见的能力有限。另外,对照组成员没有被搞笑影片干扰,因此,他们应该更有能力思考,想出反驳的观点来抵制影片的主旨信息。实验结果证实了这一推理。跟未被分心的兄弟会成员相比,因观看影片而分心的兄弟会成员中,明显有更多的人观点发生了变化,变得反对兄弟会。

广告商会想些什么办法来破坏我们对广告信息的反驳?有时他们真的会唱,就像林索那则广告一样,而且颇受观众欢迎。另一类分散注意力的技术是在广告的设计和呈现中大量使用艺术创作破格自由(creative license)。就报纸杂志刊登的印刷广告而言,此类"**文艺范儿**"(artsy)的技巧包括使用引人注目的漂亮模特或独特事物的照片,颜色反转的黑底白字印刷,令读者困惑的奇特布局,以及难以辨识的印刷字体,等等。对于电视而言,"文艺范儿"可能意味着广告片中有许多类似MTV录影带的短镜头变化;使用奇怪的拍摄角度;播放快节奏的背景音乐;片中还会出现不落俗套的另类人物和声嘶力竭的代言人。所有这些技术都会造成轻微的干扰,从而防止观众反驳。对于广告商来说,个中要诀在于既要提供刚好足够的干扰来打乱反驳,同时又不能让干扰太多,以免观众接收不到信息。[3]

但是,并非所有广告商都赞同"唱"字诀。戴维·奥格尔维在他给同行的建议中,称这种艺术破格自由为"艺术过头症",敦促同人加以避免。[4]根据他自己的观察和多年的广告从业经验,奥格尔维宣称,"艺术过头症"运用的技术往往无法达到预期效果。他说的这些,跟我们对干扰和劝导的了解是否一致呢?

奥格尔维在20世纪50年代凭借一系列具有影响力的印刷广告,包括哈撒韦(Hathaway)衬衫、劳斯莱斯轿车和怡泉汤力水(Schweppes tonic),树立了自己作为广告人的声名。尽管宣传的产品不同,但这些广告的风格类似。每则广告都包含一张有趣的产品图片;一个大字标题,告诉读者该产品为何对他们特别有价值;随后有长长的广告文字解释这么说的原因。例如,有则广告展示了一张劳斯莱斯汽车的照片,标题为:**这辆以时速60英里(约96.56千米)飞驰的新款劳斯莱斯,车内最大噪声来自电子时钟**。广告文字列举了拥有劳斯莱斯汽车的13大专享好处。与此类似，近期的一则讴歌（Acura）汽车广告仅展示了该款汽车，并指出连续三年，讴歌汽车在车主满意度调查中排名第一。在这种情况下，也就是人们可以提出清晰有力、令人信服的论点时，奥格尔维是对的。花里胡哨的文艺范儿广告会干扰读者，让他们难以关注清晰有力的论述本身，结果反倒可能**降低**说服力。但这只是事情的一面。若是论述不够有力或担心他人反驳，呢……劝导者总是可以使用"唱"字诀。

社会心理学家理查德·佩蒂、加里·韦尔斯（Gary Wells）和蒂莫西·布罗克（Timothy Brock）进行的一项巧妙的小实验证实了我们的推测。[5]在这项研究中，研究人员让学生听一则主张提高学费的信息，同时分散他们的注意力，要求他们边听边监测电视屏幕上出现字母"X"的次数。主张提高学费的信息有两种版本。一种理由薄弱，容易反驳，而另一种雄辩有力，难以反驳。分心通过干扰反驳，**增强**了弱信息的劝导力，但同时**减弱**了强信息的劝导力，因为它破坏了人们仔细听取言之成理的论述的能力。

最近，电视广告商推出了一种手法更加微妙、可用来干扰和破坏信息加工的新技术，那就是"时间压缩"（time compression）。为了节省媒体成本，举例来说，广告商可以以正常速度的1.2倍播放广告，从而将一个36秒的电视广告"压缩"进30秒的时段。从心理效果来看，人们更难反驳经过时间压缩的广告。这就好比广告商以每小时100英里（约161千米）的速度游说你，而你遵守限速，努力以65英里（约105千米）的时速捍卫自己的立场。你输定了。

消费心理学家丹尼·穆尔（Danny Moore）和他的同事所做的一系列研究证实了时间压缩、注意力分散和劝导力之间的这种关系。[6]说得更具体些，他们发现参与者针对经过时间压缩的信息提出反驳意见的能力较弱；同时，对雄辩有力的信息进行时间压缩会削弱其劝导力，而对论述牵强的信息进行时间压缩会令其劝导效果增强。

一言以蔽之，广告商及其他影响力掮客使用多种策略来分散我们的注意力，干扰我们对信息的加工和反驳。这种干扰，如果程度轻微，可能会导致我们在信息站不住脚或令人感觉不舒服想要争辩的时候更容易被信息说服。最终的结果，当然，不过是又多了几分无意识的宣传，少了几分深思熟虑的劝导。

第 22 章

欲得一寸,有时不妨索要一尺

假设你所面对的演讲对象立场和你大相径庭。比如说,反对堕胎的人面对提倡堕胎合法化的游说团体发表演说,或汽车制造商想说服消费者,别以为那辆汽车一文不值,它其实可是出类拔萃。此时,哪一种策略更有效:是以最极端的形式陈述论点,还是调节信息,以特定方式加以表达,让它看似与听众的立场差异不是特别大?

举个例子,假设你认为为了保持健康,人们应该每天积极锻炼,任何体育活动都有帮助,但最好是每天锻炼至少一个小时。你的听众都是"沙发土豆",他们似乎认为,对普通人来说,使用遥控器切换电视频道就是足够的运动量。怎样才能促使他们的观点发生更大的改变:是主张人们应该开始执行严格的每日运动计划,跑步、游泳和跳操,还是建议一种耗时更短、强度更低的养生方案?简单说吧,听众的意见和信息传播者的建议之间差异水平多大时,劝导效果最强?

对于任何宣传者或教育者来说,这个问题都至关重要。例如,律师格里·斯彭斯屡屡非常成功地说服陪审团,为其当事人争取到上千万美元的赔偿金。当其他律师问他是如何做到的,斯彭斯回答:"我直接去

第22章 欲得一寸,有时不妨索要一尺

要这笔钱。我告诉陪审团我想要什么。"[1]而他要的钱可真不少,至少以通常的和解赔偿标准来看是这样。斯彭斯为卡伦·西尔克伍德(Karen Silkwood)的孩子们索要1 000万美元的惩罚性赔偿并得到陪审团的支持;成功要求《阁楼》杂志为其破坏一位前怀俄明州小姐名誉的行为赔偿2 650万美元。格里·斯彭斯索要巨额赔偿的策略到底有多明智呢?

让我们从观众的角度来看一看。我们大多数人都很希望自己站在正确的一边,拥有"对的"看法,采取合理的行动。如果有人跟我们有分歧,我们会感到不舒服,因为这意味着我们的观点或行为可能是错误的,或者是基于不实信息之上。分歧越大,我们的不适感就越强。

我们如何减轻这种不适?一个办法是直接改变我们的观点或行为。分歧越大,我们的观点需要改变的幅度就越大。如是推理下来,就意味着信息传播者应该采用格里·斯彭斯的策略,主张严格的每日锻炼计划;观点之间的差异越大,需要的改变就越大。

数位研究人员发现,这种"线性"关系确实存在。菲利普·津巴多(Philip Zimbardo)的一项实验提供了很好的例证。[2]每名受招募参加实验的女性都被要求带一名好友和她一起去实验室。每对好友观看了一个有关青少年犯罪的案例研究,随后被分别私下征询她对此议题的建议。两人都在诱导之下以为好友与自己有不同看法,分歧的程度可能不大,也可能非常大。津巴多发现,表面的分歧越大,参与实验的女性就会越大幅度地改变自身观点,以接近她们所以为的友人观点。

不过,如果仔细阅读文献,也会发现有些实验表明这种推理并不正确。例如,卡尔·霍夫兰(Carl Hovland)、O. J. 哈维(O. J. Harvey)和穆扎费尔·谢里夫(Muzafer Sherif)认为,如果传播的某个观点和一个人自身的立场差异很大,那该观点和立场其实是在此人的"接受幅度"(latitude of acceptance)之外,所以此人不太会受该观点和立场影响。[3]他们做了一项实验,发现差异度和观点变化之间存在曲线关系。所谓

"曲线"关系，我们指的是小差异会让意见的改变幅度增大；但是随着差异度逐步扩大，观点的变化开始减弱。最后，当小差异变成大差异，观点的变化幅度变得非常小。当差异非常大时，几乎观察不到意见的改变，在某些情况下甚至可能倒退。

为了搞清它与津巴多的研究有何不同，让我们更仔细地看一看这项20世纪50年代中期的实验。研究涉及当时的一个热门话题，参与者对此话题都感受强烈：他们所居住的俄克拉何马州应该继续保持"干"（禁酒），还是变"湿"（解禁）？在这个问题上，该州选民意见分裂，各方几乎势均力敌，而研究选取的样本也颇具代表性：部分受试者坚决认为该州应保持"干"，继续禁止经销酒精饮料，另一部分人坚决认为它应该变"湿"，余下的一些人则持温和的中间立场。

每个小组的成员都接触到支持上述三种观点之一的信息，因此在每个小组中，有人发现传播者的信息与自己的立场相近，有人发现它与自己的立场有中等程度的差异，还有人发现它与自己的立场差异很大。更具体地说，有些小组看到了"湿"信息，主张不设限地出售烈酒；有些看到的是"干"信息，主张完全禁酒；还有一些看到的是温和的偏"湿"信息，主张让饮酒在一定程度上合法化，只不过要施加某些管控和限制。

与津巴多的发现不同，霍夫兰、哈维和谢里夫发现，当实际信息与小组个体成员的意见之间存在**中等程度**的差异时，受试者的立场改变的幅度最大。

这太有意思了！在科学领域，如果有大量的研究结论指向一个方向，而同样大量的研究结论指向另一个方向，不一定意味着肯定有谁错了；相反，它表明可能还有某个重要的因素未被纳入考量，这真的很有意思，因为它给了科学家一个扮演侦探的机会。

在此，我们要恳求读者耐心包涵，因为我们想就这个话题更深入地

第22章 欲得一寸，有时不妨索要一尺

探讨，不仅因为它本身具有重大价值，而且因为它提供了一个机会，可以向人们展现社会心理学作为一门科学，较为大胆探索的一个方面。要想找出被忽视的因素，我们主要有两种方式来开展侦探工作。一种方法是可以先把得出结论 A 的所有实验汇总到一起，再把得出结论 B 的所有实验也汇总到一起，然后（手执假想的放大镜）详加审查，寻找那一个 A 组实验共有但 B 组全都缺乏的因素；之后，我们可以尝试从概念上推断为什么这个因素会导致两组结果大相径庭。另一种方法是反过来，先从概念上推测哪个或哪些因素可能导致结果的不同，然后手执此概念之灯，浏览现有文献，查看 A 组实验与 B 组实验是否均在这个维度上有所不同。

让我们采用第二种模式，先推测可能是哪个或哪些因素导致实验结果迥异。我们可以把前面讨论过的观点作为起点：分歧越大，观众席上的人们就感觉越不舒服。但这并不一定意味着他们会改变看法。

观众席上的人们至少有四种方式可以减少自己的不适感：（1）他们可以改变自己的看法；（2）他们可以劝导信息传播者改变看法；（3）尽管信息传播者这么说，他们可以找到其他和自己看法一致的人，从而为自己最初的观点获得支持；（4）他们可以贬损信息传播者，说服自己相信对方是愚蠢或不道德的，从而令其立场站不住脚。

很多时候，包括在这些实验中，信息要么是以书面陈述的形式传递，例如报纸或杂志上的文章，要么通过听众不可接近的传播者传递，例如传播者在电视上、在演讲台上、在证人席上。此外，受试者往往要么独自一人，要么没有机会和观众席上的其他成员互动。此时，信息的接收者几乎不可能对传播者的意见产生直接影响或立刻寻求社会支持。这样的话，接收者只剩下两种主要的减少不适感的方法——他们可以改变自己的看法，也可以贬低信息传播者。

在什么情况下，个体会感觉很容易或者很难贬低信息传播者？人们

很难贬低自己喜欢和尊敬的私人朋友；也很难贬低当前议题上的某位非常值得信赖的专家。但是，如果传播者的可信度存疑，那就很难不去贬低他（她）。根据这样的逻辑，我们提出，如果信息传播者的信度高，则传播者的观点与听众的观点之间差异越大，对听众观点的影响就越大。但是，如果信息传播者的信度不太高，那么他（她）会受到贬低就是顺理成章的事情。

这并不是说资历欠佳的信息传播者就不可能影响听众的意见。这样的传播者，如果他（她）的观点与听众的观点相差不是太大，或许能够影响人们改变看法。但是，他（她）的立场与听众的立场相差越大，听众就越有可能开始怀疑其智慧、理解力和神智正常程度。他们的怀疑越多，受影响的可能性就越小。

让我们回到前面那个有关体育锻炼的例子：想象一个73岁的男人，身体机能好似37岁，刚刚摘得波士顿马拉松赛的冠军。如果他告诉我们，要想保持良好状态、活得健康长寿，有个好办法就是每天剧烈运动至少两个小时，我们会相信他。哎，我们肯定会信他呀！跟建议我们每天只运动十分钟相比，他如果建议每天运动两小时，会让我们的运动量显著增加。

但是，假设信息传播者的信度没那么高，打个比方说，是一名高中田径教练。如果他建议我们每天锻炼十分钟，他的建议将在我们自身的接受幅度之内，他有可能影响我们的看法和行为。但是，假如他建议我们启动一项每天剧烈运动两小时的计划，我们会倾向于斥之为江湖郎中、健身疯子、偏执狂，然后我们可以心安理得地继续懒惰下去。因此，我们将赞同霍夫兰、哈维和谢里夫的观点：人们会认为和自身观点迥异的信息超出了他们的接受范围，但有一个前提，那就是信息传播者的信度不高。

带着这些猜测，我们和两名学生朱迪思·特纳（Judith Turner）和

第22章 欲得一寸,有时不妨索要一尺

J. 梅里尔·卡尔史密斯（J. Merrill Carlsmith）一起,仔细察看了这个问题上的现有实验,其中特别关注对信息传播者的描述方式。[4]天哪,我们发现所有显示差异和观点改变之间存在直接线性关系的实验,所描述的信息传播者刚好都比揭示二者之间存在曲线关系的实验中的传播者信度高!

接下来,我们设计了一个实验,系统地研究了意见分歧的大小和信息传播者的信度。在实验中,我们要求女大学生阅读数节晦涩难懂的现代诗,并按照诗的好坏程度给它们排名。随后,我们给每个学生看一篇文章,据称这是一篇现代诗的评论文章,文中特别提到了被她评为"糟糕"的某个诗节。某些受试者读到的文章中,评论家热情洋溢地称赞这个诗节,于是在这种实验条件下,信息传播者的观点与受试者表达的观点之间形成巨大的差异。对于另一组受试者,评论家在描述这个诗节时只是略微表示欣赏,因此在评论家和受试者之间形成了中度的差异。在第三种情况下,评论家对这节诗的态度是略带嘲讽,从而使信息的接收者感受到观点的轻度差异。最后,该实验中一半的受试者被告知,诗评的作者是诗人 T. S. 艾略特（T. S. Eliot）,一位信度很高的诗歌评论家;另一半受试者被告知,诗评作者是一名大学生。

随后,受试者获得了重新对诗节进行排名的机会。如果诗评作者据悉为 T. S. 艾略特,那么它的评价与受试者的观点差异最大时,对受试者的影响最大。如果诗评作者被指认为一个同为学生、可信度中等的人,诗评在与受试者的观点略有差异时,会带来少许观点上的变化;有中等程度差异时,会带来较大的变化;而在差异极大时,又只能带来少许变化。

现在找到研究结果相互冲突的原因了:当信息传播者信度高,他（她）所倡导的观点与听众之间的差异越大,听众受其影响的程度就越大;另外,如果传播者的信度可疑或较低,那么当他（她）的观点与听

众之间存在中等程度的差异时，对听众的影响最大。

所以，格里·斯彭斯给其他律师出的为当事人索要巨额赔偿的建议是正确的吗？答案是，正确，前提是律师与陪审员们建立了可信的关系，为自己的观点奠定了坚实的基础，并做了栩栩如生、令人信服的案情陈述。换句话说，此时陪审员除了裁定巨额赔偿之外，没有其他方法可以减轻自己的不适感。我们应该注意到，作为大师级的辩护律师，斯彭斯先生竭尽所能，以尊重又不失尊严的态度对待陪审员，入情入理地讲述其当事人的故事，并且清清楚楚地列举了原告，拜被告所赐，承受的损害。另外，假如有任何因素使巨额索赔显得荒唐可笑，比如贪婪的感觉、蹩脚的论述、不讨人喜欢的律师、不令人同情的原告等，巨额索赔将会失败，甚至可能导致反效果。比如，想想后来处理被告的上诉的法官吧。这位法官很可能对斯彭斯先生不太了解，甚至可能对这样一位能从陪审团手上榨取如此巨额赔偿的律师心存怀疑。由于日程繁忙，法官快速浏览了颇为平淡乏味的庭审记录，因此感受不到原告遭受的痛苦。根据法官的经验，给普通老百姓巨额赔偿似乎并不合适。在法官看来，有充分的理由认为斯彭斯先生的极端要求叫人匪夷所思。此时，各种科学证据表明，上诉法院法官不太可能同意巨额索赔请求。事实上，格里·斯彭斯为当事人争取的许多索赔都被上诉法院法官削减金额或推翻，包括卡伦·西尔克伍德案和怀俄明州小姐案中曾经获得的判罚。

本章，我们探讨劝导这个话题的角度与书中其余部分略有不同：我们采用的不是宣传者或受众的角度，而是科学家的角度。换句话说，我们试图回答哪些因素起作用、何时起作用以及如何起作用的问题。这并不意味着我们所讨论的原则没有宣传目的，政界人士、广告商、律师、销售员都会调节自身的立场，以便最好地适应听众的立场。但是，我们采用这种视角是为了让读者一瞥幕后的来龙去脉，了解本书所介绍的种种劝导原则究竟是如何被发现的。社会心理学家对劝导的了解可不是来

第22章 欲得一寸，有时不妨索要一尺

自坐在扶手椅中的空想。关于劝导的任何微小的事实，往往都是广泛调查研究的结果，是众多研究人员经年累月努力的结果。对于当今时代的宣传而言，这样的研究可谓必不可少的解毒剂。

第 23 章

普罗泰戈拉的理想：
片面的吹捧与双面的辩论

希腊历史学家希罗多德（Herodotus）讲述了关于波斯战争起源的故事。公元前 480 年，波斯国王薛西斯一世（Xerxes）决定对希腊城邦开战，以雪洗 10 年前波斯人在马拉松战役中惨败的耻辱。薛西斯的叔叔阿尔达班（Artabanus）表示反对，理由是希腊的陆军和海军可以轻易击败波斯。他的一番话是这么开头的：

啊，陛下，如果只有一种意见得到表达，就不可能做出最好的选择，因为无论获得的建议是什么，都只好听从；但是如果有相反的意见，那就可以行使选择权。同样，单有纯金，人们也不知道它的价值；但如果把它和贱金属一起检验，就会发现哪个更好。[1]

阿尔达班的话一开始没起作用。薛西斯怒火中烧，公开谴责阿尔达班对波斯不忠。不过，在"冷静"一段之后，薛西斯采纳了阿尔达班的意见，取消了进攻。

第23章　普罗泰戈拉的理想：片面的吹捧与双面的辩论

但是随后，怪事发生了。夜深人静的晚上，薛西斯做了一个梦，梦中一个好似鬼魅的人物屡次来找他，敦促他开战。受此异象困扰，薛西斯再次改变决定。波斯对希腊开战，最初取得了几场胜利，但随后一败涂地。波斯帝国逐渐衰落，希腊诸城邦则进入黄金时代。这个故事的寓意，希罗多德的希腊同胞们深有体会：依据非理性的考量采取行动导致灾难；经过充分的讨论和辩论，才有可能就公共事务做出明智的选择。

说到劝导，古希腊人自有他们的理想。智者普罗泰戈拉（Protagoras）相信凡事皆有两面。他的同胞们表示赞同；他们认为，当相关各方均了解问题的两面，劝导才是最好的。将相互对立的两种观点摆在一起，事情就变得清晰；可选行动方案的利弊一览无余。

普罗泰戈拉认为信息包含正反两面更好，而亚里士多德将这个信念转化为他自己的有效传播理论的一个组成部分。[1] 正反两面的对抗乃是推理的基本过程。正如亚里士多德所说：

> （包含正反两面的信息作为）一种讲话形式是令人满意的，因为人们容易感受到两相对比的观点的意义，尤其是它们被这样并排放置时；也因为这样的信息具有逻辑论证的效果：正是通过把两个相反的结论摆在一起，你得以证明其中一个是错误的。[2]

希腊人对正反双方辩论的热爱至今仍影响着我们，至少在某种程度上如此。雄辩术教科书纷纷颂扬仔细探讨问题利弊的沟通方式。美国司

---

1 当然，与普罗泰戈拉凡事皆有两面的观点一致，也有些希腊人认为仅含一面之词的劝导是最好的。柏拉图在其对话录《高尔吉亚篇》（*Gorgias*)和《普罗泰戈拉篇》中指斥智者派是"玩文字游戏的骗子和浑蛋"，称其掩盖了通往唯一真理的道路，而唯一真理从此被称为"柏拉图式的理想"。——原注

法体系以如下理想为基石:诉讼各方都应竭力为自己陈情,由公民陪审团决定哪一方获胜。

和我们生活在同一个世纪的记者沃尔特·李普曼认为,反面观点对民主至关重要;[3]把我们不了解或不喜欢的东西告诉我们的人,能让我们学到更多。和古希腊人类似,李普曼认为找出真相的唯一办法就是听取同一件事上的各种不同立场。

但是,普罗泰戈拉的理想与而今大众媒体中的劝导相去甚远。常见的广告是一面之词,由少量的信息、大量的吹捧以及诸多夸大其词组成。"这种止痛药更温和,更快速,效果最佳。""品牌 X 会让脂肪快速消失。""没有什么比品牌 Y 更美味。""只有总统候选人 Z 会加强国防,增大国内支出,平衡预算,前提是如果国会支持的话。"大多数时候,当今的劝导领域看不到辩论和比较。

我们不妨以比较式广告为例,这是最简单的"辩论"形式,跟古希腊的理想相差很远。比较式广告指的是围绕至少一个属性,明确比较两个或更多品牌产品的广告。研究发现,主流媒体的所有广告中只有7%到25%属于比较式广告。[4]对于广告商来说,发布比较式广告并非总是可选的方案。20世纪60年代初,各大广告代理机构和电视台都非常不鼓励比较式广告,也不鼓励提及竞争对手的品牌名称,理由是这种做法不道德。1964年,全国广播公司取消了对此类广告的禁令,但另外两大电视网络并未效仿,因此有意使用比较式广告的广告商就必须制作两个不同版本的广告,一个给全国广播公司,另一个给美国广播公司和哥伦比亚广播公司。20世纪70年代初期,联邦贸易委员会扬言要针对上述行业限制提起诉讼,以迫使美国广播公司、哥伦比亚广播公司和主要广告商改变策略。广告历史学家斯蒂芬·福克斯认为,[5]这导致了比较式广告数量增加,并由此发展出一种名为"品牌定位"(brand positioning)的广告新哲学。[6]

第23章 普罗泰戈拉的理想：片面的吹捧与双面的辩论

根据品牌定位哲学，可以把产品与某个特定的卖点，或者说对消费者的好处，挂起钩来，从而获取市场份额。在消费者心目中给品牌定位的最佳方法之一就是将其与竞争对手进行比较，尤其是在该竞争对手广为人知的情况下。以下是一些非常成功的案例：为与可口可乐形成对比，七喜称自己"非可乐"，从而令自己的销售额翻了一番；泰诺指出"阿司匹林可刺激胃壁，引发哮喘或过敏反应，并导致胃肠道少量出血"，从而成为阿司匹林的头号替代品；斯科普（Scope）漱口水声称李施德林让人"有药水味"，从而提高了自身市场份额；安飞士（Avis）租车公司指出，因为他们是第二名，所以他们会更努力，从而从赫兹（Hertz）那里抢得宝贵的地盘。

所有这些定位广告有一个共同点：通过做比较，让广告所宣传的品牌显得更优越。毋庸置疑，也可以做其他比较让它看起来较为逊色。例如，行业老大赫兹租车可能无须过度努力，因为它已经提供了消费者想要的服务。品牌定位尽管具有比较性，但往往仅就几个对己有利的维度进行比较，因此并未达到希腊人所理想的对问题的利弊进行全面讨论的状态。

考虑到许多公共事务错综复杂，人们会希望政界人士和政府官员的讲话更接近普罗泰戈拉的理想，而不是现代消费品广告商的做法。可是，唉！现代大众媒体的结构决定了它往往不能促进这个理想的实现。在30秒的广告或电视台作为新闻播放的一小段原声摘要中，很难对比正反两面的观点。在电视直播时代，美国总统竞选更像是定位品牌的广告战，而不是一场理想的辩论。例如，在1964年，林登·约翰逊（Lyndon Johnson）将其对手巴里·戈德华特（Barry Goldwater）定位为可能动用核武的好斗危险之人。（戈德华特未能以牙还牙地反击，结果在选举中惨败。）理查德·尼克松和罗纳德·里根都成功将其民主党竞争对手描绘成自由主义极端分子。1988年，乔治·布什将此策略进一步发扬光大，称对手迈克尔·杜卡基斯为"ACLU自由主义者"[1]；杜卡基斯则把布什描绘为"懦弱的富家公子"。尽管这个定位策略对杜卡基斯来说失败了，但4年后它却发挥了作用：比尔·克林顿称乔治·布什是"口含银足出生的富家子"[2]。在2000年大选中，乔治·W.布什（小布什）试图将阿尔·戈尔与比尔·克林顿联系起来，希望和克林顿相关的某些负面元素会殃及戈尔。戈尔见招拆招，选择克林顿最严厉的道德鞭挞者

---

[1] ACLU是American Civil Liberties Union的缩写，美国公民自由联盟。——译者注

[2] "口含银足出生"的原文为born with a silver foot in his mouth，是英文俗语born with a silver spoon in one's mouth（口含银勺出生，意指生在富裕之家）与a foot in one's mouth（意指说话不得体，失言）的融合，克林顿以此嘲讽布什笨嘴拙舌，总是说错话。——译者注

第23章 普罗泰戈拉的理想：片面的吹捧与双面的辩论

之一约瑟夫·利伯曼（Joseph Lieberman）作为竞选搭档，同时将小布什描绘为有钱人的走卒。可悲的是，这些策略导致用于讨论如教育、医疗保险、儿童福利、核武器扩散和外交政策等美国面临的重要议题的时间减少了。

对正反双方的观点都加以陈述，有没有可能比只讲问题的一面更具说服力？或者，更直截了当地说，哪些因素使得片面之词如此有效，以至于它似乎成为大多数现代宣传者的首选策略？为了更好理解人们对单面和双面信息的使用和滥用，让我们看一看这两种策略各自在什么情况下最有说服力。

假设你准备发表演讲，劝导听众相信有必要增加教育支出，或者应该将预算盈余用于减税。如果只陈述自己的观点而忽略反方论点，你会说服更多的人吗？还是说，如果讨论了反方论点并努力予以驳斥，你会更有说服力？

在尝试回答这个问题之前，让我们先仔细看看个中涉及的因素。一方面，如果演讲者提到反方的论点，这可能表明他（她）是一个客观、公正的人，这有可能增强演讲者令人信赖的程度，从而使他（她）更有说服力。另一方面，演讲者只要提到问题的另一面，就有可能向听众暗示这个问题存在争议。这可能会令部分听众困惑、动摇，诱使他们寻找反对意见，最终降低演讲的说服力。

考虑到这些可能性，片面的论证与有效劝导之间不存在简单的因果联系就不足为奇了。论证与劝导之间的联系在某种程度上取决于听众掌握的信息是否丰富以及他们最开始对这个问题的看法。

总体来说，研究发现听众了解的信息越多，他们被片面之词说服的可能性就越小，被列举重要的反对观点、随后试着加以驳斥的演讲说服的可能性就越大。[7] 这合情合理：博闻广识的人更有可能知道一些反方观点；如果演讲者回避提及这些内容，知识渊博的听众很可能断定演讲者要么有失公正,要么无力反驳。相反,见识不多的人更不容易知道对立观点的存在。如果演讲者忽略反方论点,那些对情况不甚了解的听众会被说服;如果演讲者陈述了反方论点,他们反倒可能被搞糊涂。

大众媒体的信息密集特性往往导致我们难以对接收到的信息做出明智的反应。有效处理不断涌来的一条又一条短信息需要耗费大量心力。广告商发现,消费者经常感觉比较式广告让人摸不着头脑,他们会把两个品牌混淆,最终结果就是广告商广而告之的只是竞争关系。因此,占据领先的品牌很少使用比较式广告,因为何必让后起者免费获得宣传呢?使用比较式广告的多为挑战者,他们可能因为被人与领先的品牌混淆而获益。举例来说,在快餐汉堡领域,汉堡王和温迪汉堡(Wendy's)经常拿自己与市场老大麦当劳相比较,而麦当劳从不提及竞争对手。百事可乐经常提到可口可乐;反过来,则几乎闻所未闻。在政治选战领域,最常使用攻击性广告的不是在任者,而是挑战者,或者就是民调落后或下滑的候选人。[8]在眼花缭乱、信息密集的大众媒体环境中,片面的信息对所有宣传者来说都是明智之选,仅有少数例外。

究竟单面劝导还是双面劝导更有效,另一个影响因素是听众的派性。我们可能料想得到,如果某位听众原本就倾向于相信演讲者的观点,那么单方面的论述对其看法的影响要大于正反两面的论述。但是,如果某位听众偏向于反方观点,那么既陈述正方、又驳斥反方的论述就更有说服力。我们必须强调指出一点:研究并不是表明简单的双面论述有效,它表明的是,陈述双方观点并指出对方立场中站不住脚的地方,这样的论述有效。

大多数政客看来都深谙派性现象。他们往往根据听众的构成发表截然不同的演讲。面对本党忠实成员时,他们几乎总是大谈支持自己的政纲和候选人身份的观点,令会场群情鼎沸。即使他们真的提到反对派,那也是以贬损和嘲弄的口吻。另外,出现在电视节目中或面对多个不同

第23章　普罗泰戈拉的理想：片面的吹捧与双面的辩论

党派的听众时，他们往往采取较圆滑的立场，提到反方观点时感情色彩没那么强烈。

种种证据表明，包含正反两面的信息在特定条件下才更有说服力，对于欣赏普罗泰戈拉的理想的人来说，这种情况令人担忧。大众媒体带来的信息密集环境不利于人们对信息内容进行仔细思考和明智处理。我们可以轻松切换电视频道，从而轻松找到最对我们的胃口、最具娱乐性的信息。在这种环境下竞争，信息传播者可能变得日益依赖片面的、倾向性很强的信息，于是进一步削弱听众对当前事务的理解。

不过，对于支持古希腊劝导理想的人来说，一切也并非毫无指望，毕竟，凡事皆有两面。在1988年总统竞选期间，女性选民联盟（League of Women Voters）拒绝依循惯例捐资赞助总统候选人的辩论，理由是：政治专家设计的辩论规则导致真正的辩论不可能发生，因此，候选人可以随意发表他们仅含一面之词的政治演说，永远不会因为他们在各个议题上的立场被仔细比较而陷入难堪。

1992年的总统竞选有所改观。[9] 看来许多公民都对1988年大选的运作方式感到不安，新闻媒体似乎也对自己未能报道相关问题感到尴尬。于是乎，竞选中出现了一些激发辩论和公正的讨论的尝试。例如，多家报纸以及CNN都对候选人的欺骗性广告和声明进行了分析。独立候选人罗斯·佩罗（Ross Perot）不满足于只播出寥寥数语的讲话片段，在30分钟的资讯广告节目中概述自己的治国方略，他最终赢得19%的民众投票支持。所有候选人都在《菲尔·多纳休秀》（*The Phil Donahue Show*）、《拉里·金现场秀》（*Larry King Live*）等脱口秀节目中回答普通民众的问题。1992年大选的亮点之一出现在弗吉尼亚州的里士满，当时，在总统候选人辩论期间，观众席的成员提醒候选人停止诽谤中伤和毫不相干的人身攻击，回到正题上来。

联邦贸易委员会在20世纪70年代成功增加了电视上比较式广告的

数量，尽管这一做法取得的成功有限，但它表明了女性选民联盟和弗吉尼亚州里士满的公民可能走在正确的道路上。全国广播公司新闻评论员约翰·钱塞勒（John Chancellor）还希望更进一步。考虑到根据筹款法案，竞选活动的很大一部分费用现在是由美国纳税人承担，那么他们有权决定竞选活动的原则和规范。钱塞勒主张，政府不应再为30秒的竞选广告和发言片段提供经费支持。取而代之的将是纳税人资助的辩论、记者招待会和论坛，候选人将在这些场合展开深入的讨论。

正如1992年以后的美国总统选举以及许多州和地方选举所表明的那样，如果我们想要的是以问题为导向的选举，公民必须如是提出要求。关注劝导性信息的形式和风格，我们就能实现民主政体应有的劝导方式。或许，决定信息传播者信度的属性之一就应该是他（她）会在何种程度上公正、睿智地思考和表达重要议题的正反两个（甚至多个）方面。下一次，如果有总统候选人试图用"你又来了"回应对手的质疑、给辩论和讨论画上句号（罗纳德·里根在1980年的总统候选人辩论中就是这么回应吉米·卡特的），或许无论我们自己的政治立场为何，最好的回应就是嗤之以鼻，哈哈大笑，古希腊人可能也会这么做。毕竟，如果辩论仅限于传递一边倒的信息，这是在侮辱谁的智商？

第六部分

激发情感：
触动心灵，说服头脑

第 24 章

恐惧诱导

1741年,乔纳森·爱德华兹(Jonathan Edwards)在新英格兰康涅狄格州的恩菲尔德(Enfield)小镇布道,题为《落在忿怒之神手中的罪人》。他在这篇布道文中宣讲道:

> 故此,自然人被擎于上帝手中,下临地狱深渊;烈焰深渊乃其应得之归所,且判令业已下达……魔鬼在等候彼等,地狱为彼等敞开大门,火苗在其四周汇集,跳动,急于攫住彼等,吞噬彼等……简言之,彼等无藏身之所,亦无可抓握之物;彼等苟延残喘之每一刻,惟仰赖愤怒的上帝之纯粹的武断意志,以及上帝不受约束的宽容忍耐。[1]

从现场目击者的讲述来看,这篇布道令会众"痛苦地喘息和哭泣"。记录显示,在18世纪美国"大觉醒"(the Great Awakening)运动中,成千上万人转而信奉基督。

两个世纪之后,阿道夫·希特勒向其国人发表了如下演讲:

第24章 恐惧诱导

> 犹太人将工作视为剥削他人的手段。犹太人是促使民族解体的酵素。这意味着犹太人具有毁灭性,也必须毁灭他人。犹太人对我们有害……那么犹太人的具体目标是什么?将其无形国家作为最高暴政,传播到全世界所有其他国家。
>
> 共产主义是死亡、国家毁灭和民族灭绝的先驱……红色暴民正在威胁柏林……今天,我们或许可以确信柏林有超过60万至70万共产党员。只要这种增长得不到控制,人们如何想象德国的未来?我们必须与那些已啃噬日耳曼民族灵魂的趋势战斗到最后一刻。[2]

数以百万计的德国人欣然接受了希特勒的民族社会主义政党。

尽管爱德华兹和希特勒的目标迥异,但他们的方法却是相同的,即灌输恐惧。爱德华兹和希特勒都威胁其听众,如果不采取某种行动,就会面临可怕的后果。

唤起恐惧以激励和劝导他人的不仅仅有渲染地狱里的磨难的传教士和纳粹分子。人寿保险代理人利用我们的焦虑,诱使我们购买保单。父母试图吓唬孩子,好让他们早点结束约会后回家。医生利用恐惧来确保患者采纳和遵守给定的医疗方案。晚间新闻报道一条又一条耸人听闻的犯罪消息,从而加深我们对街头的恐惧。在野党给我们讲述种种有关这个国家经济崩溃和道德沦丧的故事,以期获得政权。尽管事实上美国人的预期寿命在继续增加,但特殊利益团体还是宣布对一种又一种食物的担忧,如咖啡或导致胰腺癌,使用铝制锅具可能导致阿尔茨海默病,玉米片中含有杀虫剂EDB且含量达到有害的程度。[3]

有时,这种恐惧诱导是基于合乎情理的担忧,如吸烟确实会致癌,"不安全的性行为"会增大艾滋病的感染概率,不刷牙、不用牙线可能导致痛苦的蛀牙。但是有很多时候,恐惧诱导是基于无知的、非理性的恐惧，比如源自种族偏见的恐惧。有时，一个政权通过恐吓自己的国民来灌输恐惧，比如在希特勒的德国，还有无数其他时代和地点。恐惧诱导之所以威力巨大，是因为它将我们的思想从仔细考虑手头的问题引导到消除恐惧的计划上来。如果不合理的恐惧被利用，信息就会助长欺骗，更不用说恐惧本身何其残忍了。我们有必要审视恐惧诱导的做法何时有效以及它是如何生效的。

恐惧诱导并非总能成功实现其目标。过去几年来，公共服务部门的公告提醒民众警惕滥用毒品的危险，也令美国人对感染艾滋病的可能性感到恐惧。核军备竞赛的反对者栩栩如生地描绘了核冬天的画面。然而，吸毒仍然**普遍**，安全性行为仍然**少见**，因动用核武器而导致世界毁灭的可能性始终存在。到底是哪些因素使得恐惧诱导法更加有效或相对

第24章 恐惧诱导

无效呢?

让我们从一个看似简单的问题开始:假设你希望唤起听众内心的恐惧,借此促使其改变观点。哪种做法更有效:只唤起些微恐惧,还是应该想方设法把他们吓破胆呢?

举个例子,如果你的目标是劝导人们更谨慎地驾驶,是给他们看记录高速公路事故受害者散了架的、血淋淋的尸体的血腥彩色胶片更有效,还是比较温和地沟通更有效?例如,给他们看变形的挡泥板,讨论因鲁莽驾驶而增加的保险费率,并指出司机或许会因为鲁莽驾驶而被吊销驾照。

从常识来看,两种做法都有道理。一方面,人们可能推测,恐慌会激发人们采取行动;另一方面,也可以说太多的恐惧可能令人虚弱无力,因为它可能干扰一个人关注信息、理解信息并依据信息采取行动的能力。我们都曾经有过这样的时候:相信某件事只会发生在别人身上,不会发生在自己身上。于是,人们继续以极高的速度驾驶,继续在喝了几杯酒之后坚持开车,即便他们知道不该这么做。个中原因或许在于,这些行为可能导致极为严重的负面后果,以至于我们试图不去想这些后果。因此,如果某个信息唤起了极度恐惧,我们往往**不去**密切关注它。

科学证据告诉我们什么?实验数据压倒性地表明,在其他一切条件相同的情况下,一个人在某次沟通之后感觉越恐惧,他(她)就越有可能采取积极的预防措施。另外,某些条件能够增强恐惧诱导的效果。

恐惧有可能成为一种强大的激励性的心理力量,将我们所有的思维和精力都导向消除威胁,这样我们就不会想太多其他的事情了。达留什·多林斯基(Dariusz Dolinski)和理查德·纳瓦拉特(Richard Nawrat)做过一系列实验。[4] 他们在研究中唤起人们的恐惧:当行人乱穿马路时吹响警哨,或将一张类似罚单的纸条放在汽车挡风玻璃上。在现代城市,警哨和罚单必然会吓人一跳,在我们心中引发一些恐惧。不过,这种恐惧迅速得到解除,乱穿马路的行人没有被捕,看似罚单的那张纸实为生发药品的广告。接下来,多林斯基和纳瓦拉特请求乱穿马路者和驾车者满足自己的一个要求。这个要求在某些研究中,是填写一份调查问卷,在另一些研究中则是资助某个慈善项目。其结果是:当恐惧被唤起然后又被解除时,乱穿马路者和驾车者满足要求的可能性(与没有被吹响警哨或未收到"罚单"的人相比)显著增大。多林斯基和纳瓦拉特断定,恐惧的激发以及随后的解除分散了人们对评估请求的注意力,从而提高了依从性。"先恐惧再解除"的原则在恐怖分子和流氓审讯者当中广为人知。例如,在宗教裁判所时期,榨取"女巫"供词的一种常见方法是折磨、恐吓被指控者,令其承受强烈的痛苦,随后表现出仁慈。被诬告的人神志恍惚,茫然困惑,便在供认书上签字,而供认书接下来就成为其死刑执行令。

现在,让我们看看在劝导性信息中利用恐惧的情况。该领域最多产的研究人员是霍华德·利文撒尔(Howard Leventhal)及其同事。[5]在一项实验中,他们试图劝说人们戒烟并做胸部 X 光检查。(当时,医疗机构认为定期做胸部 X 光检查对遏制结核病很重要。)对于某些受试者,研究人员采用的是轻度恐惧模式:仅仅建议他们停止吸烟并接受胸部 X 光检查。另一些受试者感受到中度恐惧:研究人员给他们放了一部片子,在片中,一名年轻男子的胸部 X 光片显示他得了肺癌。高恐惧组的受试者和中恐惧组一样,也观看了这部影片,除此之外他们还看了一部有关肺癌手术的清晰真切、血淋淋的彩色电影。结果表明,那些被吓得最狠的人也最热切地想要戒烟,并且最有可能申请胸部 X 光检查。

对所有人来说,情况都是如此吗?非也。常识使我们相信大量的恐惧会导致人们无法采取行动,这是有充分理由的:在某些情况下确实会这样。

利文撒尔和他的同事们发现,对自己有较高评价、高自尊的人最有

第24章 恐惧诱导

可能在被唤起高度恐惧后采取行动。对自己评价低的人在面对引起极大恐惧的信息时,最不可能立即采取行动,但有趣的是,经过一段时间的拖延之后,他们的表现会和高自尊的受试者非常相像。对自己评价低的人可能难以应对自己面临的威胁。激发高恐惧的信息压垮了他们,让他们只想爬到床上,把头埋在被子里。轻度或中度恐惧则是他们在体验到恐惧的那个瞬间相对而言比较容易应对的情绪。但是,如果有时间,也就是说如果不是必须立即行动的话,他们在真的被吓坏了的情况下更有可能采取行动。

利文撒尔及其同事的后续研究为这一分析提供了佐证。有一项研究给受试者播放了反映严重交通事故的影片。有些受试者是从离得很近的大屏幕上观看,其他人则从离得较远而且小得多的屏幕上观看。自尊水平较高或中等的受试者,观看大屏幕的人随后采取保护性措施的概率明显高于从小屏幕观看影片的人。而低自尊的受试者,看小屏幕的人更有可能采取行动,看大屏幕的人报告说自己非常疲倦,并称就连想象自己是交通事故的受害者都很困难。

想让高自尊者的反应变得像低自尊者一样应该不难。我们可以让他们感觉无论自己怎么做都无法防止或改善某种具有威胁性的局面,从而把他们压垮。大量研究已经表明,如果接受恐惧诱导的人感觉没有办法有效应对威胁,他们就不太可能对这种诱导做出回应,只会把自己的头埋进沙子里,即使高自尊的人也是如此。[6]富兰克林·罗斯福深知极度恐惧会令人失去力量,为了消除其影响,他在首次就职演说中宣告:"我们唯一需要恐惧的就是恐惧本身。"

反过来,假设你想降低车祸发生率或帮助人们戒烟,而你面对的是自尊水平低的人。你要怎么做呢?如果你构建的信息包含清晰、具体和乐观的指示,就有可能增强听众的如下感受:他们可以直面自身的恐惧,应对危险。

这些推测已经得到证实：霍华德·利文撒尔和他的同事们进行的实验表明，激发恐惧的信息如果包含何时、何地以及如何采取行动的具体指示，会比省略此类说明的建议更为有效。例如，某大学校园内开展了一项敦促学生接种破伤风疫苗的活动，组织者提供的信息包括可在何时、何地接种疫苗的具体指示。活动的宣传材料附有一张地图，标出学生医疗中心的位置，并建议所有学生在方便时过去接种。

研究结果表明，与唤起低恐惧的信息相比，唤起高恐惧的信息能更有效地让学生产生支持接种破伤风疫苗的**态度**，同时也能增强学生自述的接种疫苗的意愿。对于如何接种疫苗的十分具体的说明不会影响这些看法和意愿，但确实对**实际行为**有很大影响：在被告知如何接种疫苗的受试者中，有28%真的去接种了破伤风疫苗；而在未获得具体指导的受试者中，仅3%接种了疫苗。在仅被告知如何接种疫苗、未接触恐惧诱导信息的对照组，没有人接种疫苗。因此，单有具体的指导不足以促使人们采取行动，在这种情形下，恐惧是促成行动的必不可少的因素。

利文撒尔的香烟实验也获得了非常相似的结果。利文撒尔发现，唤起高度恐惧的信息会使人产生强烈得多的戒烟**意愿**。但是，除非同时提供了具体行动的建议，否则不会产生多少实际效果。同样，如果没有唤起恐惧的信息，单靠具体的指导比如去买本杂志而不是买包烟、想抽烟的时候多喝水等也相对无效。激发恐惧和具体指导相结合，产生的效果最佳；接触到这两者的学生在参与实验的四个月后吸烟行为减少。

总而言之，恐惧诱导法在以下情境下最为有效：（1）它把人**吓得要死**；（2）它针对如何克服引起恐惧的威胁提供了**具体建议**；（3）它建议的行动被视为降低威胁的有效措施；以及（4）信息接收者认为他（她）**能够**按照建议去做。请注意恐惧诱导法的工作原理。接收者的注意力首先被集中在令人痛苦的恐惧上。在这样的恐慌状态下，除了摆脱恐惧，人们很难去想其他任何事情。接下来，宣传者提供了一种摆脱恐惧的方法,一种简单、可行的对策,它刚好是宣传者一直以来就希望你做的事情。

这正是乔纳森·爱德华兹和阿道夫·希特勒给其听众的。他们两人都描述了日益严重的威胁:罪恶或犹太人。如果听任这些威胁发展,将会导致灵魂或民族精神的毁灭。两人都为危机开出了明确的药方:笃信基督,或加入纳粹党。这些行动都很容易执行,只需响应圣坛召唤或投票支持纳粹候选人即可。

与之形成对比的是,扩大核裁军或减少毒品滥用的恐惧诱导手段极少包含成功的恐惧诱导法所需的全部四个组成部分。我们都被警示了核武器的可怕,以及吸毒对个人和社会的伤害。但是,几乎看不到被普遍认为**有效、可行**的消除这些威胁的具体建议。

关于有效的反核武器诉求,有两个反例可以证明我们的观点。首先,在20世纪50年代及60年代初期,许多人购买并在家中安装了"防核辐射掩体"。这是因为人们非常担心爆发核战争,而在家中安装防核辐射掩体在当时似乎是一种有效、可行的对策。

其次,在1964年总统竞选期间,林登·约翰逊利用一系列电视广告将对手巴里·戈德华特刻画成使用核武器的支持者,从而得以影响选民。在一则颇具争议的广告中,一位少女一边扯下雏菊的花瓣,一边从一数到十。片刻之后,电视屏幕上充满了核弹的蘑菇云。约翰逊的诱导法之所以成功,是因为该方法把人们对核战争的恐惧与戈德华特联系在一起,然后建议人们投票给约翰逊,以此作为避免核战威胁的具体、可行的方法。对比之下,对于当今的核冬天威胁或恐怖分子使用核武器的危险,似乎并不存在如此简单的对策,因此我们倾向于通过忽略这个问题来避免恐惧。

也可以想一想当下的反吸毒运动:告诉孩子们"直接说不",以降低吸毒率。尽管许多青少年可能对吸毒感到害怕,但大多数人不会把

"直接说不"看作有效和可行的应对措施。想象你自己是个十几岁的少年，你的朋友们正在吸食可卡因、并变得越来越兴奋，使劲劝你也用鼻子试吸那么一小下，直接说"不"很可能带来更大的压力。"来吧，就试一下。你是什么？窝囊废？"这样的压力不容易抵抗。

毒品问题涉及面广，极为复杂，它的解决绝非仅靠一个措辞巧妙的广告就能做到。但是，我们可以设计我们的诱导信息，使之更为有效。例如，最近有一位小学老师要求班上的同学想出一些面对同辈压力时对吸毒说"不"的具体方法。同学们编了一本册子，列举种种"说'不'的方法"，例如起身走开，称毒品贩子是废物，为朋友提供另一种选择来替代吸毒。这种做法的优点是可以让全班同学"自我说服"不使用毒品，而且还提供了孩子们或许感觉能有效应对同辈压力的一系列具体办法。这些办法随后可以在电视上演示，或在学校里由孩子们通过角色扮演进行演练。不过，归根结底，要想让恐惧诱导法发挥作用，我们需要给孩子们提供更加有效和可行的解决生活问题的办法，而不只是建议"直接说不"；我们需要给孩子一些他们可以说"好"的对策。

无论是出于有利于社会发展的目的，还是为了不那么体面的斗争需要，恐惧诱导的使用都牵涉一个更广泛的问题：从根本上讲，是否应该采用恐惧诱导？鉴于恐惧拥有激发和引导我们的思想的巨大力量，滥用这种方法的可能性很大。为了任何特定的宣传目的，人们总是可以制造出不合理的恐惧。作为劝导者，如果我们决定使用恐惧诱导，我们就有责任确保我们灌输的恐惧至少是合理的，而且它有助于提醒我们的劝导目标警惕潜在的危险，而不是以情感掩盖了问题。如果我们没能做到这一点，那我们的可信度可能不比四眼天鸡（Chicken Little）好多少。如果我们自己是恐惧诱导的目标，那么在上宣传者的钩之前，我们应该首先问自己："这种恐惧有多合理？"如果不这样做，我们可能一辈子都在徒劳无益地试图阻止天塌下来。

第 25 章

格兰法龙劝导术

"天哪,"她呼道,"您是胡西佬吧?"

我承认我是。

"我也是胡西佬呀,"她沾沾自喜道,"胡西佬不丢人。"

"我没觉得丢人,"我说,"我认识的人里也没这样的。"

——库尔特·冯内古特(Kurt Vonnegut),

《猫的摇篮》(*Cat's Cradle*)

  社会心理学中最有趣、通常也最令人难以置信的发现之一源自所谓的**最小群体范式**,它构成了一种情感上强有力的劝导术的基础。这个方法最早是由英国社会心理学家亨利·泰弗尔(Henri Tajfel)发现的,它使用所能想象的最琐碎、最无关紧要的标准将完全陌生的人分成几组。[1] 例如,在一项研究中,受试者观看了一次抛硬币,根据抛硬币的结果他们被随机分配到 X 组或 W 组。另一项研究首先请受试者表达他们对从未听说过的画家的看法,然后将其随机分配到欣赏克利(Klee)

的一组,或欣赏康定斯基(Kandinsky)的一组,表面上的原因是他们对绘画的偏好。借用美国小说家库尔特·冯内古特创造的一个术语,塔伊费尔和他的同事们创造了"**格兰法龙**"(Granfalloons),即毫无意义但成员却为之自豪的人类团体。[2]

经常获得的研究结果使得泰弗尔的研究如此令人好奇。尽管受试者在研究之前是彻头彻尾的陌生人,以前从未彼此互动过,以后也再不会互动,并且他们的行为完全是匿名的,但他们表现得就好像那些与他们共享毫无意义的标签的人是他们的好朋友或者近亲。受试者表明,他们喜欢与自己有相同标签的人。他们认为,和自己有相同标签的人比其他组的成员更有可能拥有令人愉悦的个性,也更有可能取得较好的成果。最引人注目的是,受试者会给同组的成员分配更多的金钱和奖励,而且是以一种竞争性的方式这么做,比如说,受试者更有可能宁愿给同组成员 2 美元、"其他"组成员 1 美元,也不给同组成员 3 美元、其他组成员 4 美元。

为什么格兰法龙会产生这样的效果?研究人员发现了两种基本的心理过程,一种是认知过程,另一种是动机性过程。首先,"我在这个群体中",这一认知被用来划分和理解世界,正如文字和标签可以被用来进行预劝导一样(请参阅第 6 章)。群体与群体**之间**的差异被夸大,而格兰法龙成员之间的相似性则得到强调,因为人们确信"我们这类人就会这么做"。一个严重的后果是,非本团体的成员被去人性化;在我们的脑海中,他们被一个简单的、常带贬义的标签所代表,比如亚洲佬(gook)、小日本(jap)、红脖子南方佬(redneck Southerner)、犹太佬(kike)、黑鬼(nigger),而不是独一无二的个体如阮、进、安东尼、埃利奥特、道格。伤害某个抽象的东西要容易得多。其次,社会群体是自尊和自豪感的来源,这与格劳乔·马克斯主义(Groucho Marxism)正相反:"我非常乐意加入一个愿意吸收我为会员的俱乐部。"[1] 为了获得群体可为成员提供的自尊,成员们纷纷捍卫群体,采用它的符号、仪式和信念。

格兰法龙具有说服力的秘密就在于此。如果专业的劝导者、广告商、政客、电视福音布道者可以让我们接受他或她的格兰法龙,那么我们就有一种现成的方式来理解我们的生活也即宣传者的方式,而随着我们的自尊与这些群体日益密切相关,我们就有强烈的动机捍卫这些群体,并且自豪地、竭尽全力地因循其惯例。宣传者真正在说的是:"尽管这些队都是我创造的,但你跟我同属一个队,现在要像个队员的样子,按照我们所说的去做。"让我们看一下使用格兰法龙劝导术来说服他人的一些具体例子。[3]

罗伯特·恰尔迪尼和他的同事们进行的一项研究可以说明格兰法龙的吸引力。[4] 秋季的每个星期六,美国许多高校都要在橄榄球场一决高下,每次都有一半球队赢,另一半球队输。恰尔迪尼和他的同事们在亚利桑那州立大学、路易斯安那州立大学、圣母大学、密歇根大学、俄亥俄州立大学、匹兹堡大学和南加州大学这七所看重橄榄球的大学,统计了每场球赛结束后的周一,身穿本校运动衫的学生人数。其结果是:在球队获胜,尤其是大胜之后,有更多的学生穿带有校标的运动衫。没有什么能比获胜的格兰法龙更见效。难怪广告商会支付重金将他们的产品与获胜者联系起来,比如迈克尔·乔丹和运动鞋,或辛迪·克劳馥(Cindy Crawford)和化妆品,并根据设计师标签、《星球大战》(*Star Wars*)或《精灵宝可梦》(*Pokémon*)等电影以及最新的周六早晨动画片

---

1 这么说是基于格劳乔·马克斯(Groucho Marx)的名言之一。他在得知自己被某高端专属俱乐部接纳为会员之后说:"我不想加入任何愿意吸纳我为会员的俱乐部。"——原注

来打造商品销售的格兰法龙。

我们也会被跟我们同属一个格兰法龙的人吸引,即使他们声名狼藉、寡廉鲜耻。例如,假设你发现自己和"俄罗斯疯狂僧侣"格里戈里·拉斯普京(Grigori Rasputin)同一天生日。你会对他有何看法?如你所知,拉斯普京是个无赖,他利用自己作为宗教人物的地位无情地剥削他人,谋取私利。如果跟他同一天生日,你会对拉斯普京有更积极的看法吗?约翰·芬奇(John Finch)和罗伯特·恰尔迪尼做的两个实验表明,你会的。[5]在这项研究中,大学生在引导之下以为自己和拉斯普京同一天生日。他们阅读了一段介绍拉斯普京的文章,文中拉斯普京的形象很不光彩,随后研究人员要求学生们评价这名僧侣。以为自己和拉斯普京同一天生日的人对他的评价更好,认为他更卓有成效、友好和善和坚强有力。换句话说,我们喜欢跟我们同属一个格兰法龙的人,即便划分群组的依据是像生日这样微不足道的事。我们也更有可能跟与自己同属一个格兰法龙的人合作。在另一项研究中,大学生要和另一个他们以为跟自己同一天生日或非同一天生日的人一起玩一个极具竞争性的游戏。[6]结果显示,相较于并非同一天生日的人而言,学生们倾向于跟同一天生日的人合作而不与之竞争。这些结果是否让你感到意外呢?如果是,我们要迅速指出,许多人认为他们和根据生日划分的十二个格兰法龙中同星座的人有同样的个性特征、运数和宿命。

格兰法龙的划分有时是现成的。最近几十年,营销人员煞费苦心地将美国划分为不同的群体和生活方式,其目的是设计适合每个群体的沟通方式和产品。[7]例如,克拉瑞塔斯公司(Claritas Corporation)推行的一个方案依据价值观、生活方式、收入等将美国划分为四十种不同类型的社区。你可能是"有影响力的年轻人"、"蓝领育儿所"或"贵族庄园"的一员。每个群体都和特定的自我形象和生活方式相关。然后,就可以让广告和产品专门针对有利可图的市场。换句话说,产品被赋予某种适

第25章 格兰法龙劝导术

合目标市场形象的"个性";接下来,广告可以明确指出维持某个形象需要做些什么,从而进一步打造每个格兰法龙的形象。

当不存在现成的格兰法龙时,有经验的宣传人员可以通过创造新的区分标准或强调旧的、被遗忘的特质来创建群组,就像泰弗尔和他的同事们在实验室中所做的那样。

我的一次陪朋友买微波炉的经历展现了在销售情境下可以如何创建新的格兰法龙。这位朋友喜欢做饭。相反,陪他去采购的妻子则认为,女人的位置尤其是这个女人的位置不一定是在厨房,而是在办公室。像常见的那样,推销员先是对着女性大谈微波炉烹饪的种种好处。妻子突然告诉推销员:"做饭的是他,你应该跟他讲这些。"推销员毫不停顿地转向我们的朋友,身体的位置刚好跟他形成一个把妻子排除在外的两人团体,并说道:"太好了!我觉得做饭的男人越来越多,真是太好了!我最喜欢的事情就是下厨房,自己做点吃的。"这番话内在的说服性信息是:"我们有相同的看法,我们是同类,相信我!"

或者再想一想下面这个卑劣的利用格兰法龙来欺骗的例子。电话推销的骗子经常给人们打电话,骗他们说他们中了奖,然后诱使他们放弃自己辛辛苦苦挣来的现金。在一次讨论其骗术的访谈中,他是这样说的:"任何好的骗子都会利用(受害者)所说的一切关于自己的信息来对付他们。如果你告诉我你是'二战'老兵,那么,很好,先生,我是参与了'沙漠风暴'的老兵。我们有共同点。你总是要跟受害者找一个角度,来证明你的所作所为是合理的,并且让自己显得更可信。"[8]换句话说,骗子告诉这个骗局所针对的目标:"我们属于同一个快乐的大格兰法龙,你可以信任我,照我说的做。"

共同的情绪和感受也可以制造格兰法龙。分享快乐的时光、悲伤的境遇或痛苦的经历可以使我们产生和他人的合一感。凯瑟琳·霍尔·贾米森认为这正是令罗纳德·里根成为极具说服力的总统的技巧之一,即表达我们当前正在体验或希望体验的情感的能力。[9]里根在演讲中往往描述他人的情感经历:传递奥运火炬时的感受;一个家庭目送唯一的儿子奔赴战场时的感受;一位女儿,兑现她对身为"二战"老兵的父亲的承诺,探访诺曼底海滩时的体验。通过表达我们共同的感受,里根为国人提供了团结一致的感觉,而且非常重要的一点是,这使得对"特氟龙总统"[1]的攻击似乎等同于攻击我们自己。

办公室政治是发挥格兰法龙劝导术的另一个舞台。组织中的权谋分子常用的一种策略是打造个人的领地,配有自己的议程和目标,当然,还有敌人。例如,办公室政治的玩家可以通过宣称这是一场"我们"对"他们"的竞争来集结队伍:市场部对生产部,精神科医生对心理学家,城市对大学。一旦确定了身份,就确定了议程。

工作场所内的差异常常如此微不足道,以至于外部观察者或新来的成员感到难以理解。狡猾的办公室权谋分子艺高人胆大,可以制造出临时的、不断变化的群体特点。比如,今天的马基雅维利主义者可能制造各种群体之间的对阵:去跟一个人说"我们女人必须团结起来",跟另一个人说"我们新来的必须提防老家伙",再跟第三个人说"我们这些关注底线的人最好在这件事上齐心协力",而所有这些都是为了争取人们对某一个提案的支持。

另一种办公室劝导策略是巧妙地改变一个人的格兰法龙,即所谓"**拉拢**"技术。这种策略常被用来压制反对派。例如,想象一名对某公司的政策持强烈批评态度的社会活动家,或者一名认为他(她)所在的大学招聘员工的做法具有歧视性的女权主义者。接下来,该公司或大学

---

1 特氟龙(Teflon)是聚四氟乙烯(PTFE)类不粘锅的代名词。特氟龙总统指的是里根总统具有避免任何指摘的能力,就像特氟龙涂料的不粘锅一样,任何多余的东西都不会粘住他。——编者注

给了批评者一个新的职位,此职位往往十分引人注目,但在组织内部没有实权,例如成为董事会成员或被任命为女性事务中心负责人。伴随这个职位而来的通常还有漂亮的办公室、秘书、专属信笺抬头和文具,甚至可能还有停车位。渐渐地,批评者变得越来越和"激进主义"老朋友隔离,同时越来越依赖公司或大学获得物质资源和身份认同感。与旧群体的纽带解除,反对派也就此被化解。

可悲的是,格兰法龙并不局限于企业办公室,还可能出现在国家和国际政治层面,此时个中的利害关系就重大得多。阿道夫·希特勒通过制造"犹太"威胁及强调共同的"雅利安"传统,得以塑造强有力的日耳曼身份。冷战期间,美国和苏联的宣传人员都将对方描绘成罔顾人权和尊严的帝国主义战争贩子。在巴尔干地区,塞尔维亚人、克罗地亚人和穆斯林之间的冲突持续至今。身份认同一旦形成,合乎道义的正确行动路线就变得十分清晰。

现代的格兰法龙大师是福音传教士,例如奥拉尔·罗伯茨(Oral Roberts)、帕特·罗伯逊(Pat Robertson)、吉米·斯瓦格特(Jimmy Swaggart)、吉姆·巴克(Jim Bakker)和巴克的前妻塔米·费伊·梅斯纳(Tammy Faye Messner),他们利用电视不仅宣传福音,还频频发布他们的销售信息。[10]例如,一项针对基督教电视节目内容的研究发现,每次节目通常请求观众捐款的金额达到平均每小时189.52美元,而《圣经》的平均售价高达191.91美元。[杰里·福尔韦尔(Jerry Falwell)摘得"上帝的头号推销员"的桂冠,以每小时1 671美元的速度出售《圣经》、书籍、录音带和其他宗教装饰品。]最终的结果是相当有利可图的。1980年,排名前四的宗教节目总计收入超过2.5亿美元,仅吉米·斯瓦格特系列节目在1982年就募集了超过6 000万美元。它们大获成功靠的是定义一个"基督徒"的形象,随后使用电子媒体来打造一个以此形象为基础的"信徒之家"。

约有 1 000 万美国人定期观看基督教节目,这个人数占美国总人口的 4%。据估计,耶稣毕生传教的人数不超过 3 万,相比之下,约 1 000 万的观众数量已是相当多,但这其实并非道德上的大多数;相反,更准确地来说,从营销角度看属于一个不大但可能有利可图的细分市场。那么,谁是电子教会的成员?调查和访谈显示,观众主要分两大类:已经皈依基督教的人;以及孤独无依、与外界隔绝者,或最近遭受了如身体的残疾或亲人逝去等丧失的人。基督教节目的成功在于直接满足这两类观众的需求。

电子教会为观众创建了一个"基督徒身份"。这个身份通过牧师领袖得到最清晰的表达,同时配套齐全:有政治态度(通常是保守的态度,例如反对堕胎和支持建设强大的国防力量),有宗教信仰(对《圣经》的字面诠释;"种子信仰"原则;或者现在布施金钱以便日后获得更多回报),有共同的情感(自发的、被电视转播的疗愈之喜悦;塔米·费伊·梅斯纳的眼泪),有目标(建立一个基督教国度,把进化论教育赶出美国的学校,让祈祷重回课堂),有敌人[世俗人文主义者、自由派政治家、最高法院(至少直到不久前还是)、同性恋者、知识分子],还有仪式和标志[700 俱乐部、PTL 保险杠贴纸和徽章(PTL 是"Praise The Lord"的缩写)、"说方言"]。[11]

对于已是信徒的人,基督教广播成为一种进一步表达自身身份的手段。对于孤独者或遭受丧失的人来说,这是一种替代、修复或合理化自我概念的方法,因为其自我概念可能由于比如说失去职位或失去亲密的家庭成员而受到损害。通过观看、订阅、捐赠和采取宗教节目所建议的做法,他们可以获得"上帝的选民"这个令人满意的自我认同。随后,电视福音布道者可以利用这一形象来销售和推广产品及理念。

鉴于现代生活充斥着嘈嘈作响、热闹非凡的声音,我们会想要通过分类和贴标签,将我们接收的海量信息缩减到更易于管理的水平,这完

第25章 格兰法龙劝导术

全是人之常情。想要属于某些群体并为自己是其中一员感到自豪,也完全是人之常情。这样的感觉可能带来积极的结果:歌曲《天下一家》(We Are the World)和杰瑞·刘易斯(Jerry Lewis)的马拉松式电视广播节目利用我们作为关爱他人的全球公民的自我形象,为多项有价值的事业募得成百上千万美元。许多基督教教堂、清真寺和犹太教堂成员在以下种种做法中找到了伟大的意义和宗教身份认同:给饥饿者提供食物;照顾不幸的人;在尝试批评弟兄的问题之前,先改正自己的缺点。

但是,还有些时候,格兰法龙可以被操控,以诱使我们购买不需要的产品,投票支持不合格的候选人,或者憎恨无辜的人们。我们可以采取什么措施来降低自己落入格兰法龙圈套的概率呢?

以下五个简单的经验法则可能会有帮助。第一,要警惕那些试图创建最小群组并将你定义为某个类别的成员的人。给一个人下定义、贴标签的方法多种多样。问问自己:"为什么对方提出这个特定标签?"第二,记住那句古老的民权格言:"盯住目标。"试着把你的自尊与实现某个目标联系起来,无论目标是以合理的价格购买优质产品还是实现某项社会公益,不要把自尊跟维护自我形象联系在一起。第三,不要把你所有跟自尊心相关的鸡蛋放在同一个篮子、同一个格兰法龙里,这可能会导致狂热。第四,寻找共同点,即群体内外的人或许都可以接受的目标,以此降低群体分界线的重要性。第五,尝试将群体外的成员视作一个个体,对方与你的共同点或许比你之前想象的要多。

第 26 章

负疚感行之有效

在一年一度的女童子军曲奇饼销售活动中，13岁的伊丽莎白·布林顿（Elizabeth Brinton）售出11 200盒饼干。当被问及成功的秘诀，布林顿回答说："你得看着人们的眼睛，让他们感到内疚。"

利用负疚感推销行之有效，父母、老师、神职人员、慈善机构和寿险经纪人似乎本能地知道这个有关劝导的事实。但是，内疚，也就是我们应为某些不当行为负责的感觉，可以用来销售的东西绝不止于饼干和人寿保险。正如社会心理学家索尔·卡辛（Saul Kassin）和凯瑟琳·基切尔（Katherine Kiechel）最近发现的那样，内疚还会导致你承认自己没有犯下的罪行。[1]

在一项非常有趣的实验中，卡辛和基切尔邀请大学生进入他们的实验室，表面上是为了进行一项测量反应时间的研究。每名学生需要输入由另一名学生大声朗读的一系列字母，朗读的学生其实是实验人员的合作者。在研究开始之前，实验者警告说："别碰空格键旁边的Alt键，因为碰到它的话程序会崩溃，数据会丢失。"在输入数据大约一分钟后，哎呀，计算机好像停止运转，死机了。一位非常郁闷的实验人员指责打字者按了不该按的 Alt 键。一开始，所有的打字者都否认这一指控。实验人员随后摆弄了一通键盘，再次确认数据丢失，并问道："你按了 Alt 键吗？"接着，打字者被要求签署一份手写的供述，内容为："我按了 Alt 键，导致程序崩溃，数据丢失。"他们被告知，签署之后会有首席调查员给他们打电话进行调查。

有多少打字者承认了他们从未犯过的罪行？卡辛和基切尔发现，高达 69% 的受试者签署了供述书。而且，有 28% 的受试者后来告诉另一个（据信与实验无关的）学生，他们按错了键，把研究给毁了。换句话说，这些受试者真的认为自己做了错事，其中有些人甚至还虚构出了自己是怎么碰到 Alt 键的细节。

卡辛和基切尔发现，有两个因素令打字者做出虚假供述的可能性增大。首先，如果打字者被要求快速键入数据，那么他们更有可能认错。其次，可能也是最有趣的一点是，如果打字者面对指认其有罪的虚假证词，也就是说，他们被告知大声念字母的那个学生看到他们按了 Alt 键，那么他们的认罪率就会大幅提高。警察在审问嫌疑人时经常使用这种策略，让嫌疑人相信警方掌握了他们有罪的证据，而事实往往是警方并未掌握这样的证据。

当然，这只是一个社会心理学实验而已。这样的事情在现实生活中是不可能发生的，因为现实生活中的利害关系要重大得多，人们失去的不仅仅是一些学分。千万不要拿自己的生命或自由来下注，否则你可能会发现布拉德·佩奇（Brad Page）经历痛苦之后得到的教训：哪怕是在错误诱导下产生的内疚感，也可能导致人们顺从警方的要求供认自己犯了罪。

1984 年 11 月 4 日早上，布拉德和未婚妻比比·李（Bibi Lee）决定跟他们的朋友罗宾（Robin）一起，去奥克兰的红木公园（Redwood Park）慢跑。布拉德和罗宾都是身体健壮的跑者，几千米后他们不见比比的身影,就停下来等她。等待了几分钟,他们开始担心,于是原路返回,开始找她。

红木公园面积很大,有数条蜿蜒穿过树林的小径。布拉德和罗宾猜测,比比可能错误地偏离了主路。他们没有找到比比,决定回到停车场,在车旁等着,以为她最终会去那里。等了很久之后,布拉德认为如果开车去找她效率会更高,于是他请罗宾在停车场等候,以防比比回来找他们,而他开车绕着公园四面转。

大约15分钟后,他回来了,说还是找不到比比。他们又等了她半小时左右。然后布拉德提议他们开车回家。他认为比比很容易就能搭辆公共汽车回去。此外,他后来承认,他对比比有点恼火,因为他怀疑她可能是故意玩失踪,以就当天早些时候两人发生的一起小争执惩罚他。

5周后,比比的尸体在红木公园林区的一个浅坟里被人发现。谁杀了比比·李?有可能是活跃于当地的一个连环杀手。事实上,有目击者报告称看到一名蓄胡须的魁梧男子,相貌跟连环杀手吻合,他将一名跟比比相貌吻合的年轻女子拖上一辆面包车。当时,目击者不确定这是闹着玩还是攻击性的行为,因此直到她读到比比失踪的消息后才报告此事。

但是随着时间的流逝,热门嫌疑犯并未出现,警方要求布拉德·佩奇来接受进一步的讯问。他们的推理是,布拉德可能在罗宾在停车场等待的15分钟内找到了比比,并在暴怒之下杀死了她。"在这里,我们都是朋友,不是吗?"审讯的警察通过这样的说辞诱使布拉德放弃了找律师的权利,并让他把他的故事反复讲了好几遍。在审讯中,他们不断问他,他怎么可能把女朋友一个人留在公园,自己开车回家?[1] 布拉德感

---

1 在布拉德·佩奇的审判中,本书作者之一(埃利奥特·阿伦森)作为非强迫性劝导问题专家证人出庭做证,因此获得了警方审讯的录音带。——原注

第26章　负疚感行之有效

到非常内疚，说了好几遍："这是我一生中最大的错误！"警察每问一次这个问题，他的负疚感似乎就越深。

最终，审讯者告诉布拉德，在比比失踪那天的深夜，他曾被人看到在浅坟附近出现，并且在一块被用作凶器的大石头上发现了他的指纹。就像在卡辛和基切尔的实验中使用的指责学生的虚假证言一样，这些陈述均不属实。布拉德说，他不记得那天晚上离开过公寓，也不知道凶器上怎么可能会有自己的指纹，他甚至不知道凶器是什么。但是他没有理由不相信审讯者，因此，可以理解，他变得极为困惑，并问他们一个人是否有可能犯下这样可怕的罪行然后"大脑一片空白"。审讯者告诉他，这种事情很常见，如果他闭上眼睛，试着去想象**假设是他杀死了比比**，他**可能**是怎么杀死她的，这或许会有助于他回忆起当时的情况，并最终可能有助于他缓解自己良心的**负疚感**。[1] 布拉德按照指示去做，就像卡辛和基切尔实验中的一些受试者那样，编造出杀人的场景，但他后来说这一切都是想象出来的。在他所谓的"招供"两小时后，当他被告知警方认为这就是他的供词时，他似乎着实吃了一惊，并立即否认了一切。

尽管许多重要细节与实际物证不符，但警察仍然认为这是供述。布拉德·佩奇被以一级谋杀罪名起诉。陪审团无法认定被告的供词是否属实，法官宣告审判无效。在第二次审判中，陪审团同样感到困惑。他们仔细考虑了6天，最后做出决定：布拉德·佩奇虽然没有犯谋杀罪，但是**犯了过失杀人罪**！布拉德·佩奇被送进监狱。尽管律师和媒体多次争取重审此案，他还是在狱中服满了刑期。

我们无法绝对肯定地说，布拉德·佩奇没有杀害比比·李。但是我

---

[1] 必须指出，在审讯的这一点上存在争议：审讯者否认他们曾以假设的方式给出这些指示，而布拉德·佩奇则坚称他们这样做了。不幸（而且也无法解释）的是，在审讯的这个部分警察关闭了录音机，因此不可能获得有关这一分歧的客观证据。——原注

们确信,他的供词不是有效的供词。此外,我们相当清楚为什么他会遵照警察的要求,想象自己可能怎样杀死了比比。内疚,无论是真实的还是想象的,都会导致服从。审讯期间,布拉德·佩奇在引导之下对自己驾车离开、抛下比比一个人深感内疚。"你的意思是说你居然开车走了,留下她独自一人?"负疚感很可能是导致他容易受到审问者影响的因素之一。布拉德·佩奇的情况并非绝无仅有。[2]警方的审讯手册建议审讯者利用犯罪嫌疑人的内疚,暗示已找到表明其犯罪的证据,但其实并没有。调查显示,供词证据在大多数审判中都发挥了作用,在陪审员心目中,它是针对被告的定罪证据当中最强有力、最确凿的证据之一。不幸的是,有些供词是假的,对被错判入狱的无辜者的研究常常表明了这一点。[3]

但是,负疚感到底是如何作为一种宣传手段发挥作用的?梅里尔·卡尔史密斯和艾伦·格罗斯(Alan Gross)做了一系列巧妙的实验,成功地将负疚感对依从性的影响单独分离出来。[4]在他们的研究中,受试者被诱使对另一个人施加一系列痛苦的电击,以此作为一项教学实验的一部分。(实际上没有任何电击发生,但受试者以为电击是真实的。)这样的经历无疑会使参与者对自己的行为感到内疚。其他"无内疚组"的受试者仅被指示当对方回答错误时按响蜂鸣器。然后,电击"受害者"要求所有受试者代表某"拯救红杉森林"委员会拨打电话。结果显示,被诱发负疚感的受试者服从要求的可能性是"无负疚"组受试者的三倍。负疚感很有效!

为什么负疚感可以如此有效地激发人的行为?卡尔史密斯和格罗斯推断,至少有三种可能的解释:(1)**同情**,也就是为受害者感到难过;(2)**补偿**,也就是感觉有必要补偿错误行为;(3)**泛化的负疚感**,换言之,渴望修复因不当行为而受损的自我形象。

卡尔史密斯和格罗斯进行的另一项研究通过改变谁是侵害者、谁是被侵害者来区分这三种因素的影响。为了引起对受害者的同情，研究人员先让部分受试者目睹其他人所谓的电击第三人的场面，然后由电击"受害者"请求受试者帮助拯救红杉林。为了引起补偿的需要，研究者先让部分受试者认为自己电击了某个人，随后这个"受害者"请求他们帮助拯救红杉林。为了引起泛化的负疚感，研究人员让第三组受试者也以为自己在电击某个人，但是这一次请求他们拯救红杉林的是另一个与电击事件无关的人。结果表明，仅对受害者感到同情的受试者并没有多少人依从请求。但是，感到有必要进行补偿或体验到泛化的负疚感的受试者，自愿拨打更多电话以拯救红杉林的可能性显著提高。

当不当行为的受害者表达了对过失方的宽恕，会发生什么？看起来可能有点奇怪，在一切都被宽恕时，违规者更有可能依从请求。布拉德·凯尔恩（Brad Kelln）和约翰·埃拉德（John Ellard）最近进行的一项实验探索了对过失的宽恕和依从性之间的关系。[5] 研究人员故意让大学生以为自己不当操作了某种科学设备，从而毁了实验者的研究。跟卡尔史密斯和格罗斯的研究所发现的一样，与没有损坏机器的学生相比，对自己不当操作设备感到内疚的学生更有可能依从帮助实验者进行其他研究的请求。不过，此处出现了有趣的转折。一组学生犯下的所谓过失得到了原谅。实验人员告诉他们："别担心。没关系的。"

这种情况下你会怎么做？通常，宽恕被视为"将过去一笔勾销"，过失方被免除了负疚，给予宽恕的人则被视为朋友。但是，凯尔恩和埃拉德研究的结果并非如此。实际上，他们发现情况恰恰相反。获得宽恕相当于双重打击：首先，他们对损坏设备感到内疚；其次，研究者没有给他们任何方式来弥补过失。做出补偿并证明自己是"好"人的唯一办法就是依从实验者的请求，做更多的工作。而他们也确实是这么做的，主动提出做几乎是该项研究中其他学生两倍的工作。但是，所有这些负疚感是有代价的。当这些学生被原谅其过失时，他们变得不喜欢实验者了，也就是那个宽恕他们不当行为的人。显然，人们不喜欢让他们感觉欠了人情的人。

我们必须指出，对侵害他人引发的负疚感还有一种常见的反应，那就是贬低受害者。例如，在基思·戴维斯（Keith Davis）和内德·琼斯（Ned Jones）的一项实验中，学生们被要求观看对另一位学生的采访，然后告诉这位学生，他们发现他（她）是一个肤浅无趣、不值得信任的人。[6] 该研究的主要发现是，自愿参加这个实验的学生成功地说服自己：他们不喜欢被他们残酷对待的受害者。换句话说，我们在攻击另一个人之后，会想办法证明自己的行为是正确的。办法之一就是，把我们之所以会这么做归咎于我们所攻击的人，因为他（她）太蠢，太粗心，太坏（或随便什么原因），所以活该被我们粗暴对待。就这样，我们的不当行为被合理化。受害者成为我们负疚感的替罪羊。熟练的宣传者会使这种合理化与他们的目标一致。

和大多数被激发的情感一样，负疚感的说服力来自它引导我们的思想、调配我们的精力的能力。在感到负疚时，我们往往很少关注对方的论证是否令人信服、所建议的行动有何好处和坏处。相反，我们的思想和行动都被指向如何消除负疚感，即以某种方式来纠正错误，或做正确的事。我们掉进了合理化陷阱。

负疚感有其亲社会用途。想象一下，如果在一个社会中，没有人对自己的任何违规行为感到懊悔自责，那会是什么样？许多社会评论家指出，马丁·路德·金（Martin Luther King, Jr.）废除南方种族隔离的运动之所以能获得成功，部分原因是许多南方白人看到他的非暴力行为遭遇的却是警棍、消防水带和攻击犬时，内心被激起负疚感。

不过，毫无疑问，负疚也会带来许多并非积极的影响，许多负疚感是不应该有的。制造负疚感的方式包括提醒对方过去犯下的罪过，使小过失显得非常重大，哪怕这些罪过早已被弥补；或者让对方看起来应该

第26章 负疚感行之有效

为自身没有犯下的罪过负责。一旦我们内心充满负疚,我们的思想和行为就会指向使自己摆脱这种感觉。最终的结果,在最好的情况下是我们的行为受到操纵,而在最坏的情况下,可能是我们的自尊受到长久的破坏,甚至是我们失去自由。

第 27 章

赠人玫瑰,影响几何?

A. C. 巴克提韦丹塔(A. C. Bhaktivedanta)在印度生活多年,是一家成功的制药公司的经理。20世纪60年代初,他离开妻子和家人,改称圣帕布帕德(Swami Prabhupada),来到美国并成立了国际奎师那知觉协会(International Society for Krishna Consciousness),该运动致力于通过唱诵和表达对奎师那神的热爱来改善世人的精神健康。从曼哈顿下东区某门脸房内的布道所起步,这位导师在不到10年的时间里成功地集结资源,建立起一个拥有上百个哈瑞奎师那神庙和公社的全球网络,其中40个位于美国。[1]

在这段快速扩张时期,圣帕布帕德的主要收入来源来自公众捐款和宗教商品的销售,包括他最受欢迎的两种商品——《回归神首》(*Back to Godhead*)杂志和设计师版《薄伽梵歌》(*Bhagavad Gita*)。有一个因素令哈瑞奎师那的成功尤为不同寻常,那就是被圣帕布帕德招募来推销协会商品的销售人员。圣帕布帕德挑选了一些年轻人,这些人往往是十几岁的青少年,其中许多人有心理问题。圣帕布帕德让他们身穿橘黄色长袍,佩戴圣珠,脚踩百路驰牌(BF Goodrich)凉鞋,将这些男性的头

第27章 赠人玫瑰，影响几何？

发剃光，给他们吃的东西以蔬菜为主，最主要的是印度扁豆和鹰嘴豆，然后派他们到集市，又唱歌，又跳舞，吟诵哈瑞奎师那。你会从一个身穿橘色长袍、留着极短的发茬、口中念念有词的销售代理那里购买一本《薄伽梵歌》或与此相关的其他什么东西吗？不太可能。哈瑞奎师那的销售人员几乎打破了本书列举的所有劝导规则：他们作为消息来源的可信度低，人际魅力和受喜爱程度低，利益相关度高。

让成千上万的人掏出自己辛辛苦苦挣来的钱来资助他的精神王国，圣帕布帕德是如何做到这一点的？影响力策略方面的全球著名权威之一罗伯特·西奥迪尼也对此感到好奇。[2] 西奥迪尼指出，最初，哈瑞奎师那的募捐并不成功。事实上，许多城市颁布了禁止奎师那乞讨的法令，甚至禁止他们进入城市的某些地方，特别是机场。偶尔，奎师那信徒和市民之间还会爆发暴力冲突。西奥迪尼说，后来这一切发生了逆转，因为奎师那们发现了人类社会最有效的劝导手段之一，它不仅可以克服奎师那的负面形象，而且能将一本定价虚高的《薄伽梵歌》放进许多疲惫的旅行者手中。这种手段利用的是所谓的"**互惠规范**"。

规范是具体的行为指南，比方说，支付晚餐账单的15%作为小费，不要插到排队看电影的人前面，不要在公开场合小便，不要看别人的邮件。[3] 如果违反规范，我们很可能会受到某种形式的社会制裁和不认可：怒目而视、流言蜚语和嘲笑、回避和排斥，有时甚至是体罚、监禁、驱逐或处死。（请注意那些违反了社会着装规范和社交规范的人对奎师那的反应）因此，就连幼儿也开始学会避免违反规范。事实上，当处于违反规范的境地时，我们往往感到高度焦虑，但我们希望避免这种感觉。最终我们可能几乎不自觉地遵守了规范，而没有多想到底为什么要这样做。

规范通常与某个特定的角色或某种文化相关。比如，有这样的规范：烹饪是女性的事，商人喜欢竞争，用叉子而不是筷子吃饭，不要在这个车间过度生产。有些规范则是许多文化和社会广泛共有的,比如乱伦是禁忌,要信守诺言。互惠就是这样一种规范。它规定:"如果我为你做了某事,那么你也有义务为我做某事作为回报。"之所以许多社会中都有这样的规范,一个原因可能是它对社会是有价值的。互惠规范约束了一个文化中的交换行为,可以确保首先做出交换行为的人不会受骗。

丹尼斯·里甘(Dennis Regan)的一项研究展现了互惠规范的说服力:该策略效果显著,甚至能够克服不被人喜欢所带来的影响。[4] 在他的实验中,两名男生报名参加了一项据称以"审美判断"为主题的研究。其中一名学生其实是研究者的同谋,他在研究开始时故意让自己表现得不讨人喜欢,对对方粗鲁,不考虑其需求;或讨对方喜欢,对其友善体贴。在两名"受试者"对艺术幻灯片进行了大约五分钟的评价之后,同谋溜出房间几分钟,之后要么空手返回,要么带回两瓶可乐,并称:"我问他(实验人员)我能不能给自己买瓶可乐,他说可以,所以我给你也买了一瓶。"研究结束时,同谋询问真正的受试者愿不愿意买点抽奖券。结果显示,当同谋带给另一名学生一瓶可乐、从而激活互惠规范之后,他售出的抽奖券的数量几乎是未给对方可乐的情况下的两倍,无论他在对方眼中的社交魅力如何!

奎师那如何利用互惠规范来筹款?很简单,他们送给目标对象一朵花作为礼物。西奥迪尼花了数小时在机场观察奎师那的募款行动,他说,该教派成员发现"受害者"之后,会突然把一朵鲜花塞进他(她)手中或别在其外套上。如果目标对象想把花归还,奎师那会拒绝说:"这是我们给你的礼物。"直到此时,奎师那才会提出捐款请求。送一朵花,便确立了一种义务感和负债感。这个人情怎么还?很明显,通过给协会捐款,或购买一本精美的《薄伽梵歌》。

利用互惠规范来劝导他人的绝不只有哈瑞奎师那信徒。这种做法可

第27章 赠人玫瑰，影响几何？

能是伴随着著名的"富勒刷具推销员"（Fuller Brush man）而大规模出现的。"富勒刷具推销员"在20世纪30年代极为常见，推销员挨家挨户推销刷子，总是在一开始给房主一个廉价的小刷子，以此确立互惠规范。特百惠派对在20世纪50年代风行一时，参加者在派对开始时会得到公司的礼物，通常是一件特百惠的小物品，还会得到派对主人的点心礼物，因此参加者会感觉欠下了公司和派对主人的人情。但是随后如果你和朋友们买得足够多，派对主人可以从公司获得一份礼物。最近一则抗酸药的电视广告则是这么开始的，一位看起来很权威的男性说："我们对自己的产品很有信心，因此如果在看完这则广告之后您想试用我们的产品，请拨打我们的免费电话，我们会给您寄一盒。"营销人员知道，免费样品，比如超市里试吃的香肠、试喝的橙汁，邮寄的感冒药或洗发水试用装可以大幅提高产品销量。真空吸尘器、汽车、百科全书和佛罗里达海滨物业……这些商品的销售演示通常首先会有免费礼品，例如公路地图集、晶体管收音机或杂志试订阅。慈善机构和政党在请求捐款时，经常会邮寄印着好记的口号的徽章和保险杠贴纸作为免费礼物。许多大学教授将免费获得本书的一册样书，以期他们将之列为任教课程的阅读书目。因在国会富有影响力而闻名的前总统林登·约翰逊有一抽屉的小玩意儿，包括带官方标志的钥匙链、咖啡杯和钢笔。他会把这些纪念品分发给朋友和熟人，从而建立他人欠自己人情的社会关系。

利用互惠规范提升依从性的策略还有若干种变体。一个非常巧妙的版本被称为"**以退为进**"法，其运作方式如下：想象一下，你在当地一家血库工作，想要增加民众的献血量。使用以退为进法，你会首先请求对方帮一个很离谱的忙，比方说，每两个月献血一次，至少持续三年。这样的请求肯定会被拒绝，但是与未提该离谱要求时相比，折中方案可能会被更多人接受，例如献200毫升血。这正是罗伯特·西奥迪尼和卡伦·阿斯卡尼（Karen Ascani）的发现。[5] 在一项研究中，他们请求亚利桑那州立大学某条步行道上的行人（1）第二天找时间献200毫升血，或者（2）持续三年每两个月献血一次，在后面这个请求遭到拒绝时，改为请求他（她）在第二天找时间献200毫升血。结果表明，在先收到极端要求的情况下，有更多的人同意献血，而且献血量也的确比第一种情况更多。

推销小型厨房用具的深夜电视广告经常使用的"**这不是全部**"技巧则是互惠规范的另一种用法。杰里·伯格（Jerry Burger）开展了一系列构思巧妙的实验来研究这种技巧。[6]我们来看看它是如何起作用的。在一个实验中，伯格组织了一次烘焙食品展销，销售纸杯蛋糕。蛋糕没有标明价格。当行人停下来询问时，对方被告知价格为75美分。但是，在顾客做出回应之前，销售人员举起一只手说"等等，这不是全部，除了纸杯蛋糕之外您还可以得到这些曲奇饼干"，然后向客户展示了两块中等大小的曲奇饼干。另一部分路人则从一开始就被告知，花75美分可以买到纸杯蛋糕和两块饼干。伯格发现，跟一开始就告诉客户有两块饼干的情况相比，当卖家宣布"这不是全部"，还能额外得到饼干时，纸杯蛋糕和饼干的销量几乎翻了一番。

"以退为进"和"这不是全部"技巧利用了两个基本的心理过程。首先，无论是最初的极端请求，还是最初的少量商品，都建立了对比效应，类似诱饵带来的对比效应（请参阅第10章）：与未来三年定期献血相比，献一次血看起来要好很多，而"一个纸杯蛋糕，再加一些饼干"听起来比仅仅"一个纸杯蛋糕"强。其次，提出请求者立即做出的让步激活了互惠规范。请求者在隐而不宣地说："我刚把我的要求从连续三年献血减少到只献一次，现在该你来回报我的让步了。"同样，在"这不是全部"技巧中，请求者暗示："我刚给这笔买卖额外增加了两块曲奇，现在该你做出让步，买下商品了。"于是许多人就中招了！

汽车经销商深知"以退为进"技巧的价值。经销商往往虚报汽车的

第27章 赠人玫瑰，影响几何？

要价，给车增加一个额外的价格标签，将车价抬高数千美元。在谈判初期，经销商会慷慨地免除这笔额外费用。现在**轮到你**来投桃报李，为这辆车支付**超出**你原本打算支付的价格。与此类似，电视资讯广告节目经常使用"这不是全部"技巧。在这些时长半小时的广告中，常用策略是首先介绍一款产品，如搅拌机、水果脱水机或类似产品，并宣布它正在优惠促销。但是，你还没能决定到底想不想买它，卖家宣布将同时额外赠送给消费者另一样商品，如一套六把装的牛排刀，一个制作水果卷的附加装置，或一个苹果去核器。再一次，轮到你投桃报李、买下商品了！

总体来看，互惠规范作为一种劝导手段之所以能获得成功，是因为它引导了我们的想法，并促使我们基于这些想法采取行动。我们被引导去思考"我能怎么还这个人情？"，而不是"这是一笔好买卖吗？"我们的主要动机是避免因违反规范而产生的不自在感。其他一些规范也能以类似方式激发我们的这种想法。接下来，我们将审视其中的另一个规范，看看"信守承诺"规则可以被如何利用。

第 28 章

忠诚的心

许多劝导策略可在百科全书推销员的一趟登门造访中得到展现。因为愿意听推销员讲话，你"免费"获赠一本公路地图集，这唤起了互惠规范。推销员以激情洋溢、打动人心的词语来描述这套百科全书的特点。他鼓励你想出几十条拥有一套百科全书的好的理由，至少你是这么想的。你的孩子和其他亲人还没有机会进入知识的宝库，这个事实使你感到负疚。

但是，最强有力的购买诱因之一或许是在销售展示"之后"出现的。推销员继续说："好吧，如果对书没有更多的问题了，那么展示到此结束。哦对，还有一件事，要是我能获得您对我们的百科全书的看法，我的老板真的会很高兴。您是否可以跟我一起填张表格？"

你回答："没问题。"

推销员说："这是一系列有关您会想要什么样的百科全书的问题。如果您能像今天准备购买一套那样作答，那真的会很有帮助。"

推销员接着问了一系列问题。"您喜欢哪种颜色的封皮，白色、紫褐色还是黑色？带不带金箔？要不要双强度装订？"等。你漫不经心地

第28章 忠诚的心

回答每个问题,与此同时推销员在一张事先印好的正式表格上逐一勾出你的答案。

在提问结束时他问道:"您介意在这张纸上签上您名字的首字母,以确认这些是您的回答吗?"再一次,你漫不经心地照做了。

从这一刻起,那张看起来很正式的纸就被视为你购买一套百科全书的订单。推销员提议:"让我们看看今天购买您的这套百科全书需要多少钱,嗯……享受5%的折扣之后,价格是……"他在纸上写下一个数字,把纸递给你。你看着那张纸时,推销员问道:"我今天要给您的百科全书下订单吗?"你感觉脑子有点迷糊,磕磕巴巴地说:"呃,嗯,我……"

我们不知道你今天会不会买那套百科全书。毫无疑问,我们中许多人会看穿他的把戏。但是我们打赌,这套"给你下订单"的程序会大幅提高百科全书的销量,而它之所以有此功效,是因为它所引发的感觉。总的来说,我们所有人都很看重"说到做到",也就是说,要保持前后一致,信守我们的承诺。当然,我们并没有说要买百科全书,但推销员似乎是这么认为的,也许我们**确实**流露出想要一套的意思。如果说了却没有做,我们往往会感觉不安,哪怕它只是一个看起来很敷衍的承诺,就像我们给百科全书推销员的承诺一样。为了维持对自身的积极看法,我们会履行我们的承诺。合理化陷阱又多了一个毫无防备的受害者。

利用我们的承诺感来说服我们,这往往是一小步一小步实现的。假设你需要某人的帮助来完成一项浩大的工程,但你知道你想让对方做的工作极为困难,并且需要大量的时间和精力,这个人肯定会拒绝。你该怎么办?一种可能性是先让此人参与这项工作中一个很小的方面,做起来轻而易举,以至于对方完全想不到要拒绝。这样做之后,便建立了个体对"事业"的承诺。人们一旦做出这样的承诺,他们依从更大的要求的可能性就会增加。

乔纳森·弗里德曼（Jonathan Freedman）和斯科特·弗雷泽（Scott Fraser）的研究证明了这一现象。[1]他们试图劝说多位房主在自家前院竖立一块巨大、丑陋的告示牌，上面写着"小心驾驶"。由于该告示牌既难看又扎眼，大多数居民拒绝放置它，只有17%的人愿意配合。另外一组居民则先被"软化"：一名实验人员"迈出第一步"，请居民签署一份支持安全驾驶的请愿书。因为签署请愿书非常容易，几乎所有被请求的人都同意签署。几周后，另一名实验人员携带丑陋的"小心驾驶"告示牌拜访了每个住户。超过55%的人允许在自家的院子里摆放这个告示牌。

因此，当个体做出较小的承诺，他们朝着那个方向做出进一步承诺的可能性就会增加。利用帮个小忙来鼓励人们同意更大的要求，这个过程被称为"**得寸进尺**"法，它与第27章所介绍的"以退为进"法在形式上恰恰相反。它之所以有效是因为帮小忙会带来同意帮大忙的压力，事实上，我们顺从后面更大的请求，是为了与我们先前的承诺一致。

对慈善捐赠和选举投票的研究也发现，使用这个技巧可得到类似结果。例如，在劝导之下佩戴宣传美国癌症协会筹款活动领针的人，次日捐款的可能性约为被直接请求捐款的人的两倍。[2]其他调查人员发现，仅仅通过询问人们是否计划去投票便可提高人们在选举日当天投票的可能性。[3]在这项研究中，研究人员联系了潜在的选民，请他们预测在下周二举行的选举中他们会不会去投票。所有被联系的人，也许是为了显得自己有公民意识，都回答说"是的"，他们会去投票。随后，给出答复者履行了承诺，他们当中有86.7%的人在选举中投了票，而在未被要求进行自我预测的受访者中，这个比例为61.5%。

汽车经销商也知道如何利用承诺来销售汽车。事实上，社会心理学家罗伯特·西奥迪尼曾短暂加入某汽车经销商的销售团队，他发现了一种常见且好用的策略，那就是"**虚报低价**"或"**抛低球给客户**"。[4]

第28章 忠诚的心

这种策略运作方式如下：假设你走进一家汽车展厅，打算购买一辆新车。你已经向几家经销商询问过你看中的汽车的价格，你知道能以大约 11 300 美元买到。哇，天哪，销售员告诉你，他能以 10 542 美元的价格卖给你一辆。这样实惠的买卖让你激动不已，你同意成交，并签了一张支票作为首付。销售员拿着你的支票去找销售经理、以完成这笔交易，在此期间你开心地搓着手，想象自己开着闪闪发亮的新车回家的样子。但是，哎呀，10 分钟后，销售员愁眉苦脸地回来了，看来他有个地方算错了，而销售经理发现了这个错误。车的价格其实是 11 684 美元。你可以在其他地方拿到更便宜的价格，而且，买车的决定并不是不可撤销的。然而在这种情况下，愿意继续完成这笔交易的人要比从一开始就要价 11 684 美元的情况多得多，尽管从该经销商处购买汽车的理由即实惠的价格已不复存在。

这是怎么回事？至少有三个重要的点值得我们关注。首先，虽然客户的购买决定无疑是可逆的，但签署首付款的支票并把它交给销售员这一行为强化了承诺。其次，这一承诺引发了人们对愉快或有趣体验的期待：开着新车出门。预期的乐事会因为不继续完成这笔交易而受阻，这令人失望。最后，尽管最终价格明显高于客户的预期，但仅比其他地方的价格略高。考虑到上述种种，客户其实会想：“哦，管它呢。我已经到这里了，已经填了那些表格——何必要等？”

承诺可能具有自我延续性，导致人们对往往已显露失败迹象的行动路线扩大承诺。一旦做出了小的承诺，便为不断扩大的承诺创造了条件。我们需要证明最初的行为是正确的，因此态度逐渐改变；态度的改变又会影响未来的决策和行为。其结果就是看起来缺乏理性地坚持着糟糕的商业计划、毫无意义的采购、没有切实目标的战争或者失控的军备竞赛。

美国之所以会在越南战争中越陷越深，承诺不断升级的过程似乎是一个重要因素。正如肯尼迪总统和约翰逊总统的国防部部长、美国在越南集结兵力的主要倡导者罗伯特·麦克纳马拉（Robert McNamara）在他最近的书中所说："万事开头皆小，我卷入越南战争的故事也不例外。"[5] 麦克纳马拉说，美国的卷入最初非常单纯，于1961年派出16 000名军事顾问，帮助南越抵抗共产主义。1963年，在一定程度上，南越领导人吴庭艳（Ngo Dinh Diem）因为肯尼迪政府发布了一项令人困惑的指令被暗杀，该国陷入政治混乱。为了给新政权争取时间，美国于1964年启动一项小型秘密行动计划，内容包括散发宣传材料、搜集情报和对北越的一般性破坏。该计划未能见效，美国于是制定了轰炸胡志明小道的计划，随后是更多的"全面政治和军事进攻"计划。作为对美方某次秘密行动的回应，北越袭击了美国"**马多克斯**"号驱逐舰。美国于1964年8月还击，出动64架次飞机轰炸北越巡逻艇和一处石油综合设施。

战争就此打响。美国政府私下承诺要在1965年1月1日之前采取进一步军事行动，尽管各方对这次行动到底是什么并无一致意见。1965年1月28日，约翰逊总统启动了对北越的轰炸。伴随空袭而来的是增派部队保护基地的请求。正如麦克纳马拉所说：

> 一旦派出第一个士兵登陆，你永远不知道后面还要有多少人跟随。但是，需求显得很紧迫，承诺的投入也不大，而且，总统如何能拒绝军事指挥官提出的增派地面部队以保护空军士兵安全的请求？[6]

1965年，美国出兵人数从2.3万增至17.5万，1966年再增加10万。当轰炸未能击退越共，更多的地面部队被派往越南。伴随着越共的还击，又有更多美军被派出。到战争结束时，美国共向越南派遣了543 400名军人。三年间，美国在北越投下的炸弹数量超过"二战"期间在

第28章 忠诚的心

整个欧洲大陆投下的炸弹数量,共有58 191名美国公民在越战中丧生。

随着一次次做出承诺又一次次失败,美国的目标也不断改变,而且越来越模糊不清,因为参与升级决策的人不断试图证明先前的行动是合理的、正当的。起初,美国的目的是训练南越人自卫。当这个目标显然没什么希望实现时,它变成了对北越的袭击予以还击。接着,随着承诺与日俱增,目标先变成粉碎北越的战斗意志,然后变成仅仅是提振南越的士气,最终变成一个模糊的愿望,即"不惜一切代价获胜"。

正如新闻杂志《时代周刊》1971年的一篇分析文章所说:

> 然而,五角大楼文件表明,官僚机构总是要求新的选项;每个选项都是要求派出更多兵力。每拧紧一次螺丝,都产生一个新的必须捍卫的立场;一旦投入,就必须维持军事压力。[7]

拉尔夫·怀特（Ralph White）写过一篇发人深省的分析,他提出,先前的承诺令我们的领导人对与其已经做出的决定不符的信息视而不见。[8]正如怀特所说:"当行动与想法不相符时,决策者会表现出一种让他们的想法跟行动一致的趋势。"这样的例子很多,仅举其中一个例子加以说明:参谋长联席会议在做出继续加强对北越的轰炸的决定时,完全无视中央情报局和其他消息来源所提供的重要证据,这些证据清楚地表明轰炸不会击垮北越人民的意志;恰恰相反,只会增强他们的决心。怀特推测,参谋长们让轰炸进一步升级的努力之所以能够胜出,是因为他们的建议与已经做出的决定以及某些关键的假定相一致,但这些假定后来被证明是错误的。换句话说,参谋长们之所以让战争升级,在一定程度上是为了减少他们自身对先前采取的战争行动的失调感,这让人想起基奇夫人的世界末日预言失败后发生的事情,以及圣克鲁斯市被告知即将发生毁灭性地震之后发生的事情（请参阅第4章）。

与其他自我动机和情感一样，信守承诺和矢志不移有其作用和价值。谁也不想生活在一个充满反复无常、两面三刀的骗子的社会里！但是，承诺有可能形成宣传陷阱，即我们有时不经意间做出了承诺，有时做出了不恰当的承诺，然后就老老实实地兑现我们的承诺。[9]聪明的宣传者知道如何获得我们的承诺并设置合理化陷阱。

　　此时，一种可能有用的做法是自问："我如何使自己陷入了这种情境？"幸运的是，在涉及重大的购买决定时，许多州都要求给消费者一段可以"改变主意"的时间，即对错误的承诺进行反思的时间。不幸的是，当涉及战争行为和国际政策时，这样的决定可能是不可撤销的。在越南战争中，美国终于结束了战事，撤走军队。可悲的是，此时距离罗伯特·麦克纳马拉意识到不可能打赢这场战争已经过去了好几年，并且造成了数以千计的伤亡。在类似这样的情况下，记住以下这一点也可能对我们有帮助：**最可敬的**行为从来都是**停止履行不光彩的**承诺。

第 29 章

身体力行

有时，我们人类会做能给我们带来即时欢愉、但同时也让我们面临极度危险的事情。举个令人沉痛的例子，让我们看一下艾滋病的传播。在过去 20 年中，艾滋病已成为极其严重的传染病。新千年之初，全世界共有 1 600 多万人死于艾滋病；目前，有超过 3 500 万人患有艾滋病，还有数以百万计的人感染了病毒但尚未表现出任何症状。一个尤其易感的群体是性活跃的年轻成人。近年来，艾滋病已成为美国 18 ～ 30 岁人口最主要的死亡原因。

尽管医学研究人员在减缓艾滋病肆虐方面取得了一些进展，但目前尚无治愈方法和疫苗。因此，我们拥有的控制艾滋病传播的主要武器就是劝导，即找到一种说服人们改变其危险行为的有效方法。为此，美国政府已在大众媒体投入数以亿计美元，用于艾滋病的信息普及和预防运动。尽管这些运动颇为有效地传递了有关艾滋病如何传播的信息，但总体而言，它们未能阻止年轻人发生高风险的性行为。例如，对性活跃的大学生的采访表明，尽管他们意识到艾滋病是个严重的问题，但大多数人都不愿停止随意的性交，而且看来只有少得可怜的人愿意经常使用安全套。原因何在？他们认为安全套不方便，不浪漫，令人想到死亡和疾病，而他们不想在准备做爱的时候去考虑死于一种可怕疾病的问题。

不用说，这是一个严重的问题。如果通过讲道理来改变行为的努力收效甚微，那我们还能采取什么措施来保护性活跃的少年和青年免受艾滋病侵害？几年前，在一次关于艾滋病的国会听证会上，公共卫生官员得出的首要结论是：由于青少年看起来不够重视艾滋病，教育工作者需要通过设计"把他们吓得半死"的沟通方式来引起他们的注意。

可惜解决方案并非如此简单。正如我们在第 24 章中看到的那样，恐惧诱导的问题在于，尽管高恐惧信息在某些情况下可能有效，但它们并不总能激发合理的解决问题的行为。事实上，在试图解决让性活跃的年轻人改变性行为这样的棘手问题时，我们所面对的或许正是那种高度恐惧很可能产生反效果的情况。也就是说，当涉及像性这样的愉悦之事时，如果你试图吓唬他人去做他们不想做、觉得困难或烦人的事情，比如使用安全套，对方往往会否认危险的存在，并让自己相信，像艾滋病这么可怕的事情极不可能发生在自己身上。

实际情况似乎正是如此。对性活跃的大学生的访谈表明，他们会经历各种盲目的否认、极为复杂的辩解和其他认知扭曲，好让自己继续进行不受保护的性行为而不去考虑可能的负面后果。例如，有些人成功地说服自己（错误地）相信，他们只需看外表就能分辨出谁是艾滋病感染者，或者是，"我的朋友当中肯定不可能有人得艾滋病"。简而言之，这些年轻人似乎在说："艾滋病是个严重且致命的问题，没错，但对我来说不是这样！"

年轻人倾向于否认现实，这绝不是最近才有的现象。事实上，大约 2500 年前，修昔底德（Thucydides）就记录了这一策略的使用，当时他怀着溢于言表的失望写道，年轻的雅典士兵在准备启程前往西西里岛参加危险的战事时，完全拒绝相信会有死亡的可能性；这些年轻人不去厘清思绪、为极有可能的死亡做准备,反而大谈他们对即将看到远方的兴奋之情。否认是一种强大的机制,而且它可能具有自我毁灭性,因为它使人们可以屏蔽或者歪曲理性的论证,从而不去采取有用的预防措施。

有鉴于此,我们可以如何劝导性活跃的年轻人对其艾滋病易感性进行更切合实际的评估,继而下定决心在发生性行为时使用安全套?一种有望成功的策略是找到消除否认的方法。与其通过直接讲道理来说服人们接受安全性行为的种种好处,我们或许不妨来个迂回进攻,绕过否认机制,唤起我们人类视自己为正直诚实之人的需求。

这一策略的运作方式如下。假设戴夫是一个性活跃的大学生,和大多数学生一样,他(1)不经常使用安全套;(2)成功地让自己无视无保护性行为所固有的人身危险;但是(3)意识到无保护性行为和艾滋病传播的危险。假设戴夫在放假回家时,发现他16岁的弟弟查理刚刚领悟性的美妙,正在吹嘘他多种多样的性经历。戴夫可能会对他说什么?很可能,作为一个有爱心、负责任的哥哥,戴夫会给弟弟的热情泼一点冷水,警告他当心艾滋病和其他性传播疾病的危险,并敦促他至少应该采取适当的预防措施。

假设我们是这家人的朋友,被邀请与他们共进晚餐,并且碰巧无意中听到戴夫和查理之间的这段对话。如果我们把戴夫拉到一边,说类似下面这番话,那会怎样?——"你给查理的建议非常好,我们为你如此有责任心而倍感骄傲,顺便问一下,**你常用安全套吗?**"

从心理学的角度看,我们是在建立一种迫使个体面对自身的虚伪的情境;也就是说,我们让戴夫意识到,他并未践行自己刚对他人说教的东西。精明的读者会看出,这种情境正是合理化陷阱的开始。我们人类希望把自己视为正直诚实的人。正直诚实的人言行一致。在这个假设的情境中,戴夫作为正直之人的自我概念受到他自己的行为的威胁,他的行为表明他可能不够正直,他的行为可能很虚伪。戴夫如何才能将自己的行为合理化，重新树立自己作为一个正直的人的自我概念？只有一个可靠的方法：立即开始践行他刚对弟弟查理说教的内容。简而言之，立即开始使用安全套。

我们与杰夫·斯通（Jeff Stone）、卡丽·弗里德（Carrie Fried）以及其他几位我们以前的学生一起做了一系列实验，构建了和前面举的这个例子非常相似的程序。[1]具体地说，我们引导大学生发表一个令人信服的演讲，讲述艾滋病的危害，并敦促听众每次发生性行为时均应使用安全套。我们对演讲进行了录像，并且事先告诉演讲者，作为一堂性教育课的一部分，我们会向高中生播放该录像。随后，我们请演讲者努力回忆并告诉我们，在日常生活中有哪些情况下他们发现自己很难或无法使用安全套，从而使他们意识到自己说一套、做的却是另一套这个事实。

没有人想当伪君子。当面对自己的虚伪时，大学生可以如何重树对自身正直品格的信念？就跟前面那个虚构的例子中的戴夫所做的一样：下定决心改变行为，使之与自己宣讲的内容一致。在我们的实验中，我们将这些大学生的行为与一个类似组别进行了比较，后者只是撰写和录制了他们支持使用安全套的讲话，但并未被提醒和意识到自己的虚伪。实验的结果清楚而有力。在实验中感觉自己像个伪君子的大学生，实验结束后购买的安全套数量要多得多；而更加令人印象深刻的事实是，在大约3个月后接受有关性行为的电话采访时，92%的人报告说他们现在经常使用安全套。这个比例几乎是那些未面对自身虚伪的学生的两倍。

这个实验隐含的意义引人注目。过去20年来，我们一直在乞求、哄骗、恐吓和恳请我们所爱的人采取措施，通过安全的性行为来避免感染艾滋病毒。而与此同时，这种致命病毒一直在传播，我们无助地看着一个又一个朋友染上艾滋。现在，我们有了一种有效的劝导方式：只需让人们宣讲安全的性行为，然后提醒他们，他们自己的行为与其宣讲的内容不符。

第29章 身体力行

我们能否将此策略用于其他领域,应用于几乎人人都赞同某些做法很重要但就是不这么做的问题?让我们看一看环境保护问题。在这个领域,我们许多人都可能是伪君子。也就是说,大多数美国人自称环保主义者,也支持保护我们的自然资源,例如我们呼吸的空气和我们饮用的水。但是,当涉及实际行动,如回收利用、节约水和能源、拼车时,我们大多数人远未做到我们自己公开支持的行为。美国公民占世界人口的6%,却消耗了世界约33%的资源。我们中的许多人似乎感觉只需把"拯救鲸鱼"的保险杠贴纸贴在汽车上,自己就承担了应尽的责任。我们如何利用揭穿虚伪策略,使人们更加意识到他们并未践行自己低调宣讲的环保行为呢?

我们和我们的学生试图解决这个问题。在一项研究中,我们请求人们发表一个号召他人回收瓶子、罐子和报纸的演讲;随后,我们请他们回想有哪些时候他们自己未能回收利用资源。[2]正如在安全套实验中一样,这使他们意识到自己的虚伪。接下来,当我们请求他们自愿报名协助回收活动时,这些人比同样发表了演讲但并未面对自身虚伪的人要踊跃得多。类似的事情再次发生:在产生自己像个伪君子的感觉时,人们找到了重新感觉自己是个正直的人的唯一确定的方法,那就是开始践行自己宣讲的内容。

我们还使用揭穿虚伪策略来帮助缓解另一个紧迫的环境问题:节约饮用水。[3]几年前,加利福尼亚州中部严重缺水。我们大学的行政部门想方设法,试图通过讲道理说服学生缩短淋浴时间以节约用水。他们在宿舍以及运动场的更衣室张贴标语;他们对学生发表鼓动人心的讲话,介绍水资源短缺的危害以及如何节约用水。必须指出一点,说到环境问题,我们大学里的学生是一个觉悟异常之高、责任心异常之强的群体。他们关心拯救鲸鱼,保护红杉;他们在意花斑猫头鹰的栖息地;他们坚决反对不加区别地倾倒有毒废料。但是,唉,校方的敦促对我们大多数本科生的冲澡行为影响微乎其微。显然，对我们绝大多数学生来说，洗个长时间的、惬意的淋浴实在太有吸引力，因此无法轻易放弃。我们的猜测是，每个人可能都认为，"就我一个人"偶尔冲个长时间的热水澡不会给节水事业造成多大损害。但是，当然，要是几乎所有学生都这么想、这么做，那确实会造成很大破坏。

鉴于直接沟通未能对学生的淋浴行为模式有丝毫影响，我们决定尝试让学生意识到自己的虚伪，从而使其缩短淋浴时间。在我们的实验中，一名研究助理站在大学运动场的女性更衣室内，随机拦住几名刚锻炼完、准备冲澡的学生。研究助理问每名学生她是否愿意在一张鼓励他人节约用水的海报上（用很大的大写字母）签名。海报是这么写的："节约用水！缩短淋浴时间！如果我能做到，你也能！"随后，研究助理请她们完成一份"节水调查"，调查的内容旨在让她们意识到，她们的淋浴行为往往很浪费水。简而言之，我们使学生意识到以下事实：在节水方面，她们没有践行自己宣讲的内容。

然后，我们将她们的淋浴行为和一组仅仅签署海报、但未通过节水调查意识到自己虚伪的学生进行了比较。我们能够直接测量她们的淋浴时间：另一位研究助理毫不显眼地等在一旁，（用隐藏的防水秒表）记录她们的淋浴时间。我们的干预非常成功。与安全套实验一样，虚伪的感觉对学生的行为具有重大影响。也就是说，应要求倡导缩短淋浴时间、同时也被提示自己过去的行为的学生，洗澡的时间非常短，只洗了三分半钟多一点点，是学生通常淋浴时间的零头。

在这些实验中到底发生了什么？我们必须指出，实验结果并不仅仅是虚伪感所导致，也就是说，并不仅仅是人们的虚伪感导致他们使用安全套或缩短淋浴时间。虚伪无处不在，通常不会带来行为的重大改变。举个例子，政治喜剧演员艾尔·弗兰肯（Al Franken）不久前讲了一个已经过时的老笑话："快说，纽特·金里奇（Newt Gingrich）、鲍勃·多尔（Bob Dole）、菲尔·格拉姆（Phil Gramm）和乔治·威尔（George Will）有何共同点？他们都比拉什·林博少结一次婚。"[4]（林博结了三次婚）这是个过时的笑话，因为就在弗兰肯讲这个笑话的时候，纽特·金里奇正背叛他的第二任妻子，并且后来与之离婚，以便跟他的第三任妻子结婚。这个笑话之所以具有讽刺意味，是因为这些专家和政治领导人多年来一直在发表演讲、撰写专栏，宣扬稳固家庭的价值。如果我们认为让婚姻幸福长久是家庭价值观的一部分，那么他们的所作所为或可被视作虚伪。这种虚伪本身会影响他们的行为吗？很可能不会。无论政治派别如何，政治人物，以及像你我这样的普通人，都不时会做一些虚伪的事，它对我们的整体行为没有多少影响。

从丹尼尔·巴特森（Daniel Batson）和他的同事最近进行的一些研究中，可以看出人类具有使用各种思维扭曲来否认自身的虚伪的趋势。[5]在这组实验中，大学生面临着道德困境。他们被要求给自己和另一个人分配某个实验当中的两种不同待遇之一：一种条件较好，参与者可以获奖；另一种枯燥乏味，没有奖励。从公平的角度来说，参与实验的大学生和另一个人被分配到好条件的概率应该是相等的。但是，谁愿意在一个又黑又脏的旧实验室坐一个小时，完成一项无聊的任务，尤其是你本来可以开心地获得奖励的时候？在这种情况下，你会怎么做？公平分配，还是自己享受美好时光？巴特森和他的同事们发现，学生们试图二者兼得！首先，大多数学生会让另一个人去做无聊的任务，在一项典型的研究中，只有15%的学生自己承担了无聊的工作，远低于依照公平法则应该达到的50%。不过，绝大多数自己承担有趣任务的学生**试图**表现得合乎道德和公正原则，他们的做法包括实际操纵结果但表面通过抛硬币来决定任务分配，或假装他们只是在接受其他人的不公平决定等。换句话说，他们在道德上是虚伪的：假装公正而其实并不公正。巴特森和他的同事们确实找到了一种防止道德伪善的方法。在以下情况下，学生们最有可能公正行事：（1）被提醒做事应该公正的道德标准；同时（2）让他们对自己的道德标准产生自我意识。

我们的重点恰在于此：在我们的实验中，虚伪感之所以能发挥作用，能导致根深蒂固的行为发生重大变化，原因就在于人们充分意识到自己的虚伪，并被提供了一种完全合情合理的方式来改善自己被玷污的正直品格，如使用安全套或缩短淋浴时间。如果没有清楚地意识到自己的虚伪，那我们所有人都倾向于无视我们的虚伪之举，不对它采取任何行动。如果没有某种明显的、可行的、亲社会的途径来恢复我们的诚信，我们或许会采取象征性的行动了事，例如穿上政治正确的T恤或在汽车保险杠上贴上冠冕堂皇的贴纸。

到目前为止，我们一直在讨论利用虚伪感来促进大多数人认为值得的甚至崇高的目标和行为。也就是说，我们大多数人可能会同意，如果目标是引导人们在环境问题上以负责任的态度行事，那么诱发诸如虚伪感之类的强大机制是个好主意，如果目标是拯救自己及其性伴侣的生命则更是如此。但是，诱发虚伪感的做法也有其比较阴暗的一面。和本书中讨论的大多数劝导策略一样，诱发虚伪感是一把双刃剑。如果诱发虚伪感仅仅是为了获得财务利润，那会怎么样？

举一个典型的例子。不久前，我们的一些学生向我们报告说，他们在考虑参加一个商业性的养生水疗项目。他们来到项目说明会时，被要求填写一份"生活方式"调查问卷，里面包括诸如此类的问题：您认为健康重要吗？您认为定期运动重要吗？您现在的运动量多大？您愿意增加运动量吗？

很自然地，他们对所有"是/否"问题的回答都是"是"。毕竟，他们正在考虑参加养生水疗，说他们认为自己的健康不重要可谓荒唐！接下来，如果他们面对强行推销的宣传迟疑不决，或者对支付价格不菲的月费表现出丝毫犹豫的话，项目方就利用他们的答案，使他们看起来像伪君子——"听起来是一大笔钱，您这么说是什么意思呢？这关系到您的健康。您仍然认为自己的健康很重要，不是吗？"

或许有人会说，这个目标（身体健康）对当事人有益，因此养生水疗中心老板对该策略的运用就和节水、资源回收利用以及预防艾滋病一样意义重大。要是水疗中心老板没有从中获取可观的利润，我们或许会认为这一观点更具说服力。我们想迅速补充一点：看来养生水疗中心的老板们已经使用这个技巧好几年了，早在研究人员进行有关虚伪的科学实验之前，他们就开始这样做。无须社会心理学家的帮助，致力于赚钱者常能偶然发现赚钱的邪恶方式。

但是，说到虚伪感和劝导，这种特定的黑暗中也总有一丝光明。参观养生水疗中心的学生们觉察了对方诱发虚伪感的策略，因此得以成功将其揭穿，这不过是企图利用他们的情感、让他们感觉自己很虚伪从而乖乖掏钱的伎俩。为什么他们能做到这一点？他们最近听了一堂关于虚伪感诱发策略的课，为自己新培养的识别和抵制宣传的能力感到欣喜。掌握了有关劝导的知识，往往就能如此。

第 30 章

稀缺心理与幻象的神秘魅力

土豆并不总是像今天这样受欢迎。在 18 世纪末,法国人相信是土豆导致了麻风病;德国人种土豆只是为了喂牛和给囚犯吃;俄罗斯农民认为土豆有毒。这一切在俄国统治者凯瑟琳大帝(Catherine the Great)机智地下令在马铃薯地四周筑起围栏之后发生了改变。政府张贴出大幅告示,警告民众不要偷土豆。[1]土豆成为俄罗斯人饮食中的主食,接下来的事就世人皆知、无须赘述了。

凯瑟琳大帝发起的将马铃薯引入俄罗斯人饮食的运动利用了一种常见但有效的劝导原则:**稀缺促进销售**。让一样东西显得稀缺、无法获得,或者设置障碍、加大获取它的难度,便能增加其吸引力。有一句老话可以改成:"稀缺产生美。"

广告商和销售代理都深知,稀缺促进销售。他们的广告声称"任何店都买不到""售完即止""限量版""供应时间有限"。有时他们故意限制供应。例如,作为纪念性餐盘、纪念性小雕像和纪念币等"收藏品"直销商,富兰克林铸币厂经常声称:"生产数量有限。售完不补。模具将被销毁。"另一位金币商人为销售设下"每单仅限五枚金币"的限制。

第30章 稀缺心理与幻象的神秘魅力

汽车经销商常说:"这款车我们只拿到两辆,昨天卖出了一辆。"当地的销售员愉快地告诉你:"这就是我们的所有库存,我们不能保证总有货,抱歉。"

从1959年的芭比娃娃开始,几乎每年都有一个(或两个)玩具变成炙手可热的稀缺品,今年,椰菜娃娃;明年,忍者神龟;然后是恐龙战队(Power Rangers)、菲比精灵(Furby babies)和瘙痒娃娃(Tickle Me Elmo doll)。下一年会是什么?瘙痒娃娃的故事很有启发性。这个玩偶有广受喜爱的特点:被抚摸时,它会咯咯笑而且身体震动。不过,瘙痒娃娃有一个尤其能让收银机响个不停的特色,那就是它们经常缺货。为了给孩子买到这些娃娃,父母要排好几个小时的队。在玩具商品部,顾客会因为争抢最后一个娃娃大打出手。商店会举办抽奖,以决定谁能赢得购买瘙痒娃娃的机会。一些人将自己的瘙痒娃娃拍卖,卖价超过500美元。瘙痒娃娃的销量激增。

稀缺的魅力何在?当一个物品变得不可获得,并因此成为**虚幻的**选择时,会发生什么?想一想一名普通的俄罗斯农民在看到新近被限制进入的马铃薯地时,肯定会有什么样的想法和感受:"嘿,他们干吗要把这些土豆围起来?这些土豆肯定很值钱。不知道他们会派个警卫守在这里吗?他们肯定会,他们会确保只有有钱人才能吃上土豆。我可不想让他们得逞。天天喝甜菜汤,我受够了。我想吃土豆。"

正如我们假想的这个农民所示,幻象可以牢牢抓住想象力。得不到的东西变得充满吸引力。当我们发现某种商品稀缺或可能无法获得时,我们首先的推论之一就是它一定也很受人欢迎。要不然它怎么会如此稀缺呢?我们倾向于使用一个简单的规则,或曰启发式规则:如果它较为罕见,或者无法获得,那它一定是有价值的。正是因为这个原因,研究者才会发现如下一些现象:女大学生相信,一双稀缺的尼龙袜应该比轻易就能买到的袜子价格高;孩子们认为,供应短缺的饼干要比供应充足的类似饼干更吸引人；听闻进口牛肉即将面临短缺的消息之后，超市和其他食品店的进口牛肉订单增至正常订购数量的2～6倍。[2]鉴于有关稀缺性和可获得性的信息轻易就能被操纵，这种技巧的宣传潜力几乎是无限的，而且人人皆可使用。

稀缺性和不可获得性的作用可不只是使某样事物看起来更加吸引人。虚幻替代方案的存在也会导致人们对现有选项的看法、评价和最终选择发生变化。我们与彼得·法夸尔和道格·卡尔文（Doug Calvin）一起进行了一系列实验，要求大学生在多个品牌的产品中做出选择。[3]有些组别的选择中包括一个很有吸引力的选项，但学生被告知这个选项现在缺货，不能选它。换句话说，我们呈现了一个虚幻替代方案。

结果怎么样呢？首先，一个有吸引力的幻象的存在使其他品牌看起来不那么吸引人，这种反差效应本质上与"诱饵"效应类似，但作用方向相反（请参阅第10章）。其次，幻象改变了决策标准的相对重要性。更具体地说，幻象在哪个属性上表现优越，这个属性就被视为最重要的决策依据。例如，如果幻象是一台有巨大内存的新电脑，或一辆油耗低的新车，那么电脑内存和耗油量就会成为决策的重点。这种决策标准的改变也会导致选择的变化。学生表示想买一个在幻象最出色的属性上得分较高的可选品牌的可能性明显增加。

就这样，幻象的存在可能微妙地影响我们的看法。例如，在听说有可能部署通常被称为"战略防御计划"或"星球大战"的空中防御盾牌之后，我们可能会认为现有的防御能力不足。它也可能促使我们将关注重点从常规军事武器转向战略性的高科技武器系统，尽管事实已经证明，常规武器在诸如巴尔干半岛或中东等地区的有限战争中更为有用。

幻象，比如说稀缺但可获得的替代选项，还能激发我们的情绪，娴熟的宣传者可以利用这些情绪大做文章。[4]与大多数消费品一样，拥有某种对其他所有人而言稀缺或无法获得的物品是定义自我的一种手段：

第30章 稀缺心理与幻象的神秘魅力

"我是独一无二的、特别的,因为我拥有其他任何人至少是很多人都无法获得的东西。"仅仅听说某个幻象就可能引发担忧和顾虑:"要是他们推出更好的产品,这东西就砸我手里了。也许我应该等等看。"这种体验在计算机行业极为普遍,以至于计算机专家有一个专门的词来指代预先宣布但却买不到的产品,即"雾件"。得不到满心期待的幻象可能是令人沮丧的体验,继而导致攻击行为(这是对为何会发生暴动和革命的一种解释)或酸葡萄现象(贬低曾经期待的幻象,好让自己和没能得到它的现实和解)。作为整个街区唯一没有那个新玩具的孩子,他(她)内心常常会产生匮乏感和无能感。最后,拿走某样物品或某个选项可能导致所谓的"心理逆反",即个人因其自由被剥夺而感到沮丧,会不惜一切代价想要恢复自主感和控制感。

鉴于无法获得的稀缺物品有能力改变我们的认知并激发我们的情绪,宣传者经常使用幻象作为劝导工具也就不足为奇了。我们称之为**"幻象陷阱"**,即调动一个人的大部分(如果不是全部)资源,试图获得无法企及之物。

幻象陷阱的一个重要特点是**"幻象固着"**,即将注意力集中在稀缺或无法获得的物品之上的倾向。当专注于稀缺或不可获得之物,我们有可能忘记和忽视可能的选择。沃尔特·米舍尔(Walter Mischel)的一项研究计划证明了这一点。[5]米歇尔正在研究儿童延迟满足的能力。在他的研究中,孩子们面对这样的选择:他们可以立即得到一小块糖果条,也可以等待一阵,在晚些时候得到诱人得多的奖赏,是一大块糖果条。哪些孩子最有可能等待目前得不到的奖赏?米舍尔发现,能够通过去想其他事情等方式分散自己的注意力、避免专注于任何一种奖品的孩子可以等待的时间最长,因此表现更好。一门心思想着拿到奖品的孩子经历了难以抗拒的巨大冲突,因此更有可能选择立刻就能到手但比较小的奖品。

米舍尔的实验证明了幻象会如何引导思想。诱人但暂时得不到的物品的存在能把我们的注意力和资源集中在获得想要的奖品上。此时,是否要退而求其次地接受不如幻象的物品就变成了一场只能通过"意志力"来解决的冲突,而我们许多人往往通不过这场考验。

这样的固着也可能带来积极的结果:它或许有助于人们调动全部能量来实现难以企及、但可能给个人或社会带来巨大好处的目标。它也可以被用于宣传目的。例如,新大陆的早期倡导者,比如拉尔夫·哈默(Ralph Hamor),利用种种承诺来招募定居者:青春不老泉、黄金、难以置信的财富,以及(如一本宣传册所称)"如此美妙简直令人难以置信的土地"。[6]许多人加入移民大军,因为这些宣传使他们对自己的生活越来越不满意,并开始寻找幻象,即理想中的黄金国(El Dorado)。如今,《精灵宝可梦》的宣传者也在利用幻象固着——"有些交易卡我就是找不到"——而且从中赚取了数十亿美元。很多时候,幻象固着可能是浪费时间和精力,尤其是当这个幻象其实是某种"红鲱鱼",的的确确没有办法获得时。此时,个人或机构可能耗费大量资源来寻找心仪的新雇员或进入新市场的机会,结果却发现一切都是徒劳,幻象从未真正存在。

我们与肯·弗里曼(Ken Freeman)和彼得·法夸尔进行的一项实验展现了幻象陷阱的另一面,即如何利用幻象引发的情绪来说服他人。[7]在我们的研究中,学生们首先通过完成手工劳动(拧紧螺丝,重新装满线轴盒)来赚钱。这笔钱用来购买普通办公用品,例如橡皮擦和曲别针。但是,部分学生去购买曲别针时遇到了一个始料未及的幻象,他们选择了最有吸引力的选项,却被告知他们挣的钱不够,买不了。尽管学生们对曲别针可能并不是太在意,但是,无法得到自己想要的东西,哪怕是曲别针这样微不足道之物,这个消息从许多方面来说都对个人构成威胁,就像许多人在被告知他们来晚一步没赶上促销,或者没有资格获

第30章 稀缺心理与幻象的神秘魅力

得购买新车的贷款时会感觉受威胁一样。

由于学生们容易受到影响，因此他们的情绪可被轻易唤起，选择也容易受到操纵。例如，意外遇到幻象的受试者中，有一半人被告知："既然你的钱不够买你想要的曲别针，我会给你拿跟它最接近的那一款。**这是你唯一的选择**。"这样的交流方式旨在激起逆反情绪，即人们想要恢复失去的自由的愿望，它奏效了：除了少数例外，所有受试者都明确拒绝了实验者推荐的品牌，转而选择另一款差异颇大的曲别针。而在另一种实验情境中，发现自己无法获得首选的受试者被微妙得多的方式操纵，他们被告知："你或许会想要考虑跟它最接近的曲别针。"这样交流的目的是既**不**引起逆反，同时又告诉受试者如何与他们最初的选择保持一致。结果，几乎所有受试者都选择了实验者隐晦推荐的曲别针。精明的读者会发现，这种不动声色的策略与我们在第28章中介绍过的许多不道德的销售代理所使用的"虚报低价"策略几乎完全相同，即先吸引客户，然后改变条款。

在这两种实验情境中特别有意思的一点是，无论受试者是抵制直接压力还是屈从于微妙的压力，他们的决定都并非基于产品本身的优缺点，而是基于幻象引发的情感。

幻象陷阱还有另一种形式，C. R. 斯奈德（C. R. Snyder）称之为"消费者第22条军规传送带"[1]，[8]正如我们前面所说，获得稀缺、罕见的产品会巩固我们作为独一无二和特别的人的自我形象。制造商知道这一点，并据此设计和推销产品。如果营销人员成功营造出一个产品是独一无二的感觉，那你就会渴望它，拥有它。但是陷阱在于，**其他所有人也一样**；突然之间，你不再独特。你获得的产品没能让你独一无二，相反，它让你变得跟芸芸众生一样。这进一步提高了人们对独特性的需

---

1 "消费者第22条军规传送带"意为消费者面临的无休止的窘境。——译者注

求,于是我们永无休止地追求下一个风靡一时的幻象。正如艾瑞克·弗洛姆所指出的:一旦我们开始用有形商品来定义自己,我们就注定陷入无穷无尽的不满。[9]

"这辆车不是谁都能开的,先生,你愿意接受我们的能力测试吗?"

幻象陷阱还清楚地表明了使用审查制度来规范人类行为可能会有的一些隐患。通过审查制度使某样东西"不可获得",这种做法可能会提高被禁品在人们心目中的价值。

此外,当我们将 X 级电影、"裸体"杂志等商品限制为仅供成人,我们就给孩子提供了一种现成的、证明自己已经长大、将自己定义为"成年人"的方式。从某种意义上说,我们无意中鼓励他们去摘取只有

第30章 稀缺心理与幻象的神秘魅力

成年人才可享用的果实。戴维·塞林格（David Zellinger）和他的同事们进行的一项实验很好地说明了这一点。[10] 在这项研究中，大学生们读到了对一本书的介绍，其内容和书籍护封上常见的介绍类似。半数学生被告知该书有"二十一岁的年龄限制"。在给出这样的信息以后，该书变得更有吸引力，学生们表现出的阅读意愿远远超过对照组。

如何避免幻象陷阱？我们有三条建议。[11] 首先，记住幻象可能存在于始料未及之处，不管这是别有用心的刻意安排，还是纯属意外的不可获得性所致。此时，预先制定应急计划是明智之举。例如，如果发现你想买的汽车缺货，你可以离开汽车展厅，而不是转向"最相似"的选择。其次，在应对幻象时，想象一下其他场景可能是个好主意，比如，尝试找到其他幻象，或接受某个唾手可得的选项。这将降低你沉迷于不可得之物的可能性。它也能帮你厘清追求幻象的相对成本和收益，或许还可以提出新的可行替代方案。最后，关注那些往往伴随着幻象出现的情绪，它们可能提示我们什么地方出了问题。尝试不对情绪做出反应，而对所处的情境做出反应。这可能再次表明，最佳策略就是走开，让自己有时间、也有冷静的心态，在做出决定之前更加仔细地观察。无论我们谈论的是耗资数十亿美元的防御系统，还是数百万美元的新计算机产品的引进，抑或仅仅是在购买家庭用车时要不要多花几百美元，要想避免幻象陷阱潜在的圈套可能都不是微不足道的。

第七部分

当信息失灵：
宣传对社会的挑战

第 31 章

教育还是宣传

传说希腊哲学家普罗泰戈拉是历史上第一个被公开焚毁著作的人。普罗泰戈拉生活在公元前 5 世纪，是一位智者，也就是以**传授劝导**之道谋生的人。他被焚毁的书卷已年久失传，但在许多方面和你此刻正在读的这本书类似，它也介绍了可在各种场合使用的各种劝导手段。看起来，几乎从西方文明诞生之初，一个人可以通过劝导影响另一个人，这种想法就被认为即使称不上卑鄙无耻，也是令人反感的。

另外，普罗泰戈拉的另一个职业，即教育者的职业，有时受到高度尊重。我们热切地将我们的孩子送到学校，希望他们能学一门有用的手艺，培养对生活中的美好事物的鉴赏能力，成为卓有成效的公民。但是，宣传与教育之间的区别到底是什么？

有人会说，早餐麦片和阿司匹林广告显然是想通过故意误导观众来高价出售商品。他们可以被视为宣传。但是，"兜售"总统候选人更为复杂。政治专家和竞选团队用以展示某候选人正面形象的手段完全可以被视作教育：试图通过尽可能清晰、有效和明确的介绍，教育公众了解候选人的政策和美德。

第31章 教育还是宣传

《美国传统英语词典》将"宣传"定义为"对既定信条的系统性传播",而将"教育"定义为"传授知识或技能的行为"。同样地,我们可能一致认为,早餐麦片和阿司匹林广告是宣传,旨在促进特定品牌的销售。但是,依然倾向于以刻板印象描绘女性和少数族裔的美国电视节目又算什么呢?或者,你更仔细地品一品,绝大多数的学校教科书呢?美国的历史教科书经常扭曲过去:它们忽略或淡化美国历史上不那么光彩的事件,将领导人描绘成高于现实生活、几近超人的形象,同时制造了美国政府的实际运作方式和其理论相一致的表象。直到不久前,非洲裔美国人和其他少数族裔的贡献几乎还一直被忽略。[1]这仅仅是在传授知识吗?

区分教育和宣传,这个问题可能比前面描述的情况还要微妙。让我们看一看公立学校教授的算术。什么可以更具教育性?我们的意思是,什么可以更纯粹、客观、基于事实、不受教义的污染?然而,事情并非它看起来的这样清清楚楚。还记得你的小学算术课本中使用的示例吗?大多数示例涉及买卖、出租、赚取工资和计算利息。这些例子并不只是简单地折射出教育发生的背景是资本主义制度,它们还系统性地认可这一制度,将其合理化,并暗示它是自然的、正常的。[2]

作为演示乘法和百分比的一种方式,教科书可能让琼斯先生以14%的利率从银行借款20 000美元,用于购买新车。在视收取利息为罪恶的社会比如早期的基督教社会,这样的例子会被采用吗?在认为人们不应试图拥有超出自身购买能力的财产的社会,这个例子会被使用吗?如果教科书用类似以下的问题代替前述问题,人们会有何反应:(1)一个四口之家每周需要100美元来购买食物,但支付房租后仅余25美元可用于购买食物。假设价值100美元的食物代表了充分的营养,这个家庭的营养不足百分比是多少?(2)美国政府每年支出1.5万亿美元,其中5 100亿美元用于老年人的医疗补助和社会保障计划,3 280亿美元用于国防，220亿美元用于教育。需要在教育方面投入多少钱，才能使其达到与国防相同的拨款水平？要想达到与老龄保障相同的拨款水平呢？[3] 我们并不是在说，在算术书中使用此类示例是错误或邪恶的，我们也不打算宣布在这场政治斗争中谁胜谁负。我们只是指出，像算术教科书这样看似完全无害的东西也可以充当宣传的工具。若果真如此，恰如其分地认识到这一点可能颇有裨益。

"第一频道"（Channel One）的诞生，令何为教育、何为宣传之争再度引起广泛关注。20世纪90年代初期，魏特尔通讯公司（Whittle Communications）创办了第一频道，向美国中小学提供"新闻服务"。[1] 学校可以接受如下协议：每个选择第一频道的班级将获得一台电视机、一台录像机和每天12分钟的第一频道电视节目，内容是新闻摘要，即50～175个字的简短新闻，主题为诸如英格兰女王访问美国、温妮·曼德拉（Winnie Mandela）被判绑架罪、美国海军陆战队为孟加拉国的飓风受害者提供救援等。作为回报，第一频道将在10分钟的"新闻"中植入两分钟的广告，广告商，例如麦当劳、玛氏公司（M & M / Mars）和百事可乐等，可以以每30秒20万美元的价格购买这些时段。网球鞋生产商锐步（Reebok）赞助了一档12分钟的体育节目。因为缺钱，将近12 000所学校连同它们的800万名学生选择了第一频道，以便获得电视机和录像机。

这项决定并非没有争议。支持者认为，今天的孩子是看着电视长大的，因此第一频道是唤起他们对公共事务的兴趣以及培养公民的有效手段。另外，批评者指出，第一频道是赤裸裸的商业宣传，被强加于没有选择权

---

1 1994年，第一频道被K-3通讯公司（K-III Communications）收购。K-3旗下拥有《十七岁》和《读者周报》，其所有者是因为以250亿美元杠杆收购纳贝斯克公司（RJR Nabisco）而闻名的KKR集团（又译科尔伯格·克拉维斯·罗伯茨公司，Kohlberg Kravis Roberts & Co.）。——原注

第31章 教育还是宣传

的观众;还有些人指出,美国民主可能不需要更多的新闻摘要,但是可以增加在充满活力的课堂讨论中出现的那种对时事的深入分析。

第一频道的效果如何?迄今为止的研究证实了批评者的担忧。例如,教育研究人员南希·纳尔逊·克努普费尔(Nancy Nelson Knupfer)和高中校长彼得·海斯(Peter Hayes)进行的一项研究发现,观看第一频道一年的学生,(相对于那些未观看第一频道的学生而言)对时事的总体了解并无改善;此外,在看完节目后的一天之内进行的测验中,大多数学生无法解释新闻到底说了些什么,或者为何这条新闻具有重要性。但是,学生们确实对节目中的广告展现出了几乎完美的回忆。[4]

在实际生活中,一个人将特定的教导视为教育性的还是宣传性的,在很大程度上取决于他(她)的价值观。回想一下典型的有关毒品滥用的影片,孩子们在高中时经常被要求观看。这些影片通常会说,许多深陷其中无法自拔的瘾君子是从试抽大麻开始的。大多数校方官员可能把这一事实性知识的呈现视为"传授知识",而大多数吸食大麻者则可能将其视为"既定信条的系统性传播",因为它暗示了吸食大麻会导致硬核毒品的使用,却没有提及绝大多数试抽大麻的人并未成为瘾君子,例如前总统比尔·克林顿。

同样,我们可以想一想中小学性教育这个话题,一名基督教联合会的成员会如何看它,而《花花公子》(Playboy)杂志的主编又会如何看它?对于一方而言,这是宣传;对另一方来说,这是教育。类似地,广告商经常争辩说,他们的广告绝不是出于宣传目的,而是致力于告诉消费者不同品牌的产品信息以及使用这些产品可能获得的好处。再比如,想一想关于生物课应教授进化论还是神创论的争论。科学家认为神创论属于宗教,因此在科学课中没有一席之地。原教旨主义者认为进化论是一种宗教教义,希望当局审查其他宗教,或者至少在课堂上给各方同样多的时间。

这并不是说，一切传播的信息都是极为偏颇、片面的信息。事实上，当我们处理一个人们意见分歧很大、饱含情感的问题时，可能无法构建一种双方都认为公平公正、不偏不倚的传播方式。研究人员发现，对于他们选取的有关贝鲁特大屠杀的完全相同的主要电视网络报道，亲以色列和亲阿拉伯的派别均认为报道存在偏见，对己方不利，这样的发现毫不令人意外。[5]你对2000年美国总统选举中佛罗里达州重新计票事件的看法，最有可能取决于你支持哪位候选人。如果你支持阿尔·戈尔，你可能认为重新计票是行使民主的绝佳举措，所有人的所有选票都很重要，都应该被统计在内，没有必要急于结束民主进程。相反，如果你支持乔治·W. 布什，那么在佛罗里达州的部分县使用成问题的计票方法重新计票无异于窃取大选的胜利。对于民主制度来说，两次重新计票就足够了。

研究还表明，许多美国人认为晚间新闻有偏见，但他们对偏见的性质持不同意见。[6]声称晚间新闻过于自由或过于保守、过于倾向共和党或过于倾向民主党、过于支持现状或过于寻求改变的人各占一半。问题的关键在于，所谓信息传播的偏见，往往只在"观者眼中"。民意调查总体上显示，跟普遍美国人相比，全国性精英媒体的从业者通常在文化问题上更偏自由派，在经济问题上更偏保守派。[7]哪些被归为宣传，哪些被归为教育，取决于一个人自身的宣传目的。在普罗泰戈拉时代，他的书被视为异端邪说。如今，类似的书或许被称为"教科书"。毫无疑问，本书的某些读者可能会选择质疑我们的教育目的，更愿意将本书视为对运用理性和公正的劝导策略的宣传。

仅仅依据传播的信息与自身的价值观是否一致就给它贴上"教育"或"宣传"的标签，这种做法从许多方面来看都是危险的。以战争宣传为例，其目的是说服一个国家对某个邪恶的敌人实施侵略行为。如果目的达成，战争行为就变得与我们的价值观一致，最赤裸裸的宣传被称为

第31章 教育还是宣传

"新闻"和"将国家团结在一起所需的信息"。于是，我们可能会在最需要保持警觉之时放松警惕。再想一想相反的情况，我们了解到一个令人不悦的事实，比如说，我们选出的总统所推行的政策在很大程度上导致了种族主义和贫困加剧。为了减少认知失调，我们把这个令人不安的信息称作"宣传"，认为它站不住脚。这样否认其可信度之后，我们在决策时不再需要考虑这一事实。在这种情况下，我们将错过就当今的重要问题教育我们自身，从而发现或许更卓有成效的行动方案的机会。

50多年前，心理学家、逃离纳粹德国的难民马克斯·韦特海默（Max Wertheimer）提出了宣传和教育之间的区别，我们认为他的观点值得借鉴。[8] 韦特海默认为，宣传试图阻止人们思考，阻止人们像享有权利的人一样行动；它操纵偏见和情感，将宣传者的意志强加于他人。与之相反，教育应为人们提供凭借自己的双脚站立、做出自己的决定的技能，它应该鼓励批判性思维。在韦特海默的框架下，诸如第一频道之类的节目是宣传，它们使学生沉浸在消费主义和不那么犀利的"新闻"世界中，未能给孩子们提供机会来发展参与民主所需的技能。

对此，可以做出何种教育性的反应？期望孩子们具有成熟的技巧来避开宣传是不现实的，无论是电视上、广告中还是教科书中的宣传。因此，教育的一项重要作用是给人们提供了解宣传的工具。对于第一频道（或任何其他形式的宣传），或许可以有以下这些回应：在孩子们看节目时老师不是忙于批改卷子，而是向学生指出广告是如何制作的，广告商使用了哪些技巧，或者第一频道的资金从何而来；老师拿出第一频道的一段视频，向学生提出挑战，让他们制作一个"更好的"新闻报道，也就是比第一频道更深入，并且从多个角度探讨问题的新闻报道。我们猜想，这样的经历会使学生意识到宣传是如何制作的，增加他们对时事的兴趣和了解，并使他们能够更好地就购买什么、相信什么等做出自己的决定。

韦特海默教育观的核心是从多个角度来探讨某个问题的批判性辩论和小组讨论。如何做到这一点？在20世纪50年代，组织心理学家N. R. F. 梅尔（N. R. F. Maier）制定了指导小组讨论和决策的指南。[9]他的研究以及我们最近与同事马琳·特纳（Marlene Turner）合作完成的研究表明，仅仅是让讨论小组知道这些指导原则就可以增加批判性思考，提高决策质量。[10]梅尔提出的激发批判性讨论的一些建议包括：

1. 不要把你听到的第一个答案作为**唯一的**答案。探索替代方案。问自己："还应该考虑什么？""我们还可能做什么？"

2. 让讨论始终以问题为中心，避免寻找借口或试图把问题归咎于他人。避免说"这真是个愚蠢的想法"之类的话。

3. 把关于解决问题或理解问题的所有建议记录下来，以便逐一全面探讨。

4. 在收集解决问题的若干建议后，可以提出探索性和评估性问题。例如："那样做最后会怎么样？""我理解这个问题了吗，抑或我需要搜索更多信息吗？""我对问题的假设有误吗？""每种建议的好处或坏处是什么？""有没有办法把建议综合起来，产生更好的解决方案？"

5. 保护个人不受人身攻击和批评，尤其是当他们提出占据少数或有分歧的观点时，毕竟，他们有可能是正确的。

6. 把你的目标定为理解小组中的意见分歧并努力解决分歧。

正如我们的讨论所表明的，某条给定信息究竟是教育还是宣传，这是一个复杂的问题，远远超出我们喜欢或不喜欢该信息的内容。因此，我们有必要仔细研究本书介绍的种种策略在宣传活动中是如何使用的，这正是我们在本书的这几章想要做的。在这样做的同时，我们会始终思考一个问题："哪些形式的教育和劝导能最好地服务于我们的社会，以及我们自己？"

第 32 章

什么是新闻

伊梅尔达·马科斯（Imelda Marcos）的鞋子。在费迪南德·马科斯（Ferdinand Marcos）执政晚期，很少有成年人在看到这个简单的词组时不知道我们在说什么。我们大多数人的脑海里会立刻浮现一个壁橱，里面摆放着数以千计的鞋子，颜色、样式和用途各异。这个画面最早是由美国广播公司（ABC）的新闻节目《夜线》播出，它成了马科斯作为菲律宾总统的长期标志性腐败统治的象征。作为一种象征，伊梅尔达·马科斯的鞋子的画面生动有效，也有点过于简单，但非常非常有用。这正是我们最有可能获得的那类新闻的典型特征，有着生动的画面，而不是深思熟虑的讨论。

每一天，世界上都有无数的事情在发生：战争、骚乱、消费欺诈、拼写大赛、家庭暴力、科学成就、政治演讲、痛苦和欢乐……显然，新闻媒体没有能力（也没有）报道所有这些事件。据估计，对一家普通的日报而言，每天有超过 75% 的潜在新闻条目被毙掉，永远无法见诸报端。对于电视新闻网络等全国性媒体来说，这个比例要高得多。举个例子，世界各地每天都在发生许多武装冲突。晚间新闻的观众或日报的读者通常只会获悉其中两三起冲突，经过多年的观看和阅读，他们能列举出的当前正在发生的战争或许不超过十二场。

新闻的选择性便是宣传的开始。正如沃尔特·李普曼曾经说过的：

> 如果没有某种形式的审查，严格意义上的宣传不可能发生。为了进行宣传，公众与事件之间必须有一定的屏障。必须限制与真实环境的接触，之后才有可能营造出被视为明智或可取的伪环境。因为，能直接接触真实环境的人有可能误解他们看到的内容，任何他人都无法决定他们会如何误解它，除非这个人可以决定他们会往哪里看，以及看什么。[1]

"通过把天气预报限制在7分钟，我们会有9～10秒来播出总统的讲话片段。"

任何想成为领袖的人都知道,他(她)的一个首要目标是掌握公众的新闻来源。纳粹党成立之初就建立了自己的出版公司——厄尔出版公司(Eher Verlag),其在鼎盛时期控制着150多家出版社,雇用约35 000名员工,年利润超过1亿马克。在担任元首期间,希特勒有计划、有步骤地奖励与其保持一致的记者(提供绝佳的访谈机会、晋升和党内优待),惩罚不同意纳粹政策的人(限制其获取新闻的途径,对其发动政府调查,吊销其营业执照),从而成功控制了媒体。[2]

管理新闻并不是极权政府的专利。就在美国本土,富兰克林·罗斯福总统跟大多数美国总统一样试图左右新闻,让新闻媒体充斥着亲政府的信息,只不过手法比其欧洲同行更为微妙。以1936年普普通通的三个月为例,罗斯福政府雇用了146名全职和124名兼职宣传人员,他们发布公开的新闻通稿约4 800条,共计发布700万份。仅工作进展管理署一年的印刷支出就超过100万美元——这一切都是为了鼓励新闻媒体去说服美国民众相信实施新政政策的必要性。[3]

在当今的西方发达国家,是哪些因素决定了哪些新闻会被选中,在电视台和电台中播出,在杂志和报纸上发表?在极权政权下,新闻通常由统治精英进行审查。这在西方国家较为罕见,一旦发生,通常会立刻招致抗议。由审查说唱组合引发的公众反应,或者有关"网络审查者"的笑话广泛流行,均可作为例证。这些笑话体现了人们内心对此类审查的敌意,尽管对网络审查的研究发现,当网络审查者看到一个脚本时,假如允许改动的话,实际上只需很小的改动就可以让该节目"适合播出"。

不过,在某些情况下,美国公民不仅接受直接审查的做法,而且似乎还鼓励直接审查。海湾战争期间便是如此:当时,五角大楼制定了旨在管控有关战争行动的信息流动的规则。[4]记者只有在被组织成小组并由一名军方领导人护送时,才获准报道战争场景,而这导致他们远离真正的战争行动。任何独立采访的记者都可能被宪兵逮捕。如果记者真的碰巧发现了有新闻价值的事件，当局会指派官员来指导记者迅速离开现场。由于鲜有机会获得第一手资讯，记者只能依靠官方的声明和政府发布的录像带。对此，很少有美国人抱怨。"周六夜现场"节目播出的一个滑稽短剧对战事报道进行了嘲讽，将记者刻画成沉浸于自我世界中的可笑之人，对国家安全知之甚少。时任白宫办公厅主任约翰·苏努努（John Sununu）订购了该期节目的录像带供白宫观看，认为它进一步证明公众支持军方的新闻政策。

但是，很显然，西方国家对**每日**新闻的选择不仅仅涉及传统的审查制度。想一想吧，新闻专线包含海量的信息，记者如何选择要在报纸上刊登些什么，在电视上播放些什么呢？为了回答这个问题，让我们看一下身为主要的新闻收集者的记者是如何工作的。[5]

新闻记者通常按"对口部门"工作，也就是说，他们被指定报道一组机构，比如当地的刑事司法系统，或者白宫、好莱坞、运动队等。这立刻给新闻报道注入了一个带有偏见的来源，即在对口部门之外或介于对口部门之间的事件获得报道的可能性较小，除非是重大灾难或其他重大事件。例如，《纽约时报》和《华盛顿邮报》刊登的报道中，将近60%来自固定渠道和对口部门。[6]对民众而言，这意味着源源不断的有关特定对口部门的报道，比如说，某好莱坞新星对家居装饰和裸戏的感受，或者我们喜爱的运动员受伤的脚指头的每日康复情况。对口部门之外发生的事情极少被报道，甚至不被视作新闻。例如，我们已经习惯了有线新闻电视公司（CNN）在播放"头条新闻"节目时，屏幕底端会有一个小横幅，列出体育赛事比分和股价。要是CNN突然改在那个地方发布拼字比赛获奖者和国家优秀学生奖学金获得者的名单，或者劳工健康状况统计数据，那会显得很奇怪。

大多数记者都受最后期限约束。无论发生什么，他们都必须在某个时间之前完成给定数量的报道。为了如期交稿，记者高度重视像政客或官僚这样易于联系的消息来源和受信赖的消息来源，比如之前曾与之交谈且做过"成功的"采访的人。由此也会产生至少两种偏见。首先，记者形成了自己报道新闻的套路。例如，报道犯罪的记者学会了从警方的犯罪通报和法院审判日历等处寻找新闻，并与警方和地方检察官建立关系，从中不断获得新闻素材；而其他可能有助于揭示犯罪原因的消息来源，比如福利机构、教堂、学术界或无家可归者则基本上被忽视了。其次，记者的报道套路导致同类型的人反复出现在新闻上。例如，一项对美国广播公司新闻台《夜线》节目嘉宾的调查发现，被邀请在节目中发表观点的绝大多数都是白人男性，主要受雇于政府、大学智库和企业。[7]女性、少数族裔、工会领袖和代表公共利益的人极少受邀出席。这样的嘉宾名单导致有关问题的讨论带有偏见，有些观点显然被排除在外。

　　记者受雇于公司的现象已越来越普遍。[8]在过去10年左右的时间里，美国的媒体所有权已经集中在少数机构手中。如今，23家公司控制着大多数电视、杂志、书籍和电影。有关媒体所有权的部分数据如下：60%的地方性日报隶属于14家连锁集团中的一家；三家公司主导了杂志业；6家唱片公司控制着80%的唱片音乐市场；电视网络黄金时段播出的影片中，有70%来自9家电影制片厂。所有权的集中给记者带来直接压力，根据对母公司的影响，有些新闻的报道受到鼓励，有些则不受鼓励。不过，更微妙的是，公司所有权令节目编排和报道范围有偏重。例如，尽管几乎所有美国人都是雇员和消费者，但几乎没有对公司政策及该政策对员工福利的影响的持续报道；任何将产品的安全性和质量信息告知消费者的报道，通常都被挤到报纸后面的版面和有线电视少人关注的频道。与之形成对比的是，股市的涨跌以及其他商业新闻则经常是报纸和电视"新闻"节目的重要内容。

第32章 什么是新闻

1999年拍摄的根据杰弗里·威根德（Jeffrey Wigand）的真实故事改编的电影《惊曝内幕》(The Insider)，精彩地演绎了一个特别有趣的案例。威根德是布朗-威廉森（Brown & Williamson）烟草公司的研究人员，他决定公开手头的证据，这些证据表明卷烟行业不仅意识到其产品具有成瘾性，而且其实还试图提高这种成瘾性以促进销量。因为各大烟草公司的首席执行官此前曾在国会宣誓做证称，他们不认为卷烟会让人上瘾，这些证据尤其具有破坏性。威根德冒着丢掉工作和因藐视法庭而被捕的风险，勇敢地和电视记者迈克·华莱士（Mike Wallace）一起出镜，接受电视新闻节目《60分钟》的采访。但是最后一刻（在律师的建议下），哥伦比亚广播公司（CBS）的高层决定停播这次采访以避免被卷烟公司起诉的麻烦，把威根德给坑苦了。

有这些压力或许已经够难的了，但记者还面临着可能决定其生计的另一种压力，即新闻故事能否吸引观众的注意力。所有电视节目，包括晚间新闻，都必须努力赚取利润，而这意味着要获得收视率和观众，以便吸引广告收入。那么，吸引人们看新闻的是什么？对这个问题的一项研究得出的结论是，大多数观众都希望获得娱乐和消遣，获取信息只是看新闻的次要动机。正如英国广播公司（BBC）的负责人所指出的，电视新闻只是另一种形式的娱乐。[9]为了确保高收视率和高收入，大众媒体的内容往往令人愉悦，基本不需要消费者花费任何力气，同时还能唤起观众的兴趣，抓住观众的情感，而且最重要的一点是，具有娱乐性。

因此，当新闻节目负责人决定要报道哪些事件，或者从每天海量的录像带中选择哪一小部分向公众播放时，他们至少在一定程度上是基于素材的娱乐价值来做出决定。对辛普森案、琼贝妮特·拉姆齐（JonBenet Ramsey）谋杀案或莫妮卡·莱温斯基事件的最新八卦的全天候报道，其娱乐性肯定比大众媒体所有权的集中或美国的总统选举要强得多，当然，如果大选结果有争议另当别论。大都市的洪水泛滥的镜头，要比为防洪而修建的大坝的镜头有意思得多：看水坝拦下洪水不那么令人兴奋。然而，建造大坝可能是更重要的新闻。

正如电视上播出的橄榄球赛之类的动态赛事比象棋比赛这样的静态赛事更具娱乐性一样，暴乱、爆炸、劫持人质、地震、大屠杀和其他暴力行为更有可能获得较多的播出机会，而有关人们彼此帮助或致力于防止暴力的故事获得的播出机会较少。事实上，通讯社将记者派驻在"行动中心"，例如法院、体育设施和警察局，而不是可能正发生更重要事件的学校、教堂和研究实验室。因此，地方新闻对体育动态的报道数量是对诸如学校经费、住房等社区问题的报道的 8 倍[10]，全国性电视新闻节目往往重点报道个体的暴力行为，如恐怖分子、抗议者、罢工者或警察，因为与和平、有序的行为相比，观看暴力行为令人更加兴奋。

构成一个好的新闻故事的要素是什么？一般而言，记者和编辑倾向于寻找这样的故事：（1）新鲜、及时；（2）涉及冲突或丑闻；（3）涉及奇怪和不寻常的事件；（4）发生在熟悉或有名的人身上；（5）能够被戏剧化和个人化；（6）简单，可以在较短的篇幅或时间内传播；（7）包含视觉元素（尤其是电视画面），以及（8）与某个当前在新闻或社会中突出的主题吻合。

有了对新闻媒体运作方式的这一理解，我们就能明白，为什么伊梅尔达·马科斯的鞋子的画面会被传送到全球各地、家家户户。《夜线》制片人与终结费迪南德·马科斯长达 21 年统治的"家庭主妇"科拉松·阿基诺（Corazon Aquino）结下了多年友谊，因为该节目给阿基诺的事业提供了可频繁发声的论坛，而《夜线》制片人也乐于这么做。阿基诺与马科斯的宿怨包含一部引人入胜的好戏的所有元素，即一个单纯的家庭主妇，继承其遇刺的丈夫贝尼尼奥·阿基诺（Benigno Aquino）的遗志，跟一个腐败、傲慢、与本国脱节、完全不知道如何和美国媒体打交道的统治者斗争。在马科斯政府倒台的当晚，《夜线》摄制组正在拍摄聚集在

第32章 什么是新闻

费迪南德和伊梅尔达·马科斯此前居住的宫殿之外的人群,科拉松·阿基诺的一名助手发现了他们,并邀请摄制组进入宫殿,独家探访这个私人住所。《夜线》摄制组在宫殿内转来转去,拍摄到种种不为人知的奢华富贵。但是,直到来到卧室,他们才终于找到所寻觅的视觉图像。正如《夜线》主持人特德·科佩尔(Ted Koppel)和制片人凯尔·吉布森(Kyle Gibson)所说:

> 然后,在壁橱里,我们看到这些鞋子。成千上万的鞋子。一排又一排的鞋架。各种各样的款式:轻软舞鞋、绑带裸跟鞋、平跟鞋、细高跟鞋。对于每种款式,至少有八双鞋排成一排,颜色各异。[11]

这些鞋子估计多达3 000双,这正是媒体需要的完美图像,也是ABC新闻网的独家报道。它们是关乎一个名人的咄咄怪事;视觉上具有令人信服的效果,也符合《夜线》当前的报道主题:马科斯政权极度腐败。尽管这些鞋子的确是反映腐败的理想图像,我们也可以问自己:关于菲律宾的腐败,这些鞋子真的告诉了我们什么吗?除了第一夫人有很多鞋子这一事实以外,我们对这个国家发生的事情有什么了解吗?

新闻媒体想要满足我们对娱乐的渴望,由此导致了报道中的偏见,媒体处理1970年得克萨斯州奥斯汀的"非暴乱"事件的方式便是极富戏剧性的一个例证。我们当中有一个人(埃利奥特·阿伦森)参与了这一事件。继得克萨斯大学学生临时组织一场反对美军出兵柬埔寨的示威活动,在示威中与当地警方发生对抗之后,双方之间的关系一直非常紧张。但是,与接下来似乎要发生的情况相比,这仅仅是一个序曲。数日后,在一次和平示威中,肯特州立大学的四名学生被俄亥俄州国民警卫队成员杀害。为了抗议这一事件,得克萨斯州的学生计划在奥斯汀市中心举行大游行。市政委员会担心会有麻烦,拒绝颁发游行许可证。深感挫败和愤怒的学生们决定不管怎样都要游行。有谣言说,数以百计携带武装的"红脖佬"和小流氓将来到奥斯汀,意图袭击学生。除此之外还有其他许多谣言,大致意思就是得州的州警和突击队员已被召集过来,决心对任何违反法律的人采取强硬的暴力行动。

看起来,局势似乎必然会演变成极端暴力事件。各大电视网络的新闻报道团队嗅到了激动人心的故事的气息,于是纷纷警觉起来,赶往奥斯汀。然而最终,爆炸性局势在最后一刻被化解:一名联邦法官顺应大学官员及数名警方人员的要求颁布了一项临时限制令,阻止奥斯汀执行反游行条例。尤其要感谢警方在其中发挥的作用,此次游行最后不仅完全没有暴力发生,而且见证了背景各异的社会成员之间善意和团结精神发自内心的大爆发。两万名学生参加了游行,但游行的气氛十分和谐。有些学生主动请警察喝冷饮,学生和警察互致友好的问候。考虑到此事发生在学生和警察之间明显普遍互不信任的大背景之下,可以说,它具有重要的意义。

有趣的是,几大全国性电视网络完全忽略了这一令人鼓舞的事态发展。鉴于来自各个新闻机构的全国知名的记者团队都在这一周来到奥斯汀,此事未得到报道似乎确实令人困惑。社会心理学家菲利普·曼(Phillip Mann)和艾拉·伊斯科(Ira Iscoe)给出了一个令人不安的解释:"由于未发生暴力事件,新闻媒体团队离开了奥斯汀,也就没有了全国性的曝光宣传。这种现象的隐含意义到现在已经不言而喻,令人悲哀。"[12]

值得一提的是,时隔数年之后,还是在奥斯汀这座城市,一次更具戏剧性但远没有那么重要的事件吸引了媒体的大量报道。大约50名"三K党"(Ku Klux Klan)成员举行游行,并和约1 000名反对者发生了冲突。有人扔石头和瓶子,有几个人被轻微划伤和撞伤。电视网络新闻和全国各地的报纸都突出报道了这场小规模冲突。显然，与和平表达善意相比，"三K党"和市民之间的一场小冲突被认为更具娱乐性。

发生在得克萨斯州奥斯汀市的这两个故事寓意很简单：如果想吸引大众媒体，请具备娱乐性。

如此这般的报道，无法平衡或全面地呈现当前世界上正在发生的事情，这并不是因为新闻媒体的经营者是邪恶的，必定试图操纵我们，而仅仅是因为他们试图娱乐我们。而且，在试图娱乐我们的过程中，它们过度简化、因此无意间影响了我们对世界的看法。例如，正如我们之前指出的那样，跟不怎么看电视的人相比，经常看电视的人往往会认为世界要暴力得多。

意欲制造新闻者如恐怖分子也看到了娱乐性的价值，学到了新闻即戏剧这一课。以1985年的贝鲁特人质危机为例。当时，乘坐TWA（环球航空公司）航班的约40名无辜的美国乘客被什叶派恐怖分子控为人质。电视摄像机为国内观众提供24小时全天候报道，涵盖危机的各个方面，事无巨细。恐怖分子举行的新闻发布会、人质举行的新闻发布会、痛苦的家人的近距离镜头、要求、反要求、手枪的挥舞、匪夷所思的言论、午餐的菜单。除了跟随人质进入洗手间外，电视摄像机什么都拍。这一戏剧性事件太吸引人了。

"新闻即娱乐"，广告商和直销商一次又一次地重新发现这一点。随着交互式有线电视、电脑公告牌和万维网的出现，有些销售商，出于对其产品发自内心的自豪，以为这些新技术会让他们有机会不受通常的30秒广告时间的限制，给消费者提供一些真正的信息。他们尽职尽责地准备了大型数据库，内容包括产品属性、新的使用思路、常见问题的解决方法等，结果发现这些信息根本没人看。销售商很快意识到，要想有效利用这项新技术，他们的演示就必须具有娱乐性。于是，他们不再展示信息，取而代之的是产品导向的电子游戏、竞赛和烘焙俱乐部。

纽约帕拉贡有线电视公司（Paragon Cable）看到了人们对娱乐的渴望具有何种威力。对于未能按时支付有线电视费的客户，帕拉贡不会切断服务，而是让它的 77 个频道全部播放 C-SPAN 电视台的节目。如你所知，C-SPAN 播出的是美国参议院和众议院会议上大多未经编辑的讲话，以及其他公共事务节目。帕拉贡公司的管理人员报告说，采用这种策略后，拖欠的收视费的收缴进度有了显著改善。[13] 显然，观看缺乏娱乐性的新闻要比完全没有新闻可看更痛苦。

这种渴望娱乐的结果就是出现了经过剪辑的录音片段和照片新闻，它们是一些由迎合观众口味的简短视觉影像组成的蒙太奇。每个事件、每个想法，都必须是某个戏剧性的故事的一部分，通过视觉影像详细地展现。易于戏剧化和视觉化的故事，例如被困在废弃井中的孩子，会迅速得到报道。更复杂的问题，例如最新的国民医疗计划的细节、经济或监管政策，除非能够以具体和直观的方式表达，否则很少受到关注。

有意成为领导者的人不论他们是和平示威者、恐怖分子、广告商还是总统候选人，都必须在这种娱乐环境中争夺注意力。为此，他们举行老一套的候选人提名大会；使用肯定能上晚间新闻的口号，例如"我求之不得""千万别这么做""请仔细听好"或"我会为你而战"；并参加无穷无尽的合影活动，如越南战争纪念馆、患艾滋病的儿童、对旗帜生产厂的访问，抑或阿拉法特和某以色列领导人在白宫前握手。[14]

对政治选战的电视报道变得更像是一部热门肥皂剧中的一集，而不是对民主和领导层的讨论。我们喜爱的肥皂剧角色的性生活，在角逐爱情和金钱的竞争中谁领先于谁，有关剧中人的最新谣言和八卦，他们遇到什么样的家庭烦恼和争执……正如我们了解这些信息一样，我们很可能也会发现政治候选人的性冒险行为，在最新民调中谁领先于谁，有关候选人的最新谣言和八卦，以及党内斗争的复杂性。在电视肥皂剧中，形象重于实质，在政治选战中也是如此。详细分析我们喜爱的角色的事业和家庭财务状况会让人感觉无趣。详细分析联邦预算也是如此。然而，两者之间有很大的区别：电视肥皂剧中的角色花的是假钱。政府花的是真实的纳税人的真金白银。

当我们一起窥视伊梅尔达·马科斯的壁橱，对着她的鞋子目瞪口呆之时，有什么是我们没有看到的？首先，新闻媒体未能对菲律宾的腐败问题进行详细讨论：腐败有多普遍？它是怎么开始的？它为何能够持续？美国在这场腐败中扮演了什么角色？这样的讨论对于制定美国对菲律宾的政策将具有巨大的价值。事实却是，菲律宾的政治事件被简化为类似意大利式西部片的情节，或者《天龙特攻队》(*The A-Team*)中的一集，即坏人占据了小城；一位诚实的公民，在其邻人的帮助下整治了城市，恢复了正义。其次，在所有采访和拍照机会中，我们从未听到伊梅尔达·马科斯解释她的壁橱里为什么有这些鞋子。格里·斯彭斯在伊梅尔达被控欺诈和非法获取钱财的刑事案中担任其辩护律师，据他说，马科斯夫人向他袒露，她之所以有这么多鞋，是因为菲律宾有许多制鞋厂。[15]作为第一夫人，她每年会从声称希望伊梅尔达·马科斯穿自家鞋子的公司获得数以百计的鞋。大多数鞋都毫无用处，因为不合脚，但她还是把它们存放在壁橱里。当然，这可能仅仅是自我开脱之词，有人好奇她为什么不把这些鞋捐给慈善机构。无论真相是什么，它都比一个摆满鞋子的壁橱复杂得多。任何被指控做错事的人都有权陈述自己的故事。身为公民，我们有权听取双方的声音，以便在充分了解信息后形成意见。这里我们或许可以补充一点：刑事审判裁定，对伊梅尔达·马科斯的一切指控不成立。

我们好奇，如果电视广告商和政客用只包含有用信息的广告取代所有华而不实的30秒广告，会有人愿意看吗？我们好奇，如果记者用对重要但可能乏味的问题的深度报道，取代当前在新闻上看到的大量具有娱乐性但往往扭曲事实的视觉影像，收视率会发生什么变化？广告商、政客和记者已经开始依赖娱乐性的影像和采访片段来传递信息,这种做法扭曲和简化了现实,因为它剪辑删除了其他一切资讯,只留下最具娱乐性的部分。我们对娱乐的欲望看起来永无止境,假以时日,它或许能成功做到希特勒最终未能做到的事情。

第 33 章

无效的信息战

假设你继承了某家电视台的控制性股权。这是一个影响人们对重要问题的看法的绝佳机会。假设你是国民医疗保险的积极支持者，你想说服他人同意你的看法。读完本书所阐述的劝导策略后，你知道要怎么做了，你也掌控着一种极为强大的沟通媒介。你如何着手去做呢？

这很简单：你选择某个需要很高智力水平的节目之后的时段，以确保收看者见多识广，然后，从正反两面陈述观点，因为对见多识广的观众而言，包含正反两面的论证效果最佳。在论述时你刻意做了以下安排：把支持国民医疗保险的强有力的论点放在前面，以便在观众心目中留下鲜明的印象。你描述穷人的困境，由于缺乏负担得起的医疗服务他们如何更频繁地生病、更早死亡。你从观众个人损失的角度呈现国家医疗保险的必要性，论述当前零敲碎打、不成体系的制度成本高昂，造成赋税增加。你使用你认识的人作为生动形象的个人例子。你讨论这些事件采用的是激发强烈恐惧的方式；与此同时，你给出了一个明确具体的行动计划，因为这样的组合能给最多的人带来极大程度的观点变化和最多的行动。你展示了一些与自己立场相反的论点，并强有力地驳斥这些论点。你特意让演讲者表现得专业、值得信赖和非常讨人喜欢。你尽可能有力地阐述自己的观点,好让它与听众的初始态度之间的差异最大化。然后你坐下来,身体后仰,放松,等待人们的看法开始改变。

然而,一切并非如此简单。想象一下一名典型的观众:假设她45岁、中产阶层,是一名房地产经纪人,她认为政府对私人生活干预太多,她感觉任何形式的社会法案都是对个性精神的削弱。她在给晚上找点消遣的时候收看了你的节目,她开始听你支持免费医疗的观点。她一边听,一边对她最开始的信念感到有些不那么确定。她不再像过去那么确信,政府不应该插手医疗事务。接下来她会怎么做?

"真有人想听某个穷乡僻壤的制鞋厂起火的消息吗?"

第33章 无效的信息战

如果她的做法跟兰斯·卡农（Lance Canon）所做的一项实验中的受试者一样，她会拿起遥控器，切换频道，开始看《命运之轮》（Wheel of Fortune）。[1]卡农发现，当信心动摇时，人们听取与自己观点不一致的论述的倾向性会变弱。因此，你最想要说服、可能也最容易在你的说服之下改变观点的人，恰恰是最不可能继续听你精心设计的劝导信息的人。

早在1947年，赫伯特·海曼（Herbert Hyman）和保罗·希茨利（Paul Sheatsley）就已观察到劝导领域的这一事实：信息战往往不能改变人们的态度。[2]在解释信息战为何频频失败时，海曼和希茨利指出，人们倾向于获取的信息大多和他们感兴趣的事物有关，同时他们倾向于回避与自身看法不一致的信息。假使有人发现他们逃无可逃地接触了无趣的、令人不舒服的信息，常见的一种应对方法是扭曲和重新诠释该信息，从而忽略它可能促使自己更新观点和态度的影响。

尽管存在这些显而易见的心理方面的障碍，但通过提供合理的信息来影响态度和改变行为的尝试仍是一如既往。不管它是美国卫生局局长大规模邮寄的有关艾滋病的信息，还是印在电话簿前面的危机干预信息，抑或是罗斯·佩罗（Ross Perot）的政治电视广告，或我们虚构的医疗保险纪录片。如果这些行动未能考虑到人们选择性地接收某些信息、系统性地扭曲与自己观点不同的沟通的趋势，则它们很可能会失败。

你是否只能作罢，满足于向原本就支持国民医疗保险的观众群体播放你的信息？答案可能是肯定的，如果你坚持播放一部专门讨论该问题的严肃的纪录片的话。不过，在考虑其他替代方案之后，你或许会决定采取另一种做法。

你召集电视台的主管们开会。你指示节目总监找人编写几个剧本，以戏剧化的方式呈现一些家庭由于大病带来高昂医疗费用而面临财务危机的困境。你下令新闻部门写几篇特稿，介绍其他国家的国民医疗保险计划取得的成功。最后,你给深夜脱口秀节目主持人提供了几个笑话,他或许可以拿他那无能但却有钱的医生来开开涮。

尽管就提供的资讯而言,这些沟通方式无一能与纪录片相媲美,但它们累积起来的影响可能会更加重大。由于嵌入在戏剧性情节或新闻片段中,它们不一定会被打上支持国民医疗保险的标签;它们看起来是无害的,但它们的信息很明确。因为看起来不是明显地试图说服他人,它们应该不会激起多少抵触情绪,通过分散观众的注意力抑制了反论点的形成。最重要的是,人们可能会看下去,而不切换频道。

使用娱乐节目来传播观点,这种做法已成功获得了很高的收视率,并且改变了人们的态度和行为。[3] 例如,在1989—1990年播出季,"哈佛酒精计划"说服了电视制片人将"代驾"写入35部黄金时段电视连续剧的剧本中,以此推广这种替代酒后驾车的方案。随后的研究表明,受这些电视剧的影响,代驾的使用有所增加。

但是,我们是否必须放弃大众媒体作为关键资讯传播手段的功能,接受各种仅提供琐碎娱乐的节目?赛·施奈德(Cy Schneider)认为是,尤其是涉及我们的孩子时。施奈德为400多种产品制作了上千个儿童广告片,其中包括芭比娃娃、爱说话的凯茜(Chatty Cathy)和零号特工(Agent Zero M)等著名人物。他还参与了由玩具制造商美泰赞助的一系列儿童剧的制作,例如"玛蒂的好玩搞笑日"(Matty's Funday Funnies)和"豆豆和塞西尔"(Beany and Cecil)。他为儿童电视节目的现状如是辩护:

> 事实是,商业电视网络和电视台一次又一次地尝试过更好的节目,更有意义的节目。大多数情况下,它们没能吸引大量观众,因此在经济上无法生存。电视愿意支持的,只有这么多这种类型的节目。[4]

第33章 无效的信息战

使用大众媒体来传递信息或许困难重重,但并非不可能的任务。遵循以下这些简单的规则,信息战就**可能**成功:(1)让节目具有娱乐性,这是我们在上一章讨论过的原则;(2)不直接攻击观众的态度和观点;(3)使用本书介绍的各种策略,让节目具有说服力。[5]例如,在第二次世界大战期间,由歌手凯特·史密斯(Kate Smith)主持的一个电台节目极为成功地增强了美国人对战争的支持,并售出价值3 900万美元的债券,为战争筹得资金。[6]1965年,为倡导安全驾驶,哥伦比亚广播公司(CBS)播出了《全国司机测试》节目,这个节目让观众参与其中,对司机进行如何应对道路情况的测试。3 000万美国人收看了这个节目,其中150万人致信CBS,希望获取更多信息。[7]这两个节目都遵循了前面列举的规则。

公共电视台曾做出最为雄心勃勃的尝试之一,推出鼓励学业成就的《芝麻街》(Sesame Street)和促进积极的社会关系的《罗杰斯先生的邻居》(Mister Rogers' Neighborhood)等节目,试图利用大众媒体来达到启迪和教育的目的。这些节目背后的逻辑非常清晰:一名普通的美国儿童到高中毕业时,他(她)在电视机前度过的时间(17 000小时)会比在教室里度过的时间(11 000小时)更多。

这些努力看起来有望获得成功。[8]《芝麻街》自1969年以来一直在播出,美国大约半数的学龄前儿童每周观看这个节目。它包含一组可爱的角色,伯特和恩尼、埃尔莫、大鸟、爱发牢骚的奥斯卡,以及一系列节奏轻快、吸引注意力的短片,这些短片教授诸如计数、辨识字母和数字、词汇等技能。一项对该节目的早期评估发现,观看《芝麻街》的学龄前儿童在衡量字母和数字掌握程度的教育测试以及有关匹配、整理和分类技能的测试中表现出巨大的进步。不过,美中不足的是,在自然状态下,并不是所有的孩子都看《芝麻街》,特别是家庭条件不佳的孩子,他们原本是目标受众。但是,如果在家庭中鼓励观看行为,或者借助于开端计划（Head Start）[1]等大获成功的早期干预计划，那这个问题可以解决。

诸如《罗杰斯先生的邻居》等节目也取得了积极的成效。在这个节目里，弗雷德·罗杰斯（Fred Rogers）营造了一种接纳的氛围，孩子们在这里可以发现植物是怎么生长的，玉米片是怎么做的，了解到每个人（包括你自己）都是特别的，并搭乘电车前往"梦幻国"，用想象力探索社交世界。研究发现，定期观看此类节目的孩子更有可能具有利他精神，与同龄人合作，并参与其他形式的亲社会行为。与赛·施奈德的观点相反，看来，电视确实可以提供传授知识、教导技能的更高质量的节目；我们可以寓教于乐。

"寓教于乐"是一个值得称许的目标，特别是对我们的孩子而言。但是，事情往往说起来容易做起来难。在涉及复杂、快速演变且需要深度沟通和详细信息的"成人"问题时尤其如此。在这种情况下，以高度戏剧化、高度个性化和高度娱乐性的方式提供所需的信息可能很难，或者完全不可能。

罗伯特·恩特曼（Robert Entman）认为，尽管最近二十年来，获得更多关于政治事务信息的机会显著增加，但美国人对政治事务的兴趣和了解并未提高，甚至还很可能有所下降。[9]公众、媒体和政治领导人似乎陷入了一个循环。要想传递复杂的信息，需要民众感兴趣而且有见识。如果观众不具备一定的基础，记者和领导人必须简化他们的信息，将其包装为"娱乐"，于是进一步降低了公众整体上的成熟度。最终的

---

1 开端计划是美国联邦政府，以追求教育公平，改善人群代际恶性循环的一个早期儿童项目。是美国总统林登·约翰逊提出的，作为向贫困宣战的一项计划之一。自1965年起按照国会通过的一项法律开始实施的，该计划以联邦政府及州政府为主投入资金，由受过培训的教师对家庭条件不佳的儿童提供免费学前教育。——编者注

结果可能正如恩特曼的著作的标题所说,是"没有公民的民主"。我们中的许多人都为我们的孩子每天在电视上观看的不切实际的卡通世界而哀叹,并要求提供更多的教育节目。我们认为,作为成年人,我们对自己也应有同样的哀叹和要求。

第 34 章

潜意识法术：谁在引诱谁

想象一下，这是20世纪50年代，你去看当时的一部热门影片《野餐》(*Picnic*)。但是，位于新泽西州利堡（Fort Lee）的这家电影院跟你之前去过的任何电影院都不一样。你完全不知道，放映机装了一种特殊设备，它能让一些简短的词组在电影屏幕上闪烁，但速度非常快，以至于你丝毫觉察不到这些消息的呈现。在电影播放过程中，你侧身跟同伴嘀咕："天哪，我现在好想来一桶黄油爆米花、一罐可乐。"他答道："你每次看电影总是又饿又渴，嘘。"但是，又过了一会儿，他说："你知道吗，来点可乐和爆米花可能不是个坏主意。"

没过不久，你发现那天在电影院里想要爆米花和可乐的人并不只有你和你的朋友。远非如此。根据报纸和杂志的报道，广告专家詹姆斯·维卡里（James Vicary）偷偷把"吃爆米花"（EAT POPCORN）和"喝可乐"（DRINK COKE）这些词投射到电影屏幕上并闪烁1/3000秒。他声称，这使可乐的销量增长了18.1%，爆米花的销量增长了57.7%。在报上读到这条消息后，大多数人感到愤怒和恐惧。如果广告商可以使用这种魔鬼般的策略绕过我们有意识的思维，直接将下意识的指令发送给我

第34章 潜意识法术：谁在引诱谁

们的潜意识，那这真是一个可怕的世界。我们说的"潜意识"，指的是这个信息如此微弱或快速，以致低于可被意识觉察的门槛。

诺曼·卡曾斯（Norman Cousins）在其 1957 年为《星期六评论》（*Saturday Review*）撰写的一篇题为"搅乱潜意识"的文章中，一语道破了人们的这种感受。他思考着这种设备的真正意义，指出："如果该设备能够成功推销爆米花，为什么不能推销政客或其他任何东西呢？"[1] 他好奇那些能想到让这样的机器"闯入人类思维最深层、最私密的部分并留下各种划痕"的人，到底是什么样的人。卡曾斯的结论是，最好的做法是"将这项发明和与之相关的所有东西，附在计划进行试验的下一枚核爆炸物的中心"。

对潜意识策略的使用抱有疑虑的不只有卡曾斯。在威尔逊·布赖恩·基（Wilson Bryan Key）所著的一套四本装的畅销书中，他引导国民关注广泛使用潜意识策略的可能性。[2] 基指出，这种策略不局限于电视和电影。印刷品广告所使用的图片和照片中也经常被嵌入巧妙隐藏的信息，旨在诱发性唤起。他清楚地表达了对潜意识劝导术的担忧："所有阅读本书的读者，都受到大众媒体零售商的侵害和操纵，后者使用潜意识的刺激来对人的潜意识施加影响。媒体、广告公司、公关机构、工商企业乃至联邦政府本身，都在普遍运用这些策略。"[3]

各国政府已对批评者的强烈抗议做出了回应。澳大利亚和英国禁止潜意识广告。在美国，联邦通信委员会已裁定，使用潜意识信息可能导致广播许可证被吊销。美国广播电视协会（National Association of Broadcasters, NAB）禁止其成员使用潜意识广告。内华达州一名法官裁定，《第一修正案》（First Amendment）对言论自由的保护不包括潜意识信息。从许多方面来看，对潜意识影响力的怒不可遏体现了我们许多人对劝导的最大恐惧：劝导是一种无法抗拒的神秘力量。

不过，媒体的广泛报道和政府的决定并未终止潜意识影响策略的运用。实际上,这种做法已经扩散到自助产品。如今,消费者只需要访问当地的书店或互联网上的供应商,即可找到各式各样针对潜意识的录音带和录像带,旨在帮助人们实现提高自尊、改善记忆力、减轻体重、控制愤怒和脾气、增强性反应能力、克服性虐待的创伤等美好目标。为了让自己变得更好、更健康,美国消费者每年花费 5 000 多万美元购买以治疗为目的的潜意识录音带和录像带。[4]一家制造商表示,这些磁带可以发挥作用,因为潜意识信息绕过了有意识的思维,直接作用于潜意识,为消费者想要的生活奠定了基础。

有关恶意使用潜意识劝导术的指控也依然存在。有人声称,齐柏林飞艇(Led Zeppelin)等摇滚乐队在歌曲中植入了反向信息,敦促其听众敬拜撒旦。1990 年夏天,摇滚乐队犹大圣徒(Judas Priest)因被指控在他们的一首歌中录制了潜意识植入信息"去做"(do it)而受到审判。据信,这条植入信息导致该乐队两名年轻的狂热听众雷·贝尔纳普(Ray Belknap)和詹姆斯·万斯(James Vance)自杀身亡。

在 2000 年美国总统选举期间,滥用潜意识影响术的指控再次浮出水面。这次,在一则由共和党全国委员会出资制作的广告中,"RATS"(老鼠)一词出现了 1/30 秒的时间。广告在意识层面上的内容攻击了阿尔·戈尔的处方药保险计划,声称它将由一群官僚来管理。据称,通过把戈尔和民主党人比作啮齿动物,潜意识层面的"RATS"增强了意识层面的信息。

考虑到媒体的种种报道、政府的介入以及投入的资金,公众对一个最最基本的问题的关注却少得令人吃惊:潜意识影响术真的有用吗?

最近几年,我们一直在收集讨论潜意识影响的出版物,围绕这个主题,收集了来自大众媒体的 150 多篇文章以及 200 多篇学术论文,摞起来将近 61 厘米高。[5]这些文章向我们揭示了什么?

首先,有证据表明存在潜意识知觉,一种在意识之外进行的对信息最低程度的加工。最佳例证之一就是鸡尾酒会现象。假设你在参加一个

第34章 潜意识法术：谁在引诱谁

聚会，正专心听你朋友讲话，其他一切背景噪声都被抛在脑后。背景当中，有人提到你的名字。你的耳朵竖了起来，你开始关注提到你名字的那个人，尽管几分钟前你可能都不知道此人在房间里。这样的现象表明，你正在意识之外进行一些加工。研究通常表明，无意识的加工过程仅限于相对较小的认知任务。[6]

其次，在这些论文中，无一提出了明确的证据，以支持潜意识信息能够影响行为的观点。换句话说，没有一项研究令人信服地证明，潜意识诱导术对人们的动机和行为具有类似其倡导者所声称的影响。许多研究未能发现潜意识刺激带来的影响效果。有少数研究确实证明了存在影响效果，但它们通常要么无法被复制[7]，要么在方法学方面存在致命缺陷。例如，研究未能采用对照组，未使用双盲程序来排除预期效应，以及未确保以真正的潜意识方式呈现刺激。另外，这些研究常有可疑的做法，例如选择性地呈现正面结论而不是负面结论，使用不可靠的衡量标准，把内在不一致的结果描述得好像一致一样。阅读这些文献的其他人也得出了相同的结论。正如认知心理学家蒂莫西·穆尔（Timothy Moore）所言："没有实证文献表明存在较强的潜意识效应，例如诱发特定行为或改变动机。而且，这种观点与大量研究相矛盾，也与基于实验的对信息处理、学习和动机的认知不符。"[8]正如杰克·哈伯斯特罗（Jack Haberstroh）对学生和广告从业者所说："它有用吗？不，它没有用。表明潜意识广告没用的科学研究占据绝对优势。"[9]

让我们看一下其中的一些证据。在维卡里有关"吃爆米花/喝可乐"（EAT POPCORN/DRINK COKE）的研究报告发布后，人们做过若干次尝试来印证其发现。例如，1958年加拿大广播公司进行了一项研究，在深受欢迎的周日晚电视节目《近距离》（Close-Up）中，"现在就打电话"（PHONE NOW）的信息被潜意识地闪烁了352次。[10]在此期间，电话使用量并没有增加。当被要求猜测信息内容时，观众回了将近500封信，无一包含正确的答案。但是，几乎一半的回复者声称在看节目期间感到饥饿或口渴。显然，他们（错误地）猜测该信息意在让他们吃点什么或喝点什么。这不仅表明人们**想要**相信这种现象的确有效，它还证明了维卡里的影院研究所制造的期望的影响力。

如今，有越来越多的证据表明，其他研究人员之所以未能复制维卡里声称在他的"吃爆米花/喝可乐"研究中取得的发现，有一条重要的原因是：该研究可能从未进行过，往好里说，可称之为一个宣传恶作剧。让我们解释一下。维卡里声称的研究结果立即吸引了广告商、政府官员和研究者的注意，他们想要获得研究的细节。为满足这些需求，维卡里安排了几次机器的演示。有时，因为技术问题机器无法正常工作。有时机器可以工作，但观众没有感受到遵守潜意识指令的冲动。1958年，广告研究基金会敦促维卡里公布他的数据并详细描述实验流程。维卡里从未这么做；时至今日，有关其研究的最详尽的描述出现在《高年级学苑》(*Senior Scholastic*) 之类的杂志上，主要供初中学生在学校中使用。随着负面证据的积累，詹姆斯·维卡里终于在1962年哀叹他对整件事处理不当。他说："但是，比时机更糟的是，除了申请专利所需的工作之外，我们没有做任何研究。我在公司只拥有少数股东权益，也只有少量的数据，少到毫无意义。而我们手头有的东西，原本不应该被用于宣传目的。"[11] 这可算不上是对他原先声称的研究的肯定，要知道，维卡里最开始声称这项研究历时六周，涉及成千上万名受试者。

斯图尔特·罗杰斯（Stuart Rogers）提供了进一步的证据，证明维卡里的"实验"是场闹剧。[12] 罗杰斯当时是纽约霍夫斯特拉大学心理学系学生，他认为就维卡里的研究发现写篇报告会是蛮有意思的学期论文。于是，他开车去了离纽约不远的新泽西州利堡，想跟开展这项研究的人聊聊。他发现小镇的电影院非常小，小到不可能在六周内对近五万名电影观众进行试验。他向电影院经理打听这项研究，经理称自己的电影院

第34章 潜意识法术：谁在引诱谁

从没做过此类实验。斯图尔特·罗杰斯现在是一名市场营销学教授，公共关系是他尤为感兴趣的领域。他认为维卡里的"吃爆米花/喝可乐"实验是一场宣传骗局，意在为维卡里的营销咨询业务招揽更多客户。

那么，威尔逊·布赖恩·基发现的证明潜意识诱惑有效的证据又如何呢？他所报告的研究大多缺乏对照组或比较组。他的研究发现，在一个杜松子酒广告中，据称将"性"这个字嵌入冰块中时，62%的受试者体验到性感、浪漫或满足感，这样的研究发现丝毫未能告诉我们"性"植入的有效性。如果把"性"这个字从冰块中去除会怎样？也许62%的受试者仍然会体验到性感、浪漫或满足。也可能比例更高些，或更低些。反正没有这样的比较，我们压根不知道。不过，有研究者做过对照实验，让受试者看同样的印刷广告，其中有些嵌入了潜意识信息，有些没有。这些实验涉及的广告产品各式各样，从啤酒到照相机再到好时巧克力，但都没有找到证据来证明基的有关潜意识诱惑的猜想。[13]

你也不用担心摇滚乐中那些反向信息。尽管有证据表明一些摇滚乐队大多出于玩笑及蹭潜意识的热潮以促进唱片销售的目的，在其唱片中加入了倒着说的话，但研究已无可置疑地证明，这些信息对人类行为没有影响。例如，约翰·沃基（John Vokey）和唐·里德（Don Read）做了一系列设计巧妙的实验，向大学生播放反向信息。[14]他们发现受试者无法（1）区分反向信息是陈述还是疑问；（2）说明两个反向句子是否意思相同；（3）正确区分反向信息是有意义的话还是胡言乱语。在另一项研究中，沃基和里德发现，当逆向播放诸如"耶稣爱我，这我知道"之类的话时，受试者无法按照内容将其归入以下五个类别：童谣、基督教、恶魔类、色情、广告。

为了进一步说明潜意识信息的无效性并证明期望对人的影响，我们与杰伊·埃斯凯纳齐（Jay Eskenazi）和安东尼·格林沃尔德（Anthony Greenwald）一起，对大众市场上包含旨在提升自尊或记忆力的潜意识信息的录音带进行了研究。[15]两种磁带在意识之上的内容是相同的,都是各种古典音乐。但是,它们的潜意识内容有所不同。根据生产商的说法,提升自尊的磁带包含诸如"我有很高的自我价值,很高的自尊"之类的潜意识信息。提升记忆的磁带包含诸如"我的记忆和回想能力与日俱增"之类的潜意识信息。

通过在公共场所张贴海报和在当地报纸发布广告,我们招募了对潜意识自助疗法的价值和潜力感兴趣的志愿者,他们可能跟最有可能购买此类磁带的人相似。在研究的第一天,我们让志愿者完成各种自尊和记忆测试。随后,他们拿到潜意识录音带,但此处设了个有意思的机关:有一半录音带贴错了标签,因此有些受试者收到提升记忆的录音带,但以为它是提升自尊的磁带,还有些受试者收到提升自尊的录音带,但认为它是提升记忆的。当然,有一半受试者拿到的是贴着正确标签的录音带。

志愿者把录音带拿回家,每天听,持续五周,这是生产商所建议的为取得最佳效果应坚持的时长。五周后,他们回到实验室,再次完成自尊和记忆力测试;他们还被要求评价他们是否认为磁带有效。结果表明:潜意识磁带对自尊和记忆都**没有**影响,既没有改善也没有损害。但是,我们的志愿者有不同的感觉。认为自己听了提升自尊的录音带的受试者,更有可能相信自己的自尊有所提高,而认为自己听了提升记忆的录音带的受试者,更有可能相信自己的记忆力得到了改善。总之,潜意识磁带对提高自尊或记忆力没有任何作用,但对我们的受试者而言,它们似乎起到了作用。正如我们给那篇文章拟的标题所说,"你相信什么,就会期待什么(但未必就会得到什么)"。

我们的结果并非偶然。我们已在两种不同的情境下,使用不同的磁带重复了我们最初的研究,但尚未发现潜意识信息对人的行为有生产商所声称的影响。[16]此外,我们知道还有另外6项关于潜意识自助磁带的

第34章 潜意识法术：谁在引诱谁

独立的研究测试。[17]上述9项研究无一证实了生产商声称的潜意识疗法的功效，因此，美国国家科学院（National Academy of Sciences）和英国心理学会（British Psychological Society）得出结论，认为潜意识自助磁带没有治疗价值。[18]

有关潜意识的争议的历史能让我们学到很多有关劝导的知识，但它可不是潜意识的作用。尽管某些书籍、报纸以及潜意识自助磁带背面的宣传言之凿凿，但是潜意识影响策略的有效性尚未得到证明。当然，与任何科学领域一样，也许某一天，某个人，以某种方式研究出一种可能有效的潜意识手段，就像或许有一天化学家会找到将铅转化为黄金的方法一样。事实上，有些研究人员还在继续提出有关潜意识影响力的新说法。[19]与此同时，这个世界上还有许多其他类型的有效的劝导术比潜意识劝导更值得关注，比如本书通篇所介绍的这些。

如果潜意识信息效果这么差，为什么有这么多人相信它有效？在潜意识闹剧最为红火的时期进行的一项民意调查发现，听说过潜意识广告的受访者当中，将近81%的人相信它是当前流行的做法，超过68%的人认为它能成功销售产品。[20]最引人注目的是，调查还揭示出，许多人是通过大众媒体以及高中和大学的课程了解到潜意识的影响，这进一步表明，美国学校需要更好的科学教育。

潜意识影响力的概念之所以具有吸引力，第一个原因在于大众媒体对潜意识劝导术所做的种种报道。有关潜意识劝导的许多新闻报道都没有提及负面证据。当报道中提到否认有效性的证据时，往往已接近文章的末尾，给读者的印象是，即使往坏里说，潜意识劝导有效的说法也只是有些争议而已。

第二个原因在于我们的期待、希望和恐惧。潜意识影响这个问题最早成为美国人关注的话题是在朝鲜战争后不久，当时，在诸如《谍网迷魂》等电影中，其他一些看似神秘的改变人们想法的办法，如"洗脑"

和催眠性暗示，吸引了美国人的注意。水门事件后的那几年，人们对潜意识诱导的兴趣再度上升，当时许多美国人认为他们的领导人卷入了类似电影《电视台风云》（Network）所刻画的种种阴谋和大规模掩盖之中。威尔逊·布赖恩·基把潜意识影响力描述为大企业和大政府阴谋算计我们的又一个例子，从而给这个话题注入了新的活力。到了20世纪80年代后期，潜意识信息的话题再度被激活。这次，它与新时代的信念联系在一起，这些信念声称在人类个性中隐藏着强大的力量，可以通过魔法、水晶和潜意识指令加以控制，扬善去恶。或许是我们的是非善恶理论导致我们对潜意识影响的说法过于缺乏批判性。

最后，相信潜意识劝导术满足了许多人的需求。在我们这个宣传的时代，公民接受的有关劝导本质的教育少之又少。其结果是，许多人对基本的人际过程感到困惑和迷茫。潜意识劝导被描述为一种非理性力量，不受信息接收者的控制。于是，它获得了一种"鬼迷心窍我才会这么做"的超自然属性，能够说明和解释为什么美国人经常在劝说之下做出看似不合理的行为。为什么我花这么多钱买这种毫无价值的产品？潜意识法术。

但是，相信潜意识劝导术会令人付出代价。或许整件事中最可悲的地方在于，它分散了我们的注意力，使我们未能关注更实质性的问题。在寻找潜意识影响的过程中，我们可能会忽视广告商和销售代理采用的更有力、更明目张胆的影响策略。想一想在审讯犹大圣徒乐队的过程中披露出来的雷·贝尔纳普（Ray Belknap）和詹姆斯·万斯（James Vance）的自杀悲剧吧。[1] 他们生活艰难、吸毒、酗酒、触犯法律、有学习障碍、遭受家庭暴力、长期失业。然而，庭审和随后的大众媒体报道

---

[1] 本书作者之一安东尼·普拉卡尼斯在这次审判中出庭做证。他的证词包括本章介绍的许多证据。——原注

第34章 潜意识法术：谁在引诱谁

重点强调的是什么问题呢？人们没有聚焦于戒毒中心的必要性，没有评估美国青少年司法系统的利弊，没有对学校进行调查，没有研究如何防止家庭暴力，没有讨论失业对家庭的影响。相反，我们却沉迷于细数有多少潜意识恶魔能在唱针的针尖上跳舞。[21]

在这场审判中，杰里·卡尔·怀特黑德（Jerry Carr Whitehead）法官判犹大圣徒无罪，他说："从目前的科学研究来看，即使在被觉察的情况下，我们也未能证明潜意识刺激可能引发这么重大的行为。还有其他因素可以解释死者的行为，与潜意识刺激无关。"[22]也许现在是时候让潜意识法术的神话安息，把我们的注意力转向其他更有科学依据的人类行为的原因。

第 35 章

直接劝导

美国人平均每个月收到超过 21 封直接邮寄的函件，一年下来合计超过 20 磅（约 9 千克）的垃圾邮件。事实上，美国的所有邮件中有 39% 是不请自来的销售宣传，每年的数量高达 720 亿件。这些邮件兜售的物品各式各样，林林总总，从书籍到衣服再到家具和厨房餐具。这些邮件为种种你能想象得到的政治事业和亟须捐助的慈善机构募款。消费邮购行业的雇员有 200 多万人。

不妨看一下我们收到的两封此类邮件，以了解它们是如何运作的。其中一封来自自述以环境保护为目的的自由派政治组织"绿色和平"（Greenpeace）。另一封来自出版商清算所（Publishers Clearing House, PCH），它组织了一次抽奖活动，目的是吸引人们订阅杂志和购买其他产品。

在进一步审视这些邮件之前，我们必须指出，通过邮件、电话或互联网直接把产品卖给消费者的直销人员，会为其甄别有效销售策略的能力深感自豪。通常，直销商在寄出邮件的几周内会收到大部分回复。因此，他们对什么有效、什么无效高度敏感。他们经常会做简单的邮件拆

第35章 直接劝导

分实验,就同一诉求发出两个版本的邮件,看哪一个的回复率更高。如果你想学习劝导策略,不妨看看直销人员怎么做。[1]

关于直邮函件,首先要注意的一点是信封。它肩负着从信息密集的环境中脱颖而出,吸引你的关注并让你打开信封往下读的任务。劝导攻势的首条战线是姓名和地址。为了降低成本、提高回复率,邮件主要寄给对该信息最感兴趣的人。"绿色和平"组织邮寄名单的一个来源是其他类似事业的捐助者名单。出版商清算所的目标受众更广,它最想把邮件寄给总体来说较有可能对直邮广告做出回应的人,也就是那些购买过其他直邮商品,拥有信用卡,拥有自己的住宅的人。拉什·林博不太可能收到"绿色和平"组织的筹款函件,无家可归者也不太可能收到出版商清算所的抽奖活动报名表。

"绿色和平"组织的信封很大(9英寸 × 12英寸),棕色,看上去很正式。寄信人地址一栏,"绿色和平"组织特有的鲸鱼图案十分醒目。信封正中用黑体字写着:"内含:社区有毒物质报告。请在10天内寄还绿色和平组织。"

"绿色和平"组织的信封利用了若干基本的劝导策略来鼓励你拆开信封。第一,邮箱中常见的是4英寸 × 9英寸的小信封,大信封能在其中脱颖而出。第二,棕色信封与来自政府或其他官方机构的函件相似。心不在焉的收信人可能以为这是封重要的信而把它打开。把邮件包装成类似官方文件是颇为常见的技巧;很多时候,老年人收到的推销函件装在貌似政府支票或询问函的信封中。该技术的一种变体是让函件看起来更个人化,例如使用"真正的"邮票并在信封上加入使用蓝色墨水的"手写"便条。第三,鲸鱼这个象征符号对在意环境的人来说有启发作用。最后,有关社区有毒物质的信息可以引起人们的兴趣,同时也混杂着恐惧和紧迫感,给回复问卷设定的10天期限则进一步增强了这种感受。

出版商清算所的信封则没有那么含蓄。这个4.5英寸×11英寸的信封还是比大多数信封大，它的正反面有着超过15条的简短信息和符号。这些信息旨在令人兴奋和激发兴趣："最新活动，每月一个百万富翁，1 200万美元等你来拿！""快速通道。内附细则。""随函附上您的12张报名抽奖券。"信封上似乎贴着一张画蓝线的黄色便条。便条上写的话共计56个字，这字数对信封来说有点长，内容是祝贺收信人有资格赢得"超级大奖"，暗含的意思要么是你很特别，要么是你已经中了点什么奖。寄信人地址一栏印有出版商清算所的独特徽标，以提醒收信人，这就是"你在电视上听说过的大抽奖"。信封上还有特奥会（Special Olympics，世界特殊奥林匹克运动会）的标志，作为对有社会责任感的人的启发。不用说，我们已经猜到信封里是什么：一辈子仅一次的机会，中百万美元大奖。我们赶紧打开信封吧。

一旦打开信封，最引人注目的就是材料之丰富。"绿色和平"组织寄了8页纸，共1.5盎司（约42.52克），另加一个回函信封。出版商清算所寄了13页的材料（另附回函信封一枚和一些折扣很小的优惠券），重量总计2.5盎司（约70.87克）。还记得吗？信息的长度等同于信息的力度。

"绿色和平"组织的材料里面，首先吸引人注意的是一份"礼物"：12张彩色贴纸，印有"绿色和平"组织徽标和可爱但面临威胁的动物，例如袋鼠、海豚和企鹅。这些贴纸是免费送给你的。作为劝导策略，它们达到了一石二鸟的效果。首先，贴纸激发了互惠规范："我们给了你这些漂亮的贴纸。现在轮到你投桃报李了。"其次，通过使用这些贴纸，你接受了某个"社会身份"，加入了"绿色和平"组织这个格兰法龙，也因此更加认同其事业。

接下来值得注意的是一封长达4页，以"亲爱的朋友"开头，再次运用格兰法龙技巧的信。这封信首先请求你完成所附的调查表。使用像

第35章 直接劝导

这样的非随机样本进行调查,如何能真正实现"搜集信息"的目的,实在令人生疑。但是,通过完成调查并思考有毒废物问题,目标对象就启动了自发的劝导过程。

这项调查经过设计,旨在激起认同"绿色和平"的事业的认知反应。谁会对以下这些问题的主旨表示反对,或说不支持"绿色和平"的倡议呢?

> 每年,仅在美国就会产生3亿多吨有害废物。你是否相信你所在的州、地方和联邦政府正在尽一切努力保护你和你的社区免受这些废物的危害?(你是否反对)在你的社区内或社区附近放置有毒废物焚化炉或存储设施?

这样的问题会激起条件反射式的回应。请注意,此类邮件绝不会包含可能让收信人思考再三的棘手问题。例如,他们绝不会问:"你愿意为不使用杀虫剂的蔬菜水果多付多少钱?"或者"你愿意卖掉家用汽车、利用公共交通出行,以便减少对海上钻井的需求吗?"

不过,这封信的主体使用的是经典的恐惧诱导法。回想一下第24章的内容,在唤起高度恐惧并提出应对恐惧感的可行且有效措施时,恐惧诱导法最为有效。"绿色和平"组织正是这样做的。它以确定无疑的口吻阐述了问题:"如今,我们数以百万计的同胞都一致认为,有毒废物是当前公共卫生面临的最为严重的威胁。"信中列举了有毒污染的生动的例子。解决这种威胁的办法是什么?

> 许多人认为,有毒废物这个问题太大,对此什么也做不了。我们"绿色和平"组织不这么认为。"绿色和平"是一个针对我们的水源、空气和土地的污染者采取直接行动的组织,

致力于从源头切断有毒物质。在你的帮助下,我们可以做的比现在多得多。

这封信继续列举一个个生动的例子,讲述"绿色和平"组织的成功故事和未来行动计划。它请求你,不一定要成为与主要污染者直接对抗的"一线"活动分子,只需寄回你的社区有毒物质调查表和捐款即可。请注意,提及一线活动分子是一个诱饵,好让"捐助行为"看起来相对而言难度更低,更加可行。为了进一步强调有毒废物的威胁以及你可以采取的措施,"绿色和平"在一份附加的广告页中表示可以给你一份家庭有害物质指南。只要你向"绿色和平"捐款15美元或以上,它便是免费的。

筹款活动的一个潜在问题是,请求他人捐款很多时候看起来可能只是为自身利益服务。"绿色和平"指出,其活动成员为了保护你的环境而将自己的健康和安全置于危险之中,从而最大限度地减少了这种可能的反应。

调查表的最后一项内容是捐款请求。收信人被要求选择捐款金额,包括15美元、25美元、35美元、50美元、100美元。请注意,相对于建议的捐款额100美元而言,15美元和25美元看起来何其微不足道;这是对比效应的实例,类似诱饵产生的效果。最后,附上一个邮资已付、写好地址的回函信封。这些善良、无私的人已经付了邮票钱,收信人因此有了额外的压力:不能把信扔进垃圾桶,"浪费这个钱"。

出版商清算所既使用了一些和"绿色和平"组织相同的劝导策略,也使用了一些不同的策略。寄信的目的是诱使你订阅一种或多种杂志。他们的回函卡给您留出了订阅杂志的地方,以及可为你赢得100万美元的"12个幸运抽奖号码"。如果想订阅,你必须从一张10.5英寸 × 22英寸的纸上找到与你想要的杂志对应的印花,把它贴到你的抽奖报名表上。尽管你不订杂志也可以参与抽奖，但有种种说辞鼓励你订阅，比如"快速通道！请在左侧贴至少一枚（杂志）印花，以便自动参与所有抽奖活动"，以及"如果你最近没有订购，这可能是我们可以寄给你的最后一份简报"。

出版商清算所寄来的材料里有一份免费"礼物"：购买宝洁产品时可抵扣十几美元的优惠券。就像"绿色和平"组织的贴纸一样，优惠券的赠予激活了互惠规范。此外，因为每使用一张优惠券，宝洁将向特奥会捐赠 10 美分，所以使用这些优惠券可以让人树立"愿意帮忙、关心他人"的自我形象。

一份插页称："别扔掉能让你中 100 万美元的抽奖号码。"还记得吗？我们之前曾提到，损失钱财的痛苦要大于赚到同等金额的快乐。通过把参与抽奖界定为避免损失 100 万美元，出版商清算所提供了寄回抽奖回执的额外动力。

其他插页介绍了可能抽到的奖品和往期的获奖者，并请你想象"中 100 万美元会是什么样子"；这是在使用自我销售法。有许多插页进行了个性化处理，带有收件人的姓名，以便吸引注意并帮助人们自我劝导。还有些插页介绍了只能通过出版商清算所订购的杂志，或者如果在报刊亭购买杂志就无法获得的免费礼物（请参阅第 30 章中关于幻象的讨论）。有张宣传单甚至提到，只要寄回订单你就能获得一面美国国旗（请参阅第 17 章中关于启发式方法和象征符号的讨论）。

出版商清算所的邮包还有一个有趣之处：所谓的"找贴纸游戏"。如果客户找到正确的贴纸并把它们贴到正确的位置，则有资格抽取特别奖品和奖金。我们收到的版本声称，找到 10 个特殊印花的话，奖金可以翻倍。这个找贴纸游戏是怎么提高你寄回订单的可能性的？要搞清楚这个问题，有一种方法就是记录你在找贴纸过程中的认知反应，并把它们跟如果没有找贴纸游戏，你可能会想些什么进行比较。

我们玩过一次找贴纸游戏。前几枚贴纸很容易找。随后，难度显著增加，我们开始想："那个双倍奖金的贴纸在哪儿？嗯……不在这个《商业周刊》贴纸旁边，也不在那个《消费者报告》贴纸旁边。哦，在这儿，用胶带粘在报名表上。聪明。现在，特别奖的贴纸在哪里？"就这么琢磨20分钟之后，我们成功找到了所有10张贴纸。但是请注意，这段时间我们没有去思考："哎呀，我真的需要再订一份杂志吗？"换句话说，找贴纸游戏分散了我们的注意力，使我们无法反驳真正的劝导性信息。如果你无话可说，那就唱歌吧！抽奖活动本身也可以做类似的解读。人们的注意力集中在希望渺茫的中大奖上，就不会去想拒绝销售宣传的理由了。

找贴纸游戏还有一个好处，它唤起了人们合理化自己付出的努力的需求。找到前几张贴纸的轻松感将你卷入游戏，并激起你找到全部的10张贴纸的决心。在费力寻找20分钟之后，你不太可能会说："天哪，这好愚蠢，我要把它们全部扔进垃圾桶。"相反，为证明自己的努力是合理的，你更有可能立刻寄出抽奖报名表，并且订购一些杂志来增加中奖概率。

以上我们对直销手段的描述，呈现的是关于这种劝导方式相当悲观的画面。只要细细审视劝导手段，就可能让人产生遭到背叛和受到操纵之感，即便在解析某件艺术作品，如解析达·芬奇的画作《最后的晚餐》(Last Supper)或莎士比亚的《暴风雨》(The Tempest)时，也可能出现这种情况；因为每件艺术作品都有它自己的观点。我们的目的不是要说被推销的产品的坏话，也不是要谴责直销商使用这些手段。事实上，精明的读者毫无疑问能从我们自己的文章中找到无数使用格兰法龙法、诱饵法、生动意象法等手段来证明本书观点和（我们希望）吸引读者注意的例子。

我们并不反对使用吸引注意力的手段本身。我们反对的是以欺骗性

第35章 直接劝导

的方式使用手段,这种做法不能澄清手头的问题,只会混淆视听。例如,找贴纸游戏模糊了订购杂志的正当理由,而带有偏见的提问措辞会错误地引发情绪,遮盖重要的环境问题。事实上,就在我们撰写本章之时,为应对州检察长提起的一桩诉讼,出版商清算所已同意停止使用某些影响策略,并明确指出购买商品不会增加中奖概率。劝导并不总是需要导致欺骗和混淆视听。

说到这里,我们必须指出,直销经常是消费者投诉的对象。人们对直销最为常见的批评有两种。一个是欺诈,说他们不讲诚信,承诺提供产品和服务但实质并未提供,或提供的产品跟广告宣传相差太远。另一个是扰民,他们发送的垃圾邮件塞满人们的邮箱。声誉良好的直销商对这些问题感到担忧,毕竟,这会影响他们的销量。因此,他们成立了直销商协会,制定了会员必须遵守的道德规范以及将消费者的名字从会员的邮寄名单中删除的流程。

尽管存在投诉,但直销技术的使用仍在增加。每天都会出现更多的邮寄目录、广告邮件、800开头的电话号码和.com网上商家。现在,QVC和家庭购物电视网(Home Shopping Network)等电视频道可以让你直接在家中购物。直销确实给消费者带来了许多好处:五花八门丰富多彩的商品,提供高水平客户服务的能力,以及适合当今时间紧缺的消费者的方便快捷的购物方式。它还有能力为消费者提供一种"高级的"劝导形式,这种劝导不是基于毫不相干的品牌形象或误导性"包装",而是基于有用的信息。

以Lands' End商品目录中常见的运动短裤广告为例。广告展示了短裤的图片,以及可选的颜色和尺寸,并且详细介绍了商品的特点,描述短裤的各个细节,从面料质量到腰部设计再到口袋构造。诚然,这些信息并非毫无偏见。所有广告都有偏见。我们都试图展现自己最好的一面。不过,跟电视播出的俊男靓女活力四射地穿着运动短裤的"形象"

广告相比，该广告提供的信息更多。可悲的是，我们对 Lands' End 运动短裤质量的了解很可能多于我们对大多数政治候选人的了解。每年制作的商品目标超过 1 200 万份，消费者如果手上还有其他商家的产品目录，就可以方便地货比三家，从而在一定程度上做出理性的选择。

我们前面说过，直销商非常关注如何实现较高的客户回复率。因此，客户有机会去影响直销商对劝导策略的选择。如果商家使用了你认为不可接受的策略，例如，不恰当地使用恐惧诱导法，狡猾地运用分散注意力法，你可以将邮件丢进垃圾桶或回收箱。或者，你也可以采用更好的做法，拨打免费的 800 开头的电话并阐释你为什么不打算购买其商品。值得信赖的商家会从这些投诉中吸取教训，而我们也应该能看到包含越来越多经得起推敲的论点的劝导性信息。

第 36 章

第三帝国的宣传:不确定性的一个例子

那是1924年,一位有抱负的青年艺术家阿道夫·希特勒,坐在牢房里思考。和他这一代的许多人一样,他难以接受德国在世界大战中的失败。他作为士兵亲身参与了战斗,但未能取得胜利。对于《凡尔赛条约》规定的惩罚,他和祖国同感耻辱。阿道夫·希特勒思考着为什么会是这样的结果。

希特勒认为,导致德国战败的关键因素之一是英美两国政府巧妙地运用了宣传。他写道:

> 但是,直到战争爆发,人们才清楚地看到正确运用宣传可以取得何其丰硕的成果。不幸的是,在这个问题上又是这样,我们的所有研究都只能以敌方为对象,因为我方的宣传活动(说得客气点)不太多……我们未能做到的事情,敌人做到了,而且技巧令人惊叹,算计极为精准。我本人从敌人此次的战争宣传中学到了很多东西。[1]

希特勒从盟军的战争宣传中学到了什么？英国和美国都建立了指导委员会和机构来制定宣传内容，传播宣传信息。例如，在美国，因报社主编乔治·克里尔（George Creel）任主席而得名"克里尔委员会"的公共信息委员会（Committee on Public Information, CPI）协助培训"四分钟演讲者"，这些志愿者会在当地集会上发言，鼓吹战争。公共信息委员会还鼓励电影业制作支持战争的电影，并确保有关战争的"事实"被广泛散发给媒体。

不过，英美两国的宣传中最引人注目的方面是"暴行故事"，即关于敌人对无辜平民或战俘所做的所谓暴行的报道。此类报道的目的是坚定战斗的决心，我们不能让这个凶残的恶魔获胜，还要说服民众相信战争的正义性，即设置合理化陷阱。例如，有传言说德国人将敌军士兵的尸体熬制成肥皂，并在占领比利时后虐待该国公民。媒体大力报道了在布鲁塞尔工作的一名英国护士因帮助盟军士兵重返战场而被处决，以及德国击沉"卢西塔尼亚"号（Lusitania）豪华邮轮事件。这艘船碰巧运载着武器和作战物资。尽管其中有些暴行故事包含一定的真实性，但有些被严重夸大，还有一些则纯属虚构。[2]

希特勒意识到，德国要想恢复尊严、赢得下一场战争，就必须在"劝导"战中比盟军更胜一筹。[3]他在狱中写了《我的奋斗》一书，其中两章概述了他的进攻计划。对希特勒来说，宣传是达到目的的手段，就此事而言，目的是将日耳曼帝国发扬光大，建立和维护纳粹党的统治。因此，劝导不受任何道德准则约束，只有成功或失败的准则。希特勒在论及宣传时如是说："如能更快制胜，最残忍的武器即是人道的。"[4]

希特勒对民众理解事件的能力嗤之以鼻。假使他现在还活着，他可能会说，民众只能在劝导的外围路径上运转，他们使用简单的启发式方法来指导自己的思考。有效的宣传依赖于启发式策略和对情绪的激发。希特勒在《我的奋斗》中写道：

第36章 第三帝国的宣传：不确定性的一个例子

> 它（宣传）的效果必须在很大程度上指向情感，仅在非常有限的程度上指向所谓的智力。我们必须避免对公众提出过多的智力要求。广大民众的接受能力非常有限，他们的智力低下，而遗忘的能力强大。考虑到这些事实，所有有效的宣传必须局限于极少的几个点，并且必须不断重复这些口号，直至民众当中最后一个人都能理解你通过口号想让他理解的东西。[5]

希特勒从"一战"期间盟军的宣传活动中学到，一个能够协调和传送有效宣传的组织有多重要，因此他建立了自己的宣传机构。这个组织了解帝国的一切行动，并肩负着向民众宣传政府行动的责任。为了领导这个组织，希特勒选择了约瑟夫·戈培尔担任大众启蒙和宣传部部长。戈培尔来自莱茵兰地区的一个小镇，是一个中下阶层天主教家庭的儿子。戈培尔从1933年纳粹上台以来便担任宣传部部长，直至在"二战"即将结束时自杀，自杀前他先毒死了自己的六个孩子。为了对纳粹宣传的真实面貌有所了解，让我们看一看其中使用的若干劝导策略。

大众启蒙和宣传部最开始、也最重要的任务之一是控制大众媒体，吸引民众的注意。在美国，希特勒和戈培尔聘请公关公司，试图获得对其政权有利的新闻报道。在德国，纳粹通过惩罚和奖励相结合的方式（正如我们在第32章中所述）来控制记者和电影制片人。纳粹政权设法确保自己是新闻的主要来源，并让某些记者很容易就能与他们联系。这种待遇也扩大到外国记者，美国记者因此陷入两难境地：是报道对纳粹德国不利的新闻并被驱逐，还是"净化"新闻，以便能够继续报道？

纳粹还让自己的宣传具有娱乐性，从而吸引大众的注意。[6]例如，纳粹的海报不仅使用引人注目的大字标题，还使用醒目的图案，例如加粗的字体和色彩鲜明的斜线。电台新闻节目常被包装为以著名歌手和名人为嘉宾的娱乐节目。1936年柏林奥运会被作为宣扬强大的"雅利安"

民族形象、树立日耳曼人自尊的工具。奥运会期间，外国记者享受到皇室般的礼遇，参观了纳粹政权取得的种种"成功"。结果，许多美国记者发表报道称，之前有关纳粹迫害犹太人的报道要么毫无根据，要么被严重夸大。由于彻底控制了报刊、广播、戏剧、电影、音乐和艺术，纳粹党的主旋律被一而再、再而三地重复。在20世纪30年代的德国，随便翻开一本书或一张报纸，收听电台广播或观看一部电影，都几乎不可能不接触到纳粹描绘的世界图景。

戈培尔用易学的口号或能吸引国人的注意并引导其思维的词语来描述事物，从而巧妙地将纳粹议程扩散到全国。例如，他坚持Führer（"领袖"）一词只能用来指希特勒。为了贬低民主，纳粹将魏玛议会称为Quasselbude（"话匣子"）。为了把俄罗斯人和英国人塑造为沆瀣一气的德国的敌人，他将英国一次取消的突袭行动称为"麦斯基攻势"，以俄罗斯驻伦敦使节的名字来命名，从而制造出突袭旨在讨好俄罗斯人的印象。1942年，为了给民众以希望，戈培尔创造了schleichende Krise（"渐进式危机"）这个词，来暗示英格兰的经济、社会和政治动荡。尽管现在回过头来看，这些词看起来是牵强的，但当时它们确实创造了一幅有关世界现实的"头脑中的画面"："俄罗斯人和英国人狼狈为奸，合伙对付我们；好在英国发生了动荡，而我们有我们的领袖。"

委婉语被用来缓解政府支持的劫掠、酷刑、谋杀和种族灭绝行为给人们带来的痛苦。例如，盖世太保并没有逮捕公民，而是将他们置于"保护性监管"之下；他们没有窃取财产，而是"护卫"它。入侵波兰是一次"警方行动"，随后对波兰公民的谋杀被称为"特别安抚行动"。死亡集中营中的建筑物被冠以欢快的名字，如"快乐夜莺""玫瑰园""浴场""吸入研究所"。在纳粹德国，犹太人从未被用毒气或其他方式杀害，他们只是被引领到最终解决方案面前，或获得特殊待遇。

戈培尔还通过影射和谣言的运用，建立"头脑中的画面"。一种常

第36章 第三帝国的宣传：不确定性的一个例子

见的策略是攻击媒体（尤其是外国媒体）撒谎和贩卖暴行，从而令德国公民相信，任何对纳粹政权不利的报道都带有偏见。在纳粹党崛起的那些年，戈培尔通过散布有关"反对派"成员丑闻的谣言来诋毁其人品。"二战"接近尾声时，德国在战场上一败涂地，有传言说德国科学家即将成功研制两种新武器：能在水下高速行驶的U型潜艇，以及发射的炮弹会受磁力吸引命中空中飞机的高射炮。这些谣言的目的是灌输如下信念：虽然遭遇一连串失败，德国仍然可以赢得战争，因此应该继续战斗。

纳粹的宣传大量使用启发式方法，以获得受众对其信息的认同。例如，集会和宣传片中总会看到大批欢呼、鼓掌和敬礼的纳粹支持者。我们知道这是使用社会共识的启发式方法，即如果其他人都认同，我也应该认同。

纳粹的口号充满自信："加入我们的奋斗""跟我们一起战斗""阿道夫·希特勒就是胜利"。希特勒每次讲话都十分自信和笃定地谈到纳粹的目标，以及德国人民实现这一目标的能力。正如我们之前看到的，演讲者的自信会增大其信息被接受的可能性。

希特勒和戈培尔大量使用历史象征和丰碑来包装纳粹政权。希特勒上台时宣布了他的"二十五条纲领"，这让人想起德国宗教改革家马丁·路德（Martin Luther）钉在维滕贝格一家教堂门上的"九十五条纲领"。纳粹的插画和海报经常采用阿尔布雷特·丢勒（Albrecht Dürer）的风格，以暗示其政权的历史根源。纳粹电影有一种流行的类型是历史传记片。这些电影描绘了弗里德里希·席勒（Friedrich Schiller）或奥托·冯·俾斯麦（Otto von Bismarck）等历史上的民族英雄的生平，并着重强调他们的生活和时代与阿道夫·希特勒之间（通常无关紧要）的相似之处。

建筑也被用来包装第三帝国。在阿尔贝特·施佩尔（Albert Speer）[1]的指挥下，纳粹计划在全国各地修建特别的公共建筑。受战争影响，建成者寥寥，且均服务于纳粹的目的。例如，优先建设体育场馆、巨型集会厅、电影院和剧院，这些建筑都可以用于政治目的。纳粹的风格或许用"北欧日耳曼民族的希腊风"来描述最为恰当，它的设计古典，但规模宏大。公共建筑被设计成看起来像放大的希腊神庙，有高耸的台阶和一排排的柱子。这样的设计强化了纳粹作为古老而伟大文明的继承者的形象。人们走进这样的大厦，会感觉与大厦所代表的国家权力相比，自己是如此渺小。与之形成对比的是，希腊神庙本身通常是按照人的比例建造，让参观者深感"人是万物的尺度"。

纳粹宣传的另一个关注点是，建立一个效忠纳粹党的支持者团伙。随着希特勒的权力不断扩大，他号召支持者们身着褐色衬衫。在公共场合身穿纳粹褐色衬衫成为对这一事业表忠心的行为。起初，其他德国人感觉荒唐可笑。对许多支持者而言，这样的反应很可能激发他们对纳粹事业更深的承诺。作为使其承诺合理化的方式之一，身穿褐色衬衫的纳粹青年可能会想："他人的嘲笑不过是为崇高的纳粹事业付出的小小代价"，而不是承认褐色衬衫和纳粹狂热颇为愚蠢。毫无疑问，他会向其他身穿褐色衬衫的同伴寻求社会支持，于是希特勒颇有凝聚力的追随者群体又增加了一名忠诚的成员。

毫无疑问，最邪恶也最有效的纳粹宣传策略是将恐惧诱导与格兰法龙策略相结合。第一次世界大战后，德国的经济一片荒芜，这一现状部分程度上是《凡尔赛条约》导致的。对德国公民来说，结果是毁灭性

---

[1] 1905—1981年，德国建筑师，在纳粹德国时期成为装备部部长以及帝国经济领导人，担任希特勒的私人建筑师，德国建筑总监，军备与战时生产部部长。——译者注

第36章 第三帝国的宣传：不确定性的一个例子

的。高通胀率加上高失业率，使许多家庭深受打击，陷入贫困。不少男人因为无法养家糊口而感到耻辱。除了这些恐惧之外，还有欧洲几百年来的种族偏见。雅利安人认为自己属于超人种族，即亚当、雅弗或亚特兰蒂斯的直系后裔，不过不同神话有不同的说法。他们命中注定要团结日耳曼民族，净化雅利安人的身份，并征服较低等的种族，最主要是犹太人、黑人和吉普赛人。[7]此类种族偏见至今仍然存在，从新纳粹、"三K党"以及坚称白人"种族"高人一等的民兵成员身上可见一斑。[8]

希特勒和戈培尔成功利用了德国人的恐惧和偏见，提出格兰法龙解决方案。纳粹的大多数宣传都重复一个主题：德国的所有问题都怪犹太人。例如，1940年的电影《永恒的犹太人》(The Eternal Jew)从表面上看似乎是一部关于肯定犹太人历史作用的纪录片，实则将犹太人描绘成唯利是图的恶棍，他们不仅消耗社会资源，而且还携带疾病，缺乏正确的价值观。电影中的部分场景呈现"犹太式"的动物屠宰仪式，刻意营造犹太教中存在施虐行为的错觉。同样，电影《犹太人苏斯》(The Jew Süss)讲述了一名犹太男子强奸德国少女的故事。在演讲、海报、电影、报纸甚至学术论文中，犹太人卑鄙、低劣和可怕的形象反复出现。

如何解决犹太人的威胁？日耳曼民族曾经是个骄傲的民族，在阿道夫·希特勒的领导下，德国可以结束犹太人的威胁，恢复往日的辉煌。为了传递这一信息，纳粹的宣传首先向国人展示，该党支持德国的传统价值观。纳粹海报通常呈现传统家庭生活的场景：一个女人在用母乳喂养她的孩子，孩子们快乐地凝视着遥远的未来，背景中飘扬着纳粹旗帜，父亲自豪地站在家人身边。

接着，纳粹的宣传描绘出，如果德国人团结一致，便有可能实现其目标。这一主题在莱妮·里芬斯塔尔（Leni Riefenstahl）1934年导演的电影《意志的胜利》(The Triumph of Will)中体现得淋漓尽致。影片以英俊的青年准备参军开场。希特勒监督指导他们的训练。到影片结束时，这些年轻人已变成强大的纳粹战争机器。影片的主旨：只要齐心协力，我们就可以再次强大。

最后，纳粹宣传把这项新成就归因于一个人，那就是阿道夫·希特勒。正如一张竞选海报所说："希特勒，我们最后的希望。"戈培尔的目标是将希特勒描绘成一位善良的父亲，祖国在最困顿无助时召唤他为国效力。因此，宣传需要呈现希特勒的两个方面。一方面，海报上的希特勒微笑着和孩子们握手，新闻短片里的他笨拙地接受国人对他的赞美。戈培尔曾在杂志上撰文写道："最质朴的人都会满怀信心靠近他，因为感觉他是自己的朋友和保护者。"[9] 希特勒的另一面是元首。为捕捉形象中的这一面，海报上的希特勒身着军装，笔直挺立，意气风发；新闻短片里无休止地播放希特勒检阅德国军队的画面。

不过，纳粹宣传机器之所以能取得成功，依靠的不仅仅是运用某些巧妙的劝导策略。它背后还有一个原因，那就是人们几乎普遍接受如下观念：劝导应从社会顶层开始，自上而下，指向普罗大众。做出决定，然后通过宣传将这些决定的英明之处告知民众，这是统治精英的责任；民众的责任则是听从。他们还能扮演什么更好的角色呢？毕竟，总的来说，他们蒙昧无知，不能思考。我们在之前的社会中看到过这种劝导作用的模式。亚里士多德认为，对于那些自己不能充分推理论证的人，需要通过劝导来进行教导。宣传是向无知者传达"真理"的一种手段。

尽管这种劝导模式或许在任何社会的某个时期都或多或少地存在，但它并非不可避免。希腊智者普罗泰戈拉认为劝导可以有另一个作用，即通过辩论，任何行动方案的优势和弊端都可变得更加清楚。美国政府早期的奠基者认识到，任何政党都不可能了解全部真相，社会由彼此竞争的利益团体组成。美国宪法，凭借其制衡制度，旨在防止任何特定群体获得绝对控制权，并为解决意见分歧提供一个论坛。

但是，纳粹宣传最危险的一点是，它认为存在一个绝对的真理，只

第36章 第三帝国的宣传：不确定性的一个例子

有统治精英才有幸掌握这个真理。著名学者、人文主义者雅各布·布罗诺夫斯基（Jacob Bronowski）在他的系列电影《人之上升》（*The Ascent of Man*）中，列举了相信这种绝对真理神话会导致哪些风险。[10] 在其中一部电影中，布罗诺夫斯基审视了"二战"爆发前夕德国的文化和思想，发现当时有两种截然不同的哲学，两种大相径庭的看待世界的方式，其中一种的代表是当时的一些科学家，另一种的代表是纳粹党。

这些科学家逐渐意识到，人类的知识永远不可能是绝对的。没有"上帝视角"。阿尔伯特·爱因斯坦（Albert Einstein）、维尔纳·海森堡（Werner Heisenberg）、马克斯·玻恩（Max Born）等物理学家根据他们的科学发现提出了相对论和不确定性原理等思想，并进而认识到没有绝对的固定参照点，人类的知识是有限的。在社会科学领域，通过对其他文化和其他民族的探索，科学家很快得出如下结论：习惯和信仰千差万别，越来越难以断言其中哪个是"最好的"。

在社会心理学萌芽阶段，库尔特·勒温（Kurt Lewin）提出了他自己的心理学理论。他的理论强调，个体的心理需求和任务会影响他（她）对世界的认识。勒温认为，需求和任务各异的不同个体，对同一事件会有不同的看法。具有讽刺意味的是，勒温理论的灵感来自他在第一次世界大战中作为一名士兵的经历：他注意到，当他走近战场，他对环境的感知就变了，他看到的不再是美丽的沟壑和有趣的岩层，而是可供藏身之处和可置人于死地之物。"二战"即将爆发时，身为犹太人的勒温被迫逃离纳粹德国。他来到美国，在这里培养了许多美国的第一代社会心理学家。可笑的是，库尔特·勒温和阿道夫·希特勒在第一次世界大战中都是为德国而战，他们两人经历了同样的事件，各自得出不同的结论。

另一种立场是教条主义。纳粹党是真理的化身，没有必要容忍其他观点。希特勒简明扼要地阐述了这一哲学：

> 例如，宣传的作用并非斟酌和权衡不同的人的权利，而是专门强调它意欲主张的那项权利。它的任务不是客观地研究真理，甚至研究到对敌人有利的地步，再以学术上的公正将之呈现在大众面前；它的任务是为我们自己的利益服务，始终如此，坚定不移……一旦我们自己的宣传承认了对方的哪怕一丝权利，就打下了怀疑我们自身权利的基础。[11]

绝对教条的迷思结出了什么样的果实？生活在欧洲的950万犹太人中，有600万人被杀。超过1 100万名盟军士兵战死沙场，其中包括750万俄罗斯人、220万中国人和25万美国人。轴心国有超过500万士兵阵亡，包括350万德国人和120万日本人。平民的伤亡数字更难估计。战争直接造成的平民伤亡包括250万俄罗斯人、86万日本人、30万德国人和60 595名英国人。据估计另有1 000万俄罗斯人死于饥荒和疾病等间接原因。全部加起来，共有超过3 650万人丧生。这一切为的是什么？

在其电影的末尾，布罗诺夫斯基为这种"对绝对知识和权力的渴望"开了一副解药。紧邻奥斯威辛集中营和火葬场有一方浅浅的池塘，约200万人的骨灰被冲进这个池塘，傲慢、无知和教条造成了这一切。在影片最令人震撼的时刻之一，雅各布·布罗诺夫斯基步入池塘，弯下腰，掬起一捧骨灰，它属于这200万冤魂中的某些人。借用奥利弗·克伦威尔（Oliver Cromwell）的话，布罗诺夫斯基提出了一个简单的请求："我恳求你，以基督的心肠，意识到你有可能是错的。"

如果我们能从劝导研究中学到点什么，那就是我们可能会犯错误，可能被误导。我们已经看到，关于我们这个世界的信息，新闻和娱乐机构如何选择性地加以编辑，经验丰富的政治顾问又能如何操控。由此呈现出的世界图景尽管可能是错误的，它却可以指导我们的思想和行动。

第36章 第三帝国的宣传：不确定性的一个例子

我们也看到了，宣传者只需调用简单的启发式方法，就有可能煽动我们的情绪，利用我们的决策过程达到他们的目的。所有这一切都导向一个结论：**作为人类，我们可能犯错误**。我们在做决策（尤其是那些对他人造成损害的决策）时永远要记住这一事实。

在研究纳粹宣传的过程中，学者们不可能不带感情。本书的两位作者都在"二战"期间失去了朋友和亲人，他们或是在战场上阵亡，或是死于大屠杀。我们确信本书的大多数读者都承受过类似的丧失，或在观看纳粹死亡集中营的镜头、参观美国位于华盛顿特区的大屠杀博物馆之后感受到强烈的痛苦。约瑟夫·戈培尔曾吹嘘道："再没有什么比用皮带牵着人民更容易的了。我只需举起一张令人炫目的竞选海报，他们就会跳过去。"[12] 为了纪念受害者，也为了我们自己，我们必须尽可能多地了解各种宣传方式，也了解倡导民主讨论的方法，以便证明戈培尔是错误的。

第八部分

还击宣传策略

第 37 章

预先警示是不是预先武装，或者说，如何真正抵制宣传

在本书中，我们自始至终试图探索一个问题：有些做法显然是试图利用巧妙的影响策略来包装和销售产品或理念，它们的可信度和有效性如何？在个人层面上，许多人宣称此类公然的劝导企图实在是太过明显，所以自己并未受到太大的影响。事实上，研究者已发现传播中所谓的"第三人效应"，即人们倾向于相信，大众媒体对他人的影响大过对自己的影响。换言之，我们似乎在说："我不会受影响，但其他人很可能会被说服。"[1]

然而，初步证据表明，这种劝导尝试极为有效。成功的案例比比皆是。在持续4年的广告狂轰滥炸之后，金边臣（Benson & Hedges）100s香烟的销量增长了6倍。美泰玩具公司自从在电视上大量投放广告以后，公司规模扩大到原来的24倍。"葡萄坚果"是一种质量不错但几乎被人遗忘的麦片，在一位著名的天然食品爱好者开始宣传这种颇为寡淡的麦片后，其销量突然增长了30%。看起来，数量众多的消费者尽管知道广告信息显然只是为了推销产品，但仍然把他们的怀疑搁置一旁。

此外，作为父母，我们大多数人都看到过我们的孩子是如何为玩具

第37章　预先警示是不是预先武装，或者说，如何真正抵制宣传

广告和产品包装所诱惑，最没意思的玩具也被巧妙地描绘成万人迷。同样，星期六早上看卡通片的孩子们都会被各种有关糖衣麦片、外卖食品和糖果棒的快节奏广告所淹没，而他们随后就会不断向父母提出各种购买要求。

大量研究证实了所有父母都知道的事情。[2]一项对幼儿母亲的调查表明，超过90%的学龄前儿童会跟父母要他们在电视广告上看到的玩具或食品。事实上，将近2/3的母亲报告说，她们听到孩子大多在3岁左右哼唱从电视中学到的广告歌曲。另一项调查发现，经常收看儿童节目的孩子更有可能渴望、索要和消费广告中的零食、麦片和快餐。一般而言，8岁以下的儿童对广告宣传的品牌名称表现出极高的认知度，但对广告的具体内容不太记得，他们很容易被广告说服。有实验发现，四五岁的儿童在观看一则玩具广告后，有比原来多一倍的孩子表示他们宁愿跟有这个玩具的"不太好的男孩"玩，而不是跟没有该玩具的"好男孩"玩，这或许是能表明广告影响力的最让人伤心的证据之一。

美国政府机构和官员认识到了儿童极易受广告影响的特性。1934年，在联邦贸易委员会诉R.F.凯佩尔兄弟公司（R. F. Keppel & Brothers, Inc.）一案中，美国最高法院裁定，儿童是特殊的消费者群体，"无法自我保护"。政府所采取的保护儿童的措施取决于当时的政治和经济环境。例如，在20世纪70年代，"儿童电视行动"（Action for Children's Television, ACT）等压力团体游说联邦贸易委员会和联邦通信委员会，希望加强对针对儿童的电视广告的监管。在它们的支持下，联邦贸易委员会与全国广播公司协会达成了一项协议，制定儿童广告指南。全国广播公司协会的成员，包括三大电视网络和大约2/3的地方台，同意将儿童周末节目的广告量减少到每小时9分半钟，平日里节目的广告量减少到每小时12分钟，并要求将节目和广告明确区分开来，同时规范广告内容，以便与大多数家长认可的价值观相一致。此外，联邦贸易委员会

与全国广播公司协会还会就消费者针对特定广告的投诉做出裁决,通常会停播违反广播公司协会标准的广告。

然而,到了20世纪80年代初期,由于里根总统放松管制政策,联邦贸易委员会和联邦通信委员会放弃了它们作为儿童节目监督者的角色。全国广播公司协会也不再执行其广播道德规范,包括涉及儿童电视节目的部分。儿童广告和儿童节目的监管由各电视网络和电视台自行负责,真是狐狸变成了鸡舍的守护者。

1996年,克林顿总统迈出扭转这一趋势的第一步:他宣布了新的联邦法规,规范了针对儿童的卷烟广告。其中一些规定包括禁止在距离学校1000英尺(约305米)以内的户外广告牌上投放烟草广告,禁止销售或赠送带有烟草品牌标志的物品,禁止在拥有大量18岁以下读者的杂志中使用任何宣传烟草销售的图像,并禁止在赞助体育赛事时使用烟草品牌名称。[3]用克林顿的话来说,他的目标是让"骆驼老乔和万宝路人永永远远离开我们的孩子们"。正如我们之前提到的,这些保护儿童不受烟草广告影响的举措后来有许多都被美国最高法院废止。

监管很重要,不过即使没有监管,有些孩子最终也会醒悟过来。我们看到过我们自己的孩子,在经历数次失望之后,对广告的真实性产生了一种健康的怀疑态度,甚至还有一定程度的愤世嫉俗。一项调查发现,只有12%的六年级学生相信电视广告说的全部或大部分是事实;到高中时,只有4%的人认为广告大部分时候说的是事实。总的来说,研究表明,许多8岁以下的儿童觉得很难看穿谎言。但是,过了这个年龄之后,孩子们对广告商越来越不信任,开始意识到广告的目的不是告知信息,而是劝导。

毋庸赘述,这样的怀疑态度在成年人中也很常见。一项民意调查显示,绝大多数成年受访者认为电视广告包含不实内容。此外,调查结果表明,受教育程度越高,怀疑态度越强烈,而持怀疑态度的人相信,由

第37章 预先警示是不是预先武装，或者说，如何真正抵制宣传

"孩子们，我在这里，全身连着这台测谎仪，准备跟你们好好讲讲激动人心的早餐麦片新品牌，扎波斯……"

于有这些怀疑，他们不会受广告影响。

我们或许会因此断定，只要知道传者带有偏见，便可保护我们不受其信息的影响。但如前所述，情况并非总是如此。仅仅因为我们**认为**我们对劝导免疫，并不一定意味着我们**确实**对其免疫。例如，尽管向孩子们讲授广告知识及其目的能令孩子们对广告有更多怀疑，但这种怀疑很少能使他们对广告品牌的渴望**减少**。同样，许多成年人倾向于仅仅因为铺天盖地的广告就购买某个特定品牌。因此，我们有必要看看如果被预先警告了他人的劝导意图，劝导的效果会受到何种影响。[4]

研究普遍表明，在某些（但非全部）条件下，预先警告就是预先防御。换言之，听众如果事先被明确警告接下来会有人试图说服他们，其对信息的接受度可能降低。乔纳森·弗里德曼和戴维·西尔斯（David Sears）的一项实验证明了这种现象。[5]青少年被告知他们将听到一场题为"为何不应允许青少年开车"的演讲。10分钟后，他们听了演讲者预先准备好的演讲。在控制组，青少年听了同样的演讲，但未被提前10

分钟预警。与收到预警的受试者相比,控制组的受试者被演讲说服得更彻底。

为什么收到预警的青少年被说服的程度较低?我们认为,"现在,请听来自我们赞助商的信息",诸如此类的话语有可能降低随后的信息的说服力;如果传播者不做任何预告,直接切换信息,说服效果会更好。预警似乎是在说,"小心,我会试图说服你",而人们的反应往往是调动自己的防御来抵制信息。他们通常以两种方式调动防御:一是玩"态度政治",二是针对预期的信息准备好可能的反驳理由。

我们所谓的"态度政治",意指持有和表达某种观点不是因为相信它,而是为了达到某种战略目的。例如,许多人不喜欢自己内心的自由感因他人传递的信息而受到威胁,因此试图表现得独立而始终如一。当这些动机被激发时,他们以看起来不为所动为目标,无论传递的信息本身有没有道理。他们可能会说:"我知道他想要说服我。但我自有主意。看,我的意见没有改变。"另外,有时人们会想表现得广闻博识、通情达理、听得进他人的意见。此时,预先警告可能使说服效力**增强**,或至少让当事人的意见变得更加温和。[6]

受"态度政治"影响,预警的效果可能颇为短暂。当面对的听众不同,或我们持有某种观点的战略目的发生变化时,观点也会变化。例如,一项研究发现,预警的效果会在大约一周内消退,导致信息没有多少**立竿见影**的说服效果,但**延迟**的效应却相当大。[7] 由于预警的影响通常比较短暂,它并不总能完全保护人们不受劝导策略左右。我们在家中惬意地观看广告时,可能对其持怀疑态度。然而,一旦到了超市,当购物决策唯一可供参考的信息是回忆起的广告内容时,我们先前的怀疑可能就会被抛在脑后。

预警可能启动的第二道防线是做出反驳,这一行为能为人们提供更多保护,但遗憾的是,它并不总是会被使用。我们说的"反驳",指的

第37章 预先警示是不是预先武装,或者说,如何真正抵制宣传

是让自己做好准备,细细审视即将到来的信息并提出相反的论据。许多研究表明,预警会使人更仔细地审视信息。然而,认真思考信息的内容、做好充分准备应对他人欲影响自己的企图,这往往并非易事。例如,研究人员发现,如果在发出预警之后立刻传递说服信息,受众的抵制倾向通常比二者之间相隔五分钟要弱,这正是因为受众几乎没有时间去想反面的论据。另外,如果人们因其他事情分心、不能充分思考信息的内容,或几乎没有时间或机会准备防御,那么预警的效果也十分微弱。

高压型销售代理们显然明白,预警可能让销售的难度增大。例如,安利经销商被教导说,在约定见面以便发展新经销商时,要只字不提见面的目的,而只是利用悬念激发人们的好奇心,而且这个初次接触与带有销售意图的拜访之间不要相隔太久。前安利经销商斯蒂芬·巴特菲尔德(Stephen Butterfield)说,他会打电话给潜在的客户,只跟他们说:"杰克,听着!钱!"当杰克问他问题时,巴特菲尔德会回答:"来我家!八点!带着你太太!"[8]请注意,这种做法制约了潜在客户调动防御即将到来的推销活动的能力。

在某些情况下,即使发出明确的预警,也并不**总是**会导致受众试图反驳信息。其中一种情况是,受众认为该信息或话题并不重要。例如,理查德·佩蒂和约翰·卡乔波预先警告大学生,他们会听到一条说服性信息,旨在改变他们对学业制度的看法。[9]接着,学生们听了信息,该信息主张引入繁重的综合性毕业考试。有些学生被告知,该变化几乎会立即实行(即繁重的考试会直接影响他们)。其他人被告知,这样的考试会在遥远的未来或在另一所大学引入。预警削弱了信息的说服效果,令反驳的声音增多,但仅限于认为自己可能要参加考试的学生。认为考试对自己没有影响的其他学生觉得主张引入考试的观点相当有说服力。仅靠预警不足以促使他们细细审视并尝试反驳信息。

对于自信"了解广告商的所有把戏",因此对劝导免疫的人们来说,这样的研究结果给他们的信念打上了一个问号。我们经常漫不经心地观看大众媒体,媒体传播的内容通常没那么有意思,不能吸引我们全心投入。但是,具有讽刺意味的是,这往往令其更具说服力。此时,尽管知道广告商"意在说服我们",我们还是不太会费心去反驳其信息,因此经常被说服。

那么,对于种种被识破或未被识破的劝导策略,减少易感性的最佳办法是什么?我们可提出三种策略。

策略一,也是联邦贸易委员会、联邦通信委员会以及各种消费者协会和行业团体使用的一种策略:**规范**和**立法约束**劝导行为,确保其公正、诚实。例如,禁止使用利用儿童等特殊群体或狡猾地操纵情绪的劝导策略。个中的逻辑是,正如在法庭之上有些证据不可接受、有些法律手段不被允许一样,大众媒体的某些劝导策略有失公平,允许其使用不符合社会的最佳利益。

对劝导实行监管有潜在的缺陷。其中之一是,监管劝导行为的法规可能违反宪法第一修正案对言论自由的保护。如果被监管的是内容(比如禁止教授进化论,禁止报道有争议的事件如美国的新纳粹集会或美国的轰炸对平民造成的影响),而不是过程(如宣布虚报低价或欺骗性极为严重的广告为非法),那么侵犯言论自由的现象就尤其容易出现。另一个问题是,规范大众媒体中的劝导行为在美国历史上是一个相对较新的想法。因此,监管劝导的法规本质上颇为有限,易被推翻,故而给消费者和民众提供的保护少之又少。但是,我们认为,在类似我们这样的社会,劝导占据举足轻重的地位,公民参与如下讨论大有裨益:哪些形式的劝导合乎道德,而哪些类型应被宣告为非法。我们将在下一章着手展开讨论。

防范宣传手段的第二种策略是故意唱反调,让自己扮演反方倡导者的角色,与宣传者的立场背道而驰。关于预警和劝导的研究表明,光是

第37章　预先警示是不是预先武装，或者说，如何真正抵制宣传

知道有人想要说服自己，这本身对于抵制说服作用不大。关键在于你如何处理这个预警，如何让它引导你为信息做好准备，并评估其内容。仅仅因为你知道明天会发生地震，并不意味着你会安全，除非该预警引导你采取适当的保护措施。劝导也是一样。要想抵制宣传，你必须先为它做好准备。在下一章中，我们将介绍一些故意唱反调的办法，从而降低我们对宣传的易感性。

第三种策略是开拓在给定问题或话题上抵制劝导的手段。让我们看看研究人员发现的两种可用于实现这一目标的方法。

假设你现在面临的情况是，有些负面信息可能被人曝光，对你的事业造成损害。可以做点什么来限制这种攻击的影响？要想大幅降低可能极具破坏性的信息的影响，一种策略是**"先声夺人"**，也就是在对手或其他人曝光之前主动披露有关自己或手头问题的负面信息。基普·威廉斯（Kip Williams）、马丁·布儒瓦（Martin Bourgeois）和罗伯特·克罗伊尔（Robert Croyle）的一项实验展现了该方法的威力。[10] 在研究中，受试者观看了一场被重演的刑事审判，其中被告被指控在与另一名男子发生口角之后殴打对方。部分受试者从检察官口中得知，被告此前曾两次被判同一罪行；其他受试者则是从辩护律师口中得知此事，辩护律师主动提及先前两次定罪的证据并淡化其重要性。威廉斯及其同事发现，与由检察官披露负面信息相比，"先声夺人"或者说承认对自己不利的证据，大幅降低了受试者认为被告有罪的可能性。

庭审律师早就明白"先声夺人"的重要性。正如著名的辩护律师格里·斯彭斯所说：

> 我总是从一开始就承认任何真实的事情，即使它对我的论点有害。直面摆在你眼前的事实。**如果你亲口承认事实，它造成的伤害远远小于被对手曝光。**我们做了错事，是可以被原谅

的。我们做了错事却试图掩盖，则不可以被原谅。[11]

洛杉矶县前检察官文森特·布廖西（Vincent Bugliosi）参与过包括查尔斯·曼森（Charles Manson）案在内的106次重罪陪审团审判，其中105次成功说服陪审团裁定被告有罪。他对O. J. 辛普森案的审讯进行了分析，认为马西娅·克拉克、克里斯·达登等检察官犯了若干战略错误，包括未能抢在辩方之前先声夺人。他说："如果你知道辩方将提出一些对你有害或者不利的证据，你就自己陈述那项证据。"[12]随后，布廖西解释了"先声夺人"有效的两个原因：首先，它会提升可信度。它表明你行事公正，愿意审视所有证据，无论其对你的目标是否有利；其次，它向陪审团表明负面证据没那么糟糕，你愿意承认它的存在，从而将可能极具破坏性的信息中的"毒刺"拔了出来。

"先声夺人"还可用于在其他领域限制破坏性信息的影响。一个有趣的例子来自1884年的美国总统选举。[13]竞选初期，有传言说民主党候选人格罗弗·克利夫兰（Grover Cleveland）跟纽约州布法罗市某家商场的披风和蕾丝部门主管玛丽亚·哈尔普林（Maria Halprin）夫人育有一名私生子。对于这个传言（有一定的真实性），克利夫兰没有否认或不理不睬，而是抢在媒体之前承认和披露了所有事实。在呈现事实时，他把自己塑造成令人同情的形象：哈尔普林脚踩几条船，很难确定谁是孩子真正的父亲；作为哈尔普林的恋人中唯一的单身汉，克利夫兰肩负起对孩子的责任，包括支付抚养费；在哈尔普林开始酗酒后，克利夫兰找到了一个显赫的家庭来收养孩子。作为对比，共和党候选人詹姆斯·布莱恩（James Blaine）否认了有关自己的一些实为事实的传言：他的妻子在婚礼后仅三个月就生下他们的第一个孩子。布莱恩讲述了一个让人难以置信的故事：他们举行了两次婚礼，前后相隔六个月，但因为他父亲的去世而未公开第一次婚礼的消息。（有趣的是，有消息人士在媒体报

第37章 预先警示是不是预先武装，或者说，如何真正抵制宣传

道此事之前就向克利夫兰提供了这些信息，但克利夫兰没有拿它大做文章，而是把信撕了，然后点火烧掉。）克利夫兰轻松击败了布莱恩。

要想增加受众对特定议题的宣传的抵制力，另一种方法是"**打预防针**"。我们已经看到，对于某些听众而言，正反两面（包括反驳内容）的陈述比单面陈述更具说服力（见第23章）。威廉·麦圭尔（William McGuire）及其同事以此现象为基础开展了进一步研究，他们提出，如果人们事先接触到他们能够反驳的简短沟通信息，那他们往往会对随后有关同一论点的全面陈述变得"免疫"，正如接种少量减毒病毒会使人们对该病毒的全面攻击免疫一样。

在麦圭尔和迪米特里·帕帕乔治斯（Dimitri Papageorgis）进行的一项实验中，一群人发表了自己的意见；接着，这些意见受到温和的攻击，但随后攻击被驳斥。[14] 接下来，这些人又接触到了反对其最初意见的强有力论述。与其意见之前未受到温和的攻击的控制组相比，该组成员表现出的改变其观点的倾向要小得多。实质上，他们是打了阻止他们改变意见的预防针，获得了相对免疫。因此，使用包含正反两面的反驳性陈述不仅在某些时候更为有效，而且如果使用得当，它往往还会增加受众对随后的反向宣传的抵抗力。与之类似，为了保护自己不被说服，我们可以先从质疑自己的观点开始，从而发现我们所持立场的优势和弱点。[15]

艾尔弗雷德·麦卡利斯特（Alfred McAlister）及其同事做了一项令人振奋的现场实验，给初中生"打预防针"，帮助他们抵制实际存在的迫使其吸烟的同辈压力。[16] 例如，研究人员让学生观看暗示真正获得解放的女性会吸烟的广告——"你已经走了这么远，宝贝！"随后给他们"打预防针"：告诉他们，女性如果吸烟成瘾，就不可能真正获得解放。同样，由于青少年往往会因为看起来很酷或像万宝路男人一样"强悍"而吸烟，麦卡利斯特认为，同辈压力可能以你如果不抽烟就会被称

作"胆小鬼"的形式出现。因此，研究人员请初中生进行角色扮演，练习以诸如此类的说法还击："要是我抽烟只是为了让你刮目相看，那我才是真正的胆小鬼。"事实证明，这种"打预防针"来对抗同辈压力的方法非常有效。到这些学生升入高中时，他们当中吸烟的比例仅为来自类似初中的对照组的一半。

在劝导战中，烟草广告商也发现了打预防针的价值。自从禁止在电视上播出香烟广告以来，成功戒烟或正在努力戒烟的美国人的比例急剧增加；但年轻女性例外，她们的吸烟率有所上升。烟草公司要想保持销量，就必须防止更多的吸烟者戒烟，当然，同时还要寻找新市场，例如儿童。为此，雷诺（R. J. Reynolds）烟草公司投放了一系列包含正反两面的杂志广告，呼吁吸烟者和不吸烟者对彼此保持宽容。广告的一半题为"致不吸烟者"，包含一系列主张允许在公共场所吸烟的论据。广告的另一半题为"致吸烟者"，包含对禁烟立场的温和陈述。该广告因此包含了吸烟者所需的如何反驳和抵制禁烟运动的信息，而吸烟者很可能是对这个话题最感兴趣的人。

研究发现，如果被攻击的信念是一种似乎不言自明的文化真理，即被社会的大多数成员认为毫无疑问是正确的信念，例如"只要人们愿意努力工作，他们就能成功"，那么"打预防针"的效果最强。文化真理极少受到质疑。当它们未受质疑时，我们比较容易忘记为何我们持有这些信念。因此，如果某一日遭受严重的攻击，这些信念可能会崩溃。[17]

要想激发我们捍卫自身信念的动力，首先我们必须意识到它们的脆弱性，而实现这个目的的最佳途径就是温和地攻击这些信念。经过这样的暴露，我们的信念遭受到比较温和的攻击，我们会对以后的攻击产生抵抗力，因为（1）我们捍卫自身信念的动力被激发；（2）我们进行了捍卫信念的练习。如此这般，我们就能更好地抵御力度更大的攻击。这一点十分重要，却经常被决策者忽视或误解。

第 38 章

我们可以如何抵制虚假宣传

在整本书中,我们描述了许多劝导和宣传策略,也频繁地讨论了可以怎样抵制我们不想要的宣传形式。在这一章,我们想把这些建议汇总在一起。目标很简单:在我们的家庭、工作场所、学校、法庭以及国家,我们可以如何避免被宣传影响?

这个问题的答案很复杂。也理当如此。我们面临的宣传很复杂,其形式多种多样,而且经常会针对新的环境、新的机会和我们抵制宣传的努力而发生变化。

我们似乎可以采取两种基本策略来抵制宣传。首先,我们可以采取**防守**行动。换句话说,学习怎样觉察宣传,怎样故意唱反调,针对沟通的信息该问哪些问题,怎样驳斥和揭穿子虚乌有的诉求,以及怎样应对不择手段的宣传攻势。本书的许多内容都是冲着这个目标而撰写的。

然而,在信息密集的环境之中,存在五花八门的宣传者,他们都在利用我们的偏见和情绪做文章,就算最为训练有素的战士也不能成功挡住每一次攻击。花言巧语实在太多,而时间太少,没有办法一一批驳。我们也需要采取**进攻**行动,即采取措施识别常见的宣传形式和宣传的种子，从源头上扼杀它们。为防止宣传进入我们的家庭，个人和机构需要一起努力：个人要采取措施来阻止宣传的扩散，社会要改变某些不良的行事方式。在本章余下的篇幅，我们将提出一些建议，说明我们可以采取哪些措施来阻止（或者至少减缓）宣传的扩散。[1]我们首先会看一看有哪些方法可以保护自己，随后探讨我们可以采取的一些社会行动。

- **了解劝导的各种方法，并意识到你自己可能成为宣传的受害者**。布拉德·萨加林（Brad Sagarin）及其同事做过一系列重要的实验，他们向大学生讲授了劝导的方法。[2]更具体地说，学生们拿到了一些材料，这些材料跟我们在第四部分中讨论的传播者信度相关材料类似，阐述如何区分对信息来源可信度的合理使用和不合理使用。随后，萨加林及其同事在一个不相关的背景下向学生们展示了一系列以恰当或不恰当方式使用权威人物的广告。他们有何发现？单单培训本身对帮助学生抵制不诚实的广告收效甚微，不过有意思的是，它确实增加了使用合法传播者的广告的影响力。但是，如果把培训跟"你上当了"程序相结合，则的确会促使更多的学生抵制宣传。具体说来，研究人员在让学生接受信源可信度培训之前，向他们证明了他们也可能被不诚实的传播者欺骗。学生首先被要求对一则使用假股票经纪人推荐产品的广告发表意见，然后被要求检视自己的意见，看自己是否注意到了该股票经纪人是骗子。如果没注意到，他们会被告知自己受骗了。当以为自己不会受宣传影响的幻想动摇之后，学生们热切地应用他们学到的有关来源可信度的知识，以抵制虚假宣传。从这个实验可以推断出，阅读本书是增强你对宣传的抵抗力的良好开端。但是，为了让你获得极大程度的保护，你需要更进一步，不要成为"第三人效应"的牺牲品，以为其他人都可能成为宣传的受害者，而你自己不会。试着想象自己容易中招，并相

第38章 我们可以如何抵制虚假宣传

应地做好准备。

- **监控你的情绪**。如果你觉察到你对某个信息有情绪反应,问自己"为什么?"寻找可能引发情绪的事物,例如虚假的承诺、让你感觉欠人情的"免费"礼物、引发自卑感的稀缺物品、激起格兰法龙效应的"我们-他们"之分,抑或是让你感觉害怕或内疚的讲话。如果你感觉有人在利用你的情绪做文章,请跳出当时的情境,然后再去分析正在发生什么。如果客观上无法跳出情境,那就在头脑里重新定义情境,直到可以抽身离开。

- **探索信息来源的动机和可信度**。提出诸如此类的问题:"这个人为什么告诉我这些信息?""对方跟我说这些,能得到什么?""传播者是否真的拥有令人信服的专业知识和信誉,抑或一切只是人为制造的形象?""这位专家能否用可以理解的术语来解释这个问题,还是故意胡言乱语来唬人?"

- **理性思考任何建议或问题**。想一想:"问题是什么?""人们在使用什么标签和术语来描述它?""这些标签的使用得当吗?""正在讨论哪种或哪些行动方案?""有哪些理由支持倡导者的立场?""有哪些理由反对其立场?""这些理由有多大说服力?"

- **做决定之前,尝试理解所有可能的选项**。问自己:"这些选择为什么以这样的方式呈现在我面前?""是否还有其他选项,以及呈现这些选项的其他方式?""如果我做的选择不在推荐选项之列,会发生什么?"

- **"不要看领导的嘴唇,要看他们的手。"**[3] 这条以暗喻方式给出的建议来自德国作家特奥多尔·普利维尔(Theodor Plievier),对于宣传的种种方式,他可谓见多识广。换句话说,在进行评估时不要依据某人**说**了什么,如"我支持环保""我支持教育""我反对犯罪",而要依据这个人实际**做**了什么,如这个人是怎么保护环境、支持教育或预防犯罪的？

- **暂停一下，思考这种可能性：你获得的任何信息可能是类事实。**我们以"毫无根据"的传言和影射为例。人性使然，大多数人会从听闻和扩散传言中获得某些乐趣。何以如此？正如我们之前提到的，传言通常涉及重要人物的恶心、下流或刺激的负面故事。重要人物爆出令人恶心的传言，从某种程度上说是"杀了他们的威风"。德国人用一个词来形容它：Schadenfreude（幸灾乐祸），即我们从他人的不幸或尴尬中获得隐秘而让人有负罪感的快乐。但此类传言往往并不属实，当然也绝非无害，它们可能给传言针对之人带来痛苦，并令其人格和声誉遭受毁灭性打击。因此，当你听到传言或讽刺时，你或许会想问消息来源："你有什么证据？""你从哪里听到的？""如果你需要说服一个公正的陪审团相信此事的真实性，你会愿意尝试吗？"换句话说，坚持要求传言的扩散者要么拿出证据，要么闭嘴。我们每个人都有一定的责任去质疑传言，而不是盲目地接受和重复传言。

- 如果人人都在"这么做"，或者你反复听到同一条"新闻"，不妨问问"为什么？"我们最近重复做了所罗门·阿施（Solomon Asch）那个要求受试者判断线条的相对长度的著名实验。[4]在某些实验中，实验人员的同谋故意一致同意明显错误的答案。现在轮到受试者做出回应了。研究的目的是看看受试者是否会遵从群组的错误意见。在我们的研究中，半数以上的受试者至少有一次纯粹为了随大流而给出错误的答案。实验结束后，我们问了一位**没有**随大流的受试者，以了解她对此次经历的看法。她给出的建议与"社会共识启发式"背道而驰：当所有人都在做同样的事情，以此作为线索，问问"为什么"。这是一个很好的建议，可以避免你匆忙加入不值得跟随的潮流。

- **如果交易看起来好得令人难以置信，它可能并非如此。**在决定购买

第38章 我们可以如何抵制虚假宣传

之前，请注意以下常见的警示信号，提示这可能不是一笔好买卖：（1）仅限"今日"；（2）卖家提供"免费赠品"，作为交换你只需付出"最低限度的"努力；（3）某件促销商品突然没货了，不过碰巧有件"好得多"的商品，你只要"多花一点点钱"（虚报低价策略）；（4）卖家强调每次付款的金额，而不是总的售价；（5）一名"维修人员"发现你拥有的某件物品存在"重大"缺陷，必须立即修理；（6）你几乎或根本没有时间阅读合同；（7）卖家让你为自己的提问感到内疚，或者问你："你不相信我吗？"[5]

- **始终问自己："反方的论据是什么？""怎样可以证明我（或其他任何人）是错的？"** 这样做有助于避免仅仅因为某个立场令人愉悦或其呈现方式讨人喜欢就接受它。此举还会激发辩论，可能促使你最终采取更好的行动方案。

- **教导你的孩子了解宣传**。还记得吗，我们在第37章说过，抵制劝导的最好方法之一是"打预防针"。跟孩子一起看电视，帮助他们形成批驳宣传的反方论点。例如，陪孩子一起看广告，问他们诸如此类的问题："你觉得那个玩具真能那样吗，还是只是电视上这么演？""你觉得他们为什么让这个玩具看起来这么好？"有必要的话，带孩子去玩具店，将玩具的真实性能跟广告中的说法做比较。当暴力出现在电视屏幕上时，问孩子："你觉得受害者感觉如何？你愿意别人这样对你吗？"

- **支持保护儿童等弱势群体不受剥削性劝导的工作**。例如，你可能想要支持限制针对儿童的广告的数量和范围（如第37章所述）。你可能想要支持限制进入家庭的电视暴力的数量，办法包括确立"合家观看时间"，使用可屏蔽某些频道的计算机芯片，或者让支持暴力电视节目的广告商知道你不会购买他们的产品。

- **避免依赖单一的信息来源**。高强度宣传的标志性特征之一是从单一角度进行集中传播。随着大众媒体行业的公司合并和相互收购，公民越来越依赖少数几家传播公司来提供维持民主所需的多元化意见。[6]公共电视台是商业电视台的有用替代品，它鼓励《芝麻街》《罗杰斯先生的邻居》等节目的传播。但是，这还不够，我们应该重拾一个看似古怪、老式的想法：公共电波为公众所有，应该为公众的利益服务。在发放广播牌照和批准公司合并时，政府的指导原则应该是："这对社会有什么好处？这能如何确保不同观点的传播？"而不是："某某能赚多少钱？"

- 新闻就是新闻，试着在自己的脑海中将其与娱乐区分开来。不要期待新闻媒体将每一起"事件"都变成以确保收视率为唯一目的的娱乐性闹剧。新闻媒体是有办法监督政治和商业组织的少数机构之一。如果它们未能履行这一职能，那么我们就无法获得履行公民职责所需的信息。

- 做出决定和判断时，把沟通风格作为你依据的标准之一。举个例子，我们有一位朋友，他毕生都是共和党人；自尼克松以来的每次总统选举，他都把票投给了共和党。然而在1988年大选期间，威利·霍顿的竞选广告播出后，我们的这位朋友宣布："我要硬着头皮把票投给杜卡基斯。我不想要一个这样跟美国人民讲话的人成为总统。"我们的朋友看穿了这则竞选广告，一个廉价、刻薄的游戏，试图利用情绪来获得选票，他希望离它越远越好。如果人人都效仿我们这位朋友，那么政客和其他宣传者就会知道，煽动民情没有好处。[7]

- 支持竞选支出改革。根据当前的资金匹配方案，美国纳税人要为选举年的许多竞选活动买单，例如，一场总统竞选通常要花费1.7亿美元以上。为什么要为宣传花钱？与其给候选人一张空白支票，让他们购买持续30秒钟、以绘声绘色的影射和华而不实的图像为主打的误导性广告，为什么不要求联邦配套资金的接受者把这笔钱花在

第38章　我们可以如何抵制虚假宣传

举行辩论、面向公众的公开论坛、新闻发布会、让观众有机会详细听取候选人立场的资讯节目，以及类似法国的那种"发言者头部特写"广告之上？（在这些广告中，候选人对着镜头说话，没有分散注意力的背景，例如飘扬的旗帜或欢呼的诱饵，观众因此可以把注意力集中在候选人所说的内容上，不受诱导情绪的图像影响。）

- **在重要问题上，提升你的参与程度。** 我们在第3章中看到，当我们在漫不经心的状态下处理信息时，我们都容易受宣传影响。另外，如果某个问题和我们息息相关，就会促使我们思考这个问题，细细审视接收到的信息，并寻找更多资讯来帮助我们做出决定。关键在于，我们经常发现自己处在那种"走神"的状态。一种解决方案是创造"参与手段"，增加国家所面临的问题与我们的相关性。举个例子，一项很简单的措施：给纳税人寄纳税收据，里面列出他们缴纳了多少税金，分摊到每个主要预算项目的金额各是多少。这样做会如何起作用呢？假设琼斯一家的收入为34 000美元。[8] 他们通常需要支付3 200美元的联邦税、2 600美元的社会保障和医疗保险税，此外还有州税、地方税和销售税。琼斯一家会收到来自美国国税局的感谢信，以及数字细目，说明他们的钱花在了哪里：1 682美元用于社会保障和医疗保险，1 102美元用于国防，870美元用于国债利息，348美元用于医疗补助。琼斯一家花在其他预算项目上的钱均在100美元以内，包括失业保险、住房计划和食品券等项目各58美元，联邦执法、联邦研究、学生补助和外国事务等项目各15美元。有了这些信息，下一次，当琼斯一家在电视新闻上看到价值数百万美元的导弹意外爆炸时，他们可能会说，"嘿，那是我的1 000美元着火了"，并且可能对军事采购程序越来越感兴趣。当一名政客出现并宣称"我要清理骗取福利的行为，不再参与联合国事务，以便节约税款"时，琼斯一家或许会回应："这不太可能。跟社会保障、军费、债务偿还和医疗等花钱多的项目相比,这些都是相对较小的支出。"关键在于:如果掌握了与自身相关的资讯,公民可以更好地区分哪些是言之成理的提议,哪些是一派胡言。

- **要求播出以消费者事务为主题的节目**。荷兰有个很好的例子,阿斯特丽德·约斯滕(Astrid Joosten)主持的热门电视节目《诱惑》。[9] 这个脱口秀让广告商、媒体评论家和消费者坐在一起讨论广告。它提供了供消费者批评广告、而广告商回应批评的论坛。同时,它堪称典范,我们非常需要这种节目:以批判性思维审视进入千家万户的消费品广告。

- **写信给商家,要求其提供证据来证明广告中的说法(如第11章所述)**。我们发现,通读商家给出的支持其广告宣传的材料之后,我们会对空洞的声明如"就是可乐"变得敏感得多,并且会思考广告商可以怎样证明其广告宣传。事实上,他们往往没办法证明,就算他们有意如此。或许,如果我们都写信索要证据,广告商会意识到空洞的承诺并不是有效的劝导手段。

- **支持并加大打击欺骗性广告的力度**。欺骗性广告误导消费者,损害竞争对手利益,因为它们不得不与虚假宣传竞争,最终导致如实宣传的商家也更难获得消费者的信任。为了抵制虚假宣传,我们需要加强监管,让广告商为欺骗性广告和容易诱使消费者得出误导性推论的广告负责。广告商的广告应言之有据,在有需要时应该提供这些依据,这一期待合情合理。[10] 此外,在颁布任何消费者保护法时,我们需要确保有(1)足够多的执法者予以执行和(2)足够重的惩罚来威慑潜在罪犯。

- **支持并加大清除误导性标签及其他欺骗性做法的力度**。可以采取一些措施来清除欺骗性策略。例如,联邦政府最近发布了使用诸如"低热量"和"低脂肪"等标签的指导方针,好让它们具有实际意义。一项要求店铺储备充足的广告促销商品的法律，可以终结利用虚假承诺的"虚报低价"行径。[11]电话营销是欺诈盛行的领域之一，毫无诚信、唯利是图的公司采用高压销售策略来销售位于加利福尼亚州弗雷斯诺的海滨房产，或以高价出售一文不值的宝石。在这个领域需要制定若干法律法规，包括（1）创建国际通用的数据库，追踪实施欺诈的电话营销人员；（2）要求向消费者全面披露电话营销公司的所有者是谁，所提供的任何奖品价值几何，以及假如电话营销人员是在为慈善事业募捐，实际流入慈善事业（而不是筹款机构）的款项将占捐款的多大比重；（3）修订法律，使消费者更容易把行骗的营销商告上法庭；[12]（4）建立一个不希望被电话营销打扰的消费者登记表，违背消费者意愿对其进行电话营销的商家将受到严厉处罚。我们自身有责任去发现更多可以防骗防诈的领域。

- **倡导民主制度。**我们常把民主的本质视作当然，认为它不过是"少数服从多数"或"做我们自己的事情的自由"。民主是一种鼓励深思熟虑的劝导（而非宣传）、尊重所有公民之权利和责任的社会关系模式。[13]民主的特点包括：（1）传播去中心化，资讯来源多种多样；（2）权威和权力受到制衡体系的制约；（3）通过讨论而不是领导人的指令来确立议程和目标；（4）领导者和公民之间相互影响，而不是仅以精英为源头的单向影响；（5）群体的边界和身份角色灵活可变，而不是社会结构僵化；（6）鼓励表达占据少数的意见，以此作为做出更好决策的手段，保护少数派的权利。我们需要牢记这些特征，抓住一切机会予以倡导，比如在制定社会政策时、与邻人互动时、做出不仅关乎我们自身利益的决定时。

- **鼓励旨在维持庞大的中产阶层的政府政策。**一本有关劝导的书，建议制定政策来确保中产阶层不断壮大，这看似奇怪。然而，宣传的种子往往以人们对自身、对生活机遇的不满为植根的沃土。历史告诉我们,当公民感觉被剥夺时,即感觉得到的比自己应得的少时,宣传便大行其道。感觉被剥夺的人,更有可能拿他人当替罪羊,例如参加种族骚乱或加入民兵组织,更有可能支持蛊惑民心的政客。[14] 希特勒上台之前,德国经济一团糟;1882—1930年的美国南部,随着棉花价格下跌,美国黑人遭受的私刑增加。相比之下,身为有住房或汽车,有银行账户,或因为有一份好工作而体验到被尊重的中产阶层,其典型特征之一是对经济的参与感,而这通常伴随着责任感,以及对公共事务的关切,因此他们会更仔细地考察劝导性信息。

- **最后,遏制宣传最为至关重要的举措之一是遵循《圣经》的一则建议:去掉他人眼中的刺之前,先去掉自己眼中的梁木。**换句话说,如果我们想要倡导积极的、合乎道德的劝导,消除误导性宣传,那我们必须对自己宣扬的理念身体力行。我们将在下一章,也是最后一章,探讨这个主题。

第 39 章

劝导女神珀伊托的儿女们

小说家经常刻画劝导的阴险黑暗的一面。在美国经典作品《埃尔默·甘特利》(*Elmer Gantry*)中,辛克莱·刘易斯(Sinclair Lewis)讲述了一个虚伪的传教士的故事,该传教士凭借舌灿莲花的布道令信徒如痴如醉,其重要成就之一就是为甘特利神父维持一笔可观的收入。在《1984》中,英国作家乔治·奥威尔(George Orwell)描述了一个极权主义国家,成功利用宣传策略来维持对人民的控制。在《人民公仆》(*A Man of the People*)中,尼日利亚小说家钦努阿·阿契贝(Chinua Achebe)记录了尊敬的 M. A. 南加(M. A. Nanga)是如何通过旨在欺骗和愚弄群众的言辞和政策上台掌权的。

在整本书中,我们已看到劝导的阴暗面,无论是卖二手车时耍的花招,还是散布在大众媒体上的错误信息,抑或是第三帝国的仇恨宣传。在蛊惑人心的煽动者手中,劝导可能充满了背信弃义和招摇撞骗,其目的主要是诱发我们的非理性冲动。

古希腊人呈现了劝导的另一面。在雅典民主的鼎盛时期,希腊人崇拜劝导女神珀伊托(Peitho)。在埃斯库罗斯(Aeschylus)的戏剧《俄瑞斯忒亚》(Oresteia)中，珀伊托成功平息了复仇三女神（Furies）的怒气，她们以惩罚罪人为己任，坚持报应性正义。俄瑞斯忒斯（Orestes）因杀死母亲及其情人而受审，他坦承自己犯了这桩罪行。但背后另有原因。事实是，他的母亲与情人合谋杀死了俄瑞斯忒斯的父亲，以便夺取迈锡尼国王的宝座。雅典的陪审团必须决定，年轻的俄瑞斯忒斯是不是普通的杀人犯，或其杀人行为是否合理。听完双方陈词，陪审团意见不一，决定性的一票必须由智慧女神雅典娜投出。她投票认为俄瑞斯忒斯无罪，应该获得自由。

起诉此案的复仇女神大为恼火。在她们看来，谋杀就是谋杀，血债必须血来还。为安抚复仇女神，雅典娜让她们在雅典卫城拥有一个新的神庙，以及一个新名字——欧墨尼德斯（Eumenides），即仁慈女神。作为回报，复仇女神必须承认珀伊托的王权。对于希腊观众来说，个中信息很清楚：必须使用劝导来克服人性较低劣的部分，这才是明智之举。

对人类而言，劝导既可能是毁灭之肇始，也可能是智慧的源头，这种双重性引发了最后一个、但也是至关重要的问题：劝导的性质和其在社会中的作用应该是什么？[1]因为我们不仅是劝导性沟通的接收者，也是此类信息的来源。不管你喜不喜欢，我们都是珀伊托的儿女。有时，我们毫无私心地承担这个角色，向朋友推荐某家餐厅或某个品牌的音响设备。有时，一切并非如此单纯。许多职业都需要娴熟的说服技巧，不仅是销售、法律和政治，还有医学、科学和教育领域。同样，为政治候选人工作，或支持特定社会事业或慈善组织的人，也依靠其说服能力来吸引选票，为请愿书征集签名，筹集资金，或传播资讯。事实上，每当我们赞扬或批评某个对象、捍卫或抨击某个想法、支持或反对某个立场时，都可以说是在试图说服他人。

我们已经讨论了如何**有效**传递说服性信息，接下来，如何决定**要不**

第39章 劝导女神珀伊托的儿女们

要这样做以及怎么去做,也值得我们想清楚。劝导涉及的道德问题十分复杂,也有许多灰色地带。本书无意详细讨论道德哲学,但我们认为有必要指出道德问题的存在和重要性,并就如何分析和思考提出一些建议。

首先,在考虑这些问题之前,我们应该意识到,不管这个现象是对是错,一项劝导策略"道德"与否,往往取决于它是否成功实现目标。例如,受压迫的少数派通过抵制公共汽车之类的策略实现了目标,而其选择的策略常为落败的多数派所诟病,常见的说法是:"我赞成其目标,但不赞成其手段。"而且,历史对胜利者很友善,往往忽略他们的过激行为。例如,世间鲜有"成功"的叛徒:他们要么失败,被贴上"背信弃义"的标签;要么成功,被称为"爱国者"。

一种方法是,通过评估其目标来判断劝导尝试是否符合道德准则;将这种观点推到极致,那便是只要目标正义,手段即合理。假设你生活在1942年的波兰。纳粹正在搜捕犹太人,要把他们送进死亡集中营;你在保护一个犹太家庭,把他们藏在你家地窖里。当纳粹来敲门,问你家里是否有犹太人时,你回答说没有。很少有人会争辩说,在这种情况下编造令人信服的谎言是不道德的。为了拯救无辜者的生命,你不得不说谎,你的谎言越逼真,你就越有可能拯救他们的生命,也拯救你自己、你的家人和你所爱之人的生命。

如果劝导的目标不是那么合乎情理,道德问题就变得更加棘手。想象一下,你在一家卖蓝色牛仔裤的服装店担任销售员。老板建议你告诉顾客:"没有哪条牛仔裤能证明它比我们的牛仔裤更耐穿。"严格地讲这样说没错,不过,你销售的牛仔裤也不能证明自己比任何**其他**品牌的牛仔裤更耐穿,这也是事实。此外,假设你每售出一条牛仔裤都会获得可观的佣金,在使用这套推销说辞时你会感到犹豫吗?如果你真的**相信**这些牛仔裤非常耐穿而且实惠,情况会有所不同吗?如果你认为它们**并不**耐穿和实惠呢?最后,如果你不愿使用这套说辞,怎么跟顾客说,你会感觉更自在？通过最后一个问题，我们已将关注焦点从沟通的目标扩展到更大的领域，明确涵盖了对沟通内容的思考。

"记住，孩子们，这些参加政治辩论的都是老练的专业人士。你们在家里别试图模仿这样的花言巧语和欺骗行为。"

有关伦理道德的另一种视角是，根据传播源所使用的手段来评判行为。[2]总的来说，大家都会赞同这样的观点：应该避免故意散布虚假信息、隐瞒事实、使用似是而非的论证或以欺诈方式利用他人情绪。但这种方法也存在问题：比如如何看待善意的谎言，也就是一个人可能为了避免伤害他人的情感而撒谎的行为。

评估劝导尝试是否符合道德准则，既需要考虑信息的目标，也需要考虑信息的内容。假设你是核能的坚定反对者，坚信所有核电厂都应立即关闭。你正在去拜访一位朋友的路上，你觉得说服他和你一起反对核能非常重要。在以前的交谈中，你跟他说过核电站产生的废料放射性强，目前无法安全处置，会构成严峻且不断增大的威胁；他回答说，"可

第39章 劝导女神珀伊托的儿女们

靠的美国技术"终究会解决这个问题。你指出,融资建设核电站不得不依靠集权化的大企业利益集团,由这些利益集团控制和分配能源以获取利润是不对的;你的朋友只是嗤之以鼻。

因此,念及这次拜访计划,你自忖他很可能还是不会被你反对核电的两大理由说服。由于你认为威胁十分严峻,说服他相信核电的危险至关重要,你开始寻找可以提出的其他论点。你回想起朋友的父亲死于癌症,死前经历了漫长痛苦的折磨,朋友因此也相当害怕癌症,你考虑强调核电站辐射的潜在致癌影响,尽管你知道这些风险没有相关文献记录。你知道他的生意依赖可靠的能源供应,知道他关心能源成本,你打算避免提及你所在地区的核电站关闭会导致电力减少、电价上升。

即将抵达之时,你想到了你说服他的尝试是否符合道德标准。你告诉自己,反核电的事业至关重要,你没有说任何赤裸裸的谎言,只是在以尽可能有利的方式陈述你的论点。但另外,你感到不安,因为你没有分享你所知道的全部信息。

做出评判并不容易。你可能对某件事有足够强的信念,对于以最有利于推进自身事业的方式呈现信息毫无顾忌;你也有可能希望自己尽可能完整和中立地陈述信息,否则就会感觉不舒服。你的决定在一定程度上取决于具体情况。例如,与据信是无党派人士的演讲者相比,被预期(且不得不)主张某个立场的出庭律师可能较少受到某些道德考量的约束。与发言不受反方论点挑战的人相比,发言前或发言后要面对反方论点的人,可能会更加大胆激进。有些人会断言,如果事业足够重要,使用强有力的劝导策略是合理的;另一些人则观点相反,认为话题越重要,就越需要客观。

问题错综复杂,没有简单的道德解决方案。当我们是决策者而不仅仅是被动的观察者或事后发表意见的人时,尤其如此。正如歌德曾经指出的那样:"良心是观察者的美德,不是行动者的美德。"[3]

尽管有可能让问题变得更加复杂，我们还是想提出另一种评估劝导的道德性的方法：**手段往往决定目的**。换言之，劝导策略的选择往往最终会决定我们的信念和行动的性质。中国哲学家孟子曾表达过这样的观点：有些手段可能取得立竿见影的效果，但长远来看后患无穷。例如，假设你的朋友被你"核电站增大癌症风险"的论点说服，但后来发现它可能不完全准确。假设他在杂志上读到一篇由核电的积极倡导者撰写的相当热情洋溢的文章，声称（1）将核辐射泄漏与癌症联系起来的证据未经证实；（2）继续使用化石燃料和其他石油化学产品可能破坏大气层，导致来自太阳的有害致癌紫外线穿透力更强。文章最后断言，如果废除核能，罹患癌症的风险实际上可能会**增加**。

你的朋友可能有何想法和感受？最好的情况是，你的说服努力付诸东流；你的朋友面对两种看似有道理但情绪化的说法，不知道该相信谁，相信哪种观点。最坏的情况是，你的朋友可能会觉得你背叛了他的情感；他的愤怒可能导致他抵制你的信息，并从此认为你是不可信的资讯来源。要是使用另一种类型的诱导，即不操纵情感的诱导，结果可能会有所不同。

依赖简单化的劝导策略如调用启发式方法或设置合理化陷阱暗藏风险：如果你可以成功使用该技巧，那么其他任何人也可以。一名煽动者的成果轻易就能毁在下一个人手上。其结果就是，大批民众看起来反复无常且迷茫。而且，当我们意识到自己被欺骗和操纵时，我们的反应通常是变得满腹怀疑、愤世嫉俗。历史学家认为，英国人和美国人在第一次世界大战期间滥用暴行宣传，这个广为人知的事实是很多人一开始不相信希特勒的暴行的原因之一，其他原因还包括支持割裂的情绪、有选择性的新闻报道和反犹主义。[4] 同样，当代分析人士认为，许多美国人不参加投票是因为他们认为所有竞选言论都是毫无意义的夸夸其谈。套用一句老话："成也宣传，败也宣传。"

第39章 劝导女神珀伊托的儿女们

向你的朋友隐瞒重要信息会有什么后果？显然，对核电的这一方面避而不谈也可能适得其反。核能的拥护者只需陈述这些可能性就能得高分。此外，不讨论能源经济学的决定还有另一个可能更严重的后果：它使你的朋友无知。

如果使用情感诱导或过于简单化的论点会导致此类负面后果，人们为什么要使用它们？还记得吗，我们的宣传时代是信息密集的时代，有时间、机会或能力来处理他们接收到的海量资讯的公民少之又少。此外，正如我们所看到的，很多时候人们观看新闻与其说是因为它的资讯价值，不如说是因为它的娱乐能力。于是，传播者面临更大的诱惑，试图通过激发情感和简单化的思维（而非理性）来操纵信念和看法。传播者似乎越来越多地依赖于利用偏见和情绪的劝导手段，而不是充分知情的讨论；利用栩栩如生的图像，而不是深思熟虑的话语；利用毫无意义的联想，而不是带有前因后果的分析；利用煽动者的宣传，而不是珀伊托女神的劝导。

随着越来越多的宣传者使用简单化的劝导，竞争压力步步上升，推动人们使用日益简单粗暴的劝导手段。随着劝导手段日益简单粗暴，人们对公民事务的了解和经验越来越少。随着民众的见识越来越少，宣传者必须使用更加简单化的劝导手段。结果是不断递进的无知循环：愤世嫉俗的民众，被越来越多无脑的宣传轰炸，而面对这些宣传，民众处理信息的技能和意愿越来越弱，理解能力也越来越差。阿道夫·希特勒所秉持的民众是无知的信念，就这样成为自我实现的预言。

我们相信，这些可怕的后果可以避免。这正是我们写这本书的原因。我们希望，了解有关劝导过程的知识之后，我们所有人都能觉察并抵制某些较明显的欺骗和煽动形式。或许更为重要的是，它应该促使我们意识到我们所选择的劝导手段的后果。毕竟，一个人对劝导策略的选择，在很大程度上揭示了他（她）的品性和思考手头问题的能力。通过仔细审视劝导方式,我们可以将那些引导人们全面、公开讨论手头问题的劝导手段发扬光大,同时谴责煽动者荒唐可笑的花招。从很大程度上来说,培养珀伊托的儿女的责任,就在我们的肩上。

参考文献

创作缘起

[1] Walsh, L. E. (1997). *Firewall*. New York: Norton.
[2] 有关辛普森案审判的统计数据来自1995年10月16日的《美国新闻与世界报道》(*U. S. News & World Report*)。
[3] 有关莫妮卡·莱温斯基事件的统计数据来自《广告时代》(*Advertising Age*)和《布里尔内容》(*Brill's Content*)杂志上的多篇报道。

第1章 我们这个宣传的时代

[1] Colford, S. W. (1990, March 19). Athlete endorsers fouled by slayings. *Advertising Age*, p. 64.
[2] Barrett, L. T. (1990, November 19). Race-baiting wins again. *Time*, p. 43.
[3] 统计数据来自最近几期的《美国人口统计数据》(*American Demographics*)和 *Brill's Content*。Bogart, L. (1995). *Commercial culture*. New York: Oxford University Press; Jacobson, M. F., & Mazur, L. A. (1995). *Marketing madness*. Boulder, CO: Westview; Ries, A., & Trout, J. (1981). *Positioning: The battle for your mind*. New York: Warner; Aaker, D. A., & Myers, J. G. (1987). *Advertising management*. Englewood Cliffs, NJ: Prentice Hall。有

关大众传媒的介绍，可参考Pratkanis, A. R. (1997). The social psychology of mass communications: An American perspective. In D. F. Halpern & A. Voiskounsky (Eds.), *States of mind: American and post-Soviet perspectives on contemporary issues in psychology* (pp. 126-159). New York: Oxford University Press。

[4] Holifield, E. B. (1989). *Era of persuasion: American thought and culture, 1521-1680.* Boston: Twayne.

[5] Bahne, C. (1990). *The complete guide to Boston's Freedom Trail.* Cambridge, MA: Newtowne.

[6] 以下这本书是介绍广告史的优秀读物：Fox, S. (1984). *The mirror makers.* New York: Morrow。

[7] 参见Adams, H. F. (1916). *Advertising and its mental laws.* New York: Macmillan; Poffenberger, A. T. (1932). *Psychology in advertising.* New York: McGraw-Hill; Scott, W. D. (1917). *The psychology of advertising.* Boston: Small, Maynard, & Co.；Starch, D. (1923). *Principles of advertising.* New York: McGraw-Hill。

[8] Creel, G. (1920). *How we advertised America.* New York: Harper & Brothers.

[9] 有关民主社会中宣传和劝导的性质的讨论，可参考以下文献：Pratkanis, A. R., & Turner, M. E. (1996). Persuasion and democracy: Strategies for increasing deliberative participation and enacting social change. *Journal of Social Issues, 52,* 187-205; Sproule, J. M. (1994). *Channels of propaganda.* Bloomington, IN: EDINFO; Sproule, J. M. (1997). *Propaganda and democracy: The American experience of media and mass persuasion.* New York: Cambridge University Press。

[10] Marcus, J. (1992). *Mesoamerican writing systems.* Princeton, NJ: Princeton University Press.

[11] 当然，只有数量有限的希腊人（大多是拥有财产的男性）具有公民资格。关于古希腊和古罗马时代的劝导，可参考以下精彩著述：Of course,

only a limited number of Greeks (mostly males who owned property) could be citizens. For excellent discussions of persuasion in the Greek and Roman eras, see Billig, M. (1987). *Arguing and thinking.* New York: Cambridge University Press; Kennedy, G. A. (1963). *The art of persuasion in Greece.* Princeton, NJ: Princeton University Press; Kennedy, G. A. (1972). *The art of rhetoric in the Roman world.* Princeton, NJ: Princeton Unity Pressversi; Kennedy, G. A. (1980). *Classical rhetoric.* Chapel Hill: University of North Carolina Press; Maccoby, N. (1963). The new science of rhetoric. In W. Schramm (Ed.), *The science of human communication.* New York: Basic Books。

[12] Cicero. (1949). *De inventione.* Cambridge, MA: Loeb Classics, p. 3.

[13] Ries & Trout (1981), 参见注释3。

[14] 可参考Cialdini, R. B. (1984). *Influence.* New York: Morrow。

第2章 神秘的影响力

[1] 有关麦斯麦对美国思想的影响，以下著述做了精彩的回顾和总结：Fuller, R. C. (1982). *Mesmerism and the American cure of souls.* Philadelphia: University of Pennsylvania Press; Fuller, R. C. (1986). *Americans and the unconscious.* New York: Oxford University Press。

[2] 参见Darnton, R. (1986). *Mesmerism and the end of the Enlightenment in France.* Cambridge, MA: Harvard University Press; Gould, S. J. (1991). *Bully for brontosaurus.* New York: Norton。

[3] 有关催眠的各种事实，可参考以下著述：Baker, R. A. (1990). *They call it hypnosis.* Buffalo, NY: Prometheus; Spanos, N. P., & Chaves, J. F. (Eds.). (1989). *Hypnosis: The cognitive-behavioral perspective.* Buffalo, NY: Prometheus。

[4] Toennies, F. (1971). *On sociology: Pure, applied, and empirical.* Chicago:

University of Chicago Press.（最早出版于1887年。）

[5] 有关大众媒体的"魔弹"理论（又称"皮下注射器"理论或"传送带"理论），可参考此书的精妙总结：DeFleur, M. L., & Ball-Rokeach, S. (1989). *Theories of mass communication*. White Plains, NY: Longman。

[6] Watson, J. B. (1919). *Psychology from the standpoint of a behaviorist*. Philadelphia: Lippincott.

[7] Scott, W. D. (1917). *The psychology of advertising*. Boston: Small, Maynard, & Co.

[8] Le Bon, G. (1960). *The crowd*. New York: Viking.（最早出版于1895年）这一假说首次被人提出，可参见Sighele, S. (1891). *La folia delinquente [The criminal crowd]*. Turin, Italy: Fratelli Bocca。至于该领域较近期的著述，可参考以下两本书：McPhail, C. (1991). *The myth of the maddening crowd*. New York: Aldine de Gruyter; van Ginneken, J. (1992). *Crowds, psychology, and politics*. Cambridge: Cambridge University Press。

[9] Packard, V. (1957). *The hidden persuaders*. New York: MacKay.

[10] Dichter, E. (1964). *Handbook of consumer motivations*. New York: McGraw-Hill.

[11] 参见Lazarsfeld, P., Berelson, B., & Gaudet, H. (1948). *The people's choice*. New York: Columbia University Press。亦可参考Berelson, B., Lazarsfeld, P., & McPhee, W. (1954). *Voting*. Chicago: University of Chicago Press。

[12] Klapper, J. (1960). *The effects of mass communication*. Glencoe, IL: Free Press; McGuire, W. J. (1986). The myth of massive media impact: Savagings and salvagings. In G. Comstock (Ed.), *Public communication and behavior* (Vol. 1, pp. 175-257). San Diego, CA: Academic Press; Schudson, M. (1984). *Advertising, the uneasy persuasion*. New York: Basic Books.

[13] Garcia, J., & Koelling, R. A. (1966). Relation of cue to consequence in avoidance learning. *Psychometric Science, 4*, 123-124; Festinger, L., & Carlsmith, J. M. (1959). Cognitive consequences of forced compliance.

Journal of Abnormal and Social Psychology, 58, 203-210.

[14] Marks, J. (1979). *The search for the "Manchurian candidate."* New York: Norton.

[15] Politz, A. (1957). "Motivation research" from a research viewpoint. *Public Opinion Quarterly, 20,* 663-667.

[16] Hovland, C. I., Lumsdaine, A. A., & Sheffield, F. D. (1949). *Experiments on mass communication.* Princeton, NJ: Princeton University Press; Hovland, C. I., Janis, I. L., & Kelley, H. H. (1953). *Communication and persuasion.* New Haven, CT: Yale University Press; Hovland, C. I. (1957). *The order of presentation in persuasion.* New Haven, CT: Yale University Press; Hovland, C. I., & Janis, I. L. (1959). *Personality and persuasibility.* New Haven, CT: Yale University Press; Hovland, C. I., & Rosenberg, M. J. (1960). *Attitude organization and change.* New Haven, CT: Yale University Press; Sherif, M., & Hovland, C. I. (1961). *Social judgment.* New Haven, CT: Yale University Press. For a review, see McGuire, W. J. (1969). The nature of attitudes and attitude change. In G. Lindzey & E. Aronson (Eds.), *Handbook of social psychology* (2nd ed., Vol. 3, pp. 136-314). Reading, MA: Addison-Wesley.

[17] Gerbner, G., Gross, L., Morgan, M., & Signorielli, N. (1982). Living with television: The dynamics of the cultivation process. In J. Byrant & D. Zillman (Eds.), *Perspectives on media effects* (pp. 17-40). Hillsdale, NJ: Erlbaum; Iyengar, S., & Kinder, D. R. (1987). News that matters. Chicago: University of Chicago Press.

[18] Jones, J. P. (1995). *When ads work: New proof that advertising triggers sales.* New York: Lexington.

[19] Zaller, J. (1996). The myth of massive media impact revived: New support for a discredited idea. In D. C. Mutz, P. M. Sniderman, & R. A. Brody (Eds.), *Political persuasion and attitude change* (pp. 17-78). Ann Arbor: University of Michigan Press.

[20] 参见Greenwald, A. G., Brock, T. C, & Ostrom, T. M. (Eds.). (1968). *Psychological foundations of attitudes.* New York: Academic Press; Petty, R. E., & Cacioppo, J. T. (1981). *Attitudes and persuasion: Classic and contemporary approaches.* Dubuque, IA: Brown; Petty, R. E., Ostrom, T. M., & Brock, T. C. (Eds.). (1981). *Cognitive responses in persuasion.* Hillsdale, NJ: Erlbaum; Petty, R. E., & Cacioppo, J. T. (1986). *Communication and persuasion.* New York: Springer-Verlag; Pratkanis, A. R., Breckler, S. J., & Greenwald, A. G. (Eds.). (1989). *Attitude structure and function.* Hillsdale, NJ: Erlbaum。

[21] Liddy, G. G. (1980). *Will.* New York: St. Martin's.

[22] 有关这些原则的更详细内容，请参考Aronson, E. (1999). *Social animal* (8th ed.). New York: Worth。尤其是书中第4章和第5章。

第3章 漫不经心的宣传，深思熟虑的劝导

[1] Burton, P. W. (1981). *Which ad pulled best?* Chicago: Crain; Caples, J. (1974). *Tested advertising methods.* Englewood Cliffs, NJ: Prentice Hall; Loudon, D. L., & Delia Bitta, A. J. (1984). *Consumer behavior.* New York: McGraw-Hill; Howard, D. J. (1990). The influence of verbal responses to common greetings on compliance behavior: The foot-in-the-mouth effect. *Journal of Applied Social Psychology, 20,* 1185-1196; Ogilvy, D. (1983). *Ogilvy on advertising.* New York: Crown.

[2] Loudon & Delia Bitta (1984)，参见注释1。

[3] Langer, E., Blank, A., & Chanowitz, B. (1978). The mindlessness of ostensibly thoughtful action: The role of "placebic" information in interpersonal interaction. *Journal of Personality and Social Psychology, 36,* 635-642.

[4] Preston, I. L. (1994). *The tangled web they weave: Truth, falsity, and*

advertisers. Madison: University of Wisconsin Press.

[5] Santos, M., Leve, C, & Pratkanis, A. R. (1994). Hey buddy, can you spare 17 cents? Mindful persuasion and the pique technique. *Journal of Applied Social Psychology, 24,* 755-764.

[6] Petty, R. E., & Cacioppo, J. T. (1986). The elaboration likelihood model of persuasion. In L. Berkowitz (Ed.), *Advances in experimental social psychology* (Vol. 19, pp. 123-205). New York: Academic Press; Petty, R. E., & Cacioppo, J. T. (1986). *Communication and persuasion: Central and peripheral routes to attitude change.* New York: Springer-Verlag. See also Chaiken, S. (1980). Heuristic versus systematic information processing and the use of source versus message cues in persuasion. *Journal of Personality and Social Psychology, 39,* 752-766; Chaiken, S., Liberman, A., & Eagly, A. (1989). Heuristic versus systematic information processing within and beyond the persuasion context. In J. S. Uleman & J. A. Bargh (Eds.), *Unintended thought* (pp. 212-252). New York: Guilford.

[7] Jamieson, K. H. (1992). *Dirty politics.* New York: Oxford University Press.

[8] Petty, R. E., Cacioppo, J. T., & Goldman, R. (1981). Personal involvement as a determinant of argument-based persuasion. *Journal of Personality and Social Psychology, 41,* 847-855.

[9] Fiske, S. T, & Taylor, S. E. (1991). *Social cognition.* New York: McGraw-Hill.

第4章 合理化动物

[1] Festinger, L., Riecken, H. W, & Schachter, S. (1956). *When prophecy fails.* New York: Harper & Row.

[2] Festinger, L. (1957). *A theory of cognitive dissonance.* Stanford, CA: Stanford University Press.

[3] Aronson, E. (1969). The theory of cognitive dissonance: A current

perspective. In L. Berkowitz (Ed.), *Advances in experimental social psychology* (Vol. 4, pp. 1-34). New York: Academic Press.

[4] Pratkanis, A. R., & Turner, M. E. (1999). Groupthink and preparedness for the Loma Prieta earthquake: A social identity maintenance analysis of causes and preventions. In B. Mannix, M. Neale, & R. Wageman (Eds.), *Research on groups and teams: Groups in context* (Vol. 2, pp. 115-136). Greenwich, CT: JAI Press。如果想要了解来自实验室的研究数据,请参考Turner, M. E., Pratkanis, A. R., Probasco, P., & Leve, C. (1992). Threat, cohesion, and group effectiveness: Testing a social identity maintenance perspective on groupthink. *Journal of Personality and Social Psychology, 63,* 781-796。

[5] Cialdini, R. B., & Schroeder, D. (1976). Increasing compliance by legitimizing paltry contributions: When even a penny helps. *Journal of Personality and Social Psychology, 34,* 599-604.

[6] Harris, J. (1970). *Hiroshima: A study of science, politics, and the ethics of war.* Menlo Park, CA: Addison-Wesley.

[7] 关于如何避免和减少集体规避认知失调造成的不良后果,可参考Turner, M. E., & Pratkanis, A. R. (1994). Social identity maintenance prescriptions for preventing groupthink: Reducing identity protection and enhancing intellectual conflict. *International Journal of Conflict Management, 5,* 254-270; Turner, M. E., & Pratkanis, A. R. (1997). Mitigating groupthink by stimulating constructive conflict. In C. K. W. De Dreu & E. Van de Vliert (Eds.), *Using conflict in organizations* (pp. 53-71). Thousand Oaks, CA: Sage。

第5章 构建影响力的四大策略

[1] 对林肯的葛底斯堡演讲的精彩分析,可参考Wills, G. (1992). *Lincoln at Gettysburg: Words that remade America.* New York: Simon & Schuster。有

参考文献

关亚伯拉罕·林肯的生平和时代背景的讨论,可参考Bursey, L. G. (1988). Abraham Lincoln. In W. C. Spragens (Ed.), *Popular images of American presidents* (pp. 67-103). New York: Greenwood; Hofstadter, R. (1948). *The American political tradition.* New York: Knopf; O'Reilly, K. (1995). *Nixon's piano: Presidents and racial politics from Washington to Clinton.* New York: Free Press; Tebbel, J., & Watts, S. M. (1985). *The press and the presidency.* New York: Oxford University Press; Zarefsky, D. (1990). *Lincoln, Douglas, and slavery: In the crucible of public debate.* Chicago: University of Chicago Press。

[2] 此引言出自Colford, P. D. (1993). *The Rush Limbaugh story.* New York: St. Martin's, p. 287。有关拉什·林博的生平和影响策略的讨论,可参考Brokaw, T., Fallows, J., Jamieson, K. H., Matalin, M., & Russert, T. (1997). Talk show democracy. *Press/Politics, 2,* 4-12; Colford, P. D. (1993). *The Rush Limbaugh story.* New York: St. Martins; Franken, A. (1996). *Rush Limbaugh is a big fat idiot.* New York: Delacorte; Laufer, P. (1995). *Inside talk radio.* New York: Birch Lane Press; Limbaugh, R. (1992). *The way things ought to be.* New York: Pocket Books; Limbaugh, R. (1993). *See, I told you so.* New York: Pocket Books; Perkins, R. (1995). *Logic and Mr. Limbaugh.* Chicago: Open Court; Rendall, S., Naureckas, J., & Cohen, J. (1995). *The way things aren't: Rush Limbaugh's reign of error.* New York: New Press; Sturgeon, A. L., Blair, C, & Merriam, J., The Rush Limbaugh Show: A content analysis. Unpublished manuscript, University of California, Santa Cruz。

[3] 有关英格拉姆案的详细情况,可参考Ofshe, R., & Watters, E. (1994). *Making monsters.* New York: Charles Scribners Sons; Wright, L. (1994). *Remembering Satan.* New York: Knopf。

[4] Aristotle. (1954). *Rhetoric.* In W Roberts (Trans.), *Aristotle, rhetoric and poetics.* New York: Modern Library.

[5] 作为使用《独立宣言》来驳斥奴隶制的一个精彩例子,请参考Douglass, F.

(1992). *Frederick Douglass's greatest speeches: The meaning of 4th of July for the Negro.*〔Recorded by Fred Morsell〕. (Cassette Recording No. TBM CDJ0011). New Canaan, CT: TBM Records. (Originally delivered on July 5, 1852.) 弗雷德里克·道格拉斯曾经身为奴隶，他提出的许多观点后来出现在林肯的葛底斯堡演讲中。

[6] 引言出自Wills (1992), pp. 38-39, 请参考注释1。

[7] Wills (1992), p. 100, 请参考注释1。

[8] 引言出自Colford (1993), p. 156, 请参考注释2。

[9] 有关治疗中可能如何形成虚假的记忆，以及这对家庭和社区的影响，可参考Gardner, M. (1994). The tragedies of false memories. *Skeptical Inquirer, 18,* 464-470; Goldstein, E. (1994). *Confabulations.* Boca Raton, FL: Upton Books; Johnston, M. (1997). *Spectral evidence: The Ramona case: Incest, memory, and truth on trial in Napa Valley.* Boston: Houghton Mifflin; Loftus, E. F., & Ketcham, K. (1994). *The myth of repressed memories.* New York: St. Martin's; Ofshe & Watters (1994), 参见注释3; Spanos, N. P. (1997). *Multiple identities and memories: A sociocognitive perspective.* Washington, DC: American Psychological Association; Victor, J. S. (1993). *Satanic panic: The creation of a contemporary legend.* Chicago: Open Court; Wakefield, H., & Underwager, R. (1994). *Return of the furies.* Chicago: Open Court; Wright (1994), 参见注释3。

[10] Bass, E., & Davis, L. (1988). *The courage to heal: A guide to women survivors of child sexual abuse.* New York: Harper & Row; Fredrickson, R. (1992). *Repressed memories.* New York: Fireside/Parkside; Smith, M., & Pazder, L. (1980). *Michelle remembers.* New York: Pocket Books.

[11] 引言出自Victor (1993), p. 195, 参见注释9。

[12] Loftus, E. F., & Ketcham, K. (1994), 参见注释9; Loftus, E. F. (1993). The reality of repressed memories. *American Psychologist, 48,* 518-537; Loftus, E. F., & Loftus, G. R. (1980). On the permanence of stored memories. *American Psychologist, 35,* 409-420。

[13] Janes, L. M., & Olson, J. M. (2000). Jeer pressures: The behavioral effects of observing ridicule of others. *Personality and Social Psychology Bulletin, 26,* 474-485.

[14] 有关心理治疗中该做和不该做的事情，请参考Kramer, J., & Alstad, D. (1993). *The guru papers: Mask of authoritarian power.* Berkeley, CA: North Atlantic Books/Frog Ltd. ; Singer, M. T, & Lalich, J. (1996). *Crazy therapies.* San Francisco: Jossey-Bass。

[15] Hobden, K. L., & Olson, J. M. (1994). From jest to antipathy: Disparagement humor as a source of dissonance-motivated attitude change. *Basic and Applied Social Psychology, 15,* 239-249; Maio, G. R., Olson, J. M., & Bush, J. E. (1997). Telling jokes that disparage social groups: Effects on the joke teller's stereotypes. *Journal of Applied Social Psychology, 27,* 1986-2000.

[16] 引言出自Laufer (1995), p. 245，参见注释2。

第6章 有魔力的字眼

[1] Bern, D. (1970). *Beliefs, attitudes, and human affairs.* Belmont, CA: Brooks/Cole.

[2] Levin, I. P., & Gaeth, G. J. (1988). How consumers are affected by the frame of attribute information before and after consuming the product. *Journal of Consumer Research, 15,* 374-378.

[3] Lee, A. M., & Lee, E. B. (1939). *The fine art of propaganda.* New York: Harcourt, Brace; Institute for Propaganda Analysis. (1937). How to detect propaganda. *Propaganda Analysis, 1,* reprinted in Jackall, R. (1995). *Propaganda.* New York: New York University Press; Werkmeister, W. H. (1948). *An introduction to critical thinking.* Lincoln, NB: Johnsen.

[4] Fox, S. (1984). *The mirror makers.* New York: Morrow.

[5] 想要了解美国政治史中对于标签的运用，请参考Green, D. (1987). *Shaping political consciousness: The language of politics in America from McKinley to Reagan.* Ithaca, NY: Cornell University Press。

[6] Lutz, W. (1989). *Doublespeak.* New York: Harper & Row.

[7] Bromley, D. G., & Silver, E. D. (1995). The Davidian tradition. In S. A. Wright (Ed.), *Armageddon in Waco* (pp. 43-72). Chicago: University of Chicago Press.

[8] Orwell, G. (1949). *1984.* New York: New American Library, p. 246.

[9] Allport, G. W. (1954). *The nature of prejudice.* Reading, MA: Addison-Wesley.

[10] Bern, S. L., & Bern, D. J. (1973). Does sex-biased job advertising "aid and abet" sex discrimination? *Journal of Applied Social Psychology, 3,* 6-18。关于语言中的性别歧视所造成的影响，若想了解更多事例，可参考Henley, N. (1989). Molehill or mountain? What we know and don't know about sex bias in language. In M. Crawford & M. Gentry (Eds.), *Gender and thought* (pp. 59-78). New York: Springer-Verlag。

[11] Ries, A., & Trout, J. (1981). *Positioning: The battle for your mind.* New York: Warner.

[12] Miller, R. L., Brickman, P., & Bolin, D. (1975). Attribution versus persuasion as a means for modifying behavior. *Journal of Personality and Social Psychology, 31,* 430-441.

[13] Miller, Brickman, & Bolin (1975), 参见注释12。

[14] Snyder, M., Tanke, E. D., & Berscheid, E. (1977). Social perceptions and interpersonal behavior: On the self-fulfilling nature of social stereotypes. *Journal of Personality and Social Psychology, 35,* 656-666.

[15] 引言出自Thomson, O. (1977). *Mass persuasion in history.* Edinburgh: Paul Harris, p. 111。

第7章 我们头脑中的画面

[1] Lippmann, W. (1922). *Public opinion.* New York: Harcourt, Brace.

[2] Evans, W. (1996). Science and reason in film and television. *Skeptical Inquirer, 20,* 45-48, 58; Gerbner, G. (1987). Science on television: How it affects public conceptions. *Issues in Science and Technology, 3,* 109-115; Gerbner, G., Gross, L., Morgan, M., & Signorielli, N. (1986). Living with television: The dynamics of the cultivation process. In J. Bryant & D. Zillman (Eds.), *Perspectives on media effects* (pp. 17-40). Hillsdale, NJ: Erlbaum.

[3] 引言出自1982年12月6日的《新闻周刊》(*Newsweek*), p. 40。

[4] Haney, C., & Manzolati, J. (1981). Television criminology: Network illusions on criminal justice realities. In E. Aronson (Ed.), *Readings about the social animal* (3rd ed., pp. 125-136). New York: Freeman.

[5] 参见Heath, L. (1984). Impact of newspaper crime reports on fear of crime: Multimethodological investigation. *Journal of Personality and Social Psychology, 47,* 263-276; Linz, D. G., Donnerstein, E., & Penrod, S. (1988). Effects of long-term exposure to violent and sexually degrading depictions of women. *Journal of Personality and Social Psychology, 55,* 758-768; Lavine, H., Sweeney, D., & Wagner, S. H. (1999). Depicting women as sex objects in television advertising: Effects on body dissatisfaction. *Personality and Social Psychology Bulletin, 25,* 1049-1058; Hennigan, K, Heath, L., Wharton, J. D., Del Rosario, M., Cook, T. D., & Calder, B. (1982). Impact of the introduction of television on crime in the United States: Empirical findings and theoretical implications. *Journal of Personality and Social Psychology, 42,* 461-477。

[6] Iyengar, S., & Kinder, D. R. (1987). *News that matters.* Chicago: University of Chicago Press.

[7] Rogers, E. M., & Dearing, J. W. (1988). Agenda-setting research: Where has

it been, where is it going? In J. A. Anderson (Ed.), *Communication yearbook* 11 (pp. 555-594). Beverly Hills, CA: Sage。有关设定议事日程的研究，以下这本书提供了非常好的综述总结：Dearing, J. W., & Rogers, E. M. (1996). *Agenda-setting.* Thousand Oaks, CA: Sage。

[8] McCombs, M. E., & Shaw, D. L. (1972). The agenda setting function of mass media. *Public Opinion Quarterly, 36,* 176-187.

[9] 引言出自Dilenschneider, R. L. (1990). *Power and influence.* New York: Prentice Hall。

[10] Iyengar, S. (1991). *Is anyone responsible? How television frames political issues.* Chicago: University of Chicago Press。另可参考Strange, J. J., & Leung, C. C. (1999). How anecdotal accounts in news and fiction can influence judgments of a social problems urgency, causes, and cures. *Personality and Social Psychology Bulletin, 25,* 436-449。

[11] Hart, R. P. (1987). *The sound of leadership.* Chicago: University of Chicago Press.

[12] Pratkanis, A. R. (1993). Propaganda and persuasion in the 1992 U. S. presidential election: What are the implications for a democracy? *Current World Leaders, 36,* 341-362.

[13] Pfeffer, J. (1981). *Power in organizations.* Cambridge, MA: Ballinger.

[14] 引言出自：Jacobson, M. E, & Mazur, L. A. (1995). *Marketing madness.* Boulder, CO: Westview, p. 15。

[15] 引言出自Rogers and Dearing (1988)，参见注释7。

第8章 萨达姆·侯赛因：巴格达的希特勒?

[1] 关于1991年海湾战争期间人们使用过的种种比喻，可参考Conners, J. L. (1998). Hussein as enemy: The Persian Gulf war in political cartoons. *Press/Politics, 3,* 96-114; Rohrer, T. (1995). The metaphorical logic of (political)

rape: The new wor(l)d order. *Metaphor and Symbolic Activity, 10,* 115-137。

[2] Gilovich, T. (1981). Seeing the past in the present: The effects of associations to familiar events on judgments and decisions. *Journal of Personality and Social Psychology, 40,* 797-808.

[3] 有关隐喻和想法的讨论,可参考Bowers, J. W. & Osborn, M. M. (1966). Attitudinal effects of selected types of concluding metaphors in persuasive speeches. *Speech Monographs, 33,* 147-155; Gibbs, R. W. (1994). *The poetics of mind.* Cambridge: Cambridge University Press; Johnson, J. T., & Taylor, S. E. (1981). The effect of metaphor on political attitudes. *Basic and Applied Social Psychology, 2,* 305-316; Lakoff, G. (1987). *Women, fire, and dangerous things.* Chicago: University of Chicago Press; Lakoff, G, & Johnson, M. (1980). *Metaphors we live by.* Chicago: University of Chicago Press; Mio, J. S. (1996). Metaphor, politics, and persuasion. In J. S. Mio & A. N. Katz (Eds.), *Metaphor: Implications and applications* (pp. 127-146). Mahwah, NJ: Erlbaum。

[4] Kennedy, P. (1991年1月24日)。A declining empire goes to war.《华尔街日报》。

[5] Corbett, E. P. J. (1990). *Classical rhetoric for the modern student.* New York: Oxford University Press, p. 105.

[6] 引言出自《美国新闻与世界报道》,1991年5月6日, p. 19。

[7] What did Bush win?《新闻周刊》,1991年5月13日, p. 27。

[8] 另一个例子是林登·约翰逊提出的"向贫困开战"计划。使用战争隐喻有助于发动国民、遏制批评的声音,但最终,当贫困拒绝投降,这个隐喻也宣告失败。请参考Zarefsky, D. (1986). *President Johnson's war on poverty.* Tuscaloosa: University of Alabama Press。

第9章　有问题的劝导

[1] Kahneman, D., & Tversky, A. (1984). Choices, values, and frames. *American Psychologist, 39,* 341-350.

[2] Meyerowitz, B. E., & Chaiken, S. (1987). The effect of message framing on breast self-examination attitudes, intentions, and behavior. *Journal of Personality and Social Psychology, 52,* 500-510。有关信息框架在劝导中的作用的分析，可参考Smith, S. M., & Petty, R. E. (1996). Message framing and persuasion: A message processing analysis. *Personality and Social Psychology Bulletin, 22,* 257-268。

[3] Lockerbie, B., & Borrelli, S. A. (1990). Question wording and public support for Contra aid, 1983-1986. *Public Opinion Quarterly, 54,* 195-208。另可参考Payne, S. L. (1951). *The art of asking questions.* Princeton, NJ: Princeton University Press。有关措辞的微妙变化可如何导致结果发生重大改变的其他事例，可参考Birnbaum, M. H. (1999). How to show that 9 > 221: Collect judgments in a between-subjects design. *Psychological Methods, 4,* 243-249; Salancik, G. R., & Conway, M. (1975). Attitude inferences from salient and relevant cognitive content about behavior. *Journal of Personality and Social Psychology, 32,* 829-840; Steele, C. M., & Ostrom, T. M. (1974). Perspective mediated attitude change: When is indirect persuasion more effective than direct persuasion? *Journal of Personality and Social Psychology, 29,* 737-741。

[4] Mitofsky, W. J. (1999, May). Making sense of the polls. *Brill's Content,* p. 34.

[5] Spence, G. (1986). *Trial by fire.* New York: Morrow.

[6] Loftus, E. F. & Palmer, J. C. (1974). Reconstruction of automobile destruction: An example of the interaction between language and memory. *Journal of Verbal Learning and Verbal Behavior, 13,* 585-589; Loftus, E. F. (1977). Shifting human color memory. *Memory and Cognition, 5,* 696-699.

[7] Institute for Propaganda Analysis. (1937). How to detect propaganda.

Propaganda Analysis, 1, reprinted in Jackall, R. (1995). *Propaganda.* New York: New York University Press.

[8] 关于如何利用修辞问句促进人们思考某个议题的实例，可参考Petty, R. E., Cacioppo, J. T., & Heesacker, M. (1981). The use of rhetorical questions in persuasion: A cognitive response analysis. *Journal of Personality and Social Psychology, 40,* 432-440。

第10章 诱饵的威力

[1] Pratkanis, A. R., Farquhar, P. H., Silbert, S., & Hearst, J. (1989). Decoys produce contrast effects and alter choice probabilities。未出版的手稿，University of California, Santa Cruz。若想了解更多的例子，可参考Huber, J., Payne, J. W., & Puto, C. (1982). Adding asymmetrically dominated alternatives: Violations of regularity References and similarity. *Journal of Consumer Research, 9,* 90-98; Tyszka, T. (1983). Contextual multiattribute decision rules. In L. Sjoberg, T. Tyszka, & J. Wise (Eds.), *Human decision making.* Lund, Sweden: Doxa。

[2] Kenrick, D. T., & Gutierres, S. E. (1980). Contrast effects in judgments of attractiveness: When beauty becomes a social problem. *Journal of Personality and Social Psychology, 38,* 131-140.

[3] Sedikides, C., Ariely, D., & Olsen, N. (1999). Contextual and procedural determinants of partner selection: Of asymmetric dominance and prominence. *Social Cognition, 17,* 118-139.

第11章 伪事实心理学

[1] Johnson, D. M. (1945). The "phantom anesthetist" of Mattoon: A field study

of mass hysteria. *Journal of Abnormal and Social Psychology, 40,* 175-186.

[2] Mailer, N. (1973). *Marilyn.* New York: Galahad Books, p. 18.

[3] 关于谣言背后的心理学，可参考Allport, G. W., & Postman, L. (1947). *The psychology of rumor.* New York: Holt; Cantril, H. (1940). *The invasion from Mars.* New York: Harper & Row; Rosnow, R. L. (1980). Psychology of rumor reconsidered. *Psychological Bulletin, 87,* 578-591; Rosnow, R. L., & Fine, G. A. (1976). *Rumor and gossip.* New York: Elsevier; Shibutani, T. (1966). *Improvised news.* Indianapolis, IN: Bobbs-Merrill; Sifakis, C. (1993). *Hoaxes and scams.* New York: Facts on File。

[4] Patterson, R. G. (1998). *The walrus was Paul.* New York: Simon & Schuster; Oxfeld, J. (2000, October). Paul was dead. *Brill's Content,* pp. 108-111, 144; Reeve, A. J. (1994). *Turn me on, dead man: The complete story of the Paul McCartney death hoax.* Ann Arbor, MI: Popular Culture Ink.

[5] Bartholomew, R. E., & Howard, G. S. (1998). *UFOs & alien contact.* Amherst, NY: Prometheus; Klass, P. J. (1989). *UFO abductions: A dangerous game.* Amherst, NY: Prometheus; Korff, K. K. (1997). *The Roswell UFO crash: What they don't want you to know.* Amherst, NY: Prometheus.

[6] Dezenhall, E. (1999). *Nail 'em.* Amherst, NY: Prometheus.

[7] 更多细节可参考Dezenhall (1999)，注释6。

[8] Wegner, D. M., Wenzalaff, R., Kerker, R. M., & Beattie, A. E. (1981). Incrimination through innuendo: Can media questions become public answers? *Journal of Personality and Social Psychology, 40,* 822-832.

[9] Rucker, D. D., & Pratkanis, A. R. (2001). Projection as an interpersonal influence tactic: On the effects of the pot calling the kettle black. *Personality and Social Psychology Bulletin.*

[10] Webb, C. C, & Chapian, M. (1985). *Forgive me.* Old Tappan, NJ: F. H. Revell.

[11] *Falsely accused.* (1999). [录像带]。New York: A & E for the History Channel.

[12] Kassin, S. M., Williams, L. N., & Saunders, C. L. (1990). Dirty tricks of cross-examination: The influence of conjectural evidence on the jury. *Law and Human Behavior, 14,* 373-384; Sue, S., Smith, R. E., & Caldwell, C. (1973). Effects of inadmissible evidence on the decisions of simulated jurors: A moral dilemma. *Journal of Applied Social Psychology, 3,* 345-353; Carroll, J. S., Kerr, N. L., Alfini, J. J., Weaver, F. M., MacCoun, R. J., & Feldman, V. (1986). Free press and fair trial: The role of behavioral research. *Law and Human Behavior, 10,* 187-201.

[13] Kapferer, J. N. (1989). A mass poisoning rumor in Europe. *Public Opinion Quarterly, 53,* 467-481.

[14] Loh, W. D. (1985). The evidence and trial procedure: The law, social policy, and psychological research. In S. M. Kassin & L. S. Wrightsman (Eds.), *The psychology of evidence and trial procedure* (pp. 13-39). Beverly Hills, CA: Sage.

[15] 请参考Francois, W. E. (1978). Mass media law and regulation. Columbus, OH: Grid; Preston, I. L. (1996). *The great American blow-up: Puffery in advertising and selling* (rev. ed.). Madison: University of Wisconsin Press。

第12章 可信的传播者

[1] Aristotle. (1954). Rhetoric. In W. Roberts (Trans.), *Aristotle, rhetoric and poetics.* New York: Modern Library, p. 25.

[2] Hovland, C., & Weiss, W. (1951). The influence of source credibility on communication effectiveness. *Public Opinion Quarterly, 15,* 635-650.

[3] Aronson, E., & Golden, B. (1962). The effect of relevant and irrelevant aspects of communicator credibility on opinion change. *Journal of Personality, 30,* 135-146.

[4] White, P. H., & Harkins, S. G. (1994). Race of source effects in the

elaboration likelihood model. *Journal of Personality and Social Psychology, 67,* 790-807。如欲了解更多细节，可参考Petty, R. E., Fleming, M. A., & White, P. H. (1999). Stigmatized sources and persuasion: Prejudice as a determinant of argument scrutiny. *Journal of Personality and Social Psychology, 76,* 19-34。

[5]　Pratkanis, A. R. (2001). Propaganda and deliberative persuasion: The implications of Americanized mass media for established and emerging democracies. In W. Wosinski, R. B. Cialdini, J. Reykowski, & D. W. Barrett (Eds.), *The practice of social influence in multiple cultures* (pp. 259-285). Mahwah, NJ: Erlbaum.

[6]　Walton, D. N. (1997). *Appeal to expert opinion: Arguments from authority.* University Park: Pennsylvania State University Press.

[7]　Fromm, E. (1997). What I do not like about contemporary society. In *On being human.* New York: Continuum.（文章最初发表于1972年）

第13章　冠军的早餐，消费者的垃圾食品

[1]　Mills, J., & Aronson, E. (1965). Opinion change as a function of communicator's attractiveness and desire to influence. *Journal of Personality and Social Psychology, 1,* 173-177.

[2]　Eagly, A., & Chaiken, S. (1975). An attribution analysis of the effect of communicator characteristics on opinion change: The case of communicator attractiveness. *Journal of Personality and Social Psychology, 32,* 136-144.

[3]　Herbert, B. (1996, August 23). Teen smokers, read this. *New York Times.*

[4]　Petty, R. E., Cacioppo, J. T., & Schumann, D. (1983). Central and peripheral routes to advertising effectiveness: The moderating role of involvement. *Journal of Consumer Research, 10,* 134-148.

第14章　如果臭名远扬，你该如何劝导

[1] Oliver, R. T. (1971). *Communication and culture in ancient India and China.* Syracuse, NY: Syracuse University Press.

[2] Walster (Hatfield), E., Aronson, E., & Abrahams, D. (1966). On increasing the persuasiveness of a low prestige communicator. *Journal of Experimental Social Psychology, 2,* 325-342.

[3] Eagly, A., Wood, W., & Chaiken, S. (1978). Causal inferences about communicators and their effect on opinion change. *Journal of Personality and Social Psychology, 36,* 424-435.

[4] 《圣克鲁斯前哨报》, *Santa Cruz Sentinel*, 1987年1月13日, p. A8。

[5] Herbert, B. (1996年8月23日)。Teen smokers, read this. *New York Times*。

[6] Oliver (1971), 参见注释1。

[7] Walster (Hatfield), E., & Festinger, L. (1962). The effectiveness of "overheard" persuasive communications. *Journal of Abnormal and Social Psychology, 65,* 395-402.

第15章　制造可信度

[1] McGinness, J. (1970). *The selling of the president: 1968.* New York: Pocket Books, p. 160.

[2] 引言出自*Portraits of American presidents.* (no date). (Version 1. 0). Great Bear［CD-ROM］。

[3] Riechmann, D. (1999, July 23). Praise for Nixon talk was phony, ex-aide recalls. *San Jose Mercury News,* p. 19A.

[4] Jamieson, K. H. (1984). *Packaging the presidency.* New York: Oxford University Press.

[5] Ansolabehere, S., Behr, R., & Iyengar, S. (1993). *The media game.* New

York: Macmillan.

[6] Butterfield, S. (1985). *Amway: The cult of free enterprise.* Boston: South End Press.

[7] Boorstin, D. J. (1961). *The image: A guide to pseudo-events in America.* New York: Atheneum.

[8] Shapiro, R. J. (1994年7月10日)。Tricks of the trade: How to use the media to your advantage. *San Jose Mercury News,* pp. 1I, 4I. (此文是1993年发表于《捍卫者》杂志的一篇文章的重印)

[9] Saffir, L. (1993). *Power public relations.* Lincolnwood, IL: NTC Business Books.

[10] Ailes, R. (1988). *You are the message.* New York: Doubleday, p. 81.

[11] Dilenschneider, R. L. (1990). *Power and influence.* New York: Prentice Hall.

[12] Matalin, M., & Carville, J. (1994). *All's fair: Love, war, and running for president.* New York: Simon & Schuster/Random House.

[13] 一旦当选之后，你可以雇用一家民意调查公司，确保自己保持正面和强有力的形象。有关美国总统如何利用民意测验的精彩分析，可参考 Brace, P., & Hinckley, B. (1992). *Follow the leader.* New York: Basic Books。

第16章 一场拳击赛，杀死十一人：大众媒体的示范效应

[1] 请参考 *National Examiner,* January 2, 1996, pp. 26-27。

[2] Phillips, D. P. (1986). Natural experiments on the effects of mass media violence on fatal aggression: Strengths and weaknesses of a new approach. In L. Berkowitz (Ed.), *Advances in experimental social psychology* (Vol. 19, pp. 207-250). New York: Academic Press.

[3] Bandura, A. (1973). *Aggression: A social learning analysis.* Englewood Cliffs, NJ: Prentice Hall.

[4] 有关暴力和攻击性的诱发因素的讨论,可参考Baron, R. A. (1977). *Human aggression.* New York: Plenum; Berkowitz, L. (1993). *Aggression: Its causes, consequences, and control.* New York: McGraw-Hill; Geen, R. G. (1990). *Human aggression.* Pacific Grove, CA: Brooks/Cole。

[5] Schneider, C. (1987). *Children's television: The art, the business, and how it works.* Lincolnwood, IL: NTC Business Books.

[6] Bryan, J. H., & Test, M. A. (1967). Models and helping: Naturalistic studies in aiding behavior. *Journal of Personality and Social Psychology, 6,* 400-407.

[7] Baron, R. A., & Kepner, C. R. (1970). Model's behavior and attraction toward the model as determinants of adult aggressive behavior. *Journal of Personality and Social Psychology, 14,* 335-344.

[8] Bryan, J. H., Redfield, J., & Mader, S. (1971). Words and deeds about altruism and the subsequent reinforcement power of the model. *Child Development, 42,* 1501-1508; Bryan, J. H., & Walbek, N. H. (1970). Preaching and practicing generosity: Children's actions and reactions. *Child Development, 41,* 329-353.

[9] Aronson, E. (2000). *Nobody left to hate: Teaching compassion after Columbine.* New York: Worth.

[10] 有关大众媒体中的行为榜样和暴力之间的联系,可参考*National Television Violence Study (1997-1998)* (Vols. 1-3). Thousand Oaks, CA: Sage。

第17章 包 装

[1] Which cereal for breakfast? (1981, February). *Consumer Reports,* pp. 68-75.

[2] 文中的比较基于: *Eating to lower your high blood cholesterol.* (1987). NIH Publication No. 87-2920. Washington, DC: U. S. Department of Health and

Human Services。研究表明，饱和脂肪酸（例如动物脂肪），以及某些植物脂肪（例如椰子油、可可脂、棕榈油和氢化油），会令胆固醇水平提高。谷物生产商有时会在其产品中使用此类脂肪，尤其是椰子油、棕榈油和氢化油。部分生产商正在调整谷物配方，停止使用上述成分。所以，在做最终的购买决定之前不妨仔细阅读产品说明。

[3] Lempinen, E. W. (1996, May 17). All-natural smokes in a health-conscious market. *San Francisco Chronicle,* pp. 1, A6.

[4] Caples, J. (1974). *Tested advertising methods.* Englewood Cliffs, NJ: Prentice Hall; Ogilvy, D. (1983). *Ogilvy on advertising.* New York: Crown; Petty, R. E., & Cacioppo, J. T. (1984). The effects of involvement on responses to argument quantity and quality: Central and peripheral routes to persuasion. *Journal of Personality and Social Psychology, 46,* 69-81.

[5] Axsom, D., Yates, S., & Chaiken, S. (1987). Audience response as a heuristic cue in persuasion. *Journal of Personality and Social Psychology, 53,* 30-40.

[6] 例如，可参考Leippe, M. R., Manion, A. P., & Romanczyk, A. (1992). Eyewitness persuasion: How and how well do fact finders judge the accuracy of adults' and children's memory reports. *Journal of Personality and Social Psychology, 63,* 191-197。

[7] Cooley, A., Bess, C., & Rubin-Jackson, M. (1995). *Madam foreman: A rush to judgment?* Beverly Hills, CA: Dove, p. 97.

[8] Fierman, J. (1991, June 3). The big muddle in green marketing. *Fortune,* pp. 91-101; Hume, S. (1991, January 29). McDonald's. *Advertising Age,* p. 32.

[9] Pratkanis, A. R. (1989). The cognitive representation of attitudes. In A. R. Pratkanis, S. J. Breckler, & A. G. Greenwald (Eds.), *Attitude structure and function* (pp. 71-98). Hillsdale, NJ: Erlbaum.

[10] 关于何时使用启发式决策最合时宜，可参考Gigerenzer, G., Todd, P. M., & the ABC Research Group. (1999). *Simple heuristics that make us smart.* New York: Oxford University Press。

第18章　自我推销

[1] Lewin, K. (1947). Group decision and social change. In T. M. Newcomb & E. L. Hartley (Eds.), *Readings in social psychology* (pp. 330-344). New York: Holt.

[2] 有关自我劝导的详细讨论，可参考Aronson, E. (1999). The power of self-persuasion. *American Psychologist, 54,* 875-884。

[3] Boninger, D. S., Brock, T. S., Cook, T. D. Gruder, C. L., & Romer, D. (1990). Discovery of reliable attitude change persistence resulting from a transmitter tuning set. *Psychological Science, 1,* 268-271.

[4] Gregory, W. L., Cialdini, R. B., & Carpenter, K. M. (1982). Self-relevant scenarios as mediators of likelihood estimates and compliance: Does imagining make it so? *Journal of Personality and Social Psychology, 43,* 89-99.

第19章　裸体阁楼和邻家的战斗英雄：论传播的生动性

[1] Gonzales, M. H., Aronson, E., & Costanzo, M. (1988). Increasing the effectiveness of energy auditors: A field experiment. *Journal of Applied Social Psychology, 18,* 1049-1066; Aronson, E. (1990). Applying social psychology to prejudice reduction and energy conservation. *Personality and Social Psychology Bulletin, 16,* 118-132.

[2] 还有一种情况是，生动的信息分散了受众对某个论点的注意，因为它和眼下的议题不相关，或者它导致受众思考不相关，甚至和传播者的目标相悖的事情。具体可参考Frey, K. P., & Eagly, A. H. (1993). Vividness can undermine the persuasiveness of messages. *Journal of Personality and Social Psychology, 65,* 32-44; Smith, S. M., & Shaffer, D. R. (2000). Vividness can undermine or enhance message processing: The moderating role of vividness congruency. *Personality and Social Psychology Bulletin,*

26, 769-779。

[3] Nisbett, R., & Ross, L. (1980). *Human inference: Strategies and shortcomings of social judgment.* Englewood Cliffs, NJ: Prentice Hall.（在本章的开头，我们也借用了他们对"生动"的定义。）关于他们所给例子的实验性证明，可参考Herr, P. M., Kardes, F. R., & Kim, J. (1991). Effects of word-of-mouth and product-attribute information on persuasion: An accessibility-diagnosticity perspective. *Journal of Consumer Research, 17,* 454-462。

[4] Jamieson, K. H. (1988). *Eloquence in an electronic age: The transformation of political speechmaking.* Oxford: Oxford University Press.

[5] 引文出自Nisbett & Ross (1980)，参见注释3。

[6] Carville, J. (1996). *We're right, they're wrong.* New York: Simon & Schuster/Random House.

[7] 必须指出，许多陪审员渐渐感觉律师们的戏剧性表现是廉价的把戏，即便往好里说它们也令人恼火，而往坏里说，它们表明律师们认为不可以把事实告诉陪审员。对于控方而言尤其如此，因为他们未能把生动的意象和令人信服的辛普森作案经过（也就是他在作案之后从邦迪赶到罗金厄姆的具体时间线）联系起来。因此，正如杜卡基斯的坦克广告一样，这些生动的意象尽管成为了极具娱乐性的电视节目素材，但就庭审而言可能未能起效，对悉心钻研案情的陪审员来说甚至可能导致反效果。有关陪审员的反应的详细讨论，可参考Cooley, A., Bess, C, & Rubin-Jackson, M. (1995). *Madam Foreman: A rush to judgment?* Beverly Hills, CA: Dove。

[8] Spence, G. (1995). *How to argue and win every time.* New York: St. Martin's, p. 130.

[9] Ibayan, L. F., & Pratkanis, A. R. (1996). The effects of victim impact statements on jury decision making。未发表的手稿，University of California, Santa Cruz。

[10] 若想了解针对大众媒体在越南战争期间发挥的作用的另一种视角，可

参考Hallin, D. C. (1989). *The "uncensored war": The media and Vietnam*. Berkeley: University of California Press。

第20章 同样的广告，遍遍重复为哪般

[1] 这几个例子来自Fox, S. (1984). *The mirror makers*. New York: Morrow。

[2] Zajonc, R. B. (1968). The attitudinal effects of mere exposure. *Journal of Personality and Social Psychology (monograph supplement), 9,* 1-27.

[3] Grush, J., McKeough, K., & Ahlering, R. (1978). Extrapolating laboratory exposure research to actual political elections. *Journal of Personality and Social Psychology, 36,* 257-270; Grush, J. E. (1980). Impact of candidate expenditures, regionality, and prior outcomes on the 1976 presidential primaries. *Journal of Personality and Social Psychology, 38,* 337-347.

[4] Kinder, D. R., & Sears, D. O. (1985). Public opinion and political action. In G. Lindzey & E. Aronson (Eds.), *Handbook of social psychology* (3rd ed., pp. 659-742). New York: Random House.

[5] 引文出自Herzstein, R. E. (1987). *The war that Hitler won*. New York: Paragon House, p. 31。

[6] Arkes, H. R., Boehm, L. E., & Xu, G. (1991). Determinants of judged validity. *Journal of Experimental Social Psychology, 27,* 576-605; Bacon, F. T. (1979). Credibility of repeated statements: Memory for trivia. *Journal of Experimental Psychology: Human Learning and Memory, 5,* 241-252; Boehm, L. E. (1994). The validity effect: A search for mediating variables. *Personality and Social Psychology Bulletin, 20,* 285-293; Hasher, L., Goldstein, D., & Toppino, T. (1977). Frequency and the conference of referential validity. *Journal of Verbal Learning and Verbal Behavior, 16,* 107-112; Schwartz, M. (1982). Repetition and rated truth value of statements. *American Journal of Psychology, 95,* 393-407.

[7] 具体参见Harrison, A. A. (1977). Mere exposure. In L. Berkowitz (Ed.), *Advances in experimental social psychology* (Vol. 10, pp. 39-83). New York: Academic Press。

[8] 具体参见Cacioppo, J. T., & Petty, R. E. (1985). Central and peripheral routes to persuasion: The role of message repetition. In A. Mitchell & L. Alwitt (Eds.), *Psychological processes and advertising effects* (pp. 91-111). Hillsdale, NJ: Erlbaum. For a recent extension, see Schumann, D. W., Petty, R. E., & Clemons, D. S. (1990). Predicting the effectiveness of different strategies of advertising variation: A test of the repetition-variation hypotheses. *Journal of Consumer Research, 17,* 192-202。

第21章　无话可说？那就让他们分心

[1] 总体而言，研究人员发现，积极的情绪可以直接导致我们对事物有积极的评价（当我们缺乏加工信息的动力时），也可以通过让我们的想法更加积极（当我们有思考的动力时）来实现这一点。而且，我们大多数人都想要保持积极的情绪。因此，积极情绪可能使我们更加仔细地审视信息（当加工信息有助于维持积极情绪时），也可能让我们减少对信息的加工（当审视信息可能导致情绪变得低落时）。关于积极情绪和劝导之间的关系，可参考以下文献中的精彩论述：Petty, R. E., Schumann, D. W., Richman, S. A., & Strathman, A. J. (1993). Positive mood and persuasion: Different roles for affect under high-and low-elaboration conditions. *Journal of Personality and Social Psychology, 64,* 5-20; Wegener, D. T., Petty, R. E., & Smith, S. M. (1995). Positive mood can increase or decrease message scrutiny: The hedonic contingency view of mood and message processing. *Journal of Personality and Social Psychology, 40,* 822-832。

[2] Festinger, L., & Maccoby, N. (1964). On resistance to persuasive communications. *Journal of Abnormal and Social Psychology, 68,* 359-366.

[3] Osterhouse, R. A., & Brock, T. C. (1970). Distraction increases yielding to propaganda by inhibiting counterarguing. *Journal of Personality and Social Psychology, 15,* 344-358.

[4] Ogilvy, D. (1983). *Ogilvy on advertising.* New York: Crown.

[5] Petty, R. E., Wells, G. L., & Brock, T. C. (1976). Distraction can enhance and reduce yielding to propaganda: Thought disruption versus effort justification. *Journal of Personality and Social Psychology, 34,* 874-884.

[6] Moore, D. L., Hausknecht, D., & Thamodaran, K. (1986). Time compression, response opportunity, and persuasion. *Journal of Consumer Research, 13,* 85-99.

第22章　欲得一寸，有时不妨索要一尺

[1] Spence, G. (1995). *How to argue and win every time.* New York: St. Martin's, p. 63。另可参考Spence, G. (1986). *Trial by fire.* New York: Morrow。

[2] Zimbardo, P. (1960). Involvement and communication discrepancy as determinants of opinion conformity. *Journal of Abnormal and Social Psychology, 60,* 86-94.

[3] Hovland, C., Harvey, O. J., & Sherif, M. (1957). Assimilation and contrast effects in reaction to communication and attitude change. *Journal of Abnormal and Social Psychology, 55,* 244-252.

[4] Aronson, E., Turner, J., & Carlsmith, J. M. (1963). Communication credibility and communication discrepancy as determinants of opinion change. *Journal of Abnormal and Social Psychology, 67,* 31-36.

第23章 普罗泰戈拉的理想：片面的吹捧与双面的辩论

[1] Herodotus. (1942). *The Persian Wars* (G. Rawlinson, Trans.). New York: Modern Library, p. 499.

[2] Aristotle. (1954). Rhetoric. In W Roberts (Trans.), *Aristotle, rhetoric and poetics.* New York: Modern Library, p. 185.

[3] Lippmann, W. (1939, August). The indispensable opposition. *The Atlantic,* pp. 186-190.

[4] 有关比较式广告的讨论，可参考Aaker, D., & Myers, J. G. (1986). *Advertising management.* Englewood Cliffs, NJ: Prentice Hall, pp. 305-310。

[5] Fox, S. (1984). *The mirror makers.* New York: Morrow.

[6] Ries, A., & Trout, J. (1981). *Positioning: The battle for your mind.* New York: Warner.

[7] Hovland, C. I., Lumsdaine, A. A., & Sheffield, F. D. (1949). *Experiments on mass communications.* Princeton, NJ: Princeton University Press.

[8] Pfau, M., & Kenski, H. C. (1990). *Attack politics.* New York: Praeger. See also Jamieson, K. H. (1992). *Dirty politics.* New York: Oxford University Press.

[9] Pratkanis, A. R. (1993). Propaganda and persuasion in the 1992 U. S. presidential election: What are the implications for a democracy? *Current World Leaders, 35,* 341-362.

第24章 恐惧诱导

[1] 引文见 Faust, C. H., & Johnson, T. H. (1935). *Jonathan Edwards.* New York: American Book, 161页。

[2] 节选自希特勒1922年4月12日、1923年4月20日、1926年5月23日在慕尼黑，以及1933年5月10日在柏林发表的演讲。全文参见Prange, G. W.

(Ed.). (1944). *Hitler's words.* Washington, DC: American Council on Public Affairs, 尤其是71页, 251-254页; Baynes, N. H. (1942). *The speeches of Adolf Hitler April 22-August 1939.* New York: Oxford University Press, 尤其是59页。感谢致信我们的人, 他们指出我们第一版中关于希特勒的引言实际上可能并非出自希特勒本人(尽管反共产党和反犹太情绪无疑是希特勒言论的重要组成部分)。感兴趣的读者应参见George, J., & Wilcox, L. (1992). *Nazis, Communists, and others on the fringe.* Buffalo, NY: Prometheus。

[3] Sapolsky, H. M. (Ed.). (1986). *Consuming fears.* New York: Basic Books.

[4] Dolinski, D., & Nawrat, R. (1998). "Fear-then-relief" procedure for producing compliance: Beware when the danger is over. *Journal of Experimental Social Psychology, 34,* 27-50.

[5] Leventhal, H. (1970). Findings and theory in the study of fear communications. In L. Berkowitz (Ed.), *Advances in experimental social psychology* (Vol. 5, pp. 119-186). New York: Academic Press.

[6] Chu, G. C. (1966). Fear arousal, efficacy and imminency. *Journal of Personality and Social Psychology, 4,* 517-524; Rogers, R. W. (1983). Cognitive and physiological processes in fear appeals and attitude change: A revised theory of protection motivation. In J. T. Cacioppo & R. E. Petty (Eds.), *Social psychophysiology: A sourcebook* (pp. 153-176). New York: Guilford.

第25章 格兰法龙劝导术

[1] 评论和讨论参见Hogg, M. A., & Abrams, D. (1988). Social identifications. New York: Routledge; Tajfel, H. (1981). *Human groups and social categories.* Cambridge: Cambridge University Press; Turner, J. C. (1987). *Rediscovering the social group.* New York: Blackwell。

[2] Vonnegut, K. (1963). *Cat's cradle.* New York: Dell.

[3] 说明性研究,参见 Wetherell, M. (1983). Social identification, social influence, and group polarization。未发表的博士学位论文, University of Bristol, Bristol, UK; Abrams, D., Wetherell, M., Cochrane, S., Hogg, M. A., & Turner, J. C. (1990). Knowing what to think by knowing who you are: Self-categorization and the nature of norm formation, conformity, and group polarization. *British Journal of Social Psychology, 29,* 97-119。

[4] Cialdini, R. B., Borden, R. J., Thorne, A., Walker, M. R., Freeman, S., & Sloan, L. R. (1976). Basking in reflected glory: Three (football) field studies. *Journal of Personality and Social Psychology, 36,* 463-476.

[5] Cialdini, R. B., Finch, J. F., & De Nicholas, M. E. (1990). Strategic self-presentation: The indirect route. In M. J. Cody & M. L. McLaughlin (Eds.), *The psychology of tactical communication* (pp. 194-206). Clevedon, UK: Multilingual Matters; Finch, J. F., & Cialdini, R. B. (1989). Another indirect tactic of (self-) image management: Boosting. *Personality and Social Psychology Bulletin, 15,* 222-232.

[6] Miller, D. T, Downs, J. S., & Prentice, D. A. (1998). Minimum conditions for the creation of a unit relationship: The social bond between birthdaymates. *European Journal of Social Psychology, 28,* 475-481.

[7] 例如,参见 Weiss, M. J. (1988). *The clustering of America.* New York: Harper & Row; Mitchell, A. (1983). *The nine American lifestyles.* New York: Warner; Riche, M. F. (1989, July). Psychographics for the 1990s. *American Demographics,* pp. 24-31, 53-55。

[8] *Don't fall for a telephone line. (*1997). [Videotape]. Washington, DC: American Association of Retired Persons.

[9] Jamieson, K. H. (1988). *Eloquence in an electronic age.* Oxford: Oxford University Press.

[10] 描述参见 Abelman, R., & Neuendorf, K. (1985). How religious is religious television programming? *Journal of Communication, 35,* 98-110; Hoover, S. M. (1988). *Mass media religion: The social sources of the electronic*

church. Beverly Hills, CA: Sage。

[11] 关于伪科学——这伙人什么都推销，从水晶到癌症治疗方法，再到倾听海豚的智慧的机会——如何创造和利用格兰法龙的讨论，参见Pratkanis, A. R. (1995). How to sell a pseudoscience. *Skeptical Inquirer, 19,* 19-25。

第26章　负疚感行之有效

[1] Kassin, S. M., & Keichel, K. L. (1996). The social psychology of false confessions: Compliance, internalization, and confabulation. *Psychological Science, 7,* 125-128.

[2] 关于刑事供词的评论和讨论，参见Gudjonsson, G. (1992). *The psychology of interrogations, confessions, and testimony.* New York: Wiley; Inbau, F. E., Reid, J. E., & Buckley, J. P. (1986). *Criminal interrogation and confessions.* Baltimore: Williams & Wilkins; Lassiter, G. D., Geers, A. L., Munhall, P. J., Handley, I. M., & Beers, M. J. (in press). Videotaped confessions: Is guilt in the eye of the camera? In M. P. Zanna (Ed.), *Advances in experimental social psychology.* San Diego, CA: Academic Press; Leo, R. A. (1996). Miranda's revenge: Police interrogation as a confidence game. Law and Society, 30, 259-288; Rogge, O. J. (1959). *Why men confess.* New York: Nelson; Shuy, R. W. (1998). *The language of confession, interrogation, and deception.* Thousand Oaks, CA: Sage; Wrightsman, L. S., & Kassin, S. M. (1993). *Confessions in the courtroom.* Newbury Park, CA: Sage; Zimbardo, P. G. (1968). Coercion and compliance: The psychology of police confessions. In R. Perruci & M. Pilisuk (Eds.), *The triple revolution: Social problems in depth* (pp. 550-570). Boston: Little, Brown. We should also note that some police interrogation guides strongly recommend against making false statements about possessing incriminating evidence if none has

been obtained; see Macdonald, J. M., & Michaud, D. L. (1992). *Criminal interrogation.* Denver, CO: Apache。

[3] *I Confess.* (1996).［Videotape］. New York: A & E for the History Channel.

[4] Carlsmith, J. M., & Gross, A. E. (1969). Some effects of guilt on compliance. *Journal of Personality and Social Psychology, 11,* 232-239。还可参见 Freedman, J. L., Wallington, S. A., & Bless, E. (1967). Compliance without pressure: The effect of guilt. *Journal of Personality and Social Psychology, 7,* 117-124。

[5] Kelln, B. R. C., & Ellard, J. H. (1999). An equity theory analysis of the impact of forgiveness and retribution on transgressor compliance. *Personality and Social Psychology Bulletin, 25,* 864-872.

[6] Davis, K., & Jones, E. E. (1960). Changes in interpersonal perception as a means of reducing dissonance. *Journal of Abnormal and Social Psychology, 61,* 402-410。还可参见 Glass, D. (1964). Changes in liking as a means of reducing cognitive discrepancies between selfesteem and aggression. *Journal of Personality, 32,* 531-549。

第27章 赠人玫瑰，影响几何？

[1] 这段历史，参见Rochford, E. B. (1985). *Hare Krishna in America.* New Brunswick, NJ: Rutgers University Press。

[2] Cialdini, R. B. (1984). *Influence.* New York: Morrow.

[3] 关于在社会控制中使用规范的讨论，参见For a discussion of the use of norms in social control, see Cialdini, R. B., Kallgren, C. A., & Reno, R. R. (1991). A focus theory of normative conduct: A theoretical refinement and reevaluation of the role of norms in human behavior. In M. P. Zanna (Ed.), *Advances in experimental social psychology* (Vol. 24, pp. 201-234). San Diego, CA: Academic Press; Kallgren, C. A., Reno, R. R., & Cialdini, R.

B. (2000). A focus theory of normative conduct: When norms do and do not affect behavior. *Personality and Social Psychology Bulletin, 26,* 1002-1012。

[4] Regan, D. T. (1971). Effects of a favor and liking on compliance. *Journal of Experimental Social Psychology, 7,* 627-639。关于互惠规范影响力的另一个论述，参见Cialdini, R. B., Green, B. L., & Rusch, A. J. (1992). When tactical pronouncements of change become real change: The case of reciprocal persuasion. *Journal of Personality and Social Psychology, 63,* 30-40。

[5] Cialdini, R. B., & Ascani, K. (1976). Test of a concession procedure for inducing verbal, behavioral, and further compliance with a request to give blood. *Journal of Applied Psychology, 61,* 295-300.

[6] Burger, J. M. (1986). Increasing compliance by improving the deal: The that's-not-all technique. *Journal of Personality and Social Psychology, 51,* 277-283.

第28章 忠诚的心

[1] Freedman, J., & Fraser, S. (1966). Compliance without pressure: The foot-in-the-door technique. *Journal of Personality and Social Psychology, 4,* 195-202.

[2] Pliner, P., Hart, H., Kohl, J., & Saari, D. (1974). Compliance without pressure: Some further data on the foot-in-the-door technique. *Journal of Experimental Social Psychology, 10,* 17-22.

[3] Greenwald, A. G., Carnot, C. G., Beach, R., & Young, B. (1987). Increasing voting behavior by asking people if they expect to vote. *Journal of Applied Psychology, 72,* 315-318.

[4] Cialdini, R. B., Cacioppo, J. T., Bassett, R., & Miller, J. (1978). Low-ball procedure for compliance: Commitment then cost. *Journal of Personality and Social Psychology, 36,* 463-476.

[5] McNamara, R. S. (1996). *In retrospect.* New York: Vintage, p. 29.

[6] McNamara (1996), pp. 174-175, 见注释5。

[7] Pentagon papers: The secret war. (1971, June 28). *Time*, p. 12.

[8] White, R. (1971, November). Selective inattention. *Psychology Today,* pp. 47-50, 78-84。关于越南战争决策的社会心理学的精彩论述，参见White, R. K. (1968). *Nobody wanted war.* Garden City, NY: Doubleday。

[9] 关于人们会轻易做出承诺的讨论，参见Salancik, G. R. (1977). Commitment is too easy. *Organizational Dynamics, 6,* 62-80。

第29章　身体力行

[1] Aronson, E., Fried, C., & Stone, J. (1991). Overcoming denial and increasing the intention to use condoms through the induction of hypocrisy. *American Journal of Public Health, 81,* 1636-1638; Stone, J., Aronson, E., Crain, A. L., Winslow, M. P., & Fried, C. B. (1994). Inducing hypocrisy as a means of encouraging young adults to use condoms. *Personality and Social Psychology Bulletin, 20,* 116-128.

[2] Fried, C. B., & Aronson, E. (1995). Hypocrisy, misattribution, and dissonance reduction. *Personality and Social Psychology Bulletin, 21,* 925-933.

[3] Dickerson, C. A., Thibodeau, R., Aronson, E., & Miller, D. (1992). Using cognitive dissonance to encourage water conservation. *Journal of Applied Social Psychology, 22,* 841-854.

[4] Franken, A. (1996). *Rush Limbaugh is a big fat idiot.* New York: Delacorte, p. 71.

[5] Batson, C. D., Kobrynowicz, D., Dinnerstein, J. L., Kampf, H. C., & Wilson, A. D. (1997). In a very different voice: Unmasking moral hypocrisy. *Journal of Personality and Social Psychology, 72,* 1335-1348; Batson, C. D., Thompson, E. R., Seuferling, G., Whitney, H., & Strongman, J. A. (1999). Moral hypocrisy: Appearing moral to oneself without being so. *Journal of*

Personality and Social Psychology, 77, 525-537.

第30章 稀缺心理与幻象的神秘魅力

[1] Volokh, A. (1983). *The art of Russian cuisine.* New York: Collier.

[2] 参见 Fromkin, H. L., Olson, J. C, Dipboye, R. L., & Barnaby, D. A. (1971). A commodity theory analysis of consumer preferences for scarce products. Paper presented at the annual meeting of the American Psychological Association, Washington, DC; Worchel, S., Lee, J., & Adewole, A. (1975). Effects of supply and demand on ratings of object value. *Journal of Personality and Social Psychology, 32,* 906-914; Knishinsky, A. (1982). The effects of scarcity of material and exclusivity of information on industrial buyer perceived risk in provoking a purchase decision。未发表的博士学位论文, Arizona State University, Tempe。评论参见 Lynn, M. (1991). Scarcity effects on value: A quantitative review of commodity theory literature. *Psychology & Marketing, 8,* 43-57; Lynn, M. (1992). Scarcity's enhancement of desirability: The role of naive economic theories. *Basic and Applied Social Psychology, 13,* 67-78。

[3] Farquhar, P. H., Pratkanis, A. R., & Calvin, D. (1995). Phantom choices: The effects of unavailable alternatives on decision making。未出版手稿, University of California, Santa Cruz。

[4] Pratkanis, A. R., & Farquhar, P. H. (1992). A brief history of research on phantom alternatives: Evidence for seven empirical generalizations about phantoms. *Basic and Applied Social Psychology, 13,* 103-122.

[5] Mischel, W. (1974). Processes in delay of gratification. In L. Berkowitz (Ed.), *Advances in experimental social psychology* (Vol. 7, pp. 249-292). New York: Academic Press.

[6] Holifield, E. B. (1989). *Era of persuasion.* Boston: Twayne, pp. 18-38.

[7] Freeman, K., Pratkanis, A. R., & Farquhar, P. H. (1990). Phantoms as psychological motivation: Evidence for compliance and reactance processes。未出版手稿, University of California, Santa Cruz。

[8] Snyder, C. R. (1990, August). Scarce experiences and possessions: A source of uniqueness. 在the American Psychological Association, Boston年会上提交的论文; Snyder, C. R., & Fromkin, H. L. (1980). *Uniqueness: The human pursuit of difference.* New York: Plenum。

[9] Fromm, E. (1976). *To have or to be?* New York: Harper & Row.

[10] Zellinger, D. A., Fromkin, H. L., Speller, D. E., & Kohn, C. A. (1975). A commodity theory analysis of the effects of age restrictions upon pornographic materials. *Journal of Applied Psychology, 60,* 94-99.

[11] Farquhar, P. H., & Pratkanis, A. R. (1993). Decision structuring with phantom alternatives. *Management Science, 39,* 1214-1226.

第31章 教育还是宣传

[1] 关于教科书政治性的精彩论述,参见Kahane, H. (1992). *Logic and contemporary rhetoric: The use of reason in everyday life.* Belmont, CA: Wadsworth。要评价历史书中对美国少数群体的描绘,可以比较任何一本官方教科书与从非欧洲人的角度描写历史的书,例如Templeton, J. W. (1991). *Our roots run deep: The black experience in California, 1500-1900.* San Jose, CA: Electron Access。举个例子,我们许多人都知道像弗吉尼亚和威廉与玛丽学院等得名于英国君主,但我们猜测没有多少美国人意识到加利福尼亚得名于一位黑人女王。

[2] Freeman, E. (1937). *Social psychology.* New York: Holt, Rinehart & Winston, 尤其是pp. 263-266; Zimbardo, P. G., Ebbesen, E., & Maslach, C. (1977). *Influencing attitudes and changing behavior.* Reading, MA: Addison-Wesley。

[3] 相关例子参见Freeman (1937), note 2; Luchins, A. S., & Luchins, E. H. (1978). *Revisiting Wertheimer's seminars* (Vol. 1). Lewisburg, PA: Bucknell University Press, p. 277。

[4] Knupfer, N. N., & Hayes, P. (1994). The effects of the Channel One broadcast on students' knowledge of current events. In A. De Vaney (Ed.), *Watching Channel One* (pp. 42-60). Albany: State University of New York Press。关于第一频道的综合论述，参见De Vaney, A. (Ed.). (1994). *Watching Channel One.* Albany: State University of New York Press。

[5] Vallone, R. P., Ross, L., & Lepper, M. R. (1985). The hostile media phenomenon: Biased perception and perceptions of media bias in coverage of the Beirut massacre. *Journal of Personality and Social Psychology, 49,* 577-585。这个例子说明了一种比较普遍的趋势，人们会用自己的观点作为解决问题的启发式方法；参见Pratkanis, A. R. (1988). The attitude heuristic and selective fact identification. *British Journal of Social Psychology, 27,* 257-263; Pratkanis, A. R., & Greenwald, A. G. (1989). A socio-cognitive model of attitude structure and function. In L. Berkowitz (Ed.), *Advances in experimental social psychology* (Vol. 22, pp. 245-295). New York: Academic Press。

[6] Comstock, G. (1980). *Television in America.* Beverly Hills, CA: Sage.

[7] Fallows, J. (1997). *Breaking the news.* New York: Vintage.

[8] 参见 Luchins & Luchins (1978)，注释3。

[9] Maier, N. R. F. (1952). *Principles of human relations.* New York: Wiley; Maier, N. R. F. (1963). *Problem-solving discussions and conferences.* New York: McGraw-Hill.

[10] Turner, M. E., & Pratkanis, A. R. (1994). Social identity maintenance prescriptions for preventing groupthink: Reducing identity protection and enhancing intellectual conflict. *International Journal of Conflict Management, 5,* 254-270; Turner, M. E., & Pratkanis, A. R. (1997). Mitigating groupthink by stimulating constructive conflict. In C. K. W. De Dreu & E. Van de Vliert

(Eds.), *Using conflict in organizations* (pp. 53-71). Thousand Oaks, CA: Sage; Turner, M. E., & Pratkanis, A. R. (1996). Mitigating the negative consequences of groupthink: Further implications of a social identity maintenance model。未发表手稿, San Jose State University。

第32章 什么是新闻

[1] Lippmann, W. (1922). *Public opinion.* New York: Harcourt, Brace.

[2] Hale, O. J. (1964). *The captive press in the Third Reich.* Princeton, NJ: Princeton University Press.

[3] Steele, R. W. (1985). *Propaganda in an open society: The Roosevelt administration and the media, 1933-1941.* Westport, CT: Greenwood.

[4] DeParle, J. (1991, May 6). Keeping the news in step. Are the Pentagon's Gulf War rules here to stay? *New York Times,* p. A9.

[5] Fishman, M. (1980). *Manufacturing the news.* Austin: University of Texas Press; Fallows, J. (1997). *Breaking the news.* New York: Vintage; Gans, H. J. (1979). *Deciding what's news.* New York: Vintage; Jamieson, K. H., & Campbell, K. K. (1992). *The interplay of influence.* Belmont, CA: Wadsworth; Kaniss, P. (1991). *Making local news.* Chicago: University of Chicago Press; Nelkin, D. (1987). *Selling science.* New York: Freeman; Pratkanis, A. R. (1997). The social psychology of mass communications: An American perspective. In D. F. Halpern & A. Voiskounsky (Eds.), *States of mind: American and post-Soviet perspectives on contemporary issues in psychology* (pp. 126-159). New York: Oxford University Press; Tuchman, G. (1978). *Making news.* New York: Free Press.

[6] Sigal, L. V. (1973). *Reporters and officials: The organization and politics of newsmaking.* Lexington, MA: Heath.

[7] Croteau, D., & Hoynes, W. (1994). *By invitation only.* Monroe, ME:

Common Courage.

[8] Bagdikian, B. H. (1992). *The media monopoly.* Boston: Beacon。关于媒体垄断的数据在你读到的时候可能已经过时——合并正以疯狂的速度继续。更多信息参见Brill, S. (2000, April). The mega threat. *Brill's Content,* pp. 23, 26-27; Rosenwein, R. (2000, January). Why media mergers matter. *Brill's Content,* pp. 92-95。

[9] Mark Levy，引言出自*Time*, October 1, 1979, p. 83. 亦可参见Bogart, L. (1995). *Commercial culture.* New York: Oxford University Press; Rubin, A. M. (1994). Media uses and effects: A uses-and-gratifrcations perspective. In J. Bryant & D. Zillman (Eds.), *Media effects.* Hillsdale, NJ: Erlbaum。

[10] Ernst, S. W. (1972). Baseball or brickbats: A content analysis of community development. *Journalism Quarterly, 49,* 86-90.

[11] Koppel, T, & Gibson, K. (1996). *Nightline.* New York: Random House, p. 230.

[12] Mann, P., & Iscoe, I. (1971). Mass behavior and community organization: Reflections on a peaceful demonstration. *American Psychologist, 26,* 108-113。关于目击者讲述与新闻报道不同的其他例子，参见Dershowitz, A. M. (1996). *Reasonable doubts.* New York: Simon & Schuster; Lang, K., & Lang, G. E. (1968). *Politics & television.* Chicago: Quadrangle Books，尤其是"MacArthur Day in Chicago."一章。

[13] Gaveling the deadbeats. (1995, July 31). *U. S. News & World Report,* p. 14.

[14] 关于美国总统如何控制新闻的描述，参见Maltese, J. A. (1992). *Spin control.* Chapel Hill: University of North Carolina Press。

[15] Spence, G. (1995). *How to argue and win every time.* New York: St. Martin's, especially p. 95.

第33章 无效的信息战

[1] Canon, L. (1964). Self-confidence and selective exposure to information. In L. Festinger (Ed.), *Conflict, decision, and dissonance* (pp. 83-96). Stanford, CA: Stanford University Press。评论参见Frey, D. (1986). Recent research on selective exposure to information. In L. Berkowitz (Ed.), *Advances in experimental social psychology* (Vol. 19, pp. 41-80). New York: Academic Press。

[2] Hyman, H., & Sheatsley, P. B. (1947). Some reasons why information campaigns fail. *Public Opinion Quarterly, 11,* 412-423.

[3] 例子来自Backer, T. E., Rogers, E. M., & Sopory, P. (1992). *Designing health communication campaigns: What works?* Newbury Park, CA: Sage。

[4] Schneider, C. (1987). *Children's television: The art, the business, and how it works.* Lincolnwood, IL: NTC Business Books, p. 9.

[5] Pratkanis, A. R. (1997). The social psychology of mass communications: An American perspective. In D. F. Halpern & A. Voiskounsky (Eds.), *States of mind: American and post-Soviet perspectives on contemporary issues in psychology* (pp. 126-159). New York: Oxford University Press。关于提高信息战有效性的方法，参见Backer, Rogers, & Sopory (1992)，注释3, pp. 30-32; Kotler, P., & Roberto, E. L. (1989). *Social marketing.* New York: Free Press。

[6] Merton, R. K. (1946). *Mass persuasion: The social psychology of a war bond drive.* New York: Harper & Brothers.

[7] Mendelsohn, H. (1973). Some reasons why information campaigns can succeed. *Public Opinion Quarterly, 37,* 50-61.

[8] Ball, S., & Bogatz, G. A. (1970). *The first year of Sesame Street.* Princeton, NJ: Educational Testing Service; Bogatz, G. A., & Ball, S. (1972). *The second year of Sesame Street.* Princeton, NJ: Educational Testing Service; Cook, T. D., Appleton, H., Conner, R. E, Shaffer, A., Tabkin, G., & Weber, J.

S. (1975). *Sesame Street revisited.* New York: Russell Sage; Liebert, R. M., & Sprafkin, J. (1988). *The early window.* New York: Pergamon; Stein, A. H., & Friedrich, L. K. (1972). *Television content and young children's behavior.* In J. P. Murray, E. A. Rubinstein, & G. A. Comstock (Eds.), *Television and social behavior* (Vol. 2, pp. 202-317). DHEW Publication No. HSM 72-9057. Washington, DC: U. S. Government Printing Office.

[9] Entman, R. M. (1989). *Democracy without citizens.* New York: Oxford University Press.

第34章 潜意识法术：谁在引诱谁

[1] Cousins, N. (1957, October 5). Smudging the subconscious. *Saturday Review,* p. 20.

[2] Key, W. B. (1973). *Subliminal seduction.* Englewood Cliffs, NJ: Signet; Key, W. B. (1976). *Media sexploitation.* Englewood Cliffs, NJ: Signet; Key, W. B. (1980). *The clam-plate orgy.* Englewood Cliffs, NJ: Signet; Key, W. B. (1989). *The age of manipulation.* New York: Holt.

[3] Key (1973), p. 1, 参见注释2。

[4] Natale, J. A. (1988, September). Are you open to suggestion? *Psychology Today,* pp. 28-30.

[5] Pratkanis, A. R., & Greenwald, A. G. (1988). Recent perspectives on unconscious processing: Still no marketing applications. *Psychology and Marketing, 5,* 339-355。关于这项研究的历史，描述参见Pratkanis, A. R. (1992). The cargo-cult science of subliminal persuasion. *Skeptical Inquirer, 16,* 260-272。

[6] 关于无意识过程的科学发现，精彩评论参见Greenwald, A. G. (1992). New look 3: Unconscious cognition reclaimed. *American Psychologist, 47,* 766-779。

[7] 例如，霍金斯最初称，潜意识信息可能影响饥饿或口渴等生理驱力，然

而后来他无法复制这一结果。参见Hawkins, D. I. (1970). The effects of subliminal stimulation on drive level and brand preference. *Journal of Marketing Research, 7,* 322-326; Beatty, S. E., & Hawkins, D. I. (1989). Subliminal stimulation: Some new data and interpretation. *Journal of Advertising, 18,* 4-8。

[8] Moore, T. E. (1982). Subliminal advertising: What you see is what you get. *Journal of Marketing, 46,* 38-47.

[9] Haberstroh, J. (1994). *Ice cube sex: The truth about subliminal advertising.* Notre Dame, IN: Cross Roads Books。本书是描述和驳斥潜意识劝导术的最受欢迎的著述之一，强烈推荐有兴趣了解关于这一问题的更多信息的人读一读。

[10] "Phone now,"said CBC subliminally—but nobody did. (1958, February 10). *Advertising Age,* p. 8.

[11] 引言出自Danzig, F. (1962, September 17). Subliminal advertising—Today it's just an historical flashback for researcher Vicary. *Advertising Age,* pp. 73-74. 亦可参见Weir, W. (1984, October 15). Another look at subliminal "facts." *Advertising Age,* p. 46。

[12] Rogers, S. (1992-1993). How a publicity blitz created the myth of subliminal advertising. *Public Relations Quarterly, 37,* 12-17.

[13] 例如，参见Gable, M., Wilkens, H. T., Harris, L., & Feinberg, R. (1987). An evaluation of subliminally embedded sexual stimuli in graphics. *Journal of Advertising, 16,* 26-31; George, S. G., & Jennings, L. B. (1975). Effects of subliminal stimuli on consumer behavior: Negative evidence. *Perceptual and Motor Skills, 41,* 847-854。

[14] Vokey, J. R., & Read, J. D. (1985). Subliminal messages: Between the devil and the media. *American Psychologist, 40,* 1231-1239.

[15] Pratkanis, A. R., Eskenazi, J., & Greenwald, A. G. (1994). What you expect is what you believe (but not necessarily what you get): A test of the effectiveness of subliminal self-help audiotapes. *Basic and Applied Social*

Psychology, 15, 251-276.

[16] Greenwald, A. G., Spangenberg, E. R., Pratkanis, A. R., & Eskenazi, J. (1991). Double-blind tests of subliminal self-help audiotapes. *Psychological Science,* 2, 119-122.

[17] 参见Pratkanis, Eskenazi, & Greenwald (1994), 注释15, pp. 268-269。

[18] British Psychological Society. (1992). *Subliminal messages.* Leicester, England. Eich, E., & Hyman, R. (1991). Subliminal self-help. In D. Druckman & R. A. Bjork (Eds.), *In the mind's eye: Enhancing human performance* (pp. 107-119). Washington, DC: National Academy Press.

[19] 对声称存在潜意识效果的新近研究的描述，参见Epley, N., Savitsky K, & Kachelski, R. A. (1999). What every skeptic should know about subliminal persuasion. *Skeptical Inquirer,* 23(5), 40-45, 58。看看这项研究中的说法是否会与过去的说法有同样的结果会很有意思。

[20] Zanot, E. J., Pincus, J. D., & Lamp, E. J. (1983). Public perceptions of subliminal advertising. *Journal of Advertising, 12,* 37-45。关于更近期的民意测验的结果，参见Haberstroh (1994)，注释9。

[21] 关于这次审判的描述，参见Moore, T. E. (1996). Scientific consensus and expert testimony: Lessons from the Judas Priest trial. *Skeptical Inquirer, 20*(6), 32-38, 60。

[22] In Re *Vance and Belknap v. Judas Priest and CBS Records.* 86-5844/86-3939. Second District Court of Nevada. August 24, 1990, p. 31.

第35章　直接劝导

[1] 参见Baier, M. (1983). *Elements of direct marketing.* New York: McGraw-Hill; Caples, J. (1974). *Tested advertising methods.* Englewood Cliffs, NJ: Prentice Hall; Harper, R. (1986). *Mailing list strategies.* New York: McGraw-Hill; Popeil, R. (1995). *The salesman of the century.* New York:

Delacorte; Schumann, D. W., & Thorson, E. (Eds.). (1999). *Advertising and the World Wide Web.* Mahwah, NJ: Erlbaum; Stone, B. (1986). *Successful direct marketing methods.* Lincolnwood, IL: Crain; Wunderman, L. (1997). *Being direct.* New York: Random House; Zeff, R., & Aronson, B. (1999). *Advertising on the Internet.* New York: Wiley。

第36章 第三帝国的宣传：不确定性的一个例子

[1] Hitler, A. (1925). *Mein Kampf.* Boston: Houghton Mifflin, p. 176.

[2] Jowett, G. S., & O'Donnell, V. (1986). *Persuasion and propaganda.* Beverly Hills, CA: Sage; Peterson, H. C. (1939). *Propaganda for war: The campaign against American neutrality, 1914-1917.* Norman: University of Oklahoma Press.

[3] 关于纳粹和第二次世界大战宣传的精彩讨论，参见Childers, T. (1983). *The Nazi voter.* Chapel Hill: University of North Carolina Press; Doob, L. W. (1950). Goebbels' principles of propaganda. Public Opinion Quarterly, 14, 419-422; Hale, O. J. (1964). *The captive press in the Third Reich.* Princeton, NJ: Princeton University Press; Herzstein, R. E. (1978). *The war that Hitler won.* New York: Paragon House; Lipstadt, D. E. (1986). *Beyond belief.* New York: Free Press; Rhodes, A. (1987). *Propaganda: The art of persuasion: World War II.* Secaucus, NJ: Wellfleet; Rutherford, W. (1978). *Hitler's propaganda machine.* London: Bison; Welch, D. (1983). *Nazi propaganda.* Beckenham, UK: Croom Helm; Young, J, W. (1991). *Totalitarian language.* Charlottesville: University of Virginia Press; Zeman, Z. A. B. (1964). *Nazi propaganda.* London: Oxford University Press。

[4] Hitler (1925), p. 178，参见注释1。

[5] Hitler (1925), pp. 180-181，参见注释1。

[6] Bergmeier, H. J. P., & Lotz, R. E. (1997). *Hitler's airwaves: The inside story*

of Nazi radio broadcasting and propaganda swing. New Haven, CT: Yale University Press。这一关于纳粹利用娱乐作为宣传工具的分析还包括一张CD-ROM，是纳粹用音乐针对盟军的宣传。

[7] Poliakov, L. (1971). *The Aryan myth.* New York: Barnes & Noble.

[8] Corcoran, J. (1995). *Bitter harvest.* New York: Penguin; Dees, M. (1996). *Gathering storm.* New York: HarperCollins; Ezekiel, R. S. (1995). *The racist mind.* New York: Viking.

[9] 引言出自Rhodes (1987), p. 13，参见注释3。

[10] Bronowski, J. (1973). *The ascent of man.* Boston: Little, Brown.

[11] Hitler (1925), pp. 182-183，参见注释1。

[12] 引言出自Rhodes (1987), p. 90，参见注释3。

第37章 预先警示是不是预先武装，或者说，如何真正抵制宣传

[1] Davidson, W. P. (1983). The third-person effect in communication. *Public Opinion Quarterly, 47,* 1-15。关于引起第三人效应的心理过程的阐述，参见Duck, J. M., Hogg, M. A., & Terry, D. J. (1995). Me, us, and them: Political identification and the third-person effect in the 1993 Australian federal election. *European Journal of Social Psychology, 25,* 195-215; Duck, J. M., Terry, D. J., & Hogg, M. A. (1995). The perceived influence of AIDS advertising: Third-person effects in the context of positive media content. *Basic and Applied Social Psychology, 17,* 305-325; Hoorens, V., & Ruiter, S. (1996). The optimal impact phenomenon: Beyond the third-person effect. *European Journal of Social Psychology, 26,* 599-610。

[2] Liebert, R. M., & Sprafkin, J. (1988). *The early window.* New York: Pergamon. 亦可参见 Macklin, M. C., & Carlson, L. (Eds.). (1999). *Advertising to children.* Thousand Oaks, CA: Sage。

[3] Teinowitz, I. (1996, August 26). "Historic" attack on cig marketing.

Advertising Age, pp. 1, 28.

[4] 评论参见Cialdini, R. B., & Petty, R. E. (1981). Anticipatory opinion effects. In R. E. Petty, T. M. Ostrom, & T. C. Brock (Eds.), *Cognitive responses in persuasion* (pp. 217-235). Hillsdale, NJ: Erlbaum。

[5] Freedman, J. L., & Sears, D. O. (1965). Warning, distraction, and resistance to influence. *Journal of Personality and Social Psychology, 1,* 262-266.

[6] Cialdini, R. B., Levy, A., Herman, C. P., & Evenbeck, S. (1973). Attitudinal politics: The strategy of moderation. *Journal of Personality and Social Psychology, 25,* 100-108; Cialdini, R. B., Levy, A., Herman, C. P., Kozlowski, L. T., & Petty, R. E. (1976). Elastic shifts of opinion: Determinants of direction and durability. *Journal of Personality and Social Psychology, 34,* 663-672.

[7] Watts, W. A., & Holt, L. E. (1979). Persistence of opinion change induced under conditions of forewarning and distraction. *Journal of Personality and Social Psychology, 37,* 778-789.

[8] Butterfield, S. (1985). *Amway: The cult of free enterprise.* Boston: South End Press, p. 11.

[9] Petty, R. E., & Cacioppo, J. T. (1979). Effect of forewarning of persuasive intent and involvement on cognitive responses and persuasion. *Personality and Social Psychology Bulletin, 5,* 173-176.

[10] Williams, K. D., Bourgeois, M. J., & Croyle, R. T. (1993). The effects of stealing thunder in criminal and civil trials. *Law and Human Behavior, 17,* 597-609.

[11] Spence, G. (1995). *How to argue and win every time.* New York: St. Martin's, p. 131.

[12] Bugliosi, V. (1996). *Outrage: The five reasons why O. J. Simpson got away with murder.* New York: Norton, p. 117.

[13] Ross, S. (1988). *Fall from grace.* New York: Ballantine.

[14] McGuire, W. J., & Papageorgis, D. (1961). The relative efficacy of various

types of prior belief-defense in producing immunity against persuasion. *Journal of Abnormal and Social Psychology, 62,* 327-337. 亦可参见 McGuire, W. J. (1964). Inducing resistance to change: Some contemporary approaches. In L. Berkowitz (Ed.), *Advances in experimental social psychology* (Vol. 1, pp. 191-229). New York: Academic Press。

[15] 关于打预防针在政治上的运用，参见Pfau, M., & Kenski, H. C. (1990). *Attack politics.* New York: Praeger; Pratkanis, A. R. (1993). Propaganda and persuasion in the 1992 U. S. presidential election: What are the implications for a democracy? *Current World Leaders, 35,* 341-362。

[16] McAlister, A., Perry, C., Killen, J., Slinkard, L. A., & Maccoby, N. (1980). Pilot study of smoking, alcohol and drug abuse prevention. *American Journal of Public Health, 70,* 719-721.

[17] Pryor, B., & Steinfatt, T. (1978). The effects of initial belief level on inoculation theory and its proposed mechanisms. *Human Communications Research, 4,* 217-230.

第38章 我们可以如何抵制虚假宣传

[1] 关于阻止宣传的方式的进一步讨论，参见Anderson, S., & Zimbardo, P. G. (1984). On resisting social influence. *Cultic Studies Journal, 1,* 196-219; Bogart, L. (1995). *Commercial culture.* New York: Oxford University Press; Capaldi, N. (1987). *The art of deception.* Buffalo, NY: Prometheus; Cialdini, R. B. (1984). *Influence.* New York: Morrow; Eiler, A. (1984). *The consumer protection manual.* New York: Facts on File; Gilbert, M. A. (1996). *How to win an argument.* New York: Wiley; Green, M. (1995). *The consumer bible.* New York: Workman; Jacobson, M. F., & Mazur, L. A. (1995). *Marketing madness.* Boulder, CO: Westview; Pratkanis, A. R. (1993). Propaganda and persuasion in the 1992 U. S. presidential election: What are the implications

for a democracy? *Current World Leaders, 35,* 341-362; Pratkanis, A. R., & Turner, M. E. (1996). Persuasion and democracy: Strategies for increasing deliberative participation and enacting social change. *Journal of Social Issues, 52,* 187-205; Preston, I. L. (1994). *The tangled web they weave.* Madison: University of Wisconsin Press; Sabato, L. J., & Simpson, G. R. (1996). *Dirty little secrets: The persistence of corruption in American politics.* New York: Random House; Schulte, F. (1995). *Fleeced!* Amherst, NY: Prometheus; Zimbardo, P. G., & Anderson, S. (1993). Understanding mind control: Exotic and mundane mental manipulations. In M. D. Lagone (Ed.), *Recovery from cults* (pp. 104-125). New York: Norton。

[2] Sagarin, B. J., Cialdini, R. B., Rice, W. E., & Serna, S. B. (2000). Dispelling the illusion of invulnerability: The motivations and mechanisms of resistance to persuasion。未出版手稿, Northern Illinois University。

[3] 引言出自Young, J. W. (1991). *Totalitarian language.* Charlottesville: University of Virginia Press, p. 225。

[4] Asch, S. E. (1955). Opinions and social pressure. *Scientific American, 193,* 31-35; Pratkanis, A. R., Horvitz, T, & Gliner, M. (1996). A replication of the Asch line experiment for NBC Dateline。未发布的数据, University of California, Santa Cruz。

[5] 完整的清单和关于消费问题的极佳建议, 参见 Eiler (1984), 注释1。

[6] Brill, S. (2000, April). The mega threat. *Brill's Content,* pp. 23, 26-27; Rosenwein, R. (2000, January). Why media mergers matter. *Brill's Content,* pp. 92-95。

[7] 关于阻止负面竞选的更多方法, 参见Jamieson, K. H. (1992). *Dirty politics.* New York: Oxford University Press。关于如何改进媒体对选举的报道的讨论, 参见Pratkanis, A. R. (2001). Propaganda and deliberative persuasion: The implications of Americanized mass media for established and emerging democracies. In W. Wosinski, R. B. Cialdini, J. Reykowski, & D. W. Barrett (Eds.), *The practice of social influence in multiple cultures* (pp. 259-285).

Mahwah, NJ: Erlbaum。

[8] 这些数字是基于20世纪90年代的典型联邦预算；琼斯家庭对每一个项目的贡献是按照每个项目在预算中的百分比计算所得。

[9] Suchard, D. (1993, February 15). "The seduction" of TV ads: Popular Dutch talk show focuses on and reviews commercials. *Advertising Age,* 1-3, 1-22.

[10] 关于广告中的欺骗手段及可以采取哪些对策的精彩讨论，参见Preston (1994)，注释1。

[11] 我们感谢彼得·法夸尔和纳维恩·戈亚尔关于缺货的消费监管问题的讨论。

[12] 关于电话营销欺诈的精彩讨论，参见Schulte (1995)，注释1。

[13] Lewin, K., & Lippitt, R. (1938). An experimental approach to the study of autocracy and democracy: A preliminary note. *Sociometry, 1,* 292-300; Lewin, K., Lippitt, R., & White, R. K. (1939). Patterns of aggressive behavior in experimentally created climates. *Journal of Social Psychology, 10,* 271-299; Pratkanis (2001)，参见注释7；Pratkanis & Turner (1996)，参见注释1；White, R. K., & Lippitt, R. (1960). *Autocracy and democracy: An experimental inquiry.* New York: Harper & Brothers。

[14] Beck, E. M., & Tolnay, S. E. (1990). The killing fields of the deep South: The market for cotton and the lynching of blacks, 1882-1930. *American Sociological Review, 55,* 526-539; Ezekiel, R. S. (1995). *The racist mind.* New York: Viking; Pettigrew, T. F. (1971). *Racially separate or together?* New York: McGraw-Hill; Pratkanis, A. R., & Turner, M. E. (1999). The significance of affirmative action for the souls of white folk: Further implications of a helping model. *Journal of Social Issues, 55,* 787-815; Senechal, R. (1990). *The sociogenesis of a race riot.* Urbana: University of Illinois Press.

第39章 劝导女神珀伊托的儿女们

[1] 关于劝导的道德性和在社会中的作用的讨论，参见Alinsky, S. D. (1971). *Rules for radicals.* New York: Vintage; Entman, R. M. (1989). *Democracy without citizens.* New York: Oxford University Press; Cialdini, R. B. (1996). Social influence and the triple tumor structure of organizational dishonesty. In D. M. Messick & A. E. Tenbrunsel (Eds.), *Codes of conduct* (pp. 44-58). New York: Russell Sage; Fisher, R., Ury, W, & Patton, B. (1991). *Getting to yes.* New York: Penguin; Freire, P. (1968). *Pedagogy of the oppressed.* New York: Seabury; Johannesen, R. L. (1967). *Ethics and persuasion.* New York: Random House; Pratkanis, A. R., & Turner, M. E. (1996). Persuasion and democracy: Strategies for increasing deliberative participation and enacting social change. *Journal of Social Issues, 52,* 187-205; Quaker, T. H. (1962). *Propaganda and psychological warfare.* New York: Random House; Spence, G. (1995). *How to argue and win every time.* New York: St. Martin's; Stone, I. F. (1988). *The trial of Socrates.* Boston: Little, Brown; Zimbardo, P. G. (1972). The tactics and ethics of persuasion. In B. T. King & E. McGinnies (Eds.), *Attitudes, conflict, and social change* (pp. 81-99). New York: Academic Press。关于劝导的运用有利于社会的例子，参见Pratkanis, A. R., & Turner, M. E. (1994). Nine principles of successful affirmative action: Mr. Branch Rickey, Mr. Jackie Robinson, and the integration of baseball. *Nine: A Journal of Baseball History and Social Policy Perspectives, 3,* 36-65。

[2] 关于监管劝导方式的一套规定的例子，参见Cialdini (1996), 注释1。

[3] 引言出自 Alinsky (1971), p. 25, 参见注释1。

[4] 关于大屠杀的新闻报道的精彩讨论，参见Lipstadt, D. E. (1986). *Beyond belief: The American press and the coming of the Holocaust 1933-1945.* New York: Free Press。